Klaus Tonner · Der Reisevertrag

Der Reisevertrag

Kommentar zu den §§ 651 a–651 l BGB

von

Dr. Klaus Tonner
Professor
für Bürgerliches Recht
und Europarecht
an der Universität Rostock

4. neubearbeitete und erweiterte Auflage

Luchterhand

Die Deutsche Bibliothek – CIP Einheitsaufnahme

Tonner, Klaus:
Der Reisevertrag : Kommentar zu §§ 651 a – 651 l BGB / Klaus Tonner. –
4., neubearb. und erw. Aufl. – Neuwied ; Kriftel ; Berlin : Luchterhand 2000
ISBN 3-472-03667-2

Satz: Satz-Offizin Hümmer GmbH, Waldbüttelbrunn
Druck, Bindung: Betz-Druck, Darmstadt
Printed in Germany, Juli 2000

Gedruckt auf säurefreiem, alterungsbeständigem und chlorfreiem Papier

Vorwort

Wer glaubt, mehr als 30 Jahre nach Inkrafttreten der §§ 651 a ff. BGB und sechs Jahre nach Umsetzung der EG-Pauschalreise-Richtlinie müsse das Reiserecht endlich zur Ruhe kommen, sieht sich durch einen Blick in die Judikatur eines Besseren belehrt. Noch immer sprudelt die instanzgerichtliche Judikatur reichlich, während grundsätzliche Entscheidungen des BGH nur vereinzelt erfolgen. Der Rechtssicherheit ist dies nicht gerade förderlich; Strukturen verschwimmen immer mehr; es lässt sich immer weniger prognostizieren, wie ein reiserechtlicher Fall gerichtlich entschieden werden wird. Rechtspolitisch ist in letzter Zeit die Insolvenzabsicherung ins Gerede kommen mit der Folge, dass ein neuerlicher Eingriff des Gesetzgebers nicht auszuschließen ist.

Die vorliegende 4. Auflage versucht, nicht nur das einschlägige Material systematisch zu dokumentieren, sondern vor allem, Entwicklungstendenzen nachzuspüren und auszuloten, welche Reiseroute das Reiserecht nimmt. Es war dazu erforderlich, große Teile des Textes neu zu schreiben. Gegenüber der Vorauflage ist der Umfang erweitert worden.

Meine Mitarbeiterin *Katja Krause* hat die seit Erscheinen der Vorauflage veröffentlichte Judikatur zusammengestellt, die Mängelliste im Anhang zu § 651 c entworfen und die erste Hälfte des Manuskripts redaktionell bearbeitet. In den Händen von *Marion Brüggemann* lag die redaktionelle Bearbeitung der zweiten Hälfte des Manuskripts und die Endredaktion. Die Entwurfsfassung ist von *Babett Fürstenau* zu Papier gebracht worden. Ihnen allen sei auch an dieser Stelle herzlich gedankt.

Die 4. Auflage widme ich dem Andenken an meine Mitarbeiterin Dr. *Regina Schlotmann*, die am 1. November 1998 an den Folgen einer heimtückischen Krankheit viel zu früh gestorben ist.

Rostock, im März 2000 *Klaus Tonner*

Inhaltsverzeichnis

Abkürzungsverzeichnis

ABl EG	Amtsblatt der Europäischen Gemeinschaften
AcP	Archiv für die civilistische Praxis
AG	Amtsgericht
AGB	Allgemeine Geschäftsbedingungen
AGBG	Gesetz zur Regelung des Rechts der Allgemeinen Geschäftsbedingungen
Anh.	Anhang
Anm.	Anmerkung
ARB	Allgemeine Reisebedingungen
BB	BetriebsBerater (Zeitschrift für Recht und Wirtschaft)
BGB	Bürgerliches Gesetzbuch
BGBl	Bundesgesetzblatt
BGH	Bundesgerichtshof
BGHZ	Entscheidungen des Bundesgerichtshofes in Zivilsachen
BT-Drucks.	Bundestagsdrucksache
DAR	Deutsches Autorecht (Zeitschrift)
DB	Der Betrieb (Zeitschrift)
DGfR	Deutsche Gesellschaft für Reiserecht
DRV	Deutscher Reisebüro- und Reiseveranstalter-Verband e. V.
DZWir	Deutsche Zeitschrift für Wirtschaftsrecht
EFTA	European Free Trade Association (Europäische Freihandelszone)
EG	Europäische Gemeinschaft
EGBGB	Einführungsgesetz zum Bürgerlichen Gesetzbuch
EU	Europäische Union
EuGH	Gerichtshof der Europäischen Gemeinschaften
EuGVÜ	Europäisches Übereinkommen über die gerichtliche Zuständigkeit und die Vollstreckung gerichtlicher Entscheidungen in Zivil- und Handelssachen
EuZW	Europäische Zeitschrift für Wirtschaftsrecht
EVO	Eisenbahn-Verkehrsordnung
EWG	Europäische Wirtschaftsgemeinschaft
EWR	Europäischer Wirtschaftsraum
EWS	Europäisches Wirtschafts- und Steuerrecht (Zeitschrift)
FVE	Fremdenverkehrsrechtliche Entscheidungen
FVE ZivR	Fremdenverkehrsrechtliche Entscheidungen Zivilrecht

FVW	Fremdenverkehrswirtschaft International (Fachzeitschrift für Touristik und Geschäftsreiseverkehr)
GewO	Gewerbeordnung
GRUR	Gewerblicher Rechtsschutz und Urheberrecht (Zeitschrift)
HP	Halbpension
Hrsg.	Herausgeber
HTWG	Gesetz über den Widerruf von Haustürgeschäften und ähnlichen Geschäften
IATA	International Air Transport Association
InfVO	Verordnung über die Informationspflichten von Reiseveranstaltern
IPRax	Praxis des Internationalen Privat- und Verfahrensrechts (Zeitschrift)
JURA	Juristische Ausbildung (Zeitschrift)
JuS	Juristische Schulung (Zeitschrift)
JZ	JuristenZeitung
KOM	Drucksachen der Europäischen Kommission
KG	Kammergericht
KWG	Gesetz über das Kreditwesen
LG	Landgericht
LM	Nachschlagewerk des Bundesgerichtshofs, begründet von Lindenmaier und Möhring
Ls.	Leitsatz
LuftVG	Luftverkehrsgesetz
MDR	Monatsschrift für Deutsches Recht
NdsRpfl.	Niedersächsische Rechtspflege (Zeitschrift)
NJW	Neue Juristische Wochenschrift
NJWE-WettbR	NJW-Entscheidungsdienst Wettbewerbsrecht
NJW-RR	NJW-Rechtsprechungs-Report Zivilrecht
nnv.	noch nicht veröffentlicht
NZV	Neue Zeitschrift für Verkehrsrecht
OLG	Oberlandesgericht
PflVersG	Pflichtversicherungsgesetz
PrAngVO	Preisangabenverordnung
RegE	Regierungsentwurf
RRa	ReiseRecht aktuell (Zeitschrift)
Rs.	Rechtssache
Slg.	Sammlung der Entscheidungen des EuGH
SZR	Sonderziehungsrechte des Internationalen Währungsfonds
TranspR	Transportrecht (Zeitschrift)
ÜF	Übernachtung mit Frühstück

Urt.	Urteil
UWG	Gesetz gegen den unlauteren Wettbewerb
VAG	Versicherungsaufsichtsgesetz
VO	Verordnung
VP	Vollpension
VSV	Verbraucherschutzverein
VuR	Verbraucher und Recht (Zeitschrift)
VVG	Versicherungsvertragsgesetz
WA	Warschauer Abkommen
WM	Wertpapier-Mitteilungen
WRP	Wettbewerb in Recht und Praxis (Zeitschrift)
ZIP	Zeitschrift für Wirtschaftsrecht
ZLW	Zeitschrift für Luft- und Weltraumrecht
ZMR	Zeitschrift für Miet- und Raumrecht
ZPO	Zivilprozessordnung
ZRP	Zeitschrift für Rechtspolitik
ZVR	Zeitschrift für Verkehrsrecht (Österreich)

Literaturverzeichnis

Abeltshäuser, Thomas E., Europäisierung des Reisevertragsrechts, EWS 1991, 97
AK-BGB, Kommentar zum BGB, Reihe AlternativKommentare, hrsg. von R. Wassermann, Bd. 3, Neuwied, Darmstadt, 1979 (zitiert: AK-BGB-*Bearbeiter*)
Asendorf, Claus Dietrich, Das Reiserecht im Lichte des Wettbewerbsrechts, RRa 1995, 198
Bartl, Harald, Zum Stand des Reiserechts, NJW 1983, 1092
ders., Die Einbeziehung von Allgemeinen Reisebedingungen, RRa 1996, 27
Baumbach, Adolf/Hefermehl, Wolfgang, Wettbewerbsrecht, 20. Aufl., München 1998
Bechhofer, Jack, Reisevertragsrecht, München 1995
ders., Rechtsprobleme bei der Geltendmachung von Gewährleistungsansprüchen, in: Deutsche Gesellschaft für Reiserecht (Hrsg.), DGfR-Jahrbuch 1999 (2000) S. 91 ff.
Bernreuther, Jörn, Die Pauschalreise, Donndorf 1981
ders., Der richtige Adressat bei Mängeln der Reise, DAR 1985, 51
Bidinger, Rita/Müller, Ralph, Reisevertragsgesetz, 2. Aufl., Berlin 1995
Bidinger, Rita/Müller-Bidinger, Ralph, Der Vertragsgegenstand des Reisevertrages nach BGB und EG-Pauschalreise-Richtlinie und die Anwendung des Reiserechts auf einzelne Reiseleistungen, in: Deutsche Gesellschaft für Reiserecht (Hrsg.), DGfR-Jahrbuch 1999 (2000), S. 59 ff.
Blaurock, Uwe/Wagner, Christoph, Der Anspruch auf Schadenersatz wegen Nichterfüllung im Reisevertragsrecht, JURA 1985, 169
Borck, Hans-Günther, Gesetz zur Änderung des Gesetzes gegen den unlauteren Wettbewerb, WRP 1994, 719
Born, Karl, Zusammenschlüsse in der Tourismusindustrie, in: Deutsche Gesellschaft für Reiserecht (Hrsg.), DGfR-Jahrbuch 1999 (2000), S. 47 ff.
Brown, Victoria, Financial security for tour operators in the United Kingdom, in: Deutsche Gesellschaft für Reiserecht (Hrsg.), DGfR-Jahrbuch 1998 (1999) S. 37 ff.
Brox, Hans, Störungen durch geistig Behinderte als Reisemangel?, NJW 1980, 1939
Butters, Beate/Rott, Peter, Öffentliche Dienstleistungen und Vertragsgerechtigkeit im Lichte des Gemeinschaftsrechts, VuR 1999, 75 und 107
Degott, Paul, Recht im Tourismus, in: Dettmer, Harald u. a., Tourismus Marketing Management, München und Wien 1999, S. 577 ff.
Derleder, Peter, Touristenschutz contra Umwelterhaltung in Reich, N./Heine-Mernik, R. (Hrsg.), Umweltverfassung und nachhaltige Entwicklung in der EU, Baden-Baden 1997 S. 89 ff.

Dewenter, Jörg, Die rechtliche Stellung des Reisebüros, Baden-Baden 2000

Eberle, Rainer, Die Neuregelung des Reiserechts, DB 1979, 341

Eckert, Hans-Werner, Verbraucherschutz im Reiserecht – Auswirkungen der EG-Richtlinie über Pauschalreisen auf das deutsche Recht, ZRP 1991, 454

ders., Die Risikoverteilung im Pauschalreiserecht, 2.Aufl., Neuwied, Kriftel, Berlin 1995

ders., Die Abwicklung von Reisepreiszahlungen an das vermittelnde Reisebüro in der Insolvenz des Reiseveranstalters, RRa 1999, 43

Erman, Walter, BGB-Handkommentar, 1. Bd., 9. Aufl., Münster 1993 (zitiert: Erman-*Bearbeiter*)

Ernst, Stefan, Verbraucherschutzrechtliche Aspekte des EU-Richtlinienvorschlags zum Electronic Commerce, VuR 1999, 397

Fischer, Frank O., Zur Wirksamkeit und den Folgen der »Beförderungsfremdleistungsklausel« in der Nr. 9.3 der DRV-Konditionenempfehlung (ARB 1994), RRa 1998, 187

Fischer, Sabine, »Regenschirmfonds« zur Optimierung der Insolvenzsicherung, RRa 1999, 5

Fritzsche, Jörg, Miles & More, BB 1999, 273

Führich, Ernst, Umwelteinflüsse bei Pauschalreisen und ihre Konfliktlösungen im Reisevertragsrecht, NJW 1991, 2192

ders., Reisen – auch ein Bürgerrecht für Behinderte, RRa 1995, 101

ders., Der neue Insolvenzschutz des Reisenden, VersR 1995, 1138

ders., 1 Jahr Insolvenzsicherung – Erste Erfahrungen im Reiserecht, RRa 1996, 119

ders., Reiserecht, 3. Aufl., Heidelberg 1998

ders., Zur Notwendigkeit der Reform der Insolvenzversicherung für Reiseveranstalter, RRa 1999, 83

ders., Kerosinzuschlag nach derzeitigen Allgemeinen Geschäftsbedingungen, RRa 2000, 43

ders., Wettbewerbsrecht im Tourismus – Grauzonen zwischen Reiserecht und unfairem Wettbewerb, in: Deutsche Gesellschaft für Reiserecht (Hrsg.), DGfR-Jahrbuch 1999 (2000), S. 11 ff.

Gansfort, Guy, Ist der luftverkehrsrechtliche Chartervertrag ein Vertrag zugunsten Dritter?, RRa 1994, 2 u. 22

Gerauer, Alfred, Die Haftung des Reiseveranstalters für Mängel des Leistungsträgers aus dem Gesichtspunkt der Verkehrssicherungspflicht, BB 1989, 1003

Gessner, Volkmar, Europas holprige Rechtswege – die rechtskulturellen Schranken der Rechtsverfolgung im Binnenmarkt, in: Liber amicorum Norbert Reich, Baden-Baden 1997, S. 163 ff.

Giemulla, Elmar/Schmid, Ronald, (Hrsg.), Frankfurter Kommentar zum Luftverkehrsrecht, 3 Bände, Band 3: Warschauer Abkommen, Loseblatt (zitiert Giemulla/Schmid-*Bearbeiter*) *dies.*, Die europarechtliche Neuordnung der Haftung bei Flugunfällen und ihre Auswirkungen auf Luftfahrtunternehmen, NVZ 1998, 225

Hagel, Ulrich, Die Insolvenzabsicherungspflicht im Reiserecht, Aachen 1998

Hart, Dieter/Joerges, Christian, Verbraucherrecht und Marktökonomie: Eine Kritik ordnungstheoretischer Eingrenzungen der Verbraucherpolitik, in: *Assmann, H. D./Brüggemeier, G./Hart, D./Joerges, Ch.*, Wirtschaftsrecht als Kritik des Privatrechts, Königstein/Taunus 1980, S. 83 ff.

Hirsch, Christine, Entgeltansprüche von Beherbergungsunternehmern in eingeschneiten Wintersportorten, ZVR 2000, 2

Isermann, Edgar, Zur Geltendmachung von Reisemängeln ohne Vollmachtsvorlage nach § 174 BGB, MDR 1995, 224 = RRa 1995, 98

ders., Der Reisevertragsprozess, in: Beck'sches Richterhandbuch, 2. Aufl., München 1999, S. 632 ff.

Jacobs, Rainer/Lindacher, Walter F./Teplitzky, Otto (Hrsg.), UWG-Großkommentar, Berlin, New York 1994

Jauernig, Otmar (Hrsg.), BGB, 9. Aufl., München 1999 (zitiert Jauernig-*Bearbeiter*)

Kaller, Paul, Das Verhältnis des Gewährleistungsrechts nach §§ 651 c ff. BGB zum allgemeinen Recht der Leistungsstörungen, RRa 1999, 19

ders., Reiserecht, München 1999

ders./Schäfer, Holger, Die rechtlichen Probleme der Fortuna-Reisen, RRa 1995, 78

Kappus, Andreas, Reise- und Hotelaufnahmebedingungen (Stand 1996), in: *Graf von Westphalen*, Vertragsrecht und AGB-Klauselwerke, München

Kehrberger, H.-Peter, Overhead-Bin – Unfälle an Bord von Flugzeugen, in: Luftverkehrsrecht im Wandel – Festschrift für Werner Guldimann, 1997, S. 129 ff.

Koch, Harald/Willingmann, Arnim, Haftungsrechtliche Aspekte der internationalen Fährschifffahrt, NZV 1999, 23

Krause, Katja, Die 7. Herbsttagung der DGfR in Baden-Baden, RRa 1999, 240

Krippendorf, Jost, Die Ferienmenschen – für ein neues Verständnis von Freizeit und Reisen, Bern 1996

Lindner, Beatrix, Podiumsdiskussion der DGfR zum Thema »Beschwerde-Management statt Amtsgerichte?« auf der Internationalen Tourismus-Börse in Berlin, RRa 1997, 125

dies., Podiumsdiskussion der DGfR auf der Internationalen Tourismus-Börse 2000, RRa 2000, 83

Löwe, Walter, Interessenwahrnehmungspflichten bei der Vermittlungstätigkeit durch Reisebüros und Reiseveranstalter, RRa 1996, 215

Micklitz, Hans-Wolfgang, Nochmals: Die Haftung des Staates für die verspätete Umsetzung der Pauschalreise-Richtlinie, RRa 1996, 239

ders./Reich, Norbert, Die Fernabsatzrichtlinie im deutschen Recht, Baden-Baden 1998

Müller, Walter, Schadenersatz aufgrund verdorbenen Urlaubs, Berlin 1986

Müller-Langguth, Horst, Stellungnahme zur »Frankfurter Tabelle zur Reisepreisminderung«, NJW 1985, 900

Müller-Rostin, Wolf, Neue Entwicklung bei den Passagierhaftpflichtgrenzen in der internationalen Luftfahrt, TranspR 1996, 5 ff.

ders., Das »neue Warschauer Abkommen« im Überblick, TranspR 1999, 291

ders./Schmid, Ronald, Yin und Yang ade? Zu den Versuchen, die Passagierhaftung im Warschauer Abkommen zu reformieren, in: Luftverkehrsrecht im Wandel, Festschrift für Werner Guldimann, 1997, S. 169 ff.

Neuner, Jörg, Der Reisevermittlungsvertrag, AcP 193 (1993), 1

Noll, Rainer, Die Auswirkungen des neuen Reiserechts auf die Allgemeinen Reisebedingungen der Reiseveranstalter und Reisevermittler, RRa 1993, 42

ders., Besteht eine Pflicht des Reisevermittlers, den billigsten Reiseveranstalter zu empfehlen?, RRa 1996, 67 und 95

ders., Rechtsfragen des Vertriebs touristischer Leistungen über Online-Medien, in: Deutsche Gesellschaft für Reiserecht (Hrsg.), DGfR-Jahrbuch 1999 (2000), S. 73 ff.

Papadopoulou, Panajota, Reiserecht in Griechenland, Dissertation Rostock 2000

Peter, Michael/Tonner, Klaus, Umweltbeeinträchtigungen auf Reisen, NJW 1992, 1794

Pick, Eckhart, Reiserecht, München 1995

Rebmann, Eberhard, International einheitliche Regelung des Rechts des Reisevertrages, DB 1971, 1949

Rebmann, Kurt/Säcker, Franz Jürgen/Rixecker, Roland (Hrsg.), Kommentar zum Bürgerlichen Gesetzbuch, 3.Aufl., München, (zitiert: MünchKomm-*Bearbeiter*), 11 Bände, München 1993–1999

Recken, Heinz, Die Haftung des Reiseveranstalters für Versagen des Leistungsträgers aus unerlaubter Handlung, BB 1989, 1709

Reich, Norbert, Der Schutz subjektiver Gemeinschaftsrechte durch Staatshaftung, EuZW 1996, 709

ders., Bürgerrechte in der Europäischen Union, Baden-Baden 1999

RGRK, Großkommentar zum BGB, hrsg. von Mitgliedern des Bundesgerichtshofes, 12. Aufl. Berlin, New York 1974 ff. (zitiert: RGRK-*Bearbeiter*)

Ruppelt, Hans-Jürgen, Grundzüge des Kartellrechts in der Anwendung auf die Tourismusindustrie, in: Deutsche Gesellschaft für Reiserecht (Hrsg.), DGfR-Jahrbuch 1999 (2000), S. 35 ff.

Schlosser, Peter, EuGVÜ, München 1996

Schlotmann, Regina, Das Recht der Pauschalreise – Reklamationen in der touristischen Praxis, Neuwied, Kriftel, Berlin 1993

dies., Justitia-ahoi; Rechtliche Fragen der Durchführung von Segelreisen, TranspR 1995, 369

dies., Gesetzliches Konkursabsicherungsregister oder freiwillige »weiße Liste« für die Reisebranche?, DZWir 1998, 299
dies., Ein Ende der Doppelzahlungen von Reisenden?, DZWir 1998, 344
Schmid, Ronald, Die Rechte des Reisenden beim Wechsel der Fluggesellschaft und des Luftfahrzeugs, NJW 1996, 1636
ders., Rechtsprechung zum Charterflug, Neuwied, Kriftel, Berlin 1997
ders., Neues Haftungsregime für internationale Luftbeförderungen, RRa 1999, 131
ders., Das neue Haftungssystem für internationale Luftbeförderungen, in: Deutsche Gesellschaft für Reiserecht (Hrsg.), DGfR-Jahrbuch 1999 (2000) S. 105 ff.
ders., Einige Überlegungen zur Geltendmachung des Treibstoffkosten-Zuschlags 2000 im Rahmen von Reiseveranstaltungen, NJW 2000, 1301
Schricker, Gerhard, Gesetzesverletzung und Sittenverstoß, München 1970
Seyderhelm, Bernhard, Reiserecht (Kommentar), Heidelberg 1997
Siebert, Klaus, Haftung des Reiseveranstalters auch für das allgemeine Lebensrisiko des Reisenden?, RRa 1994, 110 und 126
Soergel, BGB, Bd. 4/2, 12. Aufl., Stuttgart 2000 (zitiert: Soergel-*Bearbeiter*)
Solveen, Klaus/Tonner, Klaus, Neues Reiserecht – Staatshaftung bei Insolvenz des Reiseveranstalters, Köln 1994
Staudinger, Julius von, Kommentar zum Bürgerlichen Gesetzbuch, 2. Buch, 12. Aufl., Berlin 1978 ff. (zitiert: Staudinger-*Bearbeiter*)
Stöhr, Karlheinz, Schadensersatzansprüche wegen verspäteter Umsetzung der EG-Pauschalreiserichtlinie, NJW 1999, 1063
Staudinger, Ansgar, Verspätungsschäden nach Eisenbahnverkehrsordnung: Ein europarechtswidriger Anachronismus, NJW 1999, 3664
ders., Ersatz bei Zugverspätungen als Folge richtlinienkonformer Auslegung des § 17 EVO, RRa 2000, 19
Streinz, Rudolf/Leible, Stefan, Staatshaftung wegen verspäteter Umsetzung der EG-Pauschalreise-Richtlinie, ZIP 1996, 1931
Teichmann, Arndt, Die Struktur der Leistungsstörungen im Reisevertrag, JZ 1979, 737
ders., Zur Inhaltskontrolle der Allgemeinen Geschäftsbedingungen im Reisevertrag, JZ 1987, 751
ders., Die Haftung für Mängel und höhere Gewalt im Reiserecht, JZ 1990, 1117
ders./Beck, Markus, Rechtsprobleme der Paketveranstaltung, in: Deutsche Gesellschaft für Reiserecht (Hrsg.), DGfR-Jahrbuch 1998 (1999), S. 47 ff.
ders./Michalek, Dietmar, Die Buchung eines halben Doppelzimmers, JuS 1985, 763
Tempel, Otto, Die Bemessung der Minderung der Vergütung in Reisevertragssachen, NJW 1985, 97
ders., Unzulässige Schematisierung der Reisepreisminderung?, NJW 1985, 1885

ders., Rechtsfragen der Geltendmachung von Ansprüchen des Reisenden nach Reiseende (§ 651 g BGB), NJW 1987, 2841
ders., Stornokosten bei Kündigung des Reisevertrags wegen höherer Gewalt?, NJW 1990, 821
ders., Die Zuweisung einer anderen Unterkunft als Reisemangel, RRa 1995, 158
ders., Informationspflichten bei Pauschalreisen, NJW 1996, 1625
ders., Probleme der Berechnung von Vergütung und Entschädigung bei höherer Gewalt in Reisesachen, NJW 1997, 621
ders., Das Hochzeitsessen in der Dominikanischen Republik – eine missglückte Hochzeitsreise oder eine missglückte Berechnung der Minderung?, RRa 1997, 131
ders., Entwicklungen und Tendenzen im Reisevertragsrecht – Rückschau und Zukunftsperspektiven, RRa 1998, 19
ders., Die Pflichten des vermittelnden Reisebüros, NJW 1999, 3657
ders., Die Zulässigkeit von Vertragsänderungen und Verzichtserklärungen im Reiserecht, RRa 1999, 107
ders., Materielles Recht im Zivilprozess, 3. Aufl., München 1999
Tonner, Klaus, Der Urlaub im Ferienhaus, NJW 1981, 1921
ders., Grenzen der Vorauszahlungspflicht im Reisevertrag, JURA 1988, 185
ders., Die Entwicklung des Reisevertragsrechts durch Rechtsprechung, Gesetzgebung und Verbandsverhandlungen, AcP 189 (1989), 122
ders., Die EG-Richtlinie über Pauschalreisen, EuZW 1990, 409
ders., Reiserecht in Europa, Neuwied, Kriftel, Berlin 1992
ders., Harmonisierung oder Disharmonisierung des Reiserechts, EWS 1993, 197
ders., Zur Aufklärungspflicht des Reisebüros über Billig-Angebote, RRa 1995, 221
ders., Probleme des Gerichtsstands und des anwendbaren Rechts bei Klagen aus Reiseverträgen, in: *Stauder, B.* (Hrsg.), Les actions collectifes transfrontièrs des organisations des consommateurs, Zürich 1997, S. 23 ff.
ders., Die neue EG-Verordnung über die Haftung von Luftfahrtunternehmen bei Unfällen, RRa 1998, 211
ders., Europarecht und Reiserecht, in: Deutsche Gesellschaft für Reiserecht (Hrsg.), DGfR-Jahrbuch 1998 (1999), S. 9 ff.
ders., Theorie und Praxis des Insolvenzschutzes bei Pauschalreisen, EuZW 1999, 395
ders., Pauschalreisen, in: *Grabitz, E./Hilf, M.*, Das Recht der Europäischen Union, Bd. 2 Teil A 12, 1999
ders., Das Schicksal von Zahlungen des Reisenden an das Reisebüro bei Insolvenz des Reisebüros oder des Reiseveranstalters, RRa 2000, 3
ders./Krause, Katja, Urlaub und Witterungsrisiko, NJW 2000, demnächst
ders./Lindner, Beatrix, Der Wechsel der Fluggesellschaft als Reisemangel?, VuR 1996, 249

dies., 5. Herbsttagung der Deutschen Gesellschaft für Reiserecht, RRa 1997, 246

Ulmer, Peter/Brandner, Hans-Erich/Hensen, Horst-Diether, AGB-Gesetz, 8. Aufl., Köln 1997

Ultsch, Michael, »Bonus-Meilen« für Kreditkartenumsätze – Verbotene Zugaben?, WM 1999, 2535

Willingmann, Armin, Prozessuale Modelle zur Vereinheitlichung der Rechtsprechung zur Übertragbarkeit des Rechtsentscheids gem. § 541 ZPO auf den Reiseprozess, RRa 1997, 91

Wolf, Manfred/ Horn, Norbert/Lindacher, Walter F., AGB-Gesetz, 3. Aufl., München 1994

Wolter, Udo, Das Verhältnis des reiserechtlichen Gewährleistungsrecht der §§ 651 e ff. zum allgemeinen Recht der Leistungsstörungen, AcP 183 (1983) 39

ders., Rechtsprobleme der §§ 651 f und 651 h BGB, NJW 1988, 396

Zoller, Edgar, Vorleistungspflicht und AGB-Gesetz, Heidelberg 1986.

Pauschalreiserecht

Einleitung

Urlaubsreisen, als »die glücklichsten Wochen des Jahres« bezeichnet, sind seit langem ein selbstverständliches **Massenkonsumgut**. Auch Arbeitslosigkeit und damit verbundene Einkommenseinbußen der Arbeitnehmer führen nicht zu einem Einbruch im Tourismus, sondern allenfalls zu einer Verkürzung der Urlaubsreisen und zu einem Ausweichen ins Billigsegment. Der moderne Reisende »kauft« die fertige Reise beim Reiseveranstalter, der das »Produkt« aus einzelnen Elementen, namentlich der Unterkunft und der Beförderung, vorfabriziert und in gebündelter Form, gleichsam als Paket, anbietet, sei es über ein Reisebüro, sei es im Direktvertrieb. 1

Mit der Urlaubsreise als Massenphänomen tauchte die Frage ihrer angemessenen rechtlichen Regelung auf, und zwar eng verbunden mit dem **Vordrängen der Veranstalterreisen Anfang der 70er-Jahre**. Obwohl auch heute noch ein erheblicher Teil aller Reisen sog. Individualreisen sind, also ohne Zuhilfenahme eines Reiseveranstalters durchgeführt werden, ist es um diesen Bereich rechtspolitisch stets relativ ruhig geblieben. Dabei kennt das BGB weder einen Beförderungsvertrag noch – abgesehen von der Gastwirtehaftung – einen Beherbergungsvertrag. Reiseveranstalter konnten jedoch seit Ende der 60er-Jahre infolge ihrer Marktmacht gegenüber dem Verbraucher bedenkliche AGB durchsetzen, sei es, dass sie sich durch sog. Vermittlerklauseln[1] der Haftung entziehen wollten, sei es, dass sie übermäßige Stornogebühren[2] verlangten. So kam es, dass sich die Intervention der Rechtsprechung und sodann des deutschen, schließlich des europäischen Gesetzgebers auf die Pauschalreise beschränkte. Reiserecht ist Pauschalreiserecht. 2

Traditionelle Reiserechtsprobleme sind **Lärm** in allen Varianten (Verkehrslärm, Baulärm, Diskotheken) und die Folgen einer Überbuchung oder Flugverspätungen. Hierfür hat sich inzwischen eine, wenn auch nach wie vor nicht immer genau vorhersehbare Rechtsprechung gefestigt. In letzter Zeit spielen immer mehr die **Auswirkungen von Kriegen und terroristischen Anschlägen** sowie **ökologische Beeinträchtigungen**, aber auch zunehmende Ansprüche wegen **bloßer Unannehmlichkeiten** ins Reiserecht hinein. Auf diesen Gebieten liegen Herausforderungen für Rechtsprechung und Rechtswissenschaft, die erst ansatzweise angenommen worden sind. Schließlich ist die Umsetzung der **EG-Pauschalreiserichtlinie**[3] ins deutsche Recht keineswegs unproblematisch verlaufen. 3

---

1 BGHZ 61, 267 – Ferienhausfall.

2 BGHZ 60, 14 – Impfschadenfall.

3 ABlEG Nr. L 158 vom 23. 6. 1990, S. 59 ff.

Nachdem die Bundesrepublik Deutschland wegen der verspäteten Umsetzung vom Europäischen Gerichtshof zu Schadenersatz verurteilt wurde,[4] steht heute die jetzt geltende Insolvenzabsicherung auf dem Prüfstand. Der EuGH hat in nicht weniger als vier Entscheidungen[5] Maßstäbe für die Interpretation der Pauschalreiserichtlinie entwickelt, die auch bei der Handhabung des deutschen Rechts beachtet werden müssen.

1. Wirtschaftliche Bedeutung

4 Die These von der Urlaubsreise als Massenkonsumgut wird durch die **Reiseintensität** belegt: 1970 haben 41,6 % aller Bürger über 14 Jahre eine Urlaubsreise unternommen, 1993 waren es 75,6 % und 1998 76,4 %. Jeder Reisende unternahm 1998 durchschnittlich 1,31 Reisen.[6]

5 1998 wurden 29,6 % der Reisen im **Inland** gemacht, 70,4 % gingen ins **Ausland.** Diese Relation ist seit Jahren relativ stabil. Spitzenreiter bei den Auslandszielen sind Spanien, Italien und Österreich. Außereuropäische Länder (einschließlich der neuen Massenziele Türkei und Tunesien) sind mit 13,4 % vertreten.

6 Hinsichtlich der **Beförderung** entfielen 1998 49,6 % auf den Pkw, 32,5 % auf das Flugzeug, 9,6 % auf den Bus und 6,6 % auf die Bahn.

7 Der **Anteil der Veranstalterreisen**, der jahrelang bei ca. einem Viertel lag, nähert sich jetzt der Hälfte aller Reisen (1975 20,8 %, 1983 27,4 %, 1991 36 %, 1998 44,6 %). Genau genommen erfasst diese Zahl allerdings nicht die Veranstalterreisen, sondern die über ein Reisebüro organisierten Reisen, also durchaus auch die eine oder andere Individualreise im Rechtssinne.

8 Die **Abgrenzung zwischen Individual- und Pauschalreisen** kann zu Schwierigkeiten führen, vor allem, wenn eine einzelne Reiseleistung in Form einer Veranstalterreise angeboten wird, z. B. Ferienhäuser in Veranstalterkatalogen. Der BGH wendet auf diese Reiseart seit 1985 die §§ 651 a ff. BGB analog an.[7]

4 EuGH Urt. vom 8. 10. 1996, Slg. 1996, I-4845 – Dillenkofer.

5 EuGH Urt. vom 8. 10. 1996, Slg. 1996, I-4845 – Dillenkofer; EuGH Urt. vom 14. 5. 1998, Slg. 1998, I-2949 – Karthago = EuZW 1998, 440; EuGH Urt. vom 11. 2. 1999, Slg. 1999, I-840 – AFS Intercultural Programs Finland ry = EuZW 1999, 219 = RRa 1999,132; EuGH Urt. vom 15. 6. 1999, Slg. 1999, I nnv. – Rechberger = EuZW 1999, 468 = RRa 1999, 227.

6 Zahlenangaben bis 1991 nach Reiseanalyse 1991, hrsg. vom Studienkreis für Tourismus, für 1993 nach »Urlaub und Reisen 94«, einem Nachfolgewerk der Reiseanalyse, berichtet in: FVW 1994, Heft 6, S. A5 ff., für 1998 nach »Urlaub und Reisen 99«, berichtet in: FVW 1999, Heft 6, S. 64 f. Danach auch alle folgenden Zahlen.

7 BGH NJW 1985, 906, bestätigt in BGH NJW 1992, 3158; kritisch dazu *Bidinger/Müller-Bidinger*, in: DGfR-Jahrbuch 1999 (2000), S. 59.

Die Tatsache, dass **rechtliche Probleme so gut wie ausschließlich bei der Pauschalreise**, und nur ganz selten bei der Individualreise auftauchen, hat auch wirtschaftliche Gründe. Der Kunde befindet sich gegenüber dem Reiseveranstalter in einer unterlegeneren Position als der Individualreisende gegenüber einem Hotelier. Die Pauschalreise wird im Voraus bezahlt; treten Mängel auf, muss der Reisende sehen, wie er sein Geld zurückbekommt; er muss sich um seine Rechtsverfolgung kümmern. Hat er dagegen eine Unterkunft privat gebucht, so wird er vor der Ankunft am Urlaubsort allenfalls eine Anzahlung geleistet haben. Meint er, zu Reklamationen berechtigt zu sein, kann er die (restliche) Zahlung zurückhalten. Es ist nun der Hotelier, der sehen muss, wie er zu seinem Geld kommt. Diese unterschiedliche Situation ist ein Grund, warum Fragen der Individualreise die Gerichte kaum beschäftigt haben. 9

Ein zweiter Grund liegt darin, dass die Reiseveranstalter ihren Verträgen **Allgemeine Geschäftsbedingungen** zu Grunde legen, in denen sie anfangs versuchten, sich von ihrer Haftung frei zu zeichnen. Das musste auf die Dauer zwangsläufig zu einer Gegenreaktion zunächst der Rechtsprechung und dann des Gesetzgebers führen. Infolgedessen ergeben sich die Haftung und ihre Begrenzungsmöglichkeiten nun allerdings weitgehend zwingend aus dem Gesetz, so dass AGB eigentlich überflüssig geworden sind.[8] 10

Bei der **Individualreise** tauchen dagegen solche Probleme nicht auf. Ein Beherbergungsvertrag wird meist mündlich abgeschlossen. Es kommen auf ihn die allgemeinen vertragsrechtlichen Vorschriften des BGB zur Anwendung, und nicht AGB. Auch wenn ein Hotelzimmer schriftlich bestellt wird, werden meistens keine AGB eingeführt, auch wenn dies unter Wahrung der Erfordernisse des § 2 AGBG möglich wäre. Ein anderes Thema ist freilich die Haftung und ihre Begrenzung im Beförderungsvertrag. 11

Der Unterschied zwischen Pauschal- und Individualreise ist auf die unterschiedliche **Marktstruktur** zurückzuführen. Während das Hotel- und Gaststättengewerbe im Wesentlichen mittelständisch strukturiert ist, ist der Markt der Veranstalterreisen charakterisiert durch ein Oligopol an der Spitze, bestehend aus den Unternehmen TUI, C&N und LTU mit einem Marktanteil von (1998/99) zusammen 45,2 %.[9] Die Anbieterseite kann, wenn schon nicht immer die Preise, so doch zumindest die sonstigen Bedingungen diktieren. Der Markt leistet hier die 12

8 So die These von *Tempel*, RRa 1998, 19.

9 Diese Zahl wurde errechnet aus FVW, Deutsche Veranstalter in Zahlen, Beilage zu FVW 1999, Heft 30. Dort wird für die drei genannten Unternehmen ein Marktanteil von 60,3% angegeben, jedoch hinzugefügt, dass sich diese Zahl auf die Ergebnisse der von der FVW durchgeführten Erhebung bezieht, die nach Einschätzung der Befrager 75 % des Marktes erfasst. Hochgerechnet auf 100% ergibt sich der hier genannte Marktanteil.

ihm zukommende Funktion, einen Interessenausgleich herbeizuführen, nicht; deswegen sahen sich erst Rechtsprechung und dann Gesetzgebung veranlasst, in diesen Markt zu intervenieren.

13 Die Europäisierung des Marktes hat zu einer erheblichen Konzentration geführt.[10] In Deutschland geschah dies durch eine vertikale Integration bei den Großunternehmen, d. h. durch die Zusammenführung von Reiseveranstaltern und Charterfluggesellschaften. Es haben sich hier zwei sehr starke Gruppen herausgebildet, nämlich einmal das sog. **rote Lager**, bestehend aus der TUI und aus HAPAG LLOYD mit der PREUSSAG als Muttergesellschaft und der Westdeutschen Landesbank im Hintergrund, und das sog. **gelbe Lager**, in dem Karstadt und Lufthansa ihre Töchter Neckermann und Condor in C&N zusammen geführt haben. Das Wachstum der Großunternehmen entwickelt sich überproportional im Verhältnis zum Wachstum der Gesamtbranche. Die Umbrüche in der Branche sind begleitet von einem nicht unbedeutenden Preiswettbewerb, wobei jedoch zu befürchten ist, dass es sich um ein für Oligopolmärkte typisches Strohfeuer handelt, welches sich nach Festigung der Marktstrukturen legt. Festzustellen ist ein Trend zu billigen Standardreisen einerseits und teuren Luxusreisen andererseits, während das mittlere Preissegment immer mehr weg bricht.

14 Die **Europäisierung der Märkte** hat nicht zu mehr Wettbewerb geführt, sondern dazu, dass die großen Unternehmen der beiden wichtigsten Sitzstaaten von Reiseveranstaltern innerhalb der Europäischen Union, Deutschland und Großbritannien, Aufkäufe in anderen Mitgliedsstaaten getätigt haben. In einer ersten Runde nach Schaffung des EU-Binnenmarktes wurden die Reiseveranstalter in anderen kleineren Mitgliedsstaaten aktiv, so die Deutschen in den Niederlanden und Belgien und die Briten in den skandinavischen Ländern. Neuerdings ist ein wechselseitiges Eindringen der großen Unternehmen aus Deutschland und Großbritannien in den jeweils anderen Markt zu beobachten. Der zweitgrößte britische Veranstalter, Airtours, ist bei der FTI eingestiegen, und die Westdeutsche Landesbank ist über das ihr gehörende Unternehmen Thomas Cook in Großbritannien aktiv.

15 Eine weitere Veränderung der Marktstruktur ergibt sich durch die neuen **kommunikationstechnischen Möglichkeiten** im Vertriebsbereich. Diese erlauben in viel stärkerem Maße als bisher den Direktvertrieb und bedrohen die Reisebüros, insbesondere da, wo es sich um nicht beratungsbedürftige Standardprodukte handelt. Die Reisebüros müssen sich neu positionieren, wenn sie nicht langfristig durch das Internet vom Markt verdrängt werden wollen.[11]

---

10 Vgl. *Ruppelt*, in: DGfR-Jahrbuch 1999 (2000), S. 35 ff.

11 Zum e-commerce vgl. *Noll*, in: DGfR-Jahrbuch 1999 (2000), S. 73 ff.; *Ernst*, VuR 1999, 397 ff.

2. Rechtliche Entwicklung

2.1. 70er Jahre: Intervention der Rechtsprechung

Wie bereits angedeutet, führte die Marktstruktur auf dem Reiseveranstaltungsmarkt dazu, dass die Reiseveranstalter ihre überlegene Stellung gegenüber den Reisenden dazu ausnutzen konnten, in ihre AGB weitreichende **Haftungsfreizeichnungen** und andere den Kunden belastende Klauseln einzubauen. 16

Eine erste Intervention des BGH richtete sich gegen die erhöhten **Stornogebühren**. In einem Urteil vom 30. 11. 1972[12] verlangte der BGH, dass der Reiseveranstalter seine Stornogebühren an den zum Zeitpunkt des Rücktritts tatsächlich geleisteten Aufwand zu orientieren habe. Die Stornogebühren gingen in der Folgezeit merklich zurück und sind noch heute im europäischen Vergleich relativ niedrig,[13] werden aber gleich wohl als Problem empfunden.[14] Die Materie ist nunmehr in § 651 i BGB geregelt. 17

Besonders beliebt war die so genannte **Vermittlerklausel**, mit welcher der Reiseveranstalter erklärte, er vermittle nur Verträge zwischen den Reisenden und den einzelnen Leistungsträgern. Bei Reklamationen sollte sich der Reisende an die einzelnen Leistungsträger halten. Dies erschwerte dem Reisenden ganz erheblich die Durchsetzung seiner Rechte – man denke nur an Ansprüche gegen einen ausländischen Hotelier – und bedeutete faktisch eine weit gehende Haftungsfreizeichnung des Reiseveranstalters. Mit einem Urteil vom 18. 10. 1973[15] erklärte der BGH die Vermittlerklausel für unzulässig. Die Materie ist nunmehr in § 651 h Abs. 2 BGB geregelt. 18

Schließlich sei auf das Urteil vom 10. 10. 1974[16] hingewiesen, mit dem der BGH dem Reisenden einen **Schadenersatzanspruch wegen nutzlos aufgewendeter Urlaubszeit** zusprach. Die Materie ist nunmehr in § 651 f Abs. 2 BGB geregelt. 19

Alle drei Urteile bedeuteten wichtige Verbesserungen des **Verbraucherschutzes** im Reiserecht, doch konnte die Intervention der Rechtsprechung eine Reform durch den Gesetzgeber nicht überflüssig machen. Die Rechtsprechung konnte immer nur punktuell intervenieren, aber nicht ein systematisch geschlossenes Reisevertragsrecht schaffen. Zumindest 1979, als die §§ 651 a ff. BGB in Kraft 20

12 BGHZ 60, 14 – Impfschadenfall.

13 Vgl. *Tonner*, Reiserecht in Europa, S. 73 ff.

14 *Tempel*, RRa 1998, 19.

15 BGHZ 61, 267 – Ferienhausfall.

16 BGHZ 63, 98 – Rumänienfall.

traten, gab es für den Gesetzgeber genügend von der Rechtsprechung nicht gelöste Fragen.[17]

2.2. 1979: Intervention des Gesetzgebers

21 Das **Reisevertragsgesetz**, das die §§ 651 a bis 651 k ins BGB einfügte, trat am 1. 10. 1979 in Kraft.[18] Die Bundesregierung hatte den Entwurf eines eigenständigen Reisevertragsgesetzes ins Gesetzgebungsverfahren eingebracht, mit der man die Zweispurigkeit des BGB mit der Trennung in das im Allgemeinen Teil des Schuldrechts geregelte Leistungsstörungsrecht und das in den jeweiligen Vertragstypen des Besonderen Teils geregelte Gewährleistungsrecht zugunsten einer einheitlichen Regelung bei Vertragsstörungen überwinden wollte.[19] Man orientierte sich dabei an dem Einheitlichen Kaufgesetz und an einem einige Jahre zuvor gezeichneten, aber kaum ratifizierten **Brüsseler Übereinkommen über den Reisevertrag.**[20] Innerhalb der EG wurde das Übereinkommen von Belgien und Italien ratifiziert, musste dann aber anlässlich der Umsetzung der Pauschalreiserichtlinie gekündigt werden, da es mit dieser teilweise in Widerspruch steht. Die anfangs heftig diskutierte Frage, wie das allgemeine Leistungsstörungsrecht und das Gewährleistungsrecht der § 651 c ff. zusammenpassen,[21] spielt heute keine praktische Rolle mehr, da das allgemeine Leistungsstörungsrecht vollkommen zurückgedrängt ist.[22]

22 Im **Rechtsausschuss des Bundestages** wurde der Entwurf der Bundesregierung radikal gekürzt und ins BGB integriert.[23] Zur Begründung wurde angeführt, eine Ergänzung des BGB erlaube eine straffere Regelung, da an die Systematik und die Begriffe des BGB angeknüpft werden könne. Ein Spezialgesetz hätte auch zu einer weiteren Rechtszersplitterung geführt, die der Ausschuss nicht für wünschenswert hielt.

23 Zahlreiche der vom Rechtsausschuss gekappten Vorschriften enthielten Regelungen für Probleme, denen sich dann die Rechtsprechung annehmen musste.[24]

---

17 Zum Verhältnis von Rechtsprechung und Gesetzgebung beim Verbraucherschutz im Reiserecht vgl. AK-BGB- *Derleder*, vor §§ 651 a ff., Rn. 8; *Tonner*, AcP 189 (1989), 122, 141 ff.

18 BGBl 1979 I, 509.

19 BT-Drucks. 7/5141, unverändert in die 8. Legislaturperiode eingebracht, BT-Drucks. 8/786.

20 Vgl. zu diesem Übereinkommen *Rebmann*, DB 1971, 1949 sowie 2. Auflage Einleitung, Rn. 22 f.

21 Vgl. *Teichmann*, JZ 1979, 737; aus jüngster Zeit *Kaller*, RRa 1999, 19.

22 Vgl. Überlegungen zur »Einspurigkeit« bei der Schuldrechtskommission, Abschlussbericht (1992) Teil A III 1.

23 BT-Drucks. 8/2343; Ausführlicher zum Gesetzgebungsverfahren 2. Aufl., Rn. 24 ff.

24 Ausführlich zu »Streicharbeit« des Rechtsausschusses *Hart/Joerges*, in: *Assmann u. a.*, Wirtschaftsrecht als Kritik des Privatrechts, S. 137 ff.

Der Regierungsentwurf enthielt Vorschriften, wann eine einzelne Reiseleistung als Reisevertrag anzusehen ist (Ferienhaus), über die Zulässigkeit von Ersatzleistungen als Abhilfe und dispositive Pauschalsätze für Stornogebühren. Selbst die Überschrift war genauer. Der vom Regierungsentwurf benutzte Ausdruck »Reiseveranstaltungsvertrag« brachte im Gegensatz zu »Reisevertrag« zum Ausdruck, dass nur Pauschalreisen geregelt werden sollen.

2.3. 80er Jahre: Weiterentwicklung durch die Rechtsprechung

Auch nach Inkrafttreten der §§ 651 a ff. BGB setzte die Rechtsprechung die Verbesserung des **Verbraucherschutzes** im Reiserecht kontinuierlich fort, wobei gleichzeitig Zweifelsfragen der neuen Vorschriften geklärt wurden. Einige Beispiele mögen dies belegen:[25] **24**

In der Mauritius-Entscheidung[26] hatte der BGH das **Konkurrenzverhältnis zwischen § 651 e BGB und § 651 j BGB** geklärt. Wenn höhere Gewalt einen Mangel auslöst, kann sich der Verbraucher auf die für ihn günstigere Kündigungsmöglichkeit nach § 651 e BGB berufen.[27] Allerdings ist der BGH später vom Gesetzgeber korrigiert worden, der den Vorrang des § 651 j BGB festgelegt hat. **25**

Wenn ein Reiseveranstalter eine **einzelne Reiseleistung** veranstaltermäßig erbringt, werden die §§ 651 a ff. BGB analog angewendet.[28] Eine entsprechende Vorschrift des Regierungsentwurfs war im Bundestag gestrichen worden; der BGH löst das Problem in einem verbraucherfreundlichen Sinne. **26**

Im Rahmen des § 651 f Abs. 1 BGB werden **Informationspflichten** festgelegt (Visum-Fall)[29] und eine **Beweislastumkehr** für das Verschulden von Leistungsträgern angeordnet (Nilschiff-Fall).[30] Im Zuge der Umsetzung der EG-Pauschalreiserichtlinie wurden Informationspflichten und Beweislastumkehr gesetzlich geregelt. **27**

Das **doppelte Anzeigeerfordernis** während der Reise (§ 651 d Abs. 2 BGB) und nach Reiseende (§ 651 g Abs. 1 BGB) wird im Alaska-Fall[31] entschärft: Wendet sich der Reisende vom Urlaubsort aus an den Reiseveranstalter und ist Abhilfe objektiv nicht möglich, muss nach Reiseende nicht erneut angezeigt werden. **28**

---

25 Ausführlicher *Tonner*, AcP 189 (1989) 122, 136 ff.
26 BGHZ 85, 50.
27 Vgl. im Einzelnen unten § 651 j Rn. 3.
28 BGH NJW 1985, 906.
29 BGH NJW 1985, 1165.
30 BGHZ 100, 185.
31 BGHZ 102, 80.

29 Die Haftungsbeschränkungsmöglichkeiten des § 651 h BGB werden durch Anwendung von Deliktsrecht umgangen: Die deliktische Haftung wird durch eine vertragliche Haftungsbeschränkung nicht erfasst, und die **Verkehrssicherungspflichten** des Reiseveranstalters selbst werden sehr weit gezogen (Balkonsturz-Fall).[32]

30 Zu den in diesen Urteilen gefundenen Ergebnissen hätte der BGH auch ohne die §§ 651 a ff. BGB durch Fortentwicklung seiner bisherigen Rechtsprechung gelangen können. Lediglich zu § 651 f Abs. 2 BGB und § 651 g Abs. 1 BGB existieren Urteile, die ohne diese Vorschriften nicht hätten ergehen können, nämlich eine Loslösung von der auf fiktiven unbezahlten Urlaub bezogenen Berechnung des Schadenersatzes wegen nutzlos aufgewendeter Urlaubszeit[33] und das bereits erwähnte Urteil zum Verhältnis der Anzeigepflichten nach § 651 d Abs. 2 BGB und § 651 g Abs. 1 BGB.

31 Allerdings gab es auch Bereiche, wo der BGH eher unsicher war, nämlich je mehr er sich Fragen des Preises näherte. So weiß man bis heute nicht genau, bis zu welcher Höhe **Stornogebühren** zulässig sind; ein Urteil, das 100 % am Abreisetag verbot, bezog sich auf eine reine Flugreise.[34] Auch das **Vorkasse**-Urteil[35] kann nicht befriedigen; zwar verlangt der BGH Ansprüche gegen die Leistungsträger »verbriefende« Unterlagen bei vollständiger Reisepreisvorauszahlung, doch hat sich an der Vorauskasse seither praktisch nichts geändert.[36] Das Problem wurde erst entschärft durch die Einführung der Insolvenzabsicherungspflicht infolge der EG-Pauschalreiserichtlinie.[37]

32 Im Reiserecht hat auch die **instanzgerichtliche Rechtsprechung** große Bedeutung. Hier ist vor allem eine umfangreiche Kasuistik zum Mängelbegriff entstanden[38]. Die vergleichsweise niedrigen Streitwerte führen meistens zum Rechtszug Amtsgericht → Landgericht. Infolge der ständigen Anhebung der Beschwerden durch Justizentlastungsgesetze entscheiden immer mehr **Amtsgerichte** abschließend in Reiseprozessen. Das ist bedauerlich, weil Amtsgerichtsurteile aufgrund der hohen Belastung dieser Gerichte nicht die für eine Fortentwicklung des Rechts notwendige Qualität aufweisen können. Da die Streitwerte höchst selten so hoch sind, dass das Landgericht Eingangsgericht ist, hat der BGH fast keine Möglichkeit mehr, zur Rechtsfortbildung im Reiserecht bei-

32 BGHZ 103, 298.
33 BGH NJW 1983, 35; vgl. unten § 651 f Rn. 39 ff.
34 BGH NJW 1985, 633 – ABC-Flug.
35 BGHZ 100, 157.
36 Zur Vorauskasse unten § 651 a Rn. 75 ff.
37 Vgl. unten die Erläuterungen zu § 651 k.
38 Siehe Mängeltabelle unten Anhang zu § 651 c.

zutragen.[39] Ob man dem durch eine Übertragung der Rechtsfigur des **Rechtsentscheids** aus dem Mietrecht gegensteuern könnte, ist jedoch zweifelhaft.[40]

Die Vorauskassepraxis führt dazu, dass Beklagter regelmäßig der Reiseveranstalter ist und sich **Reiseprozesse** infolge dessen **am Firmensitz der großen Veranstalter** konzentrieren, nämlich Hannover (TUI), Frankfurt a. M. bzw. Bad Homburg (Neckermann) und Düsseldorf (LTT/LTU), wobei Hannover jedoch eine abnehmende Rolle spielt, weil die TUI es selten zu Prozessen kommen lässt. Eine besondere Rolle hat dabei das LG Frankfurt a. M., weil hier seit vielen Jahren eine Spezialkammer für Reiserecht besteht,[41] die sich intensiv um eine Veröffentlichung ihrer Urteile bemüht und mit der »**Frankfurter Tabelle**«[42] eine Systematisierung der von ihr gewährten Minderungssätze bei typischen Mängeln publiziert hat. 33

Die Frankfurter Tabelle ist ins Schussfeld der Kritik geraten.[43] Es geht dabei um eine Abwägung zwischen Rechtssicherheit und Einzelfallgerechtigkeit. Ersteres erfordert die Tabelle, Letzteres lässt sie zweifelhaft erscheinen. Im Reiserecht lässt sich eine Einzelfallgerechtigkeit jedoch ohnehin nur bedingt erreichen, da sich die Umsetzung eines Mangels in einen Minderungsprozentsatz nicht auf nachrechenbarem Wege vollziehen kann, vielmehr einer wertenden richterlichen Entscheidung bedarf, sprich: ein Stück Willkür enthält. Es ist z. B. logisch nicht einsichtig zu machen, warum Lärm einer bestimmten Stärke und Dauer zu einer Minderung von 35 % und nicht 40 % berechtigen soll. Wenn aber die Vorhersehbarkeit der richterlichen Entscheidung nicht durch Konkretisierung abstrakter Rechtssätze zu erreichen ist, so gebietet die Rechtssicherheit, andere Wege dafür bereitzustellen. Tabellen sind ein solcher Weg, und sie sind auch kein juristisches Novum, wie die Unterhalts- oder Schmerzensgeldtabellen zeigen. Der Verzicht auf die kasuistische Konkretisierung von Mangelbegriff und Minderungssätzen würde den Anspruchsteller, und das ist regelmäßig der Verbraucher, mit Rechtsunsicherheit belasten. Entweder greift er zu hoch, dann trägt er trotz dem Grunde nach bestehenden Anspruchs einen Teil der Prozesskosten, oder er greift zu tief, dann verschenkt er einen Teil seiner Ansprüche. Trotz aller Kritik wird die Frankfurter Tabelle heute noch implizit von vielen Gerichten zumindest als erster grober Orientierungsmaßstab verwendet. 34

39 Das Urteil vom 14. 12. 1998, X ZR 122/97 ist seit Jahren die erste reiserechtliche BGH-Entscheidung.

40 Vgl. *Willingmann*, RRa 1997, 91.

41 24. Kammer, ihr früherer Vorsitzender *Tempel* hat kürzlich das Reiserecht dargestellt in RRa 1998, 19.

42 Vgl. Anhang Nr. I 6. Erstmals veröffentlicht in NJW 1985, 113; ergänzt in NJW 1994, 1639.

43 Vgl. die Kontroverse zwischen *Müller-Langguth*, NJW 1985, 900 und *Tempel*, NJW 1985, 1885.

35 Auffälligerweise zieht das größte Unternehmen der Branche, TUI, die Konfliktregulierung durch »Kulanz« vor.[44] Im Sommer 1999 wurde sogar ein offensives Marketing mit einer »**Geld-zurück-Garantie**« durchgeführt.[45] Nur so ist zu erklären, dass Bedeutung und Umfang der reiserechtlichen Rechtsprechung des LG Hannover hinter der des LG Frankfurt zurückbleiben. Nicht nur aus verbraucherpolitischer Sicht, sondern auch aus der Sicht der Veranstalter spricht einiges für die »Kulanz«-Strategie, denn sie verschafft nicht nur das bessere Image, sondern erlaubt dem Veranstalter, die Maßstäbe für die Konfliktregulierung selbst zu setzen.

2.4. 90er Jahre: Die EG-Pauschalreiserichtlinie und ihre Umsetzung

36 Am 13. 6. 1990 verabschiedete der EG-Ministerrat eine Richtlinie über Pauschalreisen.[46] Diese Richtlinie führte zu einer erheblichen Veränderung des Reiserechts in allen Mitgliedsstaaten und zu einer **Rechtsannäherung**, jedoch **nicht zu einer Rechtsvereinheitlichung**. Die Richtlinie war Ergebnis sowohl der **Binnenmarkt- wie der Verbraucherpolitik** der EG. Im Jahre 1985 hatte die EG durch die Einheitliche Europäische Akte das Ziel des Binnenmarktes festgelegt. Ein Binnenmarkt für Reiseveranstalter bedeutet, dass diese ihre Leistungen auch in anderen Mitgliedsstaaten anbieten und Verbraucher die Leistungen von Reiseveranstaltern anderer Mitgliedsstaaten nachfragen. Dafür ist eine gewisse Annäherung der rechtlichen Rahmenbedingungen erforderlich.

37 Für Dienstleistungen hatte die EG-Kommission in einem Weißbuch von 1985 das Konzept der **Mindeststandards** festgelegt, d. h. man verzichtete auf eine völlige Harmonisierung des Rechts.[47] Die Mitgliedsstaaten können höhere Schutzniveaus beibehalten und auch künftig neu einführen als die in Richtlinien niedergelegten Mindeststandards. Inzwischen hat der Vertrag von Amsterdam für die Verbraucherpolitik das Mindeststandardkonzept allgemein festgeschrieben, Art. **129 a Abs. 5** EG-Vertrag (jetzt **Art. 153 Abs. 5**). **Art. 100 a Abs. 3** (jetzt **Art. 95 Abs. 3**) EG-Vertrag verpflichtet die Kommission zu einem **hohen Schutzniveau** bei der Vorlage ihrer Vorschläge.

44 Vgl. dazu sehr instruktiv die empirische Untersuchung über die Reklamationspraxis der TUI von *Schlotmann*, Das Recht der Pauschalreise – Reklamationen in der touristischen Praxis, S. 133 ff.

45 Vgl. dazu *Born*, in: DGfR-Jahrbuch 1999 (2000), S. 47 ff.

46 ABl. EG Nr. L 158 vom 13. 6. 1990. Ein Überblick über den Inhalt findet sich bei *Abeltshäuser*, EWS 1991, 97 und *Tonner*, EuZW 1990, 409; detailliert wird sie bei *Tonner*, Reiserecht in Europa, S. 249 ff. behandelt sowie *ders.*, in: *Grabitz/Hilf*, Das Recht der Europäischen Union, Bd. II, A 12: Pauschalreisen.

47 KOM 85 (310) endg.

Europäisierung des Reiserechts bedeutet also nicht, dass ein neues, einheitliches Recht auf der europäischen Ebene entsteht, vielmehr bleibt europäisiertes Recht das Recht der Mitgliedsstaaten, welches durch die Richtlinien nur angenähert, aber nicht identisch wird.[48] Das bedeutet, dass man bei grenzüberschreitenden Buchungen mit Hilfe des **Internationalen Privatrechts** ermitteln muss, welches Recht zur Anwendung berufen ist. 38

Aus inhaltlicher Sicht geben drei Merkmale der Richtlinie das Gepräge: Zahlreiche **Informationspflichten**, ein Kompromiss zwischen strikter und verschuldensabhängiger Haftung und der Zwang zur Absicherung des **Insolvenzrisikos**. Während in den Mitgliedsstaaten bislang entweder vorvertragliche Informationspflichten, d. h. Katalogpflichtangaben (Dänemark, Großbritannien) oder vertragliche Informationspflichten (z. B. Belgien, Frankreich) bestanden, kumuliert die Richtlinie beides. Bemerkenswert sind weiterhin detaillierte Preiserhöhungsvorschriften. Die Haftungsvorschrift des Art. 5 normiert zunächst das Prinzip einer strikten Haftung des Reiseveranstalters, erlaubt ihm jedoch den Einwand fehlenden Verschuldens. Der Sache nach handelt es sich damit um eine Verschuldenshaftung mit Beweislastumkehr hinsichtlich des Verschuldens, was der bisherigen Rechtsprechung zu § 651 f Abs. 1 BGB entspricht. Eine Haftungsbeschränkung bei Körperverletzungen ist nicht zulässig. Die Insolvenzschutzvorschrift des Art. 7 ist sehr allgemein gefasst. Von einem europäischen Insolvenzschutzsystem hat man abgesehen.[49] Vielmehr müssen die Mitgliedsstaaten für den Insolvenzschutz sorgen. 39

Die Richtlinie hätte von den Mitgliedsstaaten bis zum 31. 12. 1992 in nationales Recht umgesetzt werden müssen. Die meisten Mitgliedsstaaten hielten diese **Frist** nicht ein, darunter auch Deutschland. Das Umsetzungsgesetz ist im Mai 1994 verabschiedet worden und trat zum 1. 11. 1994 in Kraft.[50] 40

Das **Umsetzungsgesetz** beließ das Reisevertragsrecht im BGB und änderte auch nicht das System der verschuldensunabhängigen Gewährleistung, das so von der Richtlinie nicht verlangt wird. Die wichtigsten Änderungen waren: 41

Preis- und Leistungsänderungsvorbehalte, die bislang ihre Grenzen lediglich im AGBG fanden, erhalten eine spezifische reiserechtliche Regelung. Die Gründe für Preiserhöhungen sind abschließend im Gesetz aufgezählt (§ 651 a Abs. 3 und 4 BGB).[51] 42

48 Vgl. dazu *Tonner*, in: DGfR-Jahrbuch 1998 (1999), S. 9 ff.

49 Dies hatte zu Recht der Wirtschafts- und Sozialausschuss in seiner Stellungnahme angeregt, ABl. EG Nr. C 102/27 vom 24. 4. 1989.

50 BGBl. 1994 I, 1322 (Gesetz zur Durchführung der Richtlinie des Rates vom 13. Juni 1990 über Pauschalreisen); Gesetzesmaterialien: Regierungsentwurf, BT-Drucks. 12/5354, Bericht des Rechtsausschusses, BT-Drucks. 12/7334.

51 Vgl. dazu *Führich*, RRa 2000, 43, und *Schmid*, NJW 2000, 1301.

43 Es gibt zahlreiche detaillierte **Informationspflichten**, und zwar Katalogpflichtangaben, Pflichtangaben bei der Buchung und bei der Übersendung der Reiseunterlagen. Sie stehen in einer Verordnung, die sich auf eine Ermächtigungsgrundlage im § 651 a Abs. 5 BGB stützt.[52] Die Verordnung soll demnächst um eine Hinweispflicht auf zweckmäßige Impfungen ergänzt werden.[53]

44 Für **Körperschäden** darf es **keine Haftungsbeschränkungen** mehr geben. Damit wird das Ausweichen auf Deliktsrecht überflüssig, es sei denn, es geht um einen Schmerzensgeldanspruch.

45 Besonders bedeutsam ist die für das deutsche Recht neue Pflicht zur **Insolvenzsicherung**, § 651 k BGB. Der Reiseveranstalter muss eine Bankbürgschaft oder Insolvenzversicherung haben und dem Reisenden einen Sicherungsschein aushändigen. Der Gesetzgeber stellte dem § 651 k BGB eine Bußgeldvorschrift zur Seite, § 147 b GewO.

46 Die Richtlinie hat bislang zu vier Vorlageverfahren gemäß Art. 177 EG-Vertrag (jetzt Art. 234) vor dem EuGH geführt. In einem Verfahren geht es um den Anwendungsbereich der Richtlinie, in den drei anderen um die Insolvenzabsicherungspflicht.

47 In der Sache AFS Intercultural Finland ry[54] war der **Anwendungsbereich der Richtlinie** näher zu bestimmen. Das vorlegende Gericht wollte wissen, ob ein **Schüleraustausch**, bei dem die Schüler kostenlos bei Gasteltern untergebracht waren, unter die Richtlinie fällt. Der EuGH verneinte die Frage im Gegensatz zu Generalanwalt *Saggio*, der als relevante Leistungen den Transport und die sorgfältige Auswahl der Gasteltern angesehen hatte.

48 Zwei der EuGH-Entscheidungen zur Insolvenzabsicherung sind durch die **verspätete bzw. unzureichende Umsetzung der Richtlinie** in Deutschland bzw. Österreich verursacht. Nach Ablauf der Umsetzungsfrist, aber vor Inkrafttreten des deutschen Umsetzungsgesetzes erlitten deutsche Urlauber durch die Insolvenz ihres Veranstalters einen Vermögensschaden. Der EuGH bejahte in seinem Dillenkofer-Urteil[55] im Anschluss an seine Francovich-Rechtsprechung[56] einen **Staatshaftungsanspruch** der betroffenen Verbraucher. Im Rechberger-Fall[57] er-

52 BGBl. 1994 I, 1322.

53 Der Entwurf der ÄnderungsVO nebst Begründung ist abgedruckt in: DGfR-Jahrbuch 1999 (2000), S. 161 ff.

54 EuGH Urt. vom 11. 2. 1999, Slg. 1999, I-825 – AFS Intercultural Finland ry = EuZW 1999, 219 = RRa 1999, 132.

55 EuGH Urt. vom 8. 10. 1996, Slg. 1996, I-4845 – Dillenkofer.

56 EuGH Urt. vom 19. 11. 1991, Slg. 1991, I-5357 – Francovich.

57 EuGH Urt. vom 15. 6. 1999, Slg. 1999, I-nnv. = EuZW 1999, 468 mit Anm. *Tonner* = RRa 1999, 227.

litten österreichische Verbraucher trotz bestehenden Umsetzungsgesetzes einen Vermögensschaden, weil das Umsetzungsgesetz dazu führte, dass sie nicht voll entschädigt wurden. Auch hier wendete der EuGH die Regeln über die Staatshaftung an.

Im Karthago-Fall[58] schließlich hatten die Reisenden nach der Insolvenz ihres Veranstalters den griechischen Hotelier **ein zweites Mal bezahlt**. Der österreichische Insolvenzabsicherer wollte sie nicht entschädigen mit der Begründung, sie könnten sich das Geld von dem Hotelier zurückholen. Dem EuGH zufolge war jedoch die doppelte Zahlung durch die Insolvenz bedingt und somit zu erstatten. 49

Die Fälle zeigen, dass die Europäisierung des Reiserechts nach der Verabschiedung der Umsetzungsgesetze in allen Mitgliedstaaten weitergeht. Die Urteile tragen wesentlich zur einheitlichen Anwendung in den Mitgliedstaaten und damit zu einem ständigen Prozess der Rechtsannäherung bei. 50

3. Aktuelle Probleme der Jahrtausendwende

3.1. Zunehmende Ansprüche bei bloßen Belanglosigkeiten

Klassische Reklamationsgründe wie Überbuchungen oder Lärm aller Art sind zwar nicht verschwunden, werden jedoch seltener. Offenbar werden derartige Fälle häufig vorprozessual erledigt. Stattdessen müssen sich die Gerichte immer mehr mit den sprichwörtlichen »drei Fliegen an der Wand« beschäftigen, die den Reisenden in seinem Wohlbefinden stören. Der moderne Reisende wünscht keine Kakerlaken, aber auch keine Pestizide, mit denen sie zu bekämpfen sind. Er möchte fremde Länder erfahren, aber keine ungewohnten Speisen zu sich nehmen. Eine Abenteuerreise darf nicht über eine Asphaltstraße führen, aber das Rütteln des Geländewagens darf auch nicht zu unangenehm werden. Wer über Terrassenstufen stolpert, hat nicht etwa selbst nicht aufgepasst, sondern ist Opfer einer nicht eingehaltenen Verkehrssicherungspflicht des Reiseveranstalters geworden. 51

Offenbar nehmen viele Urlauber die Versprechungen der Reiseprospekte, in eine heile **Traumwelt** versetzt zu werden, **zu wörtlich**. Es ist Aufgabe des Rechts, derartige Erwartungen auf ein vernünftiges Maß zurückzuführen. Wer überall auf der Welt mitteleuropäische Standards erwartet, sollte Mitteleuropa besser nicht verlassen. Man darf aber das Kind nicht mit dem Bade ausschütten; auch heute noch gibt es genügend Fälle, in denen der Reiseveranstalter haftet. 52

58 EuGH Urt. vom 14. 5. 1998, Slg. 1998, I-2949 – Karthago = EuZW 1998, 440 mit Anm. *Tonner*; vgl. auch den Besprechungsaufsatz von *Schlotmann*, DZWir 1998, 344.

3.2. Fehlende höchstrichterliche Rechtsprechung

53 Aufgrund der ständig steigenden Streitwertgrenzen hat der BGH so gut wie keine Gelegenheit mehr, ins Reiserecht einzugreifen. Dies macht sich weniger bei der Ausfeilung der Mängelkasuistik störend bemerkbar, die schon immer Aufgabe der Instanzgerichte war und dort auch gut aufgehoben ist. Auch die Abwehr überzogener Ansprüche bei bloßen Unannehmlichkeiten ist auf der Ebene der Instanzgerichte zu leisten. Es gibt jedoch Fragen grundsätzlicherer Art, wo ein **klärendes Wort des BGH wünschenswert** wäre. Dies gilt gegenwärtig insbesondere für § 651 j BGB, wo es zu der Frage, wann der Reisende nach einem terroristischen Anschlag wegen unvorhersehbarer höherer Gewalt kündigen kann, dringend einer Leitentscheidung des BGH bedarf. Immerhin enthält die Entscheidung vom 14. 12. 1999 deutliche Worte zur Haftung für Fremdleistungen und zu den Verkehrssicherungspflichten.[59]

54 Wünschenswert wäre auch, wenn der BGH Gelegenheit hätte, seine Urteile aus den 80 er-Jahren zu bestätigen. Sie erodieren nämlich allmählich. So gehen einige Instanzgerichte sehr formal mit dem doppelten **Anzeigeerfordernis** nach § 651 d Abs. 2 BGB und § 651 g Abs. 1 BGB um, was nicht immer im Einklang mit dem Alaska-Urteil[60] steht. Auch das Balkonsturz-Urteil,[61] mit dem der BGH sehr strenge Verkehrssicherungspflichten statuiert hat, wird von zahlreichen Entscheidungen unterlaufen. M. E. sollten die flexibleren Maßstäbe des Alaska-Urteils weiterhin Beachtung finden, während das Balkonsturz-Urteil in der Tat etwas überzogen war. Der BGH hat es jetzt aber grundsätzlich bestätigt.[62]

3.3. Insolvenzabsicherung

55 Ein Hauptproblem der Gegenwart ist die Insolvenzabsicherungspflicht gemäß § 651 k BGB. Das vorhandene **Sanktionsinstrumentarium reicht nicht** aus, um die flächendeckende Umsetzung der Vorschrift zu gewährleisten. Zahlreiche Unternehmen, die den Bonitätskriterien der Insolvenzabsicherer nicht genügen, bleiben weiterhin auf dem Markt und schließen Reiseverträge ab, ohne den erforderlichen Sicherungsschein auszuhändigen und ohne über die gesetzlich vorgeschriebene Insolvenzabsicherung zu verfügen. Die Bußgeldvorschrift des § 147 b GewO wird von der Gewerbeaufsicht nicht implementiert, und auch

59 RRa 2000, 85 = NJW 2000, 1188 = LM H. 5/2000 § 651 a Nr. 9 mit Anm. *Tonner*; vgl. unten § 651 a Rn. 32 und § 651 f Rn. 21.

60 BGHZ 102, 80.

61 BGHZ 103, 298.

62 RRa 2000, 85 = NJW 2000, 1188.

die Verbandsklagebefugnis nach § 13 UWG reicht offensichtlich nicht aus, um die »schwarzen Schafe« vom Markt zu nehmen.

Es besteht daher gesetzgeberischer Handlungsbedarf, um zu vermeiden, dass sich die Bundesrepublik Deutschland erneut wegen unzureichender Umsetzung des Art. 7 der Pauschalreiserichtlinie einer Staatshaftung aussetzt. Verbesserungen der gewerberechtlichen Vorschriften, etwa eine Meldepflicht der Insolvenzabsicherer bei abgelehnten Versicherungsanträgen, greifen zu kurz. M. E. wäre es erforderlich, dass die Insolvenzabsicherer einen **Feuerwehrfond** in Anlehnung an die Vorschriften der Kfz-Haftpflichtversicherung bilden.[63] **56**

3.4. Ökologisierung des Reiserechts?

Der Massentourismus kann zu einer ökologischen Bedrohung werden. Urlaubslandschaften werden verbraucht, Langstreckenflüge verursachen einen hohen Energieverbrauch. In der Diskussion befindet sich seit langem das Schlagwort vom »**sanften Tourismus**«, seit dem Umweltgipfel von Rio »nachhaltiger Tourismus« genannt, einige Großveranstalter haben Umweltbeauftragte eingesetzt. **57**

Bereits seit den 80er-Jahren werden als **Kriterien** für den »sanften Tourismus« genannt: **58**

- den Massencharakter des Reisens und die eigene Touristenrolle akzeptieren,
- die Reiseströme entzerren und besser verteilen,
- breit gefächerte Wirtschaftsstruktur anstreben, Monokultur vermeiden,
- Betonung des Einheimischen und Landestypischen,
- die Vorteile neu geschaffener künstlicher Urlaubszentren einsehen und nutzen,
- ein ehrliches und verantwortungsbewusstes Reise-Marketing betreiben.[64]

Jedoch setzen sich Reisen, die Kriterien des »sanften Tourismus« genügen, über den Markt nicht durch. Zwar zeigen Urlauber bei Befragungen ein hohes **Umweltbewusstsein**, jedoch nicht bei der konkreten Buchung einer Urlaubsreise. Dies ist auch nicht verwunderlich, da beide Vertragsparteien an einer kurzfristigen Nutzenmaximierung interessiert sein müssen, bei der langfristige Interessen das Nachsehen haben. Auf der anderen Seite müssen auch die langfristigen ökologischen Interessen berücksichtigt werden, um das Konsumgut »Urlaubsreise« langfristig zu erhalten. Da dies marktförmig nicht möglich ist, muss auch das Recht einen Beitrag zur Lösung dieses Problems leisten. **59**

---

63 Ausführlicher *Tonner*, EuZW 1999, 395.

64 *Krippendorf*, Die Ferienmenschen – für ein neues Verständnis von Freizeit und Reisen, S. 174 ff.

60 M. E. kann dies auch im Vertragsrecht geschehen, in dem der **Mangelbegriff ökologisch interpretiert** wird.[65] Es dürfen nicht nur die Interessen von Reiseveranstalter und Reisenden miteinander abgewogen werden, sondern es müssen auch ökologische Aspekte berücksichtigt werden. Mängel, deren Abstellung einen ökologisch belastenden Ausbau der Infrastruktur voraussetzt, sollten eher gering bewertet werden. So sollten etwa in einer wasserarmen Gegend Unterbrechungen der Wasserversorgung nicht zu einem Mangel führen, um zu verhindern, dass das wenige in der Gegend vorhandene Wasser allein in die Hotelanlagen geleitet wird. Generell sollte einem verschwenderischen Umgang mit Ressourcen durch eine restriktive Interpretation des Mangelbegriffs begegnet werden. Auf der anderen Seite ist auch vorstellbar, dass ein weiterer Mangelbegriff das ökologisch vorteilhaftere Ergebnis zur Folge hat. So kann z. B. bei durch Abwasser verursachten Problemen durch Annahme eines Mangels ein Druck auf den Bau von Kläranlagen ausgeübt werden. Es ist jeweils zu fragen, ob den Umweltinteressen dadurch besser gedient ist, dass der Reiseveranstalter haftet oder nicht. Dabei ist von einem weiten Mangelbegriff auszugehen, der je nach den Umständen des Einzelfalls flexibel einzuschränken ist.

61 Natürlich ist mit Mitteln des Vertragsrechts allein den ökologischen Gefahren, die vom Massentourismus ausgehen, nicht zu begegnen. Dass **Fernreisen** immer billiger werden und dadurch weit entfernte Ziele Gegenstand des Massentourismus werden (Beispiel: Dominikanische Republik), ist unter ökologischen Aspekten zu bedauern. Es fragt sich, ob dem hier nicht durch eine künstliche Verteuerung der Flugpreise über eine **Kerosinsteuer** entgegengewirkt werden muss. Doch kann diese Frage hier nicht vertieft werden.

65 Ausführlicher zum folgenden *Peter/Tonner*, NJW 1992, 1794; zustimmend *Derleder*, in: *Reich/Heine-Mernik* (Hrsg.), Umweltverfassung und nachhaltige Entwicklung in der EU, S. 89 ff.

Vorbemerkungen

Übersicht:

1. Abgrenzung zwischen Pauschal- und Individualreise

Ein eigentliches Reiserecht hat es lange Zeit nicht gegeben. Es ist erst durch die verstärkte Bedeutung der Reiseveranstalter erforderlich geworden. Der **Individualreisende**, der seine Reise selbst organisiert, schließt Verträge mit den Personen ab, die selbst einzelne Reiseleistungen erbringen, etwa einen **Beherbergungsvertrag** mit einem Hotelier oder einen **Beförderungsvertrag** mit einem Verkehrsunternehmen. Beim **Reiseveranstaltungsvertrag** dagegen **bündelt der Reiseveranstalter** die einzelnen Reiseleistungen zu einem **Pauschalangebot**; der Reisende tritt nur mit dem Reiseveranstalter in vertragliche Beziehungen. Am besten lässt sich der Unterschied grafisch erklären: 1

2

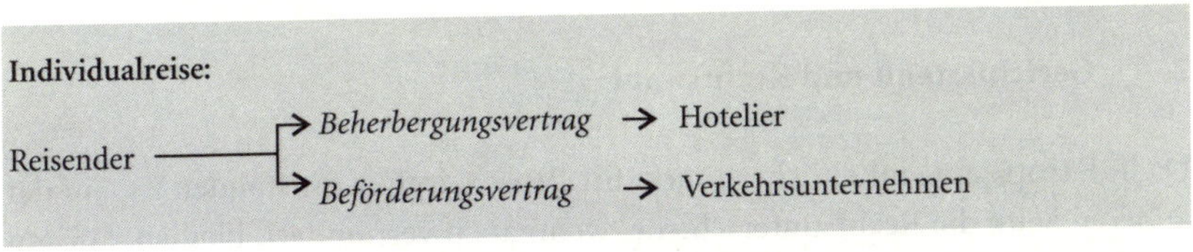

3

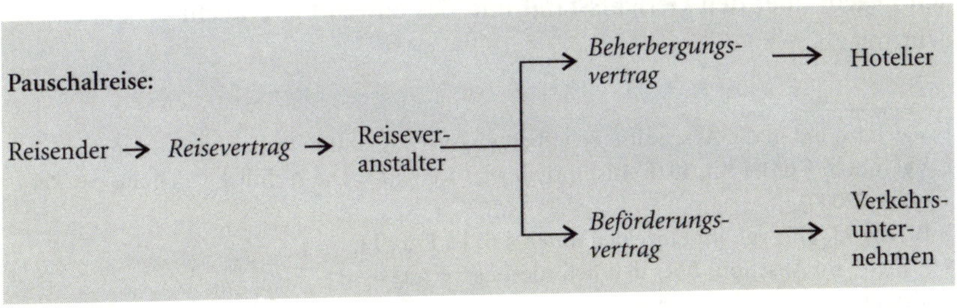

4 Nur die Rechtsbeziehungen zwischen Reisendem und Reiseveranstalter nennen sich »**Reisevertrag**« und sind Gegenstand der gesetzlichen Regelung, alle übrigen in der Grafik aufgeführten Rechtsbeziehungen nicht, auch Verträge mit dem in der Grafik nicht aufgeführten Reisebüro nicht. Die **Individualreise** wird von den Vorschriften der §§ 651 a ff. BGB überhaupt nicht berührt. Die vom Individualreisenden abgeschlossenen Verträge folgen eigenen Regelungen.[1] Beim Beförderungsvertrag muss danach unterschieden werden, um welche Art der Beförderung es sich handelt. Mit dem Reisebüro schließt der Reisende einen **Reisevermittlungsvertrag** ab, der gesetzlich nicht näher geregelt ist.[2]

5 Bei der Pauschalreise steht der Reisende zu denjenigen, die die einzelnen Reiseleistungen erbringen (den sog. **Leistungsträgern**) nicht in vertraglichen Beziehungen. Allerdings sind die Verträge zwischen dem Reiseveranstalter und den Leistungsträgern regelmäßig **Verträge zugunsten Dritter**, nämlich des Reisenden. So kann der Reisende von der Charterfluggesellschaft verlangen, transportiert zu werden.[3] Darüber hinaus haften die einzelnen Leistungsträger dem Reisenden nach § 823 BGB (bzw. Beförderungsunternehmen nach spezialgesetzlichen Vorschriften) auf Schadenersatz, wenn sie schuldhaft (bei Beförderungsunternehmen wird das Verschulden meistens vermutet) Eigentum oder Gesundheit des Reisenden verletzen. Der Reisende kann also nach einem Unfall auch bei einer Pauschalreise die Fluggesellschaft oder die Eisenbahn in Anspruch nehmen.[4] Wird eine Leistung freilich ausschließlich im Ausland erbracht, kommt bei einer Klage gegen den Leistungsträger normalerweise ausländisches Recht zur Anwendung, und man muss im Ausland klagen, z. B. nach einem Unfall auf einem Ausflug. Um dem Reisenden die Mühen einer Klage im Ausland abzunehmen, handhabt die Rechtsprechung die Verkehrssicherungspflichten des Reiseveranstalters recht großzügig.[5]

2. Gerichtsstand und Rechtswahl

6 Da in Europa ein einheitlicher Markt für Pauschalreisen entstanden ist, auf der anderen Seite die Rechtsunterschiede, wenn auch vermindert, bleiben, kommt den Regeln über den Gerichtsstand und das anwendbare Recht verstärkte Bedeutung zu.

---

1 Vgl. dazu unten die Abschnitte Beherbergungsvertrag und Beförderungsvertrag.
2 Vgl. unten § 651 a Rn. 40 ff. Ausführlich jetzt *Dewenter*, Die rechtliche Stellung des Reisebüros (2000).
3 BGHZ 93, 271; vgl. im Einzelnen unten § 651 a Rn. 11 f.
4 Näheres im Abschnitt über den Beförderungsvertrag.
5 Vgl. unten § 651 f Rn. 21 ff.

Zunächst einmal taucht die Frage auf, ob ein Reiseveranstalter eine **Insolvenzabsicherung** jeweils für den nationalen Markt, auf dem er tätig wird, benötigt. Die Antwort gibt das von der Rechtsprechung des EuGH zur **Dienstleistungsfreiheit** nach dem EG-Vertrag entwickelte sog. **Herkunftslandprinzip.**[6] Danach darf ein Dienstleistungserbringer seine Dienstleistungen in der gesamten Union frei erbringen, sofern er gemäß den Vorschriften seines Sitzstaates legal handelt. Ein Reiseveranstalter darf also aufgrund des Versicherungsvertrags, den er in seinem Heimatstaat gemäß den dort geltenden Vorschriften mit einem Insolvenzabsicherer abgeschlossen hat, in anderen Mitgliedsstaaten tätig werden, ohne die dort geltenden Insolvenzabsicherungsvorschriften beachten zu müssen. Der deutsche Gesetzgeber hat dies im § 651 k Abs. 5 BGB ausdrücklich festgeschrieben.[7] Entsprechende Vorschriften fehlen in den Umsetzungsgesetzen der anderen Mitgliedsstaaten, jedoch ist auch dort das Herkunftslandprinzip zu beachten. Umgekehrt darf ein Reiseveranstalter den erforderlichen Insolvenzabsicherungsvertrag mit einem Insolvenzabsicherer seiner Wahl aus einem anderen Mitgliedstaat abschließen.[8] 7

Im **Vertragsrecht** taucht die Frage auf, ob der Reiseveranstalter durch **Gerichtsstands- und Rechtswahlklauseln** Gerichtsverfahren nach seinem Recht in seinem Sitzstaat konzentrieren kann. Dem sind jedoch durch zwei europäische Übereinkommen eindeutige Grenzen im Interesse des Verbraucherschutzes gesetzt, nämlich für Gerichtsstandsklauseln durch das Europäische Gerichtsstands- und Vollstreckungsübereinkommen (EuGVÜ) und für Rechtswahlklauseln durch das Römische Abkommen über das auf vertragliche Schuldverhältnisse anwendbare Recht, in Deutschland umgesetzt durch die Art. 27 ff. EGBGB. 8

Beide Abkommen garantieren zwar grundsätzlich die Freiheit und den Vorrang der Gerichtsstands- bzw. Rechtswahl, enthalten jedoch in übereinstimmenden Vorschriften Einschränkungen für Verbraucherverträge, nämlich in Art. 13 EuGVÜ und Art. 29 EGBGB. 9

2.1. Gerichtsstand

Das **EuGVÜ** wurde in Ausführung von Art. 220 EWG-Vertrag im Jahre 1968 zwischen den damaligen Mitgliedsstaaten der EWG abgeschlossen. Bei jeder Erweiterung der EG schlossen die bisherigen Mitgliedsstaaten mit den neuen 10

6 Vgl. etwa EuGH Urt. vom 10. 5. 1995, Slg.1995, I-1141 – Alpine Investment = EuZW 1995, 404 mit Anm. *Reich.*

7 Zu den Grenzen und den Einzelheiten vgl. unten § 651 k Rn. 18 ff.

8 EuGH Urt. vom 1. 12. 1998, Slg. 1998, I-7875 – Ambry = EuZW 1999, 317 = RRa 1999, 50 mit Anm. *Tonner.*

Mitgliedern ein neues Abkommen ab, das jeweils von allen Vertragspartnern ratifiziert werden musste, und nahmen bei der Gelegenheit auch geringfügige inhaltliche Veränderungen vor. Gegenwärtig gilt das EuGVÜ in der Fassung des Abkommens von San Sebastian, mit dem der Beitritt von Portugal und Spanien realisiert wurde.

11 Parallel dazu wurde das EuGVÜ durch das **Lugano-Übereinkommen** der Sache nach auf die damaligen EFTA-Mitgliedsstaaten (Finnland, Island, Norwegen, Österreich, Schweden, Schweiz) erstreckt, also nicht nur auf die EWR-Staaten, denn es gilt auch für die Schweiz, nicht aber für Liechtenstein. Das Lugano-Übereinkommen ist inhaltlich im Wesentlichen identisch mit dem EuGVÜ, weicht aber in der Textfassung an einigen Stellen ab. Formal sind EuGVÜ und Lugano-Abkommen verschiedene Abkommen. Gegenwärtig wird der Beitritt von Österreich, Schweden und Finnland zum EuGVÜ vorbereitet, was wegen der Zuständigkeit des EuGH von Bedeutung ist. Es ist auch im Gespräch, das EuGVÜ durch eine EG-Verordnung abzulösen. Das EuGVÜ ist nur anzuwenden, wenn es von beiden Staaten, auf die sich der Sachverhalt bezieht, ratifiziert wurde.

12 Der **sachliche Anwendungsbereich** des EuGVÜ erstreckt sich gemäß Art. 1 EuGVÜ auf alle Zivil- und Handelssachen, mit den in dieser Vorschrift aufgezählten Ausnahmen, so dass er für Reiseverträge stets gegeben ist.

13 Art. 13 und 14 EuGVÜ regeln eine **besondere Zuständigkeit für Verbrauchersachen**. Der Verbraucher kann wählen, ob er seinen Vertragspartner in seinem Wohnsitzstaat oder im Sitzstaat des Vertragspartners verklagt, während der Vertragspartner den Verbraucher nur im Wohnsitzstaat des Verbrauchers verklagen kann, Art. 14 EuGVÜ.

14 Diese vor allem für Aktivprozesse des Verbrauchers recht weitgehende Regelung gilt aber nur bei »**Verbrauchersachen**« im Sinne des Art. 13 EuGVÜ. Dies sind einmal Teilzahlungskäufe über bewegliche Sachen (Absatz 1 Nr. 1), bestimmte Kreditgeschäfte (Absatz 1 Nr. 2) und Verträge über Dienstleistungen oder die Lieferung beweglicher Sachen, sofern dem Vertragsschluss ein ausdrückliches Angebot oder eine Werbung im Wohnsitzstaat des Verbrauchers vorausgegangen ist und dieser in seinem Wohnsitzstaat die zum Vertragsschluss notwendigen Rechtshandlungen vornimmt (Absatz 1 Nr. 3). Reiseverträge werden also grundsätzlich mit der Nr. 3 erfasst, sofern eine inländische Vertragsanbahnung vorausgegangen ist.

15 Nach Absatz 3 gilt Art. 13 EuGVÜ **nicht für Beförderungsverträge**. Der Grund für diese Ausnahme liegt darin, dass Beförderungsverträge regelmäßig durch spezielle internationale Abkommen geregelt sind, die ihrerseits Gerichtsstands-

vorschriften enthalten, insbesondere das WA.[9] Es ist jedoch unstreitig, dass der **Reisevertrag kein Beförderungsvertrag** im Sinne des Absatz 3 ist, sondern ein Dienstleistungsvertrag.[10] Bei einen reinen **Ferienhausvertrag** kommt gemäß Art. 16 EuGVÜ als ausschließlicher Gerichtsstand der Ort, an dem das Ferienhaus gelegen ist, zur Anwendung, so fern nicht beide Parteien ihren (Wohn-)sitz im Inland haben.[11]

Wie ausgeführt, kommt das EuGVÜ nicht zur Anwendung, wenn einer der **16** Vertragsparteien ihren **Sitz in einem Nicht-Vertragsstaat** hat, also wenn beispielsweise ein Unternehmen aus den USA eine Reise in Deutschland anbietet. Das EuGVÜ ist jedoch gleichwohl anzuwenden, wenn das Unternehmen aus dem Nicht-Vertragsstaat im Wohnsitzstaat des Verbrauchers über eine **Zweigniederlassung, Agentur oder sonstige Niederlassung** verfügt, Art. 13 Abs. 2 EuGVÜ. Dieser Vorschrift kommt erhebliche Bedeutung zu, da sie dazu führt, dass bei herkömmlichen Vertriebsformen der Gerichtsstand im Wohnsitzstaat des Verbrauchers meistens auch dann begründet ist, wenn der Vertragspartner seinen Sitz in einem Nicht-Vertragsstaat hat. Nach der gängigen Definition des EuGH ist mit Zweigniederlassung, Agentur oder sonstiger Niederlassung ein Mittelpunkt geschäftlicher Tätigkeit gemeint, der auf Dauer als Außenstelle eines Stammhauses auftritt, eine Geschäftsführung hat und sachlich so ausgestattet ist, dass er in der Weise Geschäfte mit Dritten betreiben kann, dass diese sich nicht an das Stammhaus zu wenden brauchen, auch wenn sie wissen, dass die Verträge mit dem Stammhaus zustande kommen.[12] Immer dann, wenn ein **Agenturvertrag** zwischen Reiseveranstalter und Reisebüro vorliegt, kann und muss daher am Wohnsitz des Verbrauchers geklagt werden.[13] Eine Ausnahme gilt dem EuGH zufolge allerdings, wenn der Vertrag nicht über die Niederlassung, welche die Werbung betrieben hat, zustande kommt, sondern über einen unabhängigen Dritten.[14]

Durch den **Vertrieb über Internet** dürften hier in Zukunft schwierige Rechts- **17** fragen auftauchen, denn es muss entschieden werden, ob das Einstellen eines

9 Vgl. unten Beförderungsvertrag, Rn. 19.

10 LG Konstanz NJW-RR 1993, 638; *Schlosser*, Art. 13 EuGVÜ, Rn. 10.

11 EuGH Urt. vom 27. 1. 2000, Slg. 2000, I-nnv. – Dansommer = RRa 2000, im Erscheinen mit Anm. *Schulze*.

12 EuGH Urt. vom 22. 11. 1978, Slg. 1978, 2183 – Saargas.

13 Für den Luftbeförderungsvertrag, für den es eine entsprechende Gerichtsstandsvorschrift im WA gibt, ist dies allgemein anerkannt, vgl. unten Beförderungsvertrag, Rn. 19.

14 EuGH Urt. vom 19. 1. 1993, Slg. 1993, I-139 – Shearson Hutton, dazu *H. Koch*, IPRax 1995, 71; EuGH Urt. vom 15. 9. 1994, Slg. 1994, I-4275 – Brenner und Noller, dazu *Rauscher*, IPRax 1995, 289. In beiden Fällen ging es um Warentermingeschäfte mit New Yorker Brokern.

Angebots in das Internet eine Vertragsanbahnung im Wohnsitzstaat des Verbrauchers ist. Man wird diese Frage nicht einfach bejahen oder verneinen können, sondern Kriterien entwickeln müssen, anhand derer festzustellen ist, ob der Anbieter einen weltweiten Vertrieb beabsichtigte oder zumindest auch im Wohnsitzstaat des Verbrauchers, oder ob er lediglich Verbraucher in seinem eigenen Sitzstaat oder in einer beschränkten Zahl anderer Staaten ansprechen wollte.[15] Es besteht auch die Gefahr, dass Art. 13 Abs. 2 EuGVÜ leer läuft, da der electronic commerce nicht mehr die »Zweigniederlassungen, Agenturen und sonstigen Niederlassungen« im Sinne dieser Vorschrift erforderlich macht.

2.2. Rechtswahl

18 Hinsichtlich der Rechtswahl wird das Prinzip der **Rechtswahlfreiheit** nach Art. 27 EGBGB durchbrochen durch die **Sonderanknüpfung des Art. 29 EGBGB**, der eine Verbraucherschutzvorschrift ist. Nach dieser Vorschrift dürfen dem Verbraucher durch eine Rechtswahl die ihn schützenden Vorschriften seines Wohnsitzstaates nicht entzogen werden, wenn eine Werbung des Anbieters im Wohnsitzstaat vorausgegangen ist und dort der Vertragsschluss stattfindet. Auch Art. 29 EGBGB kennt eine Bereichsausnahme für Beförderungsverträge, die sich jedoch nicht auf Reiseverträge bezieht.[16]

19 Im Vertragsrecht ist damit das **Wohnsitzprinzip** zugunsten des Verbrauchers durchgesetzt mit der Folge, dass sich ein europaweit anbietender Reiseveranstalter auf sämtliche Rechtsordnungen der Mitgliedsstaaten einlassen muss. Die Vorschrift ist stets zu beachten, also nicht nur im Rechtsverkehr zwischen den Mitgliedsstaaten des zugrunde liegenden EuGVÜ. Ein Reiseveranstalter aus einem nicht europäischen Staat, der in Deutschland Pauschalreisen anbietet, muss sich daher auf deutsches Recht einlassen.

20 Dieser Schutz gilt allerdings nur für den passiven Verbraucher, während der **aktive Verbraucher**, der von sich aus Angebote in anderen Mitgliedsstaaten ausfindig macht, sich auch in die »Gefahr« begibt, in einem anderen Mitgliedsstaat einer anderen Rechtsordnung zu unterliegen. Rechtstatsächliche Untersuchungen zeigen, dass dies anscheinend tatsächlich eine ernsthafte Schranke für Verbrauchergeschäfte ab einer bestimmten Größenordnung in anderen Mitgliedsstaaten ist.[17] Auch bei Art. 29 EGBGB taucht in Zukunft das Problem

---

15 *Noll*, in: DGfR-Jahrbuch 1999 (2000) S. 73 ff. geht davon aus, dass weiterhin von einer Vertragsanbahnung im Wohnsitzstaat auszugehen ist, vgl. auch *Ernst*, VuR 1999, 397 ff.

16 Vgl. MünchKomm-*Martiny*, Art. 29 EGBGB, Rn. 13.

17 Vgl. *Gessner*, Europas holprige Rechtswege – die rechtskulturellen Schranken der Rechtsverfolgung im Binnenmarkt, in Liber amicorum Norbert Reich, S. 163 ff.

auf, wann bei einem Vertrieb über Internet von einer inländischen Vertragsanbahnung ausgegangen werden kann.

3. Unlauterer Wettbewerb im Reiserecht

Reiserechtliche Probleme tauchen nicht nur in vertragsrechtlicher Einkleidung 21
auf, sondern bereits im Vorfeld, nämlich bei der Frage, ob als unlauter empfundene Vertriebsstrategien mit Hilfe des Rechts gegen unlauteren Wettbewerb unterbunden werden können.[18] Dabei sind drei Fragen zu unterscheiden:

(1) Wer kann klagen?
(2) Welche im UWG anerkannten Fallgruppen spielen eine Rolle?
(3) Kann das UWG benutzt werden, um Verstöße gegen andere Gesetze, namentlich die PrAngVO, die InfVO und § 651 k BGB, zu verfolgen?

3.1. Klagebefugnis

Gemäß § 13 Abs. 2 Nr. 1 UWG kann ein **Mitwettbewerber** auf Unterlassung 22
klagen, wenn jemand gemäß § 1 UWG im geschäftlichen Verkehr sittenwidrig zu Zwecken des Wettbewerbs gehandelt hat. Jeder seriöse Anbieter, der durch unlautere Vertriebsmethoden anderer seine eigenen Marktchancen beeinträchtigt sieht, kann sich also durch eine **Unterlassungsklage** wehren. Zwischen den Beteiligten muss ein **Wettbewerbsverhältnis** bestehen,[19] das aber abstrakt und weit zu verstehen ist und auch Beteiligte aus verschiedenen Absatzstufen umfassen kann.[20]

Klagebefugt sind ferner die in § 13 Abs. 2 Nr. 2 und 3 UWG genannten Ver- 23
bände, nämlich einmal die **Verbände zur Förderung gewerblicher Interessen,** Nr. 2, und zum anderen die **Verbraucherverbände**, Nr. 3. Um Missbräuchen vorzubeugen, insbesondere durch sog. Gebührenvereine, hat der Gesetzgeber vorgeschrieben, dass die Verbände bestimmte Merkmale erfüllen müssen, auf die hier nicht eingegangen werden kann.[21]

Der Unterlassungsklage muss regelmäßig eine **Abmahnung** vorausgehen, weil 24
sonst der Gegner im Prozess erklären kann, er habe die beanstandete Werbe-

18 Vgl. auch *Führich*, in: DGfR-Jahrbuch 1999 (2000), S. 11 ff.
19 BGHZ 107, 40 – Krankentransporte, dazu *Baumbach/Hefermehl*, Einl. UWG, Rn. 214; *Schünemann* in: UWG-Großkommentar, Einl., Rn. D 202 ff., D 225 ff.
20 *Baumbach/Hefermehl*, § 13 UWG, Rn. 14.
21 Vgl. zur UWG-Reform von 1994, die die Voraussetzungen verschärfte, etwa *Borck*, WRP 1994, 719; *Tillmann*, BB 1994, 1793.

maßnahme eingestellt.[22] In der Abmahnung wird der Gegner zur Abgabe einer **strafbewehrten Unterlassungserklärung** aufgefordert. Nur durch Abgabe dieser Erklärung kann der Gegner die Wiederholungsgefahr ausräumen und dadurch einen nachfolgenden Antrag auf einstweilige Verfügung unzulässig machen. Eine einfache Erklärung, die beanstandete Maßnahme künftig zu unterlassen, reicht nicht aus.[23]

25 Der UWG-Prozess wird regelmäßig im Verfahren der einstweiligen Verfügung nach §§ 935 ff. ZPO durchgeführt, da ein Hauptsacheverfahren normalerweise zu spät käme.

3.2. Verstoß gegen die guten Sitten, § 1 UWG

26 § 1 UWG, die sog. **große Generalklausel**, erhält Konturen erst durch die umfangreiche Kasuistik der Rechtsprechung, welche die Literatur zu Fallgruppen ordnet. Im Folgenden werden die wichtigsten Fallgruppen vorgestellt, die in Reiserechtsfällen von Bedeutung sein können. Das UWG hat in den letzten Jahren vor allen Dingen bei Flugpreisangaben, beim Begriff der Last minute-Reise und bei Sicherungsscheinen Bedeutung gewonnen.

27 Es kann wettbewerbswidrig im Sinne des § 1 UWG sein, wenn sich ein Wettbewerber über gesetzliche Vorschriften hinweggesetzt, **Vorsprung durch Rechtsbruch**. § 1 UWG erweist sich damit als Vehikel, um auch außerwettbewerbsrechtliche Vorschriften mit dem Sanktionsinstrument der Unterlassungsklage nach § 13 UWG zu versehen. Jedoch ist nicht jeder Gesetzesverstoß wettbewerbswidrig gemäß § 1 UWG. Vielmehr muss stets ein wettbewerblicher Bezug vorhanden sein. Rechtsprechung und Lehre unterscheiden seit langem zwischen **wertbezogenen Normen**, deren Verletzung ohne weiteres wettbewerbswidrig ist, und **wertneutralen Normen**, bei denen hinzukommen muss, dass der Verletzende sich bewusst und planmäßig über eine Vorschrift hinwegsetzt, um dadurch einen Wettbewerbsvorsprung vor seinen sich gesetzestreu verhaltenden Konkurrenten zu erlangen.[24]

28 **Wertbezogen** in diesem Sinne ist ein Vorschrift nach der üblichen Begriffsbestimmung, wenn sie eine Zielsetzung verfolgt, die dem sittlich-rechtlichen Emp-

22 Umfassend *Kreft* in: UWG-Großkommentar, vor § 13 Abschn. C.

23 Auf die Einzelheiten kann hier nicht eingegangen werden, vgl. dazu die Spezialliteratur, etwa *Melullis*, Handbuch des Wettbewerbsprozesses, 2. Aufl. 1991.

24 In der Judikatur BGHZ 44, 208 – Novo-Petrin; BGHZ 45, 1 – Ratio; BGHZ 48, 12 – Privat-Wirtschaftsprüfer; in der Literatur vor allem *Schricker*, Gesetzesverletzung und Sittenverstoß, S. 43 ff.; *Schünemann* in: UWG-Großkommentar, Einl., Rn. D 58 ff.

finden der Allgemeinheit entspricht.[25] Dazu zählt man Gesundheitsvorschriften, Vorschriften zum Schutz der Rechtspflege und Wettbewerbsvorschriften selber.[26] Auch für § 651 k BGB wird dies teilweise befürwortet.[27]

Alle übrigen Normen gelten als **wertneutral**. Ihre Verletzung ist dann wettbewerbswidrig, wenn sich der Verletzende einen Wettbewerbsvorsprung durch Rechtsbruch verschafft. Dazu muss die verletzte Vorschrift generell geeignet sein, die Wettbewerbslage in irgendeiner Weise zu beeinflussen. Der Verletzende muss die Gesetzestreue seiner Mitbewerber ausnutzen und in subjektiver Hinsicht sich bewusst und planmäßig über das verletzte Gesetz hinwegsetzen.[28] 29

Die **Preisangabenverordnung** ist anerkanntermaßen eine wertneutrale Vorschrift. Verstöße gegen sie haben vor allem bei der Einrechnung von Flughafengebühren in Flugpreise und bei der Endreinigung von Ferienhäusern eine Rolle gespielt. 30

Nach § 1 Abs. 1 Satz 1 PrAngVO sind gegenüber dem Endverbraucher Endpreise einschließlich der Umsatzsteuer und sonstiger Preisbestandteile anzugeben, sofern mit Preisangaben geworben wird. Bereits im Jahre 1981 hatte der BGH entschieden, dass die **Flughafengebühr** ein derartiger Preisbestandteil ist und deswegen in den beworbenen Endpreis eingerechnet werden muss. Zur Begründung führt der BGH an, dass der Flugpassagier zur Inanspruchnahme der Leistung der Flugreise notwendigerweise die Flughafengebühr bezahlen muss und diese daher kein Entgelt für eine selbstständige Leistung ist. Nach dieser eindeutigen Klärung ist es sehr erstaunlich, dass die Einrechnung der Flughafengebühren in den letzten Jahren wieder für erheblichen Wirbel sorgte. Das OLG Frankfurt[29] entschied, dass die Fluggesellschaft nicht mit einem bestimmten Betrag für Flughafengebühren und lokale Steuern werben kann, wenn dieser Betrag tatsächlich nicht in der genannten Höhe anfällt. Dagegen soll es zulässig sein, eine **Gebührenpauschale** zu verlangen. Das OLG Düsseldorf hat zum einen untersagt, eine Flughafengebühr überhaupt nicht anzugeben[30] und zum anderen, mit **von – bis Preisen** zu werben.[31] Der BGH hat jetzt entschieden, 31

25 Vgl. die in der vorigen Fußnote zitierte Rechtsprechung; zum Ganzen *Baumbach/Hefermehl,* § 1 UWG, Rn. 611.

26 Vgl. den Überblick über die einschlägigen Vorschriften bei *Baumbach/Hefermehl,* § 1 UWG, Rn. 615 ff.

27 *Asendorf,* RRa 1995, 198, 201; a. A. allerdings OLG München RRa 1996, 113; im Ergebnis ebenfalls LG Frankfurt a. M. RRa 1995, 168.

28 Vgl. im Einzelnen *Baumbach/Hefermehl,* § 1 UWG, Rn. 647 ff.

29 OLG Frankfurt a. M. RRa 1996, 137; ebenso bereits OLG Frankfurt a. M. RRa 1995, 112.

30 OLG Düsseldorf RRa 1997, 44.

31 OLG Düsseldorf RRa 1998, 12.

dass Passagier- und Sicherheitsgebühren in den **Endpreis** einbezogen werden müssen, und damit seine Entscheidung von 1981 bestätigt.[32]

32 Daneben sind **Flugpreisangaben** auch als irreführende Werbung gemäß § 3 UWG beurteilt worden.[33]

33 Bereits vor einiger Zeit hatte der BGH sich mit den **Nebenkosten für Ferienhäuser** zu beschäftigen.[34] Er entschied dabei, dass die Entgelte für Bettwäsche und eine **Endreinigung** sowie die Verbrauchskosten für Strom und Wasser in den anzugebenden Endpreis mit einzubeziehen sind, soweit es sich um pauschal und in jedem Fall zu zahlende Ausgaben handelt.

34 Nach **§ 651 k Abs. 3 BGB** muss der Reiseveranstalter dem Reisenden bei der Anzahlung einen **Sicherungsschein** aushändigen. Es ist inzwischen anerkannt, dass eine Verletzung dieser Pflicht mit Hilfe der Verbandsklagebefugnis nach dem UWG verfolgt werden kann, selbst wenn die Vorschrift lediglich als »wertneutral« angesehen wird.[35] Die Schwierigkeit besteht darin, diese Erkenntnis flächendeckend umzusetzen und in Zweifelsfällen abzugrenzen, wann ein Sicherungsschein ausgehändigt werden muss.

35 Der **Verbraucherschutzverein** hat seit Inkrafttreten des § 651 k BGB zahlreiche Unternehmen abgemahnt. Seit Anfang 1995 erfolgten 16 Abmahnungen, wobei in 8 Fällen die geforderten Unterlassungserklärungen abgegeben wurden.[36] In 5 Fällen wurde Klage erhoben, 3 Fälle sind noch offen. Die Gerichtsverfahren endeten in einem Fall mit einer Erledigung in der Hauptsache[37] und in einem weiteren mit einem Versäumnisurteil zugunsten des Verbraucherschutzverein.[38] Die übrigen Verfahren sind noch nicht rechtskräftig entschieden; in ihnen ist streitig, ob das betreffende Unternehmen Reiseveranstalter im Sinne des § 651 k BGB ist. Nach Angaben des Verbraucherschutzvereins mussten 9 Abmahnungen aus Beweisgründen bzw. wegen unklarer Rechtsverhältnisse eingestellt werden.[39]

---

32 Beschluss vom 30. 3. 2000, I ZR 107/99.

33 Unten Rn. 40.

34 BGH NJW 1991, 2706 = VuR 1991, 21 (Ls.) mit Anm. *Tonner*; vgl. auch *Asendorf*, RRa 1995, 198, 200.

35 BGH, Urt. vom 24. 11. 1999, I ZR 171/97, RRa 2000, 115; OLG München RRa 1996, 113; LG Frankfurt a. M. RRa 1995, 168; LG Freiburg RRa 1995, 128; in der Literatur *Asendorf*, RRa 1995, 198, 201.

36 Diese und die folgenden Angaben sind der Zentralen Dokumentation Abmahnungen (ZEDA) des VSV entnommen. Dem Verfasser stand ein Ausdruck für den Zeitraum ab 1. 1. 1995 zur Verfügung.

37 LG München, Urt. vom 11. 10. 1995, – Maros-Reisen und Vertrieb Martina Zellmann.

38 LG Frankfurt a. M., Urt. vom 12. 6. 1996, – Happy day-Bustouristik.

39 Schreiben des VSV vom 24. 6. 1998.

Es ist unstreitig, dass bei einer Verletzung der **InfVO** ebenfalls das UWG als Sanktionsinstrument eingreift.[40] Es ist also möglich, Reisekataloge daraufhin durchzugehen, ob sie Verstöße gegen die InfVO enthalten und diese dann abzumahnen. Jedoch kommt dieser Frage offenbar keine größere praktische Bedeutung zu, denn es sind bislang weder Gerichtsentscheidungen noch Abmahnungen der Verbraucherverbände bekannt geworden. 36

Bei Verletzung der §§ 651 a – 651 l BGB sowie der InfVO wird der Umweg über das UWG in naher Zukunft nicht mehr nötig sein, denn der Gesetzgeber fügt in Umsetzung der EG-Richtlinie über Unterlassungsklagen zum Schutz von Verbraucherinteressen[41] eine neue Klagebefugnis in **§ 22 AGBG** ein, wonach die bislang zur Klage befugten Verbände einen Unterlassungsanspruch bei Verletzung u. a. der reiserechtlichen Vorschriften haben, ohne dass die Voraussetzungen des § 1 UWG dar gelegt werden müssen.[42] 36 a

In letzter Zeit spielten Reisen eine Rolle, die aufgrund von **Gewinnspielen** gewonnen wurden. Den Gewinnern wurde mitgeteilt, dass der Gewinn lediglich zur Übernachtung in einem Doppelzimmer berechtige. Es wurde ihnen anheim gestellt, entweder einen Einzelzimmerzuschlag zu zahlen oder eine zweite Person mitzunehmen, die den normalen Reisepreis zu zahlen hat. In mehreren Entscheidungen ist es für wettbewerbswidrig gehalten worden, mit einer Reise für einer Person im Doppelzimmer als Preis eines Gewinnspiels zu werben, wenn nicht eindeutig darauf hingewiesen wird, dass ggf. ein Einzelzimmerzuschlag zu entrichten ist.[43] Das LG Berlin hält darüber hinaus die Kombination von gewonnener Unterbringung im Doppelzimmer und Einzelzimmerzuschlag auch dann für wettbewerbswidrig, wenn darauf hingewiesen wird, weil dadurch ein Druck auf den Gewinner ausgeübt werde, eine zahlende Begleitperson aus dem Freundes- und Bekanntenkreis zu suchen, um die Zahlung des Einzelzimmerzuschlags zu vermeiden. 37

3.3. Irreführende Werbung, § 3 UWG

Im Mittelpunkt des Interesses bei der irreführenden Werbung stand die Abgrenzung des Begriffs der »**Last-Minute-Reisen**«. Das LG Düsseldorf[44] und das OLG 38

40 Vgl. im Einzelnen *Asendorf*, RRa 1995, 198, 199.

41 Richtlinie 98/27/EG, ABlEG 1998 Nr. L 166/51.

42 RegE eines Gesetzes über Fernabsatzverträge und andere Fragen des Verbraucherrechts, BT-Drucks. 14/2658. Der E war bei Drucklegung vom Bundestag verabschiedet, jedoch noch nicht im BGBl. verkündet worden.

43 LG Berlin RRa 1998, 166; LG Bielefeld, Urt. vom 30.8.1996, 10 O 101/96; OLG Celle, Urt. vom 12. 11. 1996, 13 U 82/96.

44 LG Düsseldorf RRa 1995, 211, mit Anm. *Schmid*; dieses Urteil ist nicht die erstinstanzliche Entscheidung zu dem in der folgenden Fn. zitierten Urteil des OLG Düsseldorf.

Düsseldorf[45] haben entschieden, dass die Bezeichnung als »Last-Minute-Reise« nur dann nicht irreführend ist, wenn zwischen dem Zeitpunkt der erstmaligen Werbung und dem Abreisetermin nicht mehr als 14 Tage liegen. Begründet wird dies damit, dass der Verkehr unter einer »Last-Minute-Reise« eine solche versteht, die man erst kurze Zeit vor ihrem Antritt buchen kann und die deshalb, weil nämlich der Reiseveranstalter befürchten muss, ohne eine Preisermäßigung keinen Abnehmer mehr zu finden, besonders preisgünstig ist. Der BGH ist dem jedoch nicht gefolgt, so dass die zeitliche Abgrenzung für last-minute-Reisen wieder offen ist.[46]

39 Das Kammergericht[47] hat es für unzulässig erklärt, mit einem »**ab-Preis**« zu werben, wenn sich dieser auf einen Abflughafen außerhalb Deutschlands (Amsterdam) bezieht, ohne darauf hinzuweisen. Ebenfalls irreführend ist es, wenn für **Partnerreisen** geworben wird und dabei für den zweiten Partner mit einem günstigeren Preis geworben wird, in Wahrheit die Summe der beiden Preise aber dem normalen Preis für ein Doppelzimmer entspricht.[48] Es verstößt gegen § 3 UWG, in der Werbung für Flugreisen neben den Flugpreisen weitere vom Fluggast zusätzlich zu zahlende Abgaben aufzuführen, die in dieser Höhe nicht anfallen, vom Werbenden aber vereinnahmt werden.[49]

40 Im Übrigen sind folgende Werbemaßnahmen als irreführend angesehen worden: eine **Fährfahrt** darf nicht als **Kreuzfahrt** beworben werden.[50] Die Werbung mit einem besonders günstigen **Flugpreis** darf nicht ohne den Hinweis auf die dafür bestehende **Vorausbuchungsfrist** erfolgen.[51] Bei **Flügen** mit Sonderpreisen muss auf eine etwa bestehende **Wochenendbindung** hingewiesen werden.[52] Für eine **Busreise** darf nicht mit einem bestimmten Preis geworben werden ohne einen Hinweis darauf, dass für **Nichtraucherplätze** ein Zuschlag erhoben wird.[53] Die **Eurotunnel**-Gesellschaft darf nicht damit werben, dass es bei ihrer Verbindung »**kein zeitraubendes Einchecken**« gäbe.[54] Wenn ein **Hotel-Verzeichnis** ein freiwilliges Klassifizierungsverfahrens einiger Hotels übernimmt,

---

45 OLG Düsseldorf RRa 1997, 206.

46 BGH RRa 2000, 35.

47 KG Berlin RRa 1995, 74.

48 OLG Frankfurt a. M. WRP 1995, 408.

49 BGH, Beschluss vom 30. 3. 2000, I ZR 107/99; OLG Hamburg NJWE-WettbR 1997, 52.

50 OLG Hamburg WRP 1995, 845; vgl. dazu *Asendorf,* RRa 1995, 198, 218.

51 LG Frankfurt a. M., Urt. vom 11. 6. 1997, 2–6 O 142/97, zitiert nach VSV Jahresbericht 1997 (1998), S. 35.

52 LG Berlin, Urt. vom 31. 3. 1998, 15 O 635/97 und Urt. vom 21. 1. 1998, 15 O 638/97, zitiert nach VSV Jahresbericht 1998 (1999), S. 50 f.

53 OLG Stuttgart NJWE-WettbR 1998, 101.

54 OLG Düsseldorf NJWE-WettbR 1998, 268.

darf hinsichtlich der Hotels, die an diesem Verfahren nicht teilgenommen haben, nicht der Eindruck erweckt werden, diese seien von minderer Qualität.[55]

Eine Werbung mit Preisvorteilen bei Hotelketten, mit denen der Werbende entgegen den Angaben in der Werbung keine Rahmenverträge zur Erlangung der Preisvorteile unterhält, ist irreführend i. S. d. § 3 UWG.[56] Der Zusatz im Sonderangebot-Blatt eines Reiseveranstalters: »Es gilt die »Allgemeine Leistungsbeschreibung« im Hauptkatalog, nicht jedoch die dortigen Hotelbeschreibungen, da Einschränkungen bezüglich der örtlichen Gegebenheiten möglich sind«, ist wettbewerbsrechtlich nicht zu beanstanden.[57] 41

3.4. Wettbewerbsrechtliche Nebengesetze

Werbung mit Pauschalreisen können auch dann wettbewerbswidrig sein, wenn sie gegen die **Zugabeverordnung** oder das **Rabattgesetz** verstößt. Bekannt geworden ist eine Entscheidung, in der einem Reiseveranstalter verboten wurde, mit ermäßigten Preisen für Senioren zu werben.[58] Da die Leistung für die Senioren die gleiche sei wie für Vollzahler, im Gegensatz zu Ermäßigungen für Kinder, liege ein unzulässiger Rabatt vor. Gegen das RabattG wird auch verstoßen, wenn der Letztverbraucher den Preisnachlass nicht unmittelbar von seinem Vertragspartner und nicht sofort bei Vertragsschluss erhält.[59] 42

Der BGH hat ein **Bonusmeilensystem** eines Kreditkartenunternehmens wegen Verstoßes gegen die **ZugabeVO** für unzulässig erklärt, bei dem die Teilnehmer durch Umsätze mit der Kreditkarte Bonuspunkte für die Teilnahme an den Vielfliegerprogrammen von Fluggesellschaften oder für Vergünstigungen bei anderen Leistungserbringern erwerben können sollten.[60] Dabei wurde in der Werbung nicht ausgeführt, wie die zu erwerbenden »Meilen« in Leistungen der beteiligten Unternehmen umgerechnet werden sollten. Vor allem auf diesen Aspekt stützt der BGH die zugabenrechtliche Unzulässigkeit. Eine Nebenleistung könne dann nicht als handelsüblich oder in Weiterentwicklung der kaufmännischen Gepflogenheiten als künftig handelsüblich angesehen werden, wenn damit gegen den Zweck der ZugabeVO verstoßen werde. Das sei hier der Fall, weil die angegriffene Werbung eine Preisverschleierung und Irreführung über den Wert der Zugabe darstelle. Der Kunde könne nicht erkennen, welchen zusätzlichen Wert er mit seinen Kreditkartenumsätzen erhalte. 43

55 LG Hamburg RRa 1995, 132.
56 OLG Hamm RRa 1997, 189.
57 OLG Stuttgart RRa 1995, 190.
58 LG München I RRa 1998, 11, bestätigt von OLG München NJWE-WettbR 1998, 193.
59 OLG Hamm RRa 1997, 189.
60 BGH NJW 1999, 1398 = RRa 1999, 122; kritisch dazu *Ultsch*, WM 1999, 2535.

44 Das Urteil ist auf die **Vielfliegerprogramme** der Fluggesellschaften nur bedingt übertragbar,[61] denn sein tragender Gesichtspunkt besteht darin, dass die Adressaten der Werbung über die erwartende Nebenleistung im Unklaren gelassen wurden. Ein Verstoß gegen die ZugabeVO liegt mithin nicht vor, wenn bereits in der Werbung deutlich wird, welche **Leistungen** mit welchem »Meilenkonto« **verbindlich in Aussicht stehen**. Vielfliegerprogramme wird man heute als **handelsüblich** im Sinn der ZugabeVO einzustufen haben.[62]

61 A. A. wohl *Führich*, in: DGfR-Jahrbuch 1999 (2000), S. 11 ff.

62 A. A. *Fritzsche*, BB 1999, 273, der die Vielfliegerprogramme für zugabenrechtlich unzulässig hält.

§ 651 a [Pflichten der Vertragsparteien]

(1) [1]Durch den Reisevertrag wird der Reiseveranstalter verpflichtet, dem Reisenden eine Gesamtheit von Reiseleistungen (Reise) zu erbringen. [2]Der Reisende ist verpflichtet, dem Reiseveranstalter den vereinbarten Reisepreis zu zahlen.

(2) Die Erklärung, nur Verträge mit den Personen zu vermitteln, welche die einzelnen Reiseleistungen ausführen sollen (Leistungsträger), bleibt unberücksichtigt, wenn nach den sonstigen Umständen der Anschein begründet wird, dass der Erklärende vertraglich vorgesehene Reiseleistungen in eigener Verantwortung erbringt.

(3) [1]Der Reiseveranstalter kann den Reisepreis nur erhöhen, wenn dies mit genauen Angaben zur Berechnung des neuen Preises im Vertrag vorgesehen ist und damit einer Erhöhung der Beförderungskosten, der Abgaben für bestimmte Leistungen, wie Hafen- oder Flughafengebühren, oder einer Änderung der für die betreffende Reise geltenden Wechselkurse Rechnung getragen wird. [2]Eine Preiserhöhung, die ab dem zwanzigsten Tag vor dem vereinbarten Abreisetermin verlangt wird, ist unwirksam. [3]§ 11 Nr. 1 des Gesetzes zur Regelung des Rechts der Allgemeinen Geschäftsbedingungen bleibt unberührt.

(4) [1]Der Reiseveranstalter hat eine Änderung des Reisepreises nach Absatz 3, eine zulässige Änderung einer wesentlichen Reiseleistung oder eine zulässige Absage der Reise dem Reisenden unverzüglich nach Kenntnis von dem Änderungs- oder Absagegrund zu erklären. [2]Im Falle einer Erhöhung des Reisepreises um mehr als fünf vom Hundert oder einer erheblichen Änderung einer wesentlichen Reiseleistung kann der Reisende vom Vertrag zurücktreten. [3]Er kann stattdessen, ebenso wie bei einer Absage der Reise durch den Reiseveranstalter, die Teilnahme an einer mindestens gleichwertigen anderen Reise verlangen, wenn der Reiseveranstalter in der Lage ist, eine solche Reise ohne Mehrpreis für den Reisenden aus seinem Angebot anzubieten. [4]Der Reisende hat diese Rechte unverzüglich nach der Erklärung durch den Reiseveranstalter diesem gegenüber geltend zu machen.

(5) [1]Das Bundesministerium der Justiz wird ermächtigt, im Einvernehmen mit dem Bundesministerium für Wirtschaft durch Rechtsverordnung zum Schutz der Verbraucher bei Reisen Festsetzungen zu treffen, durch die sichergestellt wird, dass die Beschreibung von Reisen keine irreführ-

renden, sondern klare und genaue Angaben enthalten und dass der Reiseveranstalter dem Verbraucher die notwendigen Informationen erteilt. [2]Zu diesem Zweck kann insbesondere bestimmt werden, welche Angaben in einem vom Veranstalter herausgegebenen Prospekt und in dem Reisevertrag enthalten sein müssen sowie welche Informationen der Reiseveranstalter dem Reisenden vor dem Vertragsabschluss und vor dem Antritt der Reise geben muss.

Übersicht:

1. Der Anwendungsbereich des Reisevertragsrechts

1 § 651 a grenzt den Anwendungsbereich des Reisevertragsrechts ab. Die Vorschrift beschreibt zu diesem Zweck die vom Reiseveranstalter zu erbringende Leistung als »**Gesamtheit von Reiseleistungen**«. Aus dieser Formulierung ist zu schließen, dass es mindestens zwei sein müssen. Der typische, unproblematische Fall, der zur Anwendung des Pauschalreiserechts führt, ist die **Bündelung von Beförderung und Unterkunft** zu einem Paket mit einem einheitlichen Preis, der die Kosten für die einzelnen Teilleistungen nicht erkennen lässt. Der einheitliche Preis ist aber keine notwendige Voraussetzung für eine Pauschalreise. Andere Teilleistungen können z. B. sein **Ausflüge** am Urlaubsort; **Sportkurse** (etwa ein Skikurs oder ein Surfkurs) oder andere Kurse im Rahmen eines »Aktiv«-Urlaubs (z. B. ein Malkurs, ein Töpferkurs); ein **Mietwagen** am Urlaubsort.

2 Der Anwendungsbereich des Reisevertragsrechts ist grundsätzlich **nicht auf gewerbliche Reiseveranstalter** beschränkt. Es ist auch kein Hinderungsgrund, wenn der Veranstalter nur als **Gelegenheitsanbieter** auftritt. So sind sowohl eine Volkshochschule[1] als auch ein Zeitungsverlag, der Leserreisen an-

1 LG Hildesheim VuR 1989, 140.

bot,[2] als Reiseveranstalter angesehen worden. Auch eine Klassenfahrt kann die Elemente einer Pauschalreise erfüllen, wobei der Schulträger als Veranstalter anzusehen ist.[3] Ebenso wenig ist ein touristischer Zweck Voraussetzung für die Anwendbarkeit der §§ 651 a ff.[4] Eine Reduzierung des Anwendungsbereichs auf touristische Reisen kann nur de lege ferenda diskutiert werden.[5] Wer allerdings nur gelegentlich und nicht gewerblich anbietet, unterliegt der Insolvenzabsicherungspflicht nicht, § 651 k Abs. 6, und muss nicht die InfVO beachten, § 5 InfVO. Diese Ausgrenzung ist nach der zugrunde liegenden EG-Pauschalreiserichtlinie zulässig.

Es spielt keine Rolle, ob der Reiseveranstalter alle oder einige Teilleistungen selbst erbringt oder sich dazu unabhängiger Dritter, der sog. **Leistungsträger**, bedient.[6] Reiseveranstalter ist nicht nur: 3

- das Unternehmen A, das Plätze der Fluggesellschaft B und Betten im Hotel C »einkauft«,

sondern auch 4

- die **Fluggesellschaft**, die ihre Beförderungsleistung zusammen mit einem Hotelgutschein, einem Campinggutschein oder einem Mietwagen am Zielort verkauft (sicherstes aber nicht notwendiges Indiz: einheitlicher Preis, einheitliches Katalogangebot),
- der **Busunternehmer**, der eine Omnibusfahrt mit Übernachtung oder auch nur mit Mahlzeit unterwegs in einem Gasthof anbietet (nicht aber wenn er lediglich vor dem Gasthof zwecks Gelegenheit zum Mittagessen hält). Mit einer Mahlzeit verbundene »Kaffeefahrten« sind deswegen regelmäßig Pauschalreisen.

Alleiniger Reiseveranstalter im Außenverhältnis zum Reisenden ist auch, wer sich zur Durchführung eines Teils der Reise eines anderen Reiseveranstalters bedient.[7]

Die Rechtsprechung nahm eine Pauschalreise an bei einem **Segeltörn**,[8] einem 5
Hotelaufenthalt für Selbstfahrer plus Reisebetreuung vor Ort,[9] einem **Ferien-**

2 LG Darmstadt NJW 1978, 2300.

3 AG Essen NJW-RR 1993, 1401.

4 LG Berlin RRa 1997, 75 für eine Konferenzreise.

5 Vgl. die Diskussionen auf der Herbsttagung 1999 der DGfR, Tagungsbericht *Krause* RRa 1999, 240, 242.

6 So jetzt ausdrücklich BGH, Urt. vom 24. 11. 1999, I ZR 171/97, RRa 2000, 115 (Center Park).

7 OLG Frankfurt a. M. RRa 1999, 211; vgl. zum sog. Paketveranstalter *Teichmann/Beck*, in: DGfR – Jahrbuch 1998 (1999), S. 47 ff.

8 AG Hannover MDR 1984, 313; OLG München NJW-RR 1987, 748; OLG Schleswig VuR 1994, 342.

9 LG Frankfurt a. M. NJW-RR 1987, 175; ähnlich AG München RRa 1996, 109 (Hotelaufenthalt und Transfer).

fahrschulvertrag,[10] einer **Sprachreise,**[11] bei einem **Schüleraustausch**, bei dem die Auswahl der Schüler und der Gasteltern und die Reise kombiniert werden,[12] nicht dagegen bei einer reinen Bootscharter[13] und bei der Anmietung eines Wohnmobils[14] und bei einem »Nur-Flug«.[15] Der BGH hat neuerdings die Zurverfügungstellung umfangreicher Sport- und Freizeiteinrichtungen neben der Unterkunft als zwei Leistungen angesehen.[16]

6 Inzwischen hat sich auch der **Europäische Gerichtshof** zum Anwendungsbereich geäußert. Die Pauschalreiserichtlinie grenzt etwas enger als § 651 a Abs. 1 ab, in dem die Kombination von Beförderung, Unterkunft oder einer sonstigen touristischen Dienstleistung erforderlich ist. Der EuGH hat diese Bedingungen bei einem **Schüleraustausch** als nicht erfüllt angesehen.[17] Die kostenlose Unterbringung bei den Gasteltern sei keine Unterbringung im Sinne der Richtlinie, und die Auswahl der Gasteltern sei keine sonstige touristische Leistung. Der EuGH grenzt damit den Anwendungsbereich der Richtlinie auf rein touristische Leistungen ein; insbesondere **Konferenzorganisatoren** müssen nun nicht mehr fürchten, nach der Richtlinie zu haften, sofern sie nicht gewerblich Unterkunft- und Transportleistung erbringen. Für das deutsche Recht hat das Urteil allerdings nur beschränkte Auswirkungen, denn ein weiterer Anwendungsbereich ist zulässig. Den Urteilen über den Schüleraustausch,[18] die als Reiseleistungen die Beförderung und die sorgfältige Auswahl der Gasteltern ansehen, ist damit nicht der Boden entzogen.

7 Der Begriff »**Gesamtheit von Reiseleistungen**« setzt eine nicht bloß additive Erbringung einzelner Reiseleistungen, sondern deren **Bündelung** voraus. Deshalb wird das Reisebüro, das lediglich einzelne Teilleistungen auf Wunsch des

10 LG Frankfurt a. M. NJW-RR 1989, 1399.

11 LG Frankfurt a. M. VuR 1990, 205 = NJW-RR 1990, 760 und VuR 1990, 270 = NJW-RR 1990, 1210; LG Hannover VuR 1991, 243 = NJW-RR 1992, 50.

12 OLG Karlsruhe RRa 1998, 231 mit Anm. *Teichmann* = NJW-RR 1998, 841; AG Heidelberg RRa 1998, 52; LG Köln RRa 1999,135.

13 BGHZ 130, 128 mit Anm. *Schlotmann*, TranspR 1996, 328; a. A. Schleswig-Holsteinisches OLG VuR 1994, 342; LG Frankfurt a. M. RRa 1995, 89; vgl. für Segeltörn mit Skipper: LG Hannover MDR 1984, 313; als Einzelleistung eines Bootscharters: OLG Hamm NJW 1994, 441.

14 OLG Karlsruhe NJW-RR 1988, 984; OLG Düsseldorf TranspR 1993, 121; OLG Düsseldorf RRa 1997, 222; LG Frankfurt a. M. NJW-RR 1993, 952; OLG Hamm NJW-RR 1998, 1668; OLG Hamburg NJW-RR 1998, 1670; a. A. AG München NJW-RR 1995, 368.

15 LG Hamburg RRa 1995, 171; AG Offenbach a. M. RRa 1995, 91 mit abl. Anm. *Schmid.*

16 Urt. vom 24. 11. 1999, I ZR 171/97, RRa 2000, 115 (Center Park).

17 EuGH Urt. vom 11. 2. 1999, Slg. 1999, I-825 – AFS Intercultural = RRa 1999, 132. Anders noch Generalanwalt *Saggio* in seinen Schlussanträgen vom 16. 7. 1998.

18 OLG Karlsruhe RRa 1998, 231 mit Anm. *Teichmann;* AG Heidelberg RRa 1998, 52; LG Köln RRa 1999, 135; vgl. auch *Bidinger/Müller-Bidinger*, in: DGfR – Jahrbuch 1999 (2000), S. 59 ff.

Kunden zusammenstellt, nicht zum Reiseveranstalter.[19] Ebenso wird ein Touristik-Unternehmen nicht schon dann zum Reiseveranstalter, wenn seine angebotenen Reiseleistungen von einem Reisebüro mit Angeboten anderer Touristik-Unternehmen zu einem Gesamtpaket zusammengestellt werden.[20] Leitbild für die gesetzliche Regelung ist die Pauschalreise, bei der ein Veranstalter nach einem **vorher festgelegten und ausgeschriebenen Programm** Urlaubsreisen anbietet.[21] Einheitlicher Preis und Katalogangebot sind dafür wichtige, aber nicht unverzichtbare Indizien.[22] Allerdings liegt auch dann eine Pauschalreise vor, wenn der Katalog nach dem **Baukastensystem** aufgebaut ist, sofern die kombinierten Einzelleistungen mit Preisen angegeben werden.[23]

In einigen Ausnahmefällen ist eine »Gesamtheit von Reiseleistungen« **nicht** **8**
anzunehmen, obwohl Beförderung und Unterkunft erbracht werden. Dies ist der Fall, wenn die Beförderung die Unterkunft einschließt und keine weitere, nicht **unbedeutende Reiseleistung** vorliegt, d. h. die Fahrt im Schlafwagen oder auf einer Schiffsfähre mit Kabine sind keine Reiseveranstaltungsverträge, wohl aber die **Kreuzfahrt**, weil hier normalerweise noch weitere, nicht unbedeutende Leistungen wie Verpflegung oder das Veranstaltungsprogramm Vertragsbestandteil sind.[24] Reiseleistungen mit unbedeutender Nebenleistung, die nicht unter das Reiserecht fallen, sind Flug mit Verpflegung, Halb- oder Vollpension neben Unterkunft, Beförderung mit Gepäckversicherung oder Reisekostenversicherung, Flug mit Transfer vom Flughafen zur Stadt. Die früher gelegentlich vertretene Auffassung, ein Hotelaufenthalt lasse sich aufspalten in die selbstständigen Teilleistungen **Unterkunft und Verpflegung**[25], wird heute zu Recht nicht weiter verfolgt. Auf einen veranstaltermäßig angebotenen Hotelaufenthalt kann jedoch das Reiserecht wie bei einem Ferienhaus analog anwendbar sein.[26]

---

19 KG Berlin NJW-RR 1991, 1017; OLG Frankfurt a. M. NJW-RR 1991, 1018; LG Bonn NJW-RR 1995, 248; LG Frankfurt a. M. RRa 1998, 98; AG Baden-Baden RRa 1999, 9; LG Frankfurt a. M. NJW-RR 1998, 1669.

20 OLG Frankfurt a. M. RRa 1995, 15.

21 BGH NJW 1985, 906, 907; BGH NJW 1992, 3158 unter Rückgriff auf die Begründung zum Regierungsentwurf, BT-Drucks. 8/786, S. 12, 14.

22 AG Bad Homburg RRa 1999, 92.

23 OLG Saarbrücken NJW-RR 1999, 1404.

24 So die Begründung des Regierungsentwurfs, BT-Drucks. 8/786, S. 13. Zur Kreuzfahrt als Pauschalreise LG Frankfurt a. M. NJW-RR 1993, 951; LG Hamburg NJW-RR 1993, 1465 sowie unten Anhang zu § 651 c: Mängelliste, Rn. 132 ff.

25 OLG München NJW 1984, 132; LG Hannover NdsRpfl. 1984, 140.

26 AG München RRa 1996, 109; LG Frankfurt a. M. NJW-RR 1993, 124; a. A. AG Charlottenburg RRa 1984, 81.

9 Nur ein Beförderungsvertrag und kein Reisevertrag liegt vor, wenn jemand ein Flugticket für einen Charterflug erwirbt, der nur zum Schein mit einer weiteren Reiseleistung verbunden ist, um regierungsamtlichen Genehmigungen für Charterflüge zu entsprechen (z. B. Campingflüge, Flüge mit Wegwerf-Unterkünften oder **Flüge mit Scheinvouchers**).[27] Wird der Rückflug nicht durchgeführt und bucht der Reisende stattdessen einen Linienflug, so sind die Mehrkosten ein Schaden gemäß § 325 BGB.[28] Probleme dieser Art dürften in Zukunft wegen der Liberalisierung des Luftverkehrsmarktes jedoch nicht mehr aktuell werden.

10 Nach h. M. ist der Vertrag zwischen Reiseveranstalter und Leistungsträger ein **Vertrag zugunsten Dritter**, zumindest jedoch ein Vertrag mit Schutzwirkung zugunsten Dritter, so dass dem Reisenden unmittelbare Erfüllungsansprüche gegen den Leistungsträger zustehen.[29] Der BGH hat diese Frage bislang nur für die Charterfluggesellschaft entschieden.[30]

11 Die **Charterfluggesellschaft** darf sich demzufolge nicht weigern, den Reisenden zu transportieren, weil sie ihrerseits vertragswidrig oder infolge von Insolvenz vom Reiseveranstalter noch keine Zahlungen erhalten hat. Die Fluggesellschaft macht sich dadurch gegenüber dem Reisenden schadenersatzpflichtig. Der BGH geht davon aus, dass die Vorschrift des **§ 334 BGB**, wonach dem Versprechenden Einwendungen aus dem Deckungsverhältnis auch gegenüber Dritten zustehen, in Fällen dieser Art regelmäßig stillschweigend abbedungen ist.

12 Demgegenüber sieht die 24. Kammer des LG Frankfurt a. M.[31] den § 334 BGB nicht als abbedungen an. Sie gibt dem Reisenden jedoch einen Schadenersatzanspruch gegen die Charterfluggesellschaft, wenn diese den Reisenden nicht bereits beim Hinflug warnt, falls für sie vorhersehbar ist, dass sich der Reiseveranstalter im Vermögensverfall befindet und mit einiger Wahrscheinlichkeit den Rückflug nicht bezahlen wird.

---

27 LG Köln NJW 1979, 1415; LG Frankfurt a. M. NJW-RR 1989, 48; AG Stuttgart NJW-RR 1992, 1082; a. A. LG München I NJW-RR 1990, 316; AG Usingen RRa 1994, 134; AG Baden-Baden RRa 1995, 182.

28 LG Frankfurt a. M. NJW-RR 1989, 48; AG Stuttgart NJW-RR 1992, 1082.

29 *Führich,* Rn. 103 f.; MünchKomm-*Tonner,* § 651 a, Rn. 22; *Eckert,* Risikoverteilung, S. 247 ff.; Erman-*Seiler,* § 651 a, Rn. 11; *Schmid,* Charterflug, S. 19 ff.; a. A. *Gansfort* RRa 1994, 2 u. 22; zweifelnd *Seyderhelm,* § 651 a, Rn. 79; a. A. *Tempel,* S. 475.

30 BGHZ 93, 271; siehe auch *Gansfort,* RRa 1994, 2 ff. (ablehnend); *Solveen/Tonner,* S. 41 ff.

31 LG Frankfurt a. M. VuR 1987, 30 = NJW-RR 1986, 852; wie der BGH jedoch die 22. Kammer des LG Frankfurt a. M. NJW 1983, 52.

2. Vertragsschluss

Ein Vertrag kommt nach den Regeln des BGB durch zwei übereinstimmende Willenserklärungen, durch Angebot und Annahme zustande. Das Zustandekommen des Reisevertrags ist in Ziffer 1 der Konditionenempfehlung des DRV näher spezifiziert. Danach liegt die **Angebotserklärung** in der **Buchung** durch den Kunden, d. h. ab diesem Augenblick ist der Kunde gebunden, auch bei mündlicher oder telefonischer Buchung, und kann nur nach den im Vertrag vorgesehenen Regeln wieder von der Reise loskommen. Dem Reiseveranstalter steht frei, ob er das Angebot des Kunden annehmen will; er kann dies ohne Angaben von Gründen verweigern. Erst wenn der Reiseveranstalter dem Kunden die **Reisebestätigung** übersandt hat, ist der **Vertrag zustande gekommen** und damit auch der Reiseveranstalter gebunden.[32] Entscheidend ist der Zugang beim Reisenden.[33] Erst dann hat der Reisende Ansprüche gegen den Reiseveranstalter. In der Zeit zwischen Buchung und Reisebestätigung kann der Reisende seine Erklärung allenfalls dann widerrufen, wenn sie dem Reiseveranstalter noch nicht zugegangen ist, § 130 Abs. 1 Satz 2 BGB. Weil das Reisebüro regelmäßig Vertreter des Veranstalters ist, nützt dieses Widerrufsrecht dem Kunden wenig, weil seine Erklärung bereits durch die Buchungserklärung im Reisebüro zugegangen ist. 13

Da die Konditionenempfehlung nicht regelt, innerhalb welcher **Frist** der Reiseveranstalter die Reisebestätigung abzugeben hat, gilt § 147 Abs. 2 BGB. Danach ist der Kunde solange gebunden, wie er den Eingang der Antwort unter regelmäßigen Umständen erwarten darf. Man wird eine, höchstens zwei Wochen für üblich halten können. Danach erlischt für den Kunden die **Bindungswirkung seiner Buchungserklärung**. Wenn der Reiseveranstalter sich auf die Buchung hin nicht rührt, kann er den Kunden nicht drei oder vier Wochen später an der Buchung festhalten. 14

Sehen ARB eine Frist vor, wie lange der Reisende einseitig an die Buchung gebunden sein soll, bevor die Reisebestätigung ergeht, so ist § 10 Nr. 1 AGBG zu beachten. Danach dürfen solche Fristen **nicht unangemessen lang oder unbestimmt** sein. 15

In der **Verteilung von Katalogen** ist kein Vertragsangebot im Sinne der §§ 145 ff. BGB zu sehen, das dann durch die Buchung des Kunden angenommen 16

32 A. A. AG München RRa 1996, 181; danach stellt die Buchungsbestätigung des Reiseveranstalters das Angebot zum Abschluss eines Reisevertrages dar, das vom Reisenden – zumindest konkludent – mit der Zahlung des Reisepreises angenommen wird.

33 A. A. AG Kleve RRa 1996, 10, das das Reisebüro auf der Seite des Reisenden eingeschaltet sieht.

würde.[34] Ähnlich wie bei der Schaufensterauslage von Waren handelt es sich lediglich um eine **invitatio ad offerendum**, einer Aufforderung an den Kunden, seinerseits ein Angebot zu machen. Angebote im wirtschaftlichen und im rechtlichen Sinne fallen also auseinander. Die vom Verfasser bislang vertretene Auffassung, im Katalogangebot bereits das rechtlich verbindliche Vertragsangebot zu sehen, wird aufgegeben.[35] Es muss berücksichtigt werden, dass der Reiseveranstalter sich durch die Verteilung von Katalogen nicht gegenüber jedermann binden kann, da die von ihm angebotenen Kapazitäten begrenzt sind und im Einzelfall ausgebucht sein könnten.

17 Aufgrund des heutigen Standes der Technik wird ein Reisebüro in der Regel über eine **EDV-Verbindung**, meistens das START-System,[36] die gebuchten Plätze gleich in ein Reservierungssystem des Reiseveranstalters einspeichern können. Dann wird bereits während der Buchung eine mündliche Reisebestätigung abgegeben. Der Vertrag ist in diesem Fall gleich bei der Buchung mit bindender Wirkung für beide Seiten geschlossen,[37] und einer späteren schriftlichen Reisebestätigung kommt nur noch klarstellende Funktion zu. Dies gilt auch, wenn das Reisebüro oder der Reiseveranstalter nicht an das START-System angeschlossen ist und das Reisebüro während der Buchung telefonisch zurückfragt, ob noch Plätze frei sind.

18 Bei Buchungen über **Internet** ist zu unterscheiden:[38] Entweder ist die Website so ausgestaltet, dass sie lediglich Buchungswünsche des Kunden entgegennehmen kann. Dann gilt das Gleiche wie bei der traditionellen Buchung im Reisebüro ohne Zuhilfenahme von EDV: Die Eingabe des Buchungswunsches durch den Kunden in das Internet ist ein ihn bindendes Vertragsangebot, das der Bestätigung durch den Reiseveranstalter bedarf. In der Regel wird die Website jedoch so aufgebaut sein, dass dem Kunden sofort mitgeteilt werden kann, ob sein Buchungswunsch realisiert werden kann. Dann ist die Situation die gleiche wie die in der vorigen Randnummer beschriebene: Es kommt zum sofortigen Vertragsschluss.

19 Falls die **Reisebestätigung von der Buchung abweicht** (es wird etwa ein anderes Hotel oder eine andere Reisezeit genannt), ist der Kunde hieran nicht gebunden.

---

34 *Bechhofer,* § 651 a Anm. VII; *Bidinger/Müller,* § 651 a Anm. 23; Soergel-*Eckert,* § 651 a Rn. 38; *Führich,* Rn. 111; *Seyderhelm,* § 651 a Rn. 90; *Tempel,* S. 484.

35 Zuletzt MünchKomm-*Tonner,* § 651 a Rn. 35; wie hier bereits *Tonner,* in: *Grabitz/Hilf,* Recht der Europäischen Union Pauschalreisen (RL/90/314/EWG), Art. 3 Rn. 20.

36 Für Fehler/falsche Angaben im START-System haftet des Reisebüro nicht, AG Ludwigsburg RRa 1999, 113.

37 LG Kiel RRa 1996, 203.

38 Vgl. dazu *Noll,* in: DGfR Jahrbuch 1999 (2000), S. 73 ff.; *Ernst,* VuR 1999, 397 ff.

Das gilt auch, wenn der in der Buchung genannte Preis nur vorbehaltlich der Buchungsbestätigung vereinbart sein soll.[39] Der Reiseveranstalter hat in diesem Fall das Vertragsangebot des Kunden abgelehnt und seinerseits ein neues, annahmebedürftiges Angebot gemacht.[40] Der Kunde kann dieses in der »Reisebestätigung« zu sehende Angebot annehmen, er kann es aber auch lassen.

Die **Konditionenempfehlung des DRV** berücksichtigt, dass bei einer von der Buchung abweichenden Reisebestätigung zunächst kein Vertrag zustande kommt. In Übereinstimmung mit der Regelung des BGB erklärt Ziffer 1 Absatz 4 der Konditionenempfehlung die abweichende Reisebestätigung zu einem neuen Vertragsangebot des Reiseveranstalters, das der Annahme durch den Kunden bedarf. Schweigen gilt nicht als Zustimmung. Allerdings wird man eine **konkludente Annahmeerklärung** des Reisenden etwa darin erblicken können, dass er die vorgesehenen Vorauszahlungen leistet oder die Reise antritt.[41] Eine nachträgliche Korrektur der erzielten Übereinstimmung ist nur unter den Voraussetzungen des § 119 BGB möglich.[42] 20

Ein Problem stellt die **Einbeziehung von AGB** dar.[43] Der Reiseveranstalter kann sich auf seine AGB nur dann berufen, wenn sie wirksam in den Vertrag einbezogen worden sind. Dazu gehört nicht nur nach **§ 2 AGBG** der Hinweis auf die AGB[44] und die Möglichkeit der Kenntnisnahme, und zwar bereits bei der Buchung, nicht erst in der Reisebestätigung, sondern die AGB müssen dem Reisenden gemäß **§ 3 Abs. 3 InfVO** vor Vertragsschluss übermittelt worden sein. Die Voraussetzungen sind regelmäßig erfüllt, wenn der Kunde auf Grund eines Katalogs bucht, in dem die AGB abgedruckt sind.[45] Ist dies nicht der Fall, müssen dem Kunden vor der Unterschrift unter der Buchungserklärung die AGB ausgehändigt werden.[46] Die Möglichkeit der Kenntnisnahme der AGB muss tatsächlich bestehen und kann nicht durch eine Kenntnisnahmeklausel ersetzt werden, wenn die Voraussetzungen der zumutbaren Kenntnisnahme nicht vorliegen.[47] 21

Auch bei Buchungen über das **Internet** muss nicht nur die Möglichkeit der Kenntnisnahme der ARB bestehen, sondern sie müssen dem Reisenden auch **übermittelt** werden. Es muss daher ein Hinweis auf die ARB erfolgen, bevor der Nutzer die Buchung abschickt, und die AGB müssen durch Anklicken auf dem 22

39 AG Idstein RRa 1999, 77.
40 AG Bad Homburg RRa 1996, 186.
41 LG Frankfurt a. M. RRa 1995, 18.
42 LG Frankfurt a. M. RRa 1995, 18.
43 Siehe dazu auch *Bartl*, RRa 1996, 27.
44 OLG Frankfurt a. M. RRa 1996, 84.
45 Anders AG Elmshorn RRa 1995, 184.
46 Vgl. im Einzelnen unten § 3 InfVO, Rn. 10 ff.
47 LG Frankfurt a. M. RRa 1997, 142; OLG Frankfurt a. M. RRa 1998, 195.

Bildschirm zu lesen sein. Weder § 2 AGBG noch § 3 Abs. 3 InfVO verlangen allerdings, dass der Kunde die AGB zwangsweise zur Kenntnis nehmen muss; es reicht daher bei der Internet-Buchung aus, wenn die Möglichkeit dazu durch Anklicken besteht. Die Verfügbarkeit im Internet dürfte für das »Übermitteln« im Sinne des § 3 Abs. 3 InfVO genügen.

23 Während bei einer Internet-Buchung den Voraussetzungen des § 2 AGBG ohne große Mühe Rechnung getragen werden kann, ist dies bei der **telefonischen Buchung** nicht der Fall. Bucht der Reisende telefonisch, so werden die ARB nach dem Wortlaut des § 2 AGBG nur dann Vertragsbestandteil, wenn auf sie hingewiesen wird.[48] Sie müssen auch in diesem Fall ferner gemäß § 3 Abs. 3 InfVO übermittelt werden. Unterbleibt ein solcher Hinweis und bezieht sich die dann ergehende Reisebestätigung auf ARB, so handelt es sich um eine von der Buchungserklärung abweichende Reisebestätigung. Die ARB können dadurch nicht in den Vertrag einbezogen werden; vielmehr bedarf es einer Annahmeerklärung des Reisenden.[49] Bei einer telefonischen Buchung besteht allerdings nicht die Möglichkeit der Kenntnisnahme von ARB. Die h. M. behilft sich hier, indem sie für telefonische Buchungen auf die Einhaltung dieser Voraussetzung verzichtet und eine teleologische Reduktion vornimmt.[50]

24 **Verweisen ARB auf weitere AGB**, z. B. eines anderen Veranstalters oder eines Leistungsträgers, so müssen auch diese anderen AGB zur Kenntnisnahme des Kunden bei Vertragsschluss zur Verfügung stehen. Auch wenn insoweit dem § 2 AGBG genügt ist, werden jedoch sämtliche AGB nicht Vertragsbestandteil, wenn nicht klargestellt ist, welche AGB für welchen Bereich der Reise gelten. Dies ergibt sich aus dem Transparenzgebot.

25 Reisen mehrere Personen gemeinsam, so wird grundsätzlich nicht nur der Anmeldende, sondern jede einzelne Person Vertragspartner des Reiseveranstalters. Etwas anderes gilt nur bei Familienreisen.[51]

26 Ein Verbot der **Abtretung** von gegen den Veranstalter gerichteten Forderungen in den Allgemeinen Reisebedingungen ist wirksam,[52] ebenso ein Abtretungsverbot von Ansprüchen Mitreisender.[53] Sofern der **Anmelder** einer Reise in

---

48 AG Kleve RRa 1996, 159; AG Gelsenkirchen RRa 1999, 195, mit krit. Anm. *Bechhofer*, S. 196 (Hinweis am Telefon auf Stornoklausel).

49 Vgl. auch *Wolf/Horn/Lindacher*, § 2 AGBG, Rn. 37.

50 *Ulmer/Brandner/Hensen*, AGB-Gesetz, § 2, Rn. 49; MünchKomm-*Basedow*, § 2 AGBG, Rn. 13.

51 Vgl. im Einzelnen unten § 651 b Rn. 13 ff.

52 AG Stuttgart RRa 1995, 125.

53 LG Hamburg RRa 1999, 147; LG Hamburg RRa 1995, 187; AG München RRa 1997, 40; AG Hamburg RRa 1997, 150; AG Hamburg RRa 1998, 45.

einer gesonderten Erklärung ausdrücklich versichert, auch für die vertraglichen Verpflichtungen aller von ihm angemeldeten Reiseteilnehmer einzustehen, ist das in den Reisebedingungen des Veranstalters enthaltene Abtretungsverbot eine gegen Treu und Glauben verstoßende unangemessene Benachteiligung des Klägers, die gemäß § 9 AGBG zur Unwirksamkeit dieser Bestimmung führt.[54]

3. Abgrenzung zum Reisevermittlungsvertrag – Stellung des Reisebüros[55]

Man unterscheidet begrifflich den Reiseveranstaltungsvertrag und den Reise- 27
vermittlungsvertrag. Nur der Erstere ist im BGB geregelt; er sollte ursprünglich auch so heißen. Der **Reisevermittler vermittelt** lediglich Verträge, die dann direkt **zwischen** dem **Reisenden und** einem einzelnen **Leistungserbringer** (Hotelier oder Verkehrsunternehmen), aber auch mit einem Reiseveranstalter zustande kommen. Der Reisende bittet etwa einen Reisevermittler, in der Regel ein Reisebüro, für ihn ein Hotel in einer fremden Stadt zu buchen und gleichzeitig die Fahrkarten zu besorgen. Hier bündelt sich der Kunde gleichsam selbst die Bestandteile der Reise, das Reisebüro vermittelt nur die einzelnen **Teilleistungen**.[56] Ein Reisevermittlungsvertrag mit einem Reisebüro liegt aber auch vor, wenn der Reisende über das Reisebüro einen Reiseveranstaltungsvertrag mit einem Reiseveranstalter abschließt. Reisebüro, Leistungserbringer oder Reiseveranstalter und Reisender stehen in einem Dreiecksverhältnis.

Durch die Vermittlungstätigkeit des Reisebüros kommt es zu einer direkten 28
vertraglichen Beziehung zwischen Hotelier bzw. Beförderungsunternehmen und Reisenden oder auch zwischen Reiseveranstalter und Reisenden. Der Reisende steht aber in beiden Fällen auch mit dem Reisebüro in einer Vertragsbeziehung, aus der er dieses gegebenenfalls in Anspruch nehmen kann,[57] auch wenn die Vermittlungstätigkeit des Reisebüros für ihn kostenfrei ist. Das **Reisebüro** erhält auf Grund seiner Verträge mit den Leistungserbringern von diesen in der Regel eine **Provision**. Schwierigkeiten bereitet die Frage, wann man von einer reinen Vermittlungstätigkeit ausgehen kann und wann aus der Sicht des

54 LG München RRa 1996, 143.

55 Vgl. dazu ausführlich *Dewenter*, Die rechtliche Stellung des Reisebüros (2000).

56 OLG Hamburg RRa 1997, 137; KG Berlin NJW-RR 1991, 1017; OLG Frankfurt a. M. NJW-RR 1991, 1118; AG Stuttgart-Bad Cannstatt RRa 1998, 5; AG Heidelberg RRa 1997, 243; früher schon LG Düsseldorf FVE ZivR 1983, Nr. 406.

57 Z. B. bei falscher Beratung, siehe unten Rn. 38.

Reisenden, auf die abzustellen ist,[58] die einzelnen Leistungen derart **verknüpft** sind, dass sie eine **Veranstaltertätigkeit** darstellen. Der BGH stellt seit dem Ferienhaus-Urteil aus dem Jahre 1973[59] auf eine Beurteilung aus der **Sicht des Reisenden** ab, wie dieser die Erklärung des Reiseveranstalters unter Berücksichtigung der Gesamtumstände auffassen konnte und durfte. Im Mittelpunkt steht dabei die **Ausgestaltung des Prospekts.** Das Reiseunternehmen wird als Reiseveranstalter qualifiziert, weil der Prospekt seinen Namen groß herausstellt, während die Namen der Leistungsträger nicht erwähnt werden.[60] Schließlich wird auf das Vertrauen abgestellt, das der Reisende dem Unternehmen bezüglich Zusammenstellung, Organisation und Ausführung von Pauschalreisen entgegenbringt. Im Cherdo-Armoric-Urteil[61] von 1992 berücksichtigte der BGH, dass der Veranstalter auf dem Titelblatt sich nicht als Vermittler bezeichnet hatte, dass er die »Miet«-Zahlungen entgegennahm und keine Vermittlungsprovision auswies, dass er sich für die Entgegennahme von Reklamationen zuständig erklärte und schließlich eine Rügefrist gemäß § 651 g Abs. 1 in die AGB aufgenommen hatte.

29 Auch wenn der **Gegenstand eines Reiseunternehmens laut Handelsregistereintrag** lediglich die Vermittlung von Reisen ist, kann das Unternehmen im Einzelfall dennoch als Reiseveranstalter anzusehen sein.[62] Ein Reisebüro wird jedoch nicht allein dadurch zum Reiseveranstalter, dass es aus verschiedenen Veranstalterkatalogen eine Reise zusammen stellt und die einzelnen Leistungen unter Hinweis auf den jeweiligen Veranstalter auf einer Buchungsbestätigung zusammen fasst.[63] Bezeichnet der Reisekunde im Rahmen der Reiseanmeldung ein Reiseunternehmen ausdrücklich als »Reisevermittler«, so ist dieses Unternehmen trotz widerstreitender Umstände nicht gem. § 651 a Abs. 2 als Reiseveranstalter anzusehen.[64] Eine **Vermittlungstätigkeit** muss **unmissverständlich** zu erkennen sein – im Zweifel ist der Vermittler als Reiseveranstalter anzusehen.[65]

---

58 AG Stuttgart RRa 1995, 229.

59 BGHZ 61, 275; später BGH NJW 1985, 906; zuletzt BGH NJW 1992, 3158 = VuR 1993, 47 (Ls.) mit Anm. *Tonner.*

60 Siehe auch OLG Köln RRa 1995, 30; OLG Celle RRa 1995, 52; LG Frankfurt a. M. RRa 1995, 170; OLG Düsseldorf RRa 1997, 222; AG Stuttgart-Bad Cannstatt RRa 1998, 5; OLG Karlsruhe RRa 1998, 110; AG Stuttgart RRa 1998, 118.

61 BGH NJW 1992, 3158 – Cherdo-Armoric.

62 AG Baden-Baden RRa 1995, 182.

63 AG Bamberg RRa 1996, 59.

64 AG Stuttgart RRa 1995, 229.

65 AG Nürnberg RRa 1997, 242.

Wie ausgeführt, ist es für einen Reisevertrag **nicht erforderlich**, dass der Reiseveranstalter seine Leistungen **gewerbsmäßig** anbietet. Erst recht ist es nicht erforderlich, dass er sich gewissermaßen hauptberuflich als Reiseveranstalter betätigt. So ist ein Zeitungsverlag, der Leserreisen veranstaltet hatte, als Reiseveranstalter angesehen worden.[66] 30

In der Praxis findet sich häufig eine Vermittlerklausel für **Fremdleistungen**, die außerhalb der eigentlichen Reise stehen, z. B. für fakultativ zu buchende **Ausflüge** am Urlaubsort. Solche Klauseln finden sich z. B. in der Konditionenempfehlung des DRV in Ziffer 9.3 (für Linienflüge) und 11.3 (für sonstige Fremdleistungen). Die Klausel ist zulässig, wenn hinreichend deutlich ist, dass es sich um eine außerhalb der Pauschalreise erbrachte Fremdleistung handelt.[67] Die Konditionenempfehlung verpflichtet deshalb den Reiseveranstalter, ausdrücklich im Katalog Fremdleistungen als solche kenntlich zu machen. Wichtigstes Indiz für eine Fremdleistung ist ihre getrennte Berechnung. Die Rechtsprechung war bislang mit der Annahme von Fremdleistungen verhältnismäßig großzügig.[68] Dem ist jetzt der BGH entgegengetreten.[69] Er hat grundsätzlich eine Haftung des Reiseveranstalters für die Folgen eines **Reitunfalls** bejaht, der sich auf einem Ausflug ereignete, den der Reisende ohne Einschaltung der örtlichen Reiseleitung bei dem Ferienclub gebucht hatte, bei dem er untergebracht war. Maßgeblich war, dass auf die Reitmöglichkeiten im Prospekt hingewiesen wurde. Der Veranstalter könne seine Haftung nur einschränken, wenn er »eindeutig und ausdrücklich« seine Vermittlungstätigkeit zum Ausdruck bringt. Dazu reicht die in den AGB enthaltene Fremdleistungsklausel nicht. 31

M. E. darf der Reiseveranstalter für die Reiseleistungen, welche der Pauschalreise das Gepräge geben, keine Fremdleistungsklausel verwenden. Wer z. B. für Aktivurlaub wirbt, sollte sich seiner Haftung nicht dadurch entziehen können, dass er die Aktivitäten getrennt in Rechnung stellt oder vor Ort getrennt berechnet durch Dritte erbringen lässt. Entscheidend ist, ob die »vermittelte« Leistung nach der Katalogbeschreibung ein wesentliches Element der Reise ist. Dies ist dann nicht der Fall, wenn im Katalog nur allgemein auf Ausflugsmöglichkeiten oder andere Aktivitäten hingewiesen wird, auch wenn diese über die örtliche Reiseleistung zu buchen sind und dabei eine Provision zugunsten des Reiseveranstalters 32

66 LG Darmstadt NJW 1978, 2300.

67 Eine vom OLG Celle RRa 1999, 182, für unzulässig erklärte Fremdleistungsklausel enthielt diese Einschränkung nicht; vgl. auch *Führich*, Rn. 81, 114; *Fischer*, RRa 1998, 187; *Seyderhelm*, § 651 a Rn. 85; OLG Frankfurt a. M. RRa 1997, 180.

68 AG Bad Homburg RRa 2000, 21; AG Dortmund NJW-RR 1991, 247 (Mietwagen); OLG Frankfurt a. M. RRa 1997, 180 (Reiten; Instanzurteil zu BGH RRa 2000, 85 = NJW 2000, 1188).

69 RRa 2000, 85 = NJW 2000, 1188.

anstalters oder des Reiseleiters anfällt.[70] Unzulässig ist jedoch m. E. die Linienflugklausel in der DRV-Konditionenempfehlung, da damit ein konstitutives Merkmal der Pauschalreise, nämlich die Beförderung, aus der vertraglichen Haftung herausgenommen wird.[71] Für einen nicht von dem Pauschalreisevertrag umfassten Ausflug im Zielgebiet kann nach Ansicht des LG Stuttgart[72] eine **Mithaftung des Reiseveranstalters** unter Rechtsscheinsgesichtspunkten nach § 164 Abs. 2 begründet sein.

33 Ein **Reisebüro** kann in folgender Weise tätig werden:

Es kann fremde einzelne Reiseleistungen vermitteln.
Es kann als Buchungsstelle eines Reiseveranstalters fungieren. Dann wird es auch als Erfüllungsgehilfe des Reiseveranstalters tätig.[73]
Es kann eigene einzelne Reiseleistungen anbieten, wenn z. B. ein Busunternehmer ein Reisebüro betreibt.
Es kann selber als Reiseveranstalter auftreten.

34 In den ersten beiden Fällen kommen **Reisevermittlungsverträge** zwischen Reisenden und Reisebüro zustande. Im Fall (3) schließt das Reisebüro einen Beförderungsvertrag ab, im Fall (4) einen Reisevertrag im Sinne der §§ 651 a ff. Im Fall (2) sind die Handlungen des Reisebüros auch dem Reiseveranstalter zuzurechnen, d. h. der Reisende kann sich darauf auch in seiner Vertragsbeziehung mit dem Reiseveranstalter berufen.

35 Die h. M. sieht den Reisevermittlungsvertrag als **Geschäftsbesorgungsvertrag** an, der einen Werkvertrag zum Gegenstand hat.[74] Dies gilt sowohl für den Vertrag des Reisebüros mit dem Reisenden als auch mit dem Reiseveranstalter. Wenn das Reisebüro von einem Reiseveranstalter ständig betraut ist, was normalerweise durch einen **Agenturvertrag** geschieht, ist es dessen **Handelsvertreter**, §§ 84 ff. HGB.[75] Sofern das Reisebüro ausnahmsweise erst auf Initiative des Kunden mit einem Reiseveranstalter den Kontakt herstellt, wird es als **Handelsmakler** tätig.[76]

---

70 Vgl. im Einzelnen MünchKomm-*Tonner*, § 651 a, Rn. 62.

71 A. A. *Wolf/Horn/Lindacher*, § 9 AGBG, Rn. R 59; *Ulmer/Brandner/Hensen*, Anh. § 9–11 AGBG, Rn. 597.

72 LG Stuttgart RRa 1995, 102 mit Anm. *Lettow*, S. 166.

73 Das vermittelnde Reisebüro ist nach Ansicht des AG Emmerich jedoch nicht generell Erfüllungsgehilfe des Reiseveranstalters i. S. v. § 278 BGB, RRa 1995, 110.

74 Vgl. *Bechhofer*, S. 153; *Dewenter*, S. 45 ff.; Soergel-*Eckert*, vor § 651 a Rn. 13; *Führich*, Rn. 106; *Seyderhelm*, § 651 a Rn. 56; *Neuner* nimmt einen Geschäftsbesorgungsvertrag an, der einen Dienstvertrag zum Gegenstand hat, AcP 193 (1993), 1.

75 Zu den Voraussetzungen des Zustandekommens des Handelsvertretervertrages AG Ludwigsburg RRa 1999, 197 (regelmäßige Übersendung von Katalogen genügt nicht).

76 *Führich*, Rn. 88; ihm folgend AG Ludwigsburg RRa 1999, 197, 199.

Das Reisebüro erhält sein Entgelt für seine Tätigkeit in Form der **Provision** von seinem Geschäftsherrn, dem Reiseveranstalter. Sog. Kickbacks, bei denen das Reisebüro einen Teil seiner Provision an den Kunden weitergibt, können nach heutiger Rechtslage durch **Provisionsteilungsverbote** in den Agenturverträgen nicht mehr unterbunden werden. Zwar gibt es eine Handelsvertreterbekanntmachung der EG-Kommission aus dem Jahre 1962,[77] welche die Beziehung zwischen Handelsvertreter und seinen Geschäftsherrn aus dem Anwendungsbereich des Europäischen Wettbewerbsrechts ausnimmt, doch steht dem eine EuGH-Entscheidung[78] aus dem Jahre 1987 entgegen, die ausdrücklich Provisionsteilungsverbote als Verstoß gegen Art. 85 EG-Vertrag (jetzt Art. 81) erklärte. Im Zweifel ist der EuGH an die Handelsvertreterbekanntmachung nicht gebunden. 36

Das Reisebüro wird für den Kunden normalerweise **unentgeltlich** tätig. Dies steht dem vertraglichen Charakter der Rechtsprechung zwischen Reisebüro und Kunden jedoch nicht entgegen. Es ist daher auch nicht gehindert, vom Kunden für seine **Beratungstätigkeit** ein **Entgelt** zu verlangen.[79] Aufgrund erheblicher Provisionskürzungen durch die Leistungserbringer ist in Zukunft verstärkt mit derartigen Entgeltforderungen zu rechnen.[80] 37

Das Reisebüro haftet im Rahmen des Reisevermittlungsvertrages vor allem für die Einhaltung von **Sorgfalts- und Beratungspflichten.**[81] Dazu gehören Fahrplanauskünfte[82] und Auskünfte über Einreisebestimmungen.[83] Das Reisebüro muss jedoch nicht von sich aus informieren.[84] Auch über Änderungen, die zwischen Buchung und Antritt der Reise erfolgen, muss nicht informiert werden.[85] Das Reisebüro haftet für Buchungsfehler.[86] 38

Das Reisebüro muss **Flugtickets** auf ihre Richtigkeit hin überprüfen[87] und muss sie rechtzeitig übersenden.[88] Hat das Reisebüro in eigenem Namen einen Flug- 39

77 ABl EG Nr. L 139, 2921 vom 24. 12. 1962.

78 EuGH Urt. vom 01. 10. 1987, Slg. 1987, 3801 – belgische Reisevermittler; vgl. auch *Dewenter,* S. 33 ff.; *Wiedemann* in einem Vortrag auf der 5. Herbsttagung der DGfR, Bericht *Tonner/Lindner* RRa 1997, 246, 248.

79 AG Heidelberg RRa 1997, 243.

80 Vgl. dazu den Bericht von *Lindner* über eine von der DGfR veranstaltete Podiumsdiskussion auf der Internationalen Tourismus-Börse in Berlin 2000, RRa 2000, 83.

81 Vgl. auch *Tempel* NJW 1999, 3657, 3660 f.; ausführlich *Dewenter,* S. 56 ff.

82 LG Mönchengladbach NJW-RR 1986, 56; LG Frankfurt a. M. RRa 1998, 98.

83 AG Hamburg RRa 1994, 79; OLG Düsseldorf VuR 1995, 154 (keine Haftung für Falschauskunft eines ausländischen Generalkonsulats).

84 AG Nürnberg RRa 1995, 130; a. A. *Führich,* Rn. 577.

85 AG Karlsruhe NJW-RR 1994, 1398.

86 AG Stuttgart RRa 1999, 179.

87 LG Aachen NJW-RR 1991, 632.

88 OLG Düsseldorf RRa 1993, 15.

tarif bestätigt, so kann es einen höheren Preis nur verlangen, wenn es sich dies gegenüber dem Kunden vorbehalten hatte.[89] Wer einen Flug zu einem Sondertarif bucht, der nicht zur Anwendung gelangen kann, darf das Reisebüro nicht für die Mehrkosten des Normaltarifs in Anspruch nehmen.[90]

40 Das Reisebüro muss nicht ungefragt auf das **billigste Angebot hinweisen.**[91] Auch wenn es nach dem billigsten Angebot gefragt wird, muss es nur das billigste Angebot aus seinem Sortiment vorlegen.[92]

41 Das Reisebüro ist **Empfangsbote des Reiseveranstalters.** Das bedeutet, dass vom Reisebüro abgegebene Erklärungen den Reiseveranstalter binden,[93] allerdings dann nicht, wenn die Erklärungen des Reisebüros in erkennbarem Widerspruch etwa zur Prospektbeschreibung stehen[94] oder über den Kataloginhalt hinausgehen.[95] Lässt ein Reiseveranstalter durch das Reisebüro mit ihm abgestimmte Erklärungen über den Katalog abgeben, so kann er sich nicht auf eine AGB-Klausel berufen, wonach er sich Erklärungen des Reisebüros nicht zurechnen lassen müsse.[96] Umgekehrt sind dem Reisebüro gegenüber abgegebene Erklärungen des Reisenden dem Reiseveranstalter zugegangen.[97] Dies hat Bedeutung vor allem für die Rechtzeitigkeit der Mängelrüge *(Rügefrist)* nach § 651 g Abs. 1.[98]

42 Wenn ein Reisebüro den **Reisepreis** unter versehentlicher Abweichung von der vereinbarten Reisezeit **falsch berechnet**, kann der Reiseveranstalter den Restbetrag nachfordern, wenn der Reisende die Leistung für die vereinbarte Reisezeit beansprucht hat.[99]

89 LG Siegen NJW-RR 1990, 1275.

90 OLG Frankfurt a. M. NJW-RR 1991, 1018.

91 LG München I RRa 1998, 141.

92 Vgl. *Tonner*, RRa 1995, 221; weitergehend *Löwe*, RRa 1996, 215; enger *Noll*, RRa 1996, 67 und 95.

93 A. A. AG Düsseldorf RRa 1998, 196.

94 AG Stuttgart RRa 1993, 31; zu eng AG Frankfurt a. M. RRa 1994, 58; OLG Frankfurt a. M. RRa 1995, 146; AG Kleve RRa 1996, 10; LG Hannover RRa 1996, 199; LG Frankfurt a. M. RRa 1998, 173. Anders jedoch bei Informationen über Einreisebestimmungen LG Frankfurt a. M. RRa 1997, 203; a. A. AG Bonn RRa 1998, 155.

95 AG München RRa 1997, 40.

96 AG Hannover RRa 1996, 222.

97 Vgl. BGHZ 82, 219 = NJW 1982, 377: Kundenwunsch wird vom Reisebüro falsch aufgenommen; er wird dem Reiseveranstalter so zugerechnet, wie er vom Kunden dem Reisebüro gegenüber geäußert wurde.

98 Vgl. unten § 651 g Rn. 6 ff.

99 AG Königswinter RRa 1996, 39.

Das vermittelnde Reisebüro hat nach Ansicht des AG Stuttgart-Bad Cannstatt[100] die Pflicht zu **prüfen**, ob der Reiseveranstalter seinen Pflichten zur **Kundengeld-Absicherung** gemäß § 651 k nachkommt. Wenn es diese Pflicht verletzt, hat es dem Kunden den infolge der Insolvenz verlorenen Reisepreis sowie die dadurch entstandenen Telefonkosten zu ersetzen. Das Reisebüro haftet nicht für die Auskunft über die Solvenz eines Reiseveranstalters, über den es keine negativen Informationen hat.[101] 43

Erhebliche Unsicherheit besteht hinsichtlich der Frage, was aus **Zahlungen** 44 wird, die der Reisende an das Reisebüro geleistet hat, wenn der **Reiseveranstalter insolvent** oder zahlungsunfähig wird, bevor das Reisebüro die Zahlungen weiterleitet.[102] Das LG Bückeburg[103] hat diese Gelder als dem Reiseveranstalter bzw. dem Konkursverwalter zustehend angesehen, sofern der Reisende bereits die Reisedokumente erhalten hat. Demgegenüber nimmt das LG Traunstein[104] eine Haftung des Reisebüros an, wenn das Reisebüro die Zahlungen des Kunden an den Veranstalter weiterleitet, ohne dafür im Gegenzug sog. qualifizierte Reisepapiere im Sinne der BGH-Rechtsprechung zur Vorauskasse zu erhalten, und der Veranstalter danach in Konkurs fällt. M. E. sind diese Entscheidungen richtig, wenn das Reisebüro mit **Inkassovollmacht** gehandelt und der Kunde die Zahlungen vertragsgemäß und nicht etwa vorzeitig erbracht hat. Unsicher ist jedoch, wann von einer Inkassovollmacht ausgegangen werden kann. Dem LG Düsseldorf zufolge muss eine besondere Bevollmächtigung durch den Reiseveranstalter vorliegen,[105] während das AG Düsseldorf aus der Abbuchung des Reiseveranstalters beim Reisebüro auf eine stillschweigende Vollmacht schließt.[106] Hat das Reisebüro zum vertragsgemäß vereinbarten Zeitpunkt den Reisepreis an den Reiseveranstalter entrichtet, ohne dass der Reisende zuvor an das Reisebüro gezahlt hat, so steht dem Reisebüro auch im Insolvenzfall des Reiseveranstalters ein Aufwendungsersatzanspruch gegenüber dem Reisenden zu.

Wird das **Reisebüro insolvent** oder zahlungsunfähig, nachdem es den Reise- 45 preis vom Reisenden erlangt hat, aber bevor es ihn an den Reiseveranstalter weitergeleitet hat, taucht die Frage auf, ob der Reiseveranstalter die Leistungen erbringen muss, ohne dafür ein Entgelt erhalten zu haben, oder ob der Reisende

100 AG Stuttgart-Bad Cannstatt RRa 1996, 153.

101 AG Frankfurt a. M. RRa 1996, 45; siehe auch LG Düsseldorf RRa 1995, 173; LG Kaiserslautern RRa 1999, 75.

102 Vgl. *Eckert* RRa 1999, 43; *Tonner* RRa 2000, 3; *Dewenter*, S. 123 ff.

103 LG Bückeburg NJW-RR 1993, 1020.

104 LG Traunstein NJW-RR 1993, 1532.

105 RRa 1999, 176 und RRa 1999, 215.

106 RRa 1999, 177; zum Ganzen *Tonner* RRa 2000, 3.

ein zweites Mal bezahlen muss. Bei Bestehen der Inkassovollmacht und bei Einhaltung der vertragsgemäß vereinbarten Zahlungstermine trifft den Veranstalter das Risiko, da er sich die Zahlungen des Reisenden an das Reisebüro zurechnen lassen muss.[107]

4. Reiseveranstaltung bei einzelnen Reiseleistungen – Ferienhaus und Bootscharter

46 Der **Urlaub im Ferienhaus** oder in einer Ferienwohnung fällt nach heute h. M. in den Anwendungsbereich der §§ 651 a ff., sofern es sich um einen Vertrag mit einem Reiseveranstalter handelt.[108] Falls der Reisende direkt mit dem Eigentümer des Ferienhauses einen Vertrag abschließt, ist Mietrecht anzuwenden.[109]

47 Zur Abgrenzung zwischen den beiden Fallgestaltungen ist folgendes zu beachten: Das Zustandekommen eines **Mietvertrages mit dem Eigentümer eines Ferienhauses** ist anzunehmen, wenn der Eigentümer selber in Erscheinung tritt. Das OLG Karlsruhe nahm deshalb einen bloßen Vermittlungsvertrag an, weil Name und Adresse des Eigentümers neben dem des Vermittlers genannt wurden.[110] Bleibt der Eigentümer jedoch im Hintergrund, ist eher an einen Reisevertrag zwischen Reiseveranstalter und Urlauber zu denken. Reiseverträge über Ferienhäuser sind dadurch charakterisiert, dass der Reiseveranstalter katalogmäßig für sie wirbt – wie für Pauschalreisen auch –, wobei er seinen Namen werbemäßig herausstreicht.[111] Die Ferienhäuser sind beim Reiseveranstalter zu buchen; an diesen sind die Zahlungen zu leisten; dieser kann über die einzelnen Häuser disponieren und entscheidet letztlich über das Zustandekommen der einzelnen Verträge.

48 Ein – allerdings nicht notwendiges – Indiz ist es auch, dass der Reiseveranstalter die Mängelanzeige an sich verlangt.[112] Wenn der Eigentümer Ansprechpartner für Reklamationen während des Urlaubs sein soll, schließt dies für sich allein allerdings die Anwendung von Reiserecht noch nicht aus.

---

107 So auch AG Ebersberg RRa 1999, 24 mit Anm. *Tonner.*

108 AG Bremerhaven RRa 1996, 230; AG Braunschweig RRa 1997, 86; AG Clausthal-Zellerfeld RRa 1997, 134.

109 Allgemeine Ansicht, vgl. etwa LG Ravensburg ZMR 1993, 226 mit Anm. *Müller-Rubisch*; Soergel-*Eckert*, § 651 a Rn. 17; *Führich*, Rn. 93; RGRK- *Recken*, § 651 a Rn. 82; *Bidinger/Müller*, § 651 a Anm. 7.

110 RRa 1999, 221.

111 BGH NJW 1985, 906; BGH NJW 1992, 3148 = VuR 1993, 47 (Ls.) mit Anm. *Tonner.*

112 OLG Düsseldorf NJW-RR 1990, 186.

Die **analoge Anwendung von Reiserecht** auf den Ferienhausvertrag ist nicht selbstverständlich, denn § 651 a grenzt das Ferienhausgeschäft an sich aus der Anwendung der §§ 651 a ff. dadurch aus, dass er eine »Gesamtheit« von Reiseleistungen, also mindestens zwei, zur Voraussetzung der Anwendung dieser Vorschriften macht. Dies ist allgemein als eine Fehlleistung des Gesetzgebers empfunden worden.[113] Dabei betraf eine der Grundentscheidungen des BGH, die der Kodifizierung des Reiserechts vorausgegangen waren, einen Ferienhausfall.[114] Mit diesem Urteil wurde die Verwendung einer Vermittlerklausel durch den Reiseveranstalter für unzulässig erklärt und Werkvertragsrecht angewendet. 49

Nach Inkrafttreten der §§ 651 a ff. setzte sich in der Lehre zunächst der Gedanke durch, auf den Ferienhausvertrag weiterhin Werkvertragsrecht anzuwenden.[115] Dem folgte auch ein Teil der Rechtsprechung,[116] bis sich der BGH im Jahre 1985 für die analoge Anwendung des Reiserechts entschied.[117] Diese Entscheidung wurde 1992 in einem AGB-Kontrollverfahren gegen einen Ferienhausanbieter ausdrücklich bestätigt.[118] 50

Auch wenn ein **Hotelaufenthalt** ohne weitere Nebenleistungen veranstaltermäßig angeboten wird, ist Reiserecht analog anzuwenden.[119] Die früher vereinzelt vertretene Auffassung, die Hotelleistung zerfalle in die Teilleistungen Unterkunft und Verpflegung,[120] dürfte überholt sein. Auf Verträge zwischen dem Betreiber eines **Ferienparks**, die Unterkunft, Verpflegung und die Nutzung zahlreicher Freizeiteinrichtungen beinhalten, finden ebenfalls die §§ 651 a ff. Anwendung.[121] 51

Auf eine **Bootscharter** überträgt der BGH dagegen die analoge Anwendung der §§ 651 a ff. nicht.[122] Dies ist darauf zurückzuführen, dass der BGH das Boot als Transportmittel ansieht und den Urlaub als durch die vom Charterer gewählte 52

113 Vgl. *Tonner*, AcP 189 (1989), 122, 137.
114 BGHZ 61, 275.
115 Vgl. etwa *Bartl*, NJW 1983, 1092, 1094; *Tonner*, NJW 1981, 1921.
116 OLG München MDR 1984, 845; LG Frankfurt a. M. NJW 1982, 1949 und NJW 1983, 233; LG Saarbrücken FVE ZivR 1983, Nr. 413.
117 BGH NJW 1985, 906; zuvor schon LG München I NJW 1985, 331; LG Frankfurt a. M. NJW 1985, 330.
118 BGH NJW 1992, 3148 = VuR 1993, 47 (Ls.) mit Anm. *Tonner*; *Bidinger/Müller-Bidinger*, in: DGfR Jahrbuch 1999 (2000), S. 59 ff. haben neuerdings beachtliche Argumente gegen das Vorliegen der Voraussetzung einer Analogie vorgetragen.
119 So LG Frankfurt a. M. NJW-RR 1993, 124.
120 So aber OLG München NJW 1984, 132; LG Hannover NdsRpfl. 1984, 140.
121 LG Frankfurt a. M. RRa 1996, 255 mit Anm. *Noll*; OLG Frankfurt a. M. RRa 1997, 166.
122 BGHZ 130, 128 = RRa 1995, 221= NJW 1995, 2629 mit Anm. *Schlotmann*, TranspR 1996, 328.

Fahrtroute charakterisiert ansieht, auf die der Vercharterer keinen Einfluss hat. Daraus ist zu schließen, dass jedenfalls dann eine Pauschalreise vorliegt, wenn ein kompletter Törn angeboten wird, also Boot mitsamt vorausgebuchten Liegeplätzen. Ob dies überzeugend ist, mag dahingestellt sein.[123] Der BGH hat mit diesem Urteil jedoch nicht seine Rechtsprechung zum Ferienhaus auf festem Land aufgegeben. Für die Bootscharter gilt jedoch nunmehr Mietrecht, auch wenn die Boote nicht vom Eigentümer, sondern veranstaltermäßig von einem Dritten angeboten werden.

5. Unzulässigkeit der Vermittlerklausel

53 § 651 a Abs. 2 verbietet dem Reiseveranstalter, sich einer sog. Vermittlerklausel zu bedienen. Die Vorschrift soll verhindern, dass sich ein Reiseveranstalter seiner Haftung dadurch entzieht, dass er erklärt, lediglich Verträge mit den einzelnen Leistungsträgern zu vermitteln. Die Vorschrift **verbietet** jedoch **Vermittlerklauseln nicht schlechthin**, sondern nur dann, wenn sie ein Reiseveranstalter verwendet. Reisevermittlungsverträge der oben dargestellten Art werden durch Absatz 2 nicht unzulässig. Jedoch kann ein Reiseveranstalter seine Vertragsbeziehungen mit dem Kunden nicht durch die schlichte Erklärung, es liege lediglich eine Vermittlung vor, in das Gewand eines Reisevermittlungsvertrages kleiden, vielmehr kommt es dabei auf die oben dargestellte Abgrenzung an, die primär auf das faktische Auftreten des Reiseveranstalters abstellt. Auch ein Reisebüro darf sich nicht auf eine Vermittlerklausel beziehen, wenn es als Reiseveranstalter tätig wird.[124] Eine unzulässige Vermittlerklausel bedeutet der Sache nach auch einen Haftungsausschluss und verstößt damit auch gegen § 11 Nr. 7 AGBG.

54 § 651 a Abs. 2 ist nur historisch zu verstehen. Vermittlerklauseln waren früher ein viel praktizierter Weg der Reiseveranstalter, sich ihrer Haftung zu entziehen. Sie verwiesen die Kunden auf schwer durchsetzbare Ansprüche gegen die Leistungsträger, was sie häufig zu einer Rechtsverfolgung im Ausland gezwungen hätte. Die Vermittlerklausel war einer der Hauptanlässe für die Rechtsprechung, ins Reisevertragsrecht zu intervenieren. Im Ferienhausfall wurde sie verboten.[125] Infolge dieser Rechtsprechung und deren Übernahme in das Gesetz ist sie inzwischen aus den AGB im Wesentlichen getilgt. Es bleibt das Problem, wann

123 Anders zuvor OLG München NJW-RR 1987, 366 – Kabinenkreuzer; OLG Hamm NJW-RR 1994, 441 – Segelyacht, dazu *Schlotmann*, TranspR 1995, 369.

124 AG Nürnberg RRa 1997, 242.

125 BGHZ 61, 275, dazu *Tonner*, AcP 189 (1989), 122, 125.

zulässige Reisevermittlungsverträge vorliegen, und wie in diesen gehaftet wird.[126]

6. Vorauskasse und Anzahlung

Die Hauptpflicht des Reisenden ist die Zahlung des Reisepreises. Über die **Fälligkeit des Reisepreises** äußert sich das Gesetz nicht. Zieht man Werkvertragsrecht zur Lückenfüllung des Reisevertragsrechts heran, so wäre § 646 BGB anzuwenden und danach wäre der Reisepreis nach Vollendung des Werkes, also am Ende der Reise, zu bezahlen. Hält man dagegen den Reisevertrag für einen eigenständigen Vertragstyp, so gelangt man direkt zur Anwendung des **Zug-um-Zug-Prinzips** nach § 320 BGB. Beide Vorschriften sind jedoch dispositiv, und in der Praxis wird regelmäßig Vorauskasse vereinbart. Dies wird damit begründet, dass der Reiseveranstalter seinerseits Vorauszahlungen an die Leistungsträger leisten muss. Dies ist jedoch nur teilweise richtig; tatsächlich werden die Hoteliers weitgehend erst nach Beendigung der Reise bezahlt,[127] und lediglich die Charterfluggesellschaften erhalten einen Teil des Preises vor Leistungserbringung. Die Reiseveranstalter verschaffen sich auf diese Weise nicht unerhebliche liquide Mittel zu Lasten der Reisenden. Für die Vorauskasse spricht auf der anderen Seite das legitime Interesse des Reiseveranstalters, nach Reiseende nicht noch das Inkasso durchführen zu müssen, und durch eine angemessene Anzahlung den Reisenden am einmal gebuchten Vertrag festzuhalten. 55

Das Hauptproblem der Vorauskasse ist jedoch das **Sicherungsbedürfnis für den Reisenden**. Dem trägt seit 1994 § 651 k Rechnung, der auf Grund der EG-Pauschalreiserichtlinie ins Gesetz eingefügt wurde und eine Insolvenzsicherung zugunsten des Reisenden enthält. Im Gegensatz zu fast allen anderen EU-Mitgliedsstaaten[128] gab es in Deutschland zuvor keine Sicherung für den Reisepreis, so dass der **BGH** sich um Grenzen für Vorauszahlungsklauseln bemühte.[129] In seinem **Grundsatzurteil von 1987**[130] erklärte er zwar die seinerzeit verwendete Vorauszahlungsklausel für unzulässig, verbot die Vorauskassepraxis aber nicht schlechthin. Der Reisende müsse bei Fälligkeit einer erheblichen Vorauszahlung Reiseunterlagen erhalten, die ihm Leistungsansprüche gegen die Leistungsträger »verbriefen«. Soweit es solche **qualifizierten Reisepapiere** nicht gäbe, dürfe der Reisepreis ausnahmsweise kurz vor Reiseantritt verlangt werden. 56

126 Dazu oben Rn. 27 ff.

127 Vgl. *Papadopoulou*, Reiserecht in Griechenland, Dissertation Rostock 2000, Kap. 4.

128 Vgl. *Tonner*, Reiserecht in Europa, S. 153 ff.

129 BGH NJW 1986, 1613; BGHZ 100, 157.

130 BGHZ 100, 157, dazu *Teichmann*, JZ 1987, 751; *Tonner*, JURA 1988, 185.

Das auf § 9 AGBG gestützte Urteil wird hauptsächlich mit dem Insolvenzrisiko des Reisenden begründet, jedoch auch mit dem Gerechtigkeitsgehalt des Zug-um-Zug-Prinzips gemäß § 320 BGB.[131]

57 Der Begriff der qualifizierten Reisepapiere bereitet erhebliche Schwierigkeiten, weil es sie faktisch nicht gibt. Der Hotel-Voucher ist lediglich ein Ausweispapier des Reisenden gegenüber dem Hotelier. Am ehesten kann man noch das dem Kunden überreichte Flugticket für ein qualifiziertes Reisepapier halten.[132] Die Folge ist, dass das vom BGH gelassene Hintertürchen regelmäßig benutzt wird und unter Umkehrung des in dem Urteil angelegten Regel-Ausnahme-Verhältnisses der Kunde **einfache Reisepapiere gegen Restzahlung kurz vor Reiseantritt** erhält. Auch bei Aushändigung qualifizierter Reisepapiere darf die Restzahlung frühestens vier Wochen vor Reiseantritt verlangt werden, bei einfachen Reisepapieren zwei Wochen.

58 Aufgrund dieses Urteils pendelte sich in der Praxis eine **Anzahlung in Höhe von 10 %** ein. Weitergehende Anzahlungen wurden für unzulässig gehalten. Diese Praxis wurde nach Inkrafttreten des § 651 k vielfach durchbrochen, u. a. von den beiden größten deutschen Reiseveranstaltern. Man hielt sich dafür offensichtlich berechtigt, weil der tragende Gedanke des Vorauskasse-Urteils, eine Insolvenzsicherung für den Reisenden herzustellen, durch das Inkrafttreten des § 651 k obsolet geworden sei.[133] Dies ist jedoch nicht richtig; das Vorauskasse-Urteil ist auch von dem Gedanken des Gerechtigkeitsgehalts des Zug-um-Zug-Prinzips getragen und beansprucht damit weiterhin Geltung.[134] Die Reiseveranstalter können ein legitimes Interesse an höheren Vorauszahlungen nicht geltend machen, da sie ihrerseits an die Leistungsträger keine nennenswerten Vorauszahlungen erbringen.

7. Preisänderungen

59 Durch das Umsetzungsgesetz zur Pauschalreiserichtlinie sind die Absätze 3 und 4 neu in den § 651 a aufgenommen worden, welche **Preiserhöhungsvorbehalte** regeln, deren Zulässigkeit nunmehr nicht nur am Maßstab des AGBG zu messen ist. Die Preiserhöhungsmöglichkeit gilt nicht kraft Gesetzes, sondern bedarf einer Klausel in den AGB.

---

131 Zu letzterem vgl. *Zoller*, Vorleistungspflicht und AGBG, S. 103 ff.

132 Vgl. dazu einschränkend *Solveen/Tonner*, Neues Reiserecht – Staatshaftung bei Insolvenz des Reiseveranstalters, S. 43 ff.

133 Zustimmend *Führich*, Rn. 131.

134 Ebenso Soergel-*Eckert*, § 651 a Rn. 51; für Beibehaltung der Anzahlungsbeschränkung über § 9 AGBG auch *Tempel*, S. 478; a. A. *Führich*, Rn. 467.

Absatz 3 beschränkt in Übereinstimmung mit der Richtlinie die Zahl der zulässigen **Preiserhöhungsgründe** auf drei. Zunächst darf der Reiseveranstalter eine Preiserhöhung auf eine **Änderung der Beförderungskosten** stützen. Der wichtigste Anlass, warum sich ein Reiseveranstalter auf diesen Preiserhöhungsgrund stützen wird, dürften plötzliche und daher nicht kalkulierbare Erhöhungen der **Treibstoffpreise** sein, was in der Vergangenheit und auch gegenwärtig wiederholt von praktischer Bedeutung war und ist. Im Gegensatz zu Absatz 3 erwähnt die Richtlinie ausdrücklich die Treibstoffkosten. **60**

Weiterhin dürfen die **Erhöhungen von Abgaben**, wie Flughafen- oder Hafengebühren, an den Reisenden weitergegeben werden. Die Gebühren, deren Erhöhung sich der Reiseveranstalter vorbehalten möchte, müssen in der Klausel konkret genannt sein.[135] **61**

Schließlich darf der Reiseveranstalter **Wechselkursänderungen** weitergeben. Zu diesem Zweck muss er offen legen, welchen Kurs er für die einzelnen Teile der Reiseleistungen ursprünglich zu Grunde gelegt hatte. Es empfehlen sich entsprechende Dokumentationen, um Preiserhöhungen durch Wechselkursänderungen wirksam begründen zu können. Der Preis darf nur dann erhöht werden, wenn sich die Wechselkurse nach Vertragsschluss geändert haben.[136] **62**

Eine Preiserhöhung kann nur dann geltend gemacht werden, wenn dies mit »**genauen Angaben zur Berechnung des neuen Preises** im Vertrag vorgesehen ist«. Pauschale Preiserhöhungen sind daher nicht zulässig; der Reiseveranstalter kann nicht etwa für sämtliche Reisen einen einheitlichen »Treibstoffzuschlag« in Form eines runden Betrages von etwa DM 150,– oder Ähnlichem verlangen.[137] Vielmehr muss er darlegen, wie hoch der Beförderungsanteil im ursprünglichen Reisepreis war, und um welchen Betrag dieser Anteil durch den Leistungsträger erhöht wurde sowie den Vergleichszeitpunkt.[138] Das Gleiche gilt für die anderen Kostenarten.[139] **63**

Als Vergleichszeitpunkt wird vom Zeitpunkt des Vertragsschlusses ausgegangen.[140] Dem ist zuzustimmen. Der Reiseveranstalter kann sich also nicht nach- **63 a**

---

135 So auch *Noll* RRa 1993, 42, 44.

136 LG Berlin RRa 2000, 27.

137 Zustimmend *Führich*, Rn. 43; ebenso Soergel-*Eckert*, § 651 a Rn. 61, allerdings gegen Offenlegung der Kalkulationsgrundlagen.

138 So auch *Führich*, RRa 2000, 43, 45 mit Vorschlag für eine Änderung der einschlägigen ARB-Klausel; auch *Noll* verlangt, dass klargestellt werden muss, dass sich der Reisepreis nur in dem Verhältnis erhöhen kann, wie sich die jeweilige Kostenposition erhöht, an die die Preiserhöhung anknüpft, RRa 1993, 42, 44.

139 *Schmid*, NJW 2000, 1301.

140 LG Berlin RRa 2000, 27; *Führich* RRa 2000, 43, 46; *Kappus*, Rn. 59; *Pick*, § 651 a Rn. 84; *Schmid*, NJW 2000, 1301.

träglich auf Preiserhöhungsgründe berufen, die bei Vertragsschluss bereits vorlagen. Die Preiserhöhungsgründe liegen für den einzelnen Reiseveranstalter allerdings nicht schon dann vor, wenn allgemein Treibstoffkostenerhöhungen »in der Luft liegen«,[141] sondern erst, wenn er konkret mit einem Preiserhöhungsverlangen seines Vertragspartners konfrontiert ist.[142] Dies gilt allerdings nicht für Konzerngesellschaften. Bei Reiseveranstaltern mit konzerneigenen Fluggesellschaften ist maßgeblicher Zeitpunkt das Preiserhöhungsverlangen des Treibstofflieferanten.

64 Falls der Reiseveranstalter eine Preiserhöhungsklausel verwendet, muss er auch eine **Preissenkung** weitergeben, die sich aus den in der Preisänderungsklausel angegebenen Gründen ergibt. Dies ist in der EG-Pauschalreiserichtlinie ausdrücklich so geregelt, vom Umsetzungsgesetzgeber jedoch nicht in Absatz 3 übernommen worden. Insofern liegt eine inkorrekte Umsetzung der Richtlinie vor.[143] Man kann versuchen, das gesetzgeberische Versehen durch richtlinienkonforme Auslegung auszugleichen. Dabei bietet sich an, Klauseln, die keine korrespondierende Preissenkung vorsehen, gemäß § 10 Nr. 4 AGBG wegen Unzumutbarkeit die Anerkennung zu versagen.

65 Gemäß Absatz 3 sind **Preiserhöhungen ab 20 Tage vor Reiseantritt unzulässig**. Vorschriften dieser Art sind in den anderen EU-Mitgliedsstaaten weit verbreitet.[144] In Deutschland war bereits bislang eine entsprechende Vorschrift in der Konditionenempfehlung des DRV enthalten. Diese Regelung wurde ursprünglich als ein freiwilliges, durch die Rechtslage nicht erfordertes Entgegenkommen der Reiseveranstalter begriffen,[145] doch wurde sodann entschieden, dass AGB ohne eine entsprechende Klausel gegen § 9 AGBG verstoßen.[146] Der Absatz 3 bestätigt insoweit nur die ohnehin geltende Rechtslage.

66 Absatz 3 Satz 2 stellt klar, dass das Preiserhöhungsverbot nach **§ 11 Nr. 1 AGBG** für Verträge, die innerhalb von 4 Monaten nach Vertragsschluss erfüllt werden, unberührt bleibt. Dies gilt auch für in den Preis einkalkulierte, behördlich festgelegte oder genehmigte Beförderungstarife oder Steuern, z. B. die Mehrwertsteuer.[147] Die Konditionenempfehlung des DRV enthält in Ziffer 4 eine Preisänderungsklausel, die den Anforderungen des § 11 Nr. 1 AGBG genügt.

141 So aber wohl *Führich* RRa 2000, 43.
142 So *Schmid*, NJW 2000, 1301.
143 Ebenso *Führich*, Rn. 140; *ders.* RRa 2000, 43, 45; a. A. *Bidinger/Müller*, § 651 a Anm. 31.
144 Vgl. den Überblick bei *Tonner*, Reiserecht in Europa, S. 82 ff.
145 Vgl. *Tonner*, AcP 189 (1989), 122, 151.
146 OLG München VuR 1989, 257.
147 So generell für die Mehrwertsteuer BGH NJW 1980, 2133; speziell für Reiseverträge OLG Frankfurt a. M. NJW 1982, 2198; OLG München, FVE ZivR 1981, Nr. 298.

Während des Gesetzgebungsverfahrens war umstritten, ob nicht eine Durchbrechung des § 11 Nr. 1 AGBG zugunsten der Reiseveranstalter ins Gesetz aufgenommen werden sollte.[148] Die Vermutung der Reiseveranstalter, aus der in anderen EU-Mitgliedsstaaten so nicht bekannten Vorschrift erwachse ihnen ein Wettbewerbsnachteil, ist jedoch nicht richtig, denn gemäß Art. 29 EGBGB müssen auch Anbieter aus anderen Ländern in Deutschland § 11 Nr. 1 AGBG beachten und können dem nicht durch eine Rechtswahlklausel entkommen, während deutsche Anbieter in anderen Ländern an § 11 Nr. 1 AGBG nicht gebunden sind.[149] 67

Nach Absatz 4 kann der Reisende entweder bei einer Preiserhöhung von über 5 % zurücktreten, oder er kann eine Alternativreise verlangen. Das **Rücktrittsrecht** existierte bereits nach der bisherigen Rechtslage; es wurde bislang aus § 9 AGBG entnommen. Der Anspruch auf eine Alternativreise ist dagegen mit derart vielen Klauseln verknüpft, dass er kaum praktische Bedeutung erlangen wird. Zunächst muss der Reiseveranstalter eine Änderung des Reisepreises unverzüglich nach Eintreten des Änderungsgrundes mitteilen. Der Reisende kann kostenfrei zurücktreten, wenn der Reisepreis um mehr als 5 % erhöht wird. Die Richtlinie spricht lediglich von einer erheblichen Preiserhöhung, die gesetzliche Fixierung von 5 % ist eine begrüßenswerte Konkretisierung des Umsetzungsgesetzgebers. Sie entspricht der bisherigen Rechtslage, die sich aus der Rechtsprechung des BGH zu Preisänderungsvorbehalten ergab.[150] Der Gesetzgeber gibt damit zu erkennen, dass diese Rechtsprechung auch weiterhin für die Einzelheiten heranzuziehen ist. 68

Der Reisende kann, statt zurückzutreten, verlangen, an einer **Alternativreise** teilnehmen zu können. Dieses Recht gilt allerdings nur, wenn der Reiseveranstalter in der Lage ist, eine solche Reise aus seinem Angebot anzubieten. Durch diese Einschränkung dürfte der Anspruch keine große Bedeutung erlangen. 69

Schließlich muss **der Reisende unverzüglich erklären**, ob er eines der beiden ihm zustehenden Rechte nach einer Preiserhöhung in Anspruch nimmt, Absatz 4 Satz 4. So wie der Reiseveranstalter sein Preiserhöhungsrecht verwirken kann, wenn er es nicht unverzüglich ausübt, Absatz 4 Satz 1, so kann auch der Reisende seine Rechte verwirken. Der Reisende, der mit einer Preiserhöhung konfrontiert wird, kann also nicht erst warten, wie sich die Dinge entwickeln. Freilich wird man ihm einräumen müssen, dass er noch auf das Rücktrittsrecht überwechseln kann, falls er zunächst den Anspruch auf eine Ersatzreise geltend gemacht hat 70

148 Vgl. im Einzelnen Soergel-*Eckert*, § 651 a Rn. 64.
149 Vgl. *Tonner*, EWS 1993, 197, 199.
150 BGH NJW 1982, 331; NJW 1984, 1177 (Tagespreisklausel-Urteile).

und sich dann herausstellt, dass der Reiseveranstalter nicht in der Lage ist, eine gleichwertige Ersatzreise anzubieten.

8. Leistungsinhalt und Leistungsänderungsvorbehalte

8.1. Leistungsinhalt

71 Der Reiseveranstalter ist verpflichtet, dem Reisenden die versprochenen Reiseleistungen zu erbringen. Er schuldet nicht nur die Erbringung der einzelnen Reiseleistungen, sondern auch die Vorbereitung und Organisation der Reise mit der Sorgfalt eines ordentlichen Kaufmanns.[151] Der Leistungsinhalt ergibt sich aus der **Leistungsbeschreibung im Katalog und der Reisebestätigung.**[152] Zum Leistungsinhalt gehören auch im Prospekt beschriebene Urlaubsaktivitäten, und zwar auch dann, wenn darüber erst vor Ort ein separater Vertrag mit dem Leistungsträger geschlossen wird.[153] Der Inhalt der Reisebestätigung ist seit der Umsetzung der EG-Pauschalreiserichtlinie durch die InfVO geregelt, ebenso die Mindestpflichtangaben für den Katalog. Der Reiseveranstalter ist zur Ausgabe eines Katalogs nicht verpflichtet, unterliegt aber in jedem Fall detaillierten **Informationspflichten**. Diese sind heute im Einzelnen in der InfVO geregelt, jedoch hat die Rechtsprechung schon früher in großem Umfang Informationspflichten angenommen. Der Reiseveranstalter muss generell alle für die Reise wesentlichen Informationen erteilen.[154] So muss auf einen Visum[155]- oder einen Impfzwang[156] hingewiesen werden, auf einen Hotel[157]- oder Flughafenstreik,[158] auf eine Großbaustelle[159] oder auf einen Hurrikan.[160]

72 Für die Katalogbeschreibung gilt der Grundsatz der **Prospektwahrheit** und der Vollständigkeit.[161] Der Reisende ist nicht verpflichtet, zwischen den Zeilen zu lesen.[162] Fotos darf der Reiseveranstalter zwar durchaus werbewirksam einsetzen, aber er darf nicht etwa einen höheren Standard in der Zimmerausstattung

151 BGH RRa 2000, 83 = NJW 2000, 1188; Soergel-*Eckert,* § 651 a Rn. 47; *Führich,* Rn. 116.
152 H. M., AG Landau i. d. Pf. RRa 1997, 56.
153 BGH RRa 2000, 83 = NJW 2000, 1188 (Reiten).
154 Vgl. *Führich,* Rn. 118.
155 BGH NJW 1985, 1165; vgl. § 1 Abs. 1 f InfVO.
156 LG Frankfurt a. M. NJW-RR 1980,1230 und vgl. § 1 Abs. 1 lit. f InfVO.
157 LG Frankfurt a. M. NJW-RR 1980, 1196.
158 LG Hannover NJW-RR 1989, 820.
159 LG Düsseldorf NJW-RR 1987, 176; LG Hannover NJW-RR1989, 821.
160 LG Frankfurt a. M. VuR 1991, 41 = NJW-RR 1991, 313.
161 *Führich,* Rn. 199.
162 Vgl. die Beispiele bei *Schlotmann,* Das Recht der Pauschalreise – Reklamationen in der touristischen Praxis, S. 21.

suggerieren als den tatsächlich gebotenen, sonst kommt es gegebenenfalls zu einem Mangel.[163]

Auch mündliche **Nebenabreden**, z. B. über die Lage der Zimmer, bestimmen den Leistungsinhalt. Die Gültigkeit solcher Nebenabreden darf nicht durch eine Schriftformklausel eingeschränkt werden, weil die Nebenabrede den Vorrang der Individualabrede gemäß § 4 AGBG genießt.[164] Nebenabreden müssen nunmehr gemäß § 3 Absatz 2 lit. e InfVO Bestandteil der Reisebestätigung werden, was aber nicht heißt, dass sie ohne Bestätigung unbeachtlich wären.[165] 73

Der Reiseveranstalter schuldet **Leistungen mittleren Standards**. Darauf, dass im Zielland ein niedrigerer Standard üblich ist, kann er sich in den AGB nicht berufen. Die sog. Landesüblichkeitsklausel ist vom BGH für unzulässig erklärt worden.[166] Soll ein niedrigerer Standard Vertragsinhalt werden, so muss dieser, ob landesüblich oder nicht, im Prospekt beschrieben werden. Ein gewisser Mindeststandard darf nicht unterschritten werden.[167] 74

8.2. Leistungsänderungsvorbehalte

Absatz 4 regelt auch die Rechtsfolgen bei der Ausübung eines zulässigen Änderungsvorbehalts einer erheblichen Leistungsänderung. Der Reisende hat ein **Wahlrecht** zwischen einem **Rücktritt** und einer **Alternativreise**. Voraussetzung ist zum einen, dass der Änderungsvorbehalt zulässig ist und zum anderen, dass die Leistungsänderung erheblich ist. Beide Voraussetzungen werden von der Vorschrift selbst nicht weiter präzisiert, so dass wie bisher auf das allgemeine Recht zurückzugreifen ist, nämlich für den Änderungsvorbehalt auf § 10 Nr. 4 AGBG und für die Erheblichkeit auf § 651 e Abs. 1. § 10 Nr. 4 AGBG stellt auch auf die **Zumutbarkeit** für den Reisenden ab, so dass eine zumutbare Änderung einer unerheblichen Leistung vom Reisenden hinzunehmen ist. Ein pauschaler Änderungsvorbehalt ist daher unzulässig.[168] Eine unzumutbare Änderung darf dagegen vom Reiseveranstalter auf gar keinen Fall vorgenommen werden. Erfolgt sie trotzdem, so ist die Reise mangelhaft, und der Reisende hat die Gewährleistungsansprüche der §§ 651 c ff. Eine **erhebliche Leistungsänderung** wird in der Regel auch unzumutbar sein, so dass die Vorschrift nur 75

163 Vgl. unten § 651 c, Rn. 38.

164 Soergel-*Eckert*, § 651 a Rn. 48; *Führich*, Rn. 120.

165 Vgl. unten InfVO, Rn. 6.

166 BGHZ 100, 157.

167 OLG Frankfurt a. M. RRa 1998, 95; AG Bielefeld RRa 1996, 204; vgl. unten Mängeltabelle Rn. 39 f.

168 LG Bamberg RRa 1998, 192.

einen geringen Anwendungsbereich entfalten kann und eher für Verwirrung sorgt.[169]

76 Im Einzelnen ist zu entscheiden, wann eine Änderung zulässig, d. h. zumutbar ist, und wann sie erheblich ist. Zumutbar ist eine Leistungsänderung, wenn sie

- vom Reiseveranstalter nicht wider Treu und Glauben herbeigeführt ist,
- nicht erheblich ist und
- den Gesamtzuschnitt der Reise nicht verändert.

77 Diese Kriterien sind in Ziffer 4 der Konditionenempfehlung des DRV aufgenommen. Mit diesen Einschränkungen, und zwar nur mit ihnen, ist der Leistungsänderungsvorbehalt zulässig.[170] Die von der Konditionenempfehlung gezogene Grenze für zulässige Leistungsänderungen entspricht genau der Grenze der **Zumutbarkeit** gemäß **§ 10 Nr. 4 AGBG**, so dass AGB von der Konditionenempfehlung nicht zugunsten des Reiseveranstalters abweichen dürfen. Nach dieser Auffassung verbleibt für Absatz 4 praktisch kein Spielraum mehr, da erhebliche Leistungsänderungen bereits unzumutbar und damit unzulässig sind, so dass, falls sie dennoch vorgenommen werden, nicht nur die Rechtsfolgen des Absatzes 4, sondern auch die Gewährleistungsansprüche greifen. Ein Teil der Literatur verzichtet freilich bei der Zumutbarkeit auf die Voraussetzung der Erheblichkeit.[171]

78 Auf jeden Fall kommt es darauf an, wann eine **erhebliche** und wann eine **unerhebliche Abweichung** vorliegt. Erheblich ist die Abweichung, wenn die gebuchte Indonesienreise nach Kreta oder Gran Canaria gehen soll.[172] Nach allgemeiner Auffassung ist ein **Hotelwechsel** am gleichen Ort zulässig, wenn das Hotel der gleichen oder einer besseren Kategorie angehört (nicht jedoch, wenn es entgegen dem ursprünglich gebuchten nicht am Strand liegt oder nicht die gleichen Freizeiteinrichtungen hat).[173] Ein Wechsel in einen anderen Ort ist unzulässig.[174] Zulässig ist bei einer **Rundreise** das Vertauschen der Reihenfolge der aufgesuchten Orte, unzulässig ist es, einzelne auszulassen. Unzulässig ist die Unterbringung in Zelten statt in Bungalows oder der Wegfall von Freizeitmöglichkeiten bei einem ausgesprochenen Sporturlaub.

---

169 So auch Soergel-*Eckert*, § 651 a Rn. 68; *Seyderhelm*, § 651 a Rn. 120; *Tempel*, RRa 1999, 107.

170 So auch *Wolf/Horn/Lindacher*, § 9 AGBG, Rn. R 66; *Führich*, Rn. 148.

171 So z. B. *Führich*, Rn. 148.

172 LG Frankfurt a. M., FVE ZivR 1980, Nr. 212.

173 A. A. LG Frankfurt a. M., das in ständiger Rechtsprechung seit NJW 1983, 233 einen Hotelwechsel grundsätzlich für eine erhebliche Änderung hält.

174 Soergel-*Eckert*, § 651 a Rn. 68; *Führich*, Rn. 148; LG Hannover NJW 1986, 213, stellt auf das Zielgebiet ab.

Der Reiseveranstalter kann auch nicht das **Beförderungsmittel** wechseln, also etwa von Flug- auf Bahntransport überwechseln.[175] Unzulässig ist es bereits, wenn die Reise statt per Linie im Charterflugzeug durchgeführt werden soll oder Bus und Bahn ausgetauscht werden sollen. Unzulässig ist auch der **Wechsel** von einer bereits zugesagten **Fluggesellschaft** auf eine andere.[176] Der Reiseveranstalter kann sich dem nur entziehen, indem er keine bestimmte Fluggesellschaft im Prospekt und in der Reisebestätigung zusagt.[177] Eine Klausel in den Allgemeinen Reisebedingungen des Veranstalters, wonach dieser sich kurzfristige Änderungen der Flugzeiten vorbehält, verstößt gegen § 10 Nr. 4 AGBG.[178] Der Hinweis auf eine Meldeschlusszeit, der auf einem Flugschein abgedruckt ist, ist nicht Bestandteil des Reisevertrages. Der Hinweis ist aber im Hinblick auf die Sorgfaltspflichten des Reisenden beachtlich.[179] **79**

Nach hier vertretener Auffassung sind sämtliche genannten Leistungsänderungen auch unzumutbar im Sinne von § 10 Nr. 4 AGBG, so dass der Reisende, falls die Reise dennoch mit diesen Änderungen durchgeführt wird, Gewährleistungsansprüche hat. Hält man dagegen einzelne der genannten Leistungsänderungen für zumutbar, beschränken sich die Rechte des Reisenden vor Reiseantritt auf Rücktritt oder Alternativreise. Die letztgenannte Auffassung führt jedoch zu Schwierigkeiten, wenn der Reisende trotz ihm mitgeteilter zulässiger und erheblicher Änderungen die Reise durchführt, ohne von den ihm nach Absatz 4 eingeräumten Rechten Gebrauch zu machen. Einem derartigen Verhalten kann man **keineswegs** ein **Einverständnis mit der Leistungsänderung** entnehmen, so dass unklar bleibt, ob der Reisende in diesem Fall Gewährleistungsansprüche hat.[180] Diese Schwierigkeiten werden vermieden, wenn man, wie hier vertreten, einen Gleichlauf von Zumutbarkeit und Erheblichkeit annimmt. **80**

Leistungsänderungsvorbehalte sind nur dann zumutbar, wenn die Leistungsänderung **nach Vertragsschluss notwendig** wird. Der Reiseveranstalter darf sich also nicht auf Umstände berufen, die ihm bei Vertragsschluss bekannt waren oder hätten bekannt sein müssen. Auch Änderungen aus wirtschaftlichen Gründen sind nicht gedeckt. Ziffer 4 Absatz 3 Satz 1 der Konditionenempfehlung erlegt dem Reiseveranstalter eine Informationspflicht bei Leistungsänderungen auf. Die Informationspflicht würde auch ohne eine entsprechende Klausel bestehen. **81**

175 LG Berlin, FVE ZivR 1981, Nr. 301.
176 Vgl. *Schmid*, NJW 1996, 1636; *Führich*, RRa 1996, 76; *Tonner/Lindner*, VuR 1996, 249.
177 So z. B. im Fall des AG Kleve RRa 1999, 180.
178 AG Düsseldorf RRa 1997, 138; ähnlich AG Düsseldorf RRa 1997, 240.
179 AG Düsseldorf RRa 1996, 43.
180 Vgl. auch *Tempel*, RRa 1999, 107.

82 Darüber hinaus wollen sich die Reiseveranstalter in Ziffer 4 Absatz 3 Satz 2 der Konditionenempfehlung das Recht vorbehalten, dem Reisenden bei Leistungsänderungen oder -abweichungen eine **kostenlose Umbuchung** oder einen **kostenlosen Rücktritt** anzubieten. Dies muss so verstanden werden, dass es sich dabei um Leistungsänderungen im Sinne der Ziffer 4 Absatz 1 der Konditionenempfehlung handelt, nämlich um zumutbare und nicht erhebliche, da ansonsten der Eindruck erweckt werden könnte, es würden keine Gewährleistungsrechte bestehen.

83 Nimmt der Reiseveranstalter eine **erhebliche Leistungsänderung** vor, so wird er **vertragsbrüchig**. Die eigentlich geschuldete Leistung weist einen Mangel auf, so dass der Kunde die Rechte der §§ 651 c ff. geltend machen kann, d. h. bei einem erheblichen Mangel auch zurücktreten kann, § 651 e. Das Problem der Leistungsänderungsklauseln besteht darin, dass ihre Verletzung praktisch sanktionslos bleibt. Zwar braucht der Kunde bei einer ihm vor Reiseantritt mitgeteilten, unzulässigen Leistungsänderung die Reise nicht anzutreten und nichts zu zahlen, aber damit ist seinen Interessen nicht gedient. Den Reiseveranstalter auf Erfüllung zu verklagen, ist blanke Theorie. Lediglich wenn sich die Leistungsänderung zu einem Mangel verdichtet, hat der Kunde die sich aus dem Mangel ergebenden Ansprüche, insbesondere auf Minderung.

84 Selbstverständlich ist es möglich, dass sich der Reiseveranstalter und der Reisende auf einen **geänderten Leistungsinhalt einvernehmlich einigen**. Jedoch liegt in dem bloßen Schweigen des Reisenden auf eine Änderungsmitteilung des Reiseveranstalters kein Einverständnis. Dies gilt auch dann, wenn der Reisende die Reise trotz der Änderungen antritt. Man kann dem Reisenden nicht den Rechtsfolgewillen unterstellen, dadurch einen Änderungsvertrag zu dem ursprünglichen Reisevertrag abzuschließen, zumal wenn er seinerseits unverändert die zunächst vereinbarte Gegenleistung erbringt.[181] Die Praxis fingiert freilich häufig ein Einverständnis des Reisenden.[182]

85 Eine so genannte **Drucklegungsklausel**, wonach für die Katalogbeschreibung die Verhältnisse bei Drucklegung maßgeblich waren und Änderungen vorbehalten bleiben, ist wegen Verstoßes gegen § 10 Nr. 4 AGBG unzulässig.[183]

181 Vgl. dazu ausführlich *Tempel*, RRa 1999, 107 mit zahlreichen Beispielen.
182 Vgl. die Nachweise bei *Tempel*, RRa 1999, 107.
183 So auch *Führich*, Rn. 117.

9. Rücktritt des Reiseveranstalters

Absatz 4 regelt auch die Ansprüche des Reisenden bei einer zulässigen **Absage der Reise** durch den Reiseveranstalter. Die Vorschrift gibt jedoch nicht an, wann die Absage zulässig ist. Nach Art. 4 Abs. 6 der **EG-Pauschalreiserichtlinie** darf der Reiseveranstalter die Reise **nur bei Nichterreichen einer Mindestteilnehmerzahl und bei höherer Gewalt** absagen. In allen anderen Fällen einer Absage schuldet er Schadenersatz wegen Nichterfüllung des Vertrages, es sei denn, die Absage ist auf Verschulden des Reisenden zurückzuführen. Der deutsche Umsetzungsgesetzgeber hat die Beschränkung der Pauschalreiserichtlinie auf zwei Kündigungsrechte **nicht umgesetzt**. Damit liegt eine unkorrekte Umsetzung vor, denn die Beschränkung ergibt sich nicht bereits aus anderen Vorschriften.[184] Es ist deshalb eine **richtlinienkonforme Anwendung** des § 10 Nr. 3 AGBG zur Kontrolle von Lösungsrechten, die sich der Reiseveranstalter in AGB vorbehält, notwendig. **86**

Im Einzelnen gilt Folgendes für den Rücktritt wegen **Zahlungsverzugs** des Kunden: **87**
Der Reiseveranstalter kann zurücktreten, wenn der Kunde den Reisepreis nicht zu dem im Vertrag vorgesehenen Zeitpunkt bezahlt. Dieser muss ihm allerdings vorher eine Nachfrist setzen und ihm den Rücktritt ankündigen, § 326 BGB. Von dieser Pflicht kann er sich nicht frei zeichnen, § 10 Nr. 2 AGBG.

Im Übrigen sind die Rücktrittsgründe für den Reiseveranstalter jetzt durch Art. 4 Abs. 6 der EG-Pauschalreiserichtlinie abschließend geregelt. Danach kann der Reiseveranstalter nur zurücktreten (die Richtlinie spricht von absagen) bei **Nichterreichen einer Mindestteilnehmerzahl** und bei **höherer Gewalt**. Wegen der fehlenden Umsetzung dieser Vorschrift im deutschen Umsetzungsgesetz stellt sich die Aufgabe, die Kontrollmaßstäbe des AGBG bei Rücktrittsvorbehalten des Reiseveranstalters richtlinienkonform anzuwenden und möglichst auf diese Weise zu dem nach der Richtlinie gebotenen Rechtszustand zu kommen, um einen offenen Widerspruch zwischen der Rechtslage in Deutschland und den Anforderungen der EG-Pauschalreiserichtlinie zu vermeiden. **88**

Die **Konditionenempfehlung des DRV** enthielt allerdings bislang lediglich drei Rücktrittsgründe, von denen zwei zu den von der Richtlinie erlaubten gehören, während der dritte nach überwiegender Auffassung ohnehin wegen Verstoßes gegen das AGBG nicht zulässig ist. Soweit andere Reise-AGB als die der Konditionenempfehlung verwendet werden, ist zu beachten, dass weitere als die im Folgenden erörterten Rücktrittsgründe nicht verwendet werden dürfen. Die **89**

184 So auch *Führich*, Rn. 149.

notwendige richtlinienkonforme Auslegung ist über eine entsprechende Interpretation von § 10 Nr. 3 AGBG zu erreichen; danach sind Rücktrittsvorbehalte nur zulässig, wenn sie sachlich gerechtfertigt sind; andere als die von der Richtlinie erlaubten Rücktrittsgründe sind als sachlich nicht gerechtfertigt anzusehen.

90 Nach der Konditionenempfehlung kann der Reiseveranstalter **fristlos aus wichtigen Gründen** kündigen. Dieses Recht ist gedeckt durch die Vorschrift der Richtlinie, wonach der Verbraucher bei einem Rücktritt des Reiseveranstalters keine Ansprüche hat, wenn der Verbraucher den Rücktritt verschuldet hat.[185]

91 Auch das Rücktrittsrecht wegen **Nichterreichen der Mindestteilnehmerzahl** nach der Konditionenempfehlung ist durch die Richtlinie gedeckt. Allerdings ist ein Urteil überholt, wonach die Mindestteilnehmerzahl nicht in den AGB angegeben werden muss,[186] weil nach der Richtlinie und § 1 Abs. 1 lit. g InfVO sowohl die konkrete Mindestteilnehmerzahl als auch die Rücktrittsfrist, die sich der Veranstalter vorbehält, im Prospekt angegeben werden muss.

92 Dagegen findet sich für den Rücktrittsvorbehalt wegen **wirtschaftlicher Unmöglichkeit** der Konditionenempfehlung keine Grundlage in der Richtlinie. Diese Klausel ist aus AGB-rechtlichen Gründen schon früher überwiegend für unzulässig gehalten worden.[187] Es wird zu Recht geltend gemacht, die Klausel sei kein sachlich gerechtfertigter Grund für einen Rücktrittsvorbehalt, wie dies § 10 Nr. 3 AGBG verlangt. Sie versucht, das Leistungsrisiko des Reiseveranstalters auf den Reisenden abzuwälzen, und enthält mit dem Begriff »wirtschaftliche Opfergrenze« einen völlig unklaren, für den Reisenden nicht voraussehbaren Abgrenzungsbegriff und damit keinen sachlichen Grund im Sinne des § 10 Nr. 3 AGBG.

10. Informationspflichten

93 Die Informationspflichten sind im Einzelnen in der InfVO[188] geregelt, da die EG-Pauschalreiserichtlinie so umfangreiche und detaillierte Vorgaben macht, dass eine Regelung im BGB nach Ansicht des Gesetzgebers dessen Rahmen gesprengt hätte. Absatz 5 enthält deswegen nur die **gesetzliche Ermächtigungsgrundlage** für die im Anschluss an diese Vorschrift kommentierte InfVO.

---

185 LG Frankfurt a. M. NJW-RR 1994, 375: Reisender, der halbes Doppelzimmer gebucht hat, nimmt Prostituierte mit aufs Zimmer; AG Bielefeld RRa 1999, 174: Haschischkonsum eines Jugendlichen.

186 OLG München VuR 1993, 182 mit Anm. *Tonner.*

187 *Ulmer/Brandner/Hensen*, Anh. §§ 9–11, Rn. 587; *Führich*, Rn. 151; jetzt auch Soergel-*Eckert*, § 651 a Rn. 74; a. A. lediglich *Wolf/Horn/Lindacher*, § 9 AGBG, Rn. R 76.

188 Vom 14. 11. 1994; BGBl I 1994, 3436.

Vor § 1 InfVO

Übersicht:

1. Hintergrund der Verordnung

1 Zweck der Verordnung ist es, die in der **EG-Pauschalreiserichtlinie** enthaltenen zahlreichen Informationspflichten in deutsches Recht umzusetzen. Die Pauschalreiserichtlinie listet in ihrem Art. 3 Katalogpflichtangaben auf. Art. 4 mit dem dazugehörigen Anhang enthält Vertragspflichtangaben sowie weitere Informationspflichten, die dem Reisenden kurz vor Reiseantritt zukommen müssen.[1]

2 Der Umsetzungsgesetzgeber hat die Umsetzung der Informationspflichten aufgespalten in eine **Ermächtigungsgrundlage** für eine Verordnung in **§ 651 a Abs. 5 BGB**, die durch die vorliegende Verordnung im Einzelnen ausgefüllt wird. Der Hintergrund für diese Gesetzgebungstechnik ist die außerordentliche Regelungsdichte der Informationspflichten in der Pauschalreiserichtlinie. Hätte man sie im Einzelnen in den Text des BGB übertragen, hätte das Reisevertragsrecht des BGB einen Umfang angenommen, der in keinem Verhältnis zur sonstigen Regelungsdichte anderer BGB-Vertragstypen gestanden hätte.[2] Die Alternative zu dieser Aufteilung wäre gewesen, mit dem Umsetzungsgesetz ein insgesamt vom BGB getrenntes Gesetz über den Reisevertrag zu schaffen.[3] Auch in anderen EU-Mitgliedsstaaten sind die Informationspflichten in Anhängen zu dem eigentlichen Umsetzungsgesetz geregelt, z. B. in Großbritannien und in den Niederlanden.[4]

---

1 Vgl. zu den Informationspflichtangaben der Richtlinie *Tonner*, Reiserecht in Europa, S. 253 ff.

2 Vgl. auch BT-Drucks. 12/5354, S. 16.

3 Dies hatte der Verfasser im Vorfeld der Umsetzungsdiskussion vorgeschlagen, EuZW 1990, 409, 412; anders von vorn herein die Intentionen des Bundesjustizministeriums, vgl. *Eckert*, ZRP 1991, 454, 458.

4 Schedule 1 und 2 der Package Travel, Package Tours and Package Holidays Regulation 1992 in Großbritannien, Besluit vom 15. 1. 1993, Staatsblad 1993, 43 neben der eigentlichen Umsetzung im Burgerlijk Wetboek in den Niederlanden.

3 Die **Verordnung ist ebenso Umsetzung** der EG-Pauschalreiserichtlinie **wie die reisevertragsrechtlichen Vorschriften im BGB** und steht daher nicht zur Disposition des Verordnungsgebers, da ohne sie die EG-Pauschalreiserichtlinie nicht korrekt umgesetzt wäre. Da die EG-Richtlinie jedoch nur Minimalstandards setzt, hätte der Verordnungsgeber weitere als dort vorgesehene Informationspflichten in das Umsetzungsgesetz aufnehmen können. Davon hat er aber – abgesehen von einer unbedeutenden Ausnahme (§ 1 Abs. 2) – bislang keinen Gebrauch gemacht. Allerdings steht jetzt einen Ergänzung an.[5]

4 Der Entwurf der Verordnung ist heftig **kritisiert** worden mit der Begründung, der Reiseveranstalter müsse teilweise Informationen geben, die ihm zum maßgeblichen Zeitpunkt selbst noch nicht zur Verfügung stünden.[6] Der Verordnungsgeber konnte diese Kritik jedoch nur in geringem Umfang berücksichtigen, weil ihm wegen der genauen Vorgaben der Richtlinie kein Spielraum zur Verfügung stand.[7] Die Veränderungen, die gegenüber dem Entwurf[8] vorgenommen wurden, sind in EU-rechtlicher Hinsicht teilweise bedenklich.

5 Die Fülle der Informationspflichten ist charakteristisch für das **europäische Verbraucherschutzrecht**. Dieses folgt dem Modell des mündigen Verbrauchers, der am Markt selbstbestimmt eine Entscheidung fällen kann, sofern ihm nur die notwendigen Informationen zur Verfügung stehen.[9] Im Gegenzug ist es nicht notwendig, einzelne Verhaltensweisen der Anbieter zu verbieten. Ähnlich umfangreiche Informationspflichten finden sich im Versicherungsrecht, im Recht des Time-sharing[10] und bei der Fernabsatzrichtlinie.[11]

2. Die einzelnen Informationspflichten

6 Die Verordnung enthält zwei Kategorien von Informationspflichten, nämlich **vorvertragliche Pflichten** und **vertragliche Pflichten**. Die vorvertraglichen Pflichten sind in den §§ 1 und 2 geregelt; es handelt sich dabei um Katalogpflichtangaben (§ 1) und Angaben über Pass- und Visumerfordernisse und gesundheitspolizeiliche Formalitäten (§ 2). Die vertraglichen Pflichten gliedern

5 Unten § 2 InfVO Rn. 6.

6 Vgl. *Noll*, RRa 1993, 42.

7 Zur Verteidigung des Gesetzgebers *Tonner*, EWS 1993, 197.

8 BT-Drucks. 12/5354.

9 Z. B. EuGH Urt. vom 7. 3. 1990, Slg. 1990, I-667–GB-Inno; vgl. auch *Reich*, Bürgerrechte in der Europäischen Union, S. 272 f.

10 Vgl. *Tonner*, Das Recht des Time-sharing an Ferienimmobilien, S. 65 ff.

11 Vgl. *Micklitz/Reich*, Die Fernabsatzrichtlinie im deutschen Recht, S. 15 ff.

sich auf in die Pflichtangaben für die Reisebestätigung (§ 3) und in weitere Pflichtangaben, die mit den Reiseunterlagen fällig werden (§ 4).

Der Reiseveranstalter muss also beachten, dass er an **vier verschiedenen Zeitpunkten** Informationen erteilen muss, nämlich: 7

- bei der Kataloggestaltung (§ 1),
- vor der Buchung (§ 2),
- in der Reisebestätigung (§ 3),
- in den Reiseunterlagen (§ 4).

Eine derartige **Vielfalt** von Informationspflichten ist **für das deutsche Recht neu**. Auch in anderen EU-Mitgliedsstaaten gibt es sie in diesem Umfang bislang nicht, da man dort entweder einen Schwerpunkt gelegt hat auf vorvertragliche Pflichten, d. h. also Katalogpflichtangaben, so in den skandinavischen Ländern und in Großbritannien, oder die Reisebestätigung ausgestaltet hat, so z. B. in Frankreich und Belgien.[12] Die Richtlinie und damit auch die Verordnung kumulieren beide Typen von Informationspflichten. Ferner ist zu beachten, dass für die Einbeziehung von AGB eine strengere Regelung gilt als die allgemeine Vorschrift des § 2 AGBG, da AGB gemäß § 3 Abs. 2 den Reisenden vor Vertragsschluss übermittelt werden müssen. 8

3. Rechtsnatur der Vorschrift

Der Reiseveranstalter hatte schon bislang zu berücksichtigen, dass der Katalog eine Doppelrolle als Werbeträger und als – zumindest ergänzende – vertraglich bindende Leistungsbeschreibung ausfüllt. Deswegen muss der Katalog sowohl den Vorschriften des UWG genügen, d. h. er darf nicht unlauter oder irreführend gemäß §§ 1 oder 3 UWG sein, und er beschreibt den Leistungsinhalt des Reisevertrages. **Die InfVO ist daher materielles Reisevertragsrecht.**[13] Eine unkorrekte Leistungsbeschreibung kann zu einem **Mangel** im Sinne des § 651 c BGB führen. Eine **unlautere Werbung** im Sinne des § 1 UWG liegt vor, wenn der Reiseveranstalter seine Pflichten zu Katalogangaben nach § 1 verletzt, denn dann hat er sich nach der Rechtsprechung zum UWG einen unlauteren Wettbewerbsvorteil gegenüber seinen gesetzestreuen Mitbewerbern verschafft.[14] Es 9

12 Vgl. *Tonner*, Reiserecht in Europa, S. 133 ff.

13 So auch *Führich*, Rn. 521; *Tempel*, NJW 1996, 1625, 1626; a. A. *Bidinger/Müller*, Anh. § 651 a, Anm. 6, die in der InfVO lediglich wettbewerbsrechtliche Ordnungsvorschriften sehen.

14 Ständige Rechtsprechung, vgl. etwa BGHZ 109, 127 = NJW 1990, 181 – Heizgerätevertrieb, zur Verknüpfung von UWG und Haustürwiderrufsgesetz.

greift also das Sanktionsinstrumentarium des UWG, insbesondere die Klagebefugnis gemäß § 13 UWG.[15] Aus diesem Grunde können Verbraucherverbände in erheblich größerem Maße als vor Inkrafttreten der InfVO mit Hilfe des UWG gegen Prospekte vorgehen, denn es reicht, wenn eine einzelne der im § 1 aufgezählten Angaben im Prospekt fehlt. Den Reiseveranstaltern ist daher zu empfehlen, die Katalogpflichtangaben sorgfältig zu beachten. Darüber hinaus ist nach Umsetzung der EG-Richtlinie über Unterlassungsklagen zum Schutz von Verbraucherinteressen gemäß § 22 AGBG n. F. eine Unterlassungsklage auch möglich, ohne dass die Voraussetzungen von § 1 UWG erfüllt sind.

10 Die Katalogangaben sind **verbindlich**. Dies geht auf Art. 4 Abs. 2 Satz 2 der Richtlinie zurück. Damit steht zwar der vertragsrechtliche Charakter der InfVO unzweifelhaft fest, die genaue Bedeutung der Vorschrift ist jedoch unklar, denn der Reiseveranstalter und der Reisende können auch einen Vertrag mit abweichendem Inhalt abschließen.[16]

11 Vertragliche Informationspflichten sind von der Rechtsprechung bislang auf der Basis des **§ 651 f Abs. 1 BGB** entwickelt worden. Grundlegende Bedeutung kommt dabei dem Visumfall zu.[17] Die Unterrichtung über Pass- und Visumerfordernisse ist jetzt durch § 2 zu einer vorvertraglichen Pflicht geworden. Im Übrigen **gelten die bisher von der Rechtsprechung entwickelten Informationspflichten neben der InfVO weiter**, z. B. auch über solche Umstände, die die Reise vereiteln oder beeinträchtigen können.[18]

12 Den Reisenden trifft die **Darlegungs- und Beweislast** für eine Verletzung einer Informationspflicht, d. h. er muss substantiiert solche Tatsachen vortragen, die einen hinreichenden Schluss auf eine Erkundigungs- und Informationspflicht des Reiseveranstalters nahe legen. Hierzu gehört auch die Darlegung, dass dem Reiseveranstalter die Umstände, die die Informationspflicht begründen sollten, bekannt waren oder hätten bekannt sein müssen.[19]

13 Der **BGH** hat Informationspflichten bislang schon als **Hauptpflichten** bezeichnet und daher nicht als positive Vertragsverletzung eingeordnet, sondern unter § 651 f Abs. 1 BGB subsumiert. Dabei muss es für die vertraglichen Pflichtangaben nach § 3 ebenfalls bleiben.[20] Die Verordnung selbst enthält keine vertrags-

15 So auch Soergel-*Eckert*, Vor InfVO Rn. 4; *Bidinger/Müller*, § 651 a Anh Anm. 7.

16 Vgl. im Einzelnen unten § 1 InfVO Rn. 23 ff.

17 BGH NJW 1985, 1165; vgl. unten § 651 f, Rn. 16.

18 AG Bad Homburg RRa 1995, 27; AG Stuttgart RRa 1999, 93.

19 AG Bad Homburg RRa 1995, 27.

20 Ebenso *Bidinger/Müller*, § 651 a, Anm. 10; *Führich*, Rn. 523, obwohl er im Widerspruch dazu einen Schadenersatzanspruch wegen positiver Vertragsverletzung annimmt; a. A. *Tempel*, NJW 1996, 1625, 1626, der von einer Nebenpflicht ausgeht.

rechtliche Sanktion für den Fall einer Verletzung; da sie jedoch Hauptpflichten enthält, greift im Fall einer Verletzung der Schadenersatzanspruch nach **§ 651 f Abs. 1 BGB**, sofern die sonstigen Voraussetzungen erfüllt sind, insbesondere dem Reisenden ein Schaden entstanden ist.

Schon nach bisherigem Recht **ergaben sich Informationspflichten** indirekt, ohne sie ausdrücklich zu normieren, **aus dem verschuldensunabhängigen Mangelbegriff** des § 651 c BGB.[21] Wenn der Reiseveranstalter eine vom üblichen Standard abweichende Leistung erbringt und dafür nicht haften will, so hat er die Möglichkeit, durch Information diese Leistung zum vertraglich geschuldeten Gegenstand zu machen, und haftet dann auch für Leistungen von unterschiedlichem Standard nicht; er muss eben nur die »kleinen Schönheitsfehler« erwähnen. Die anderen EU-Mitgliedsstaaten kennen jedoch im Gegensatz zum deutschen Recht vielfach lediglich eine im Prinzip verschuldensabhängige Haftung im Dienstleistungsbereich, so dass die Entfaltung von Informationspflichten eine wichtige Voraussetzung für einen gewissen Standard der Haftung bei Pauschalreisen war. Im deutschen Recht ist dies nicht so sehr notwendig gewesen; wegen der Rechtsharmonisierung ist dies jedoch hinzunehmen. **14**

Die Informationspflichten nach der InfVO gehen jedoch zum Teil erheblich über das hinaus, was sich an Informationspflichten bislang indirekt aus der Gewährleistung ergab. Auch ist die Rechtsprechung nicht gehindert, weitere Informationspflichten innerhalb des § 651 f Abs. 1 BGB zu begründen. Die Detailfreude der Verordnung führt dazu, dass der Reiseveranstalter in jedem Fall eine juristische Durchsicht seiner Kataloge und Reisebestätigungsformulare vornehmen muss. **15**

4. Sanktionen

Bei Verletzung der Katalogpflichtangaben nach § 1 Abs. 1 oder der Informationspflicht nach § 2 greift ein Schadenersatzanspruch nach **culpa in contrahendo**, da zwischen Reiseveranstalter und dem Reiseinteressenten ein Vertragsanbahnungsverhältnis durch die Ausgabe des Kataloges entstanden ist. Es wird jedoch häufig an einem Schaden fehlen, zumal culpa in contrahendo nur dann zur Anwendung kommt, wenn ein Vertragsschluss unterblieben ist. **16**

Die Informationspflichten hinsichtlich der Reisebestätigung nach § 3 sind durch einen **Schadenersatzanspruch gemäß § 651 f Abs. 1 BGB** sanktioniert. **17**

21 Zum folgenden *Tonner*, EWS 1993, 197, 200; zustimmend *Führich*, Rn. 523.

Es handelt sich um die Verletzung einer vertraglichen Hauptpflicht. Auch hier wird es häufig an einem Schaden fehlen.

18 Als Sanktion kommt außerdem eine **Minderung wegen eines Mangels** gemäß §§ 651 d, 651 c BGB in Betracht, falls das Auseinanderfallen zwischen Katalogbeschreibung und Leistungserbringung zu einem Mangel führt.

19 Falsche oder fehlende Katalogpflichtangaben können schließlich mit **wettbewerbsrechtlichen Unterlassungsansprüchen** verfolgt werden. Wie ausgeführt, bedeutet die Verletzung der Pflichtangaben unlauteren Wettbewerb, dessen Sittenwidrigkeit zu Unterlassungsansprüchen der nach § 13 UWG klagebefugten Verbände führt.[22] In dieser Möglichkeit dürfte ein wirksameres Sanktionspotential als in den vertragsrechtlichen Ansprüchen liegen. Nunmehr besteht darüber hinaus ein Unterlassungsanspruch gemäß § 22 AGBG n. F.[23]

---

22 Grundsätzlich dazu *Asendorf*, RRa 1995, 198, 218.

23 Vgl. oben Rn. 9.

§ 1 InfVO [Prospektangaben]

(1) Stellt der Reiseveranstalter über die von ihm veranstalteten Reisen einen Prospekt zur Verfügung, so muss dieser deutlich lesbare, klare und genaue Angaben enthalten über den Reisepreis, die Höhe einer zu leistenden Anzahlung, die Fälligkeit des Restbetrages und außerdem, soweit für die Reise von Bedeutung, über folgende Merkmale der Reise:

a) Bestimmungsort;

b) Transportmittel (Merkmale und Klasse);

c) Unterbringung (Art, Lage, Kategorie oder Komfort und Hauptmerkmale sowie – soweit vorhanden – ihre Zulassung und touristische Einstufung);

d) Mahlzeiten;

e) Reiseroute;

f) Pass- und Visumerfordernisse für Angehörige des Mitgliedstaates, in dem die Reise angeboten wird, sowie über gesundheitspolizeiliche Formalitäten, die für die Reise und den Aufenthalt erforderlich sind;

g) eine für die Durchführung der Reise erforderliche Mindestteilnehmerzahl sowie die Angabe, bis zu welchem Zeitpunkt vor dem vertraglich vereinbarten Reisebeginn dem Reisenden die Erklärung spätestens zugegangen sein muss, dass die Teilnehmerzahl nicht erreicht und die Reise nicht durchgeführt wird.

Die in dem Prospekt enthaltenen Angaben sind für den Reiseveranstalter bindend. Er kann jedoch vor Vertragsschluss eine Änderung erklären, soweit er dies in dem Prospekt vorbehalten hat. Der Reiseveranstalter und der Reisende können vom Prospekt abweichende Leistungen vereinbaren.

(2) Absatz 1 gilt entsprechend, soweit Angaben über die veranstalteten Reisen in einem von dem Reiseveranstalter zur Verfügung gestellten Bild- und Tonträger enthalten sind.

Übersicht:

1. Irreführungsverbot; keine Pflicht zur Herausgabe eines Katalogs

1 Die EG-Pauschalreiserichtlinie verlangt in Art. 3 Abs. 1, dass die Reisebeschreibungen **keine irreführenden Angaben** enthalten dürfen. Der deutsche Gesetzgeber hat auf eine Umsetzung dieser Vorschrift zu Recht verzichtet, da sich eine entsprechende Pflicht bereits aus dem UWG ergibt.[1]

2 Es besteht **keine Pflicht** für den Reiseveranstalter, einen **Katalog herauszugeben.**[2] Wenn ein Katalog herausgegeben wird, müssen allerdings die Katalogpflichtangaben eingehalten werden. Der Reiseveranstalter kann sich dann bei der Reisebestätigung auf die bereits im Katalog gegebenen Informationen beziehen und muss sie in der Reisebestätigung nicht wiederholen.[3] Der Reiseveranstalter ist auch nicht gehindert, sog. **Flyer** herauszugeben oder Zeitungsanzeigen zu schalten, die die Katalogpflichtangaben nicht enthalten. In diesem Fall muss er allerdings den nachfragenden Reiseinteressenten entweder einen Katalog aushändigen oder in der Reisebestätigung alle erforderlichen Angaben machen. Der Bezug auf den Katalog muss allerdings unterbleiben, wenn nicht alle Angaben im Katalog auch für die auf dem Flyer beworbene Reise zutreffen, etwa weil diese zu einem Sonderpreis durchgeführt wird. Dann sind die erforderlichen Angaben in jedem Fall in der Reisebestätigung zu machen, und es muss deutlich sein, dass der Katalog nicht zur ergänzenden Beschreibung des Leistungsinhalts heranzuziehen ist.[4]

2. Preisangaben

3 § 1 verlangt zunächst bestimmte **Preisangaben**, die auf jeden Fall im Katalog enthalten sein müssen. Diese umfassen den Reisepreis, die Höhe der zu leistenden Anzahlung und die Fälligkeit des Restbetrags. Die Preisangaben können in einem **gesonderten Preisteil** des Katalogs abgedruckt werden.[5] Der Veranstalter kann daher bei Vertragsschluss nicht ohne weiteres einen vom Katalog abweichenden Preis verlangen.[6]

4 Ergänzend ist § 1 Abs. 1 PrAngVO anzuwenden. Deswegen muss der angegebene Preis der **Endpreis** sein. Auch Flughafen- und sonstige Gebühren sind in

1 Vgl. oben Vorbem. Rn. 38 ff.

2 Anders z. B. nach der Time-sharing-Richtlinie, vgl. *Tonner*, Das Recht des Time-sharing an Ferienimmobilien, Rn. 187.

3 Vgl. unten § 3 InfVO, Rn. 13 ff.

4 AG Hamburg RRa 1995, 121; LG Stuttgart RRa 1995, 55 mit Anm. *Noll*.

5 So auch *Führich*, Rn. 525.

6 Im Einzelnen unten Rn. 26 a.

den Endpreis einzurechnen.[7] Wird die **Flughafengebühr** als selbstständiger Preisbestandteil genannt, so dürfen keine Spannen angegeben werden, vielmehr ist der konkret zu zahlende Betrag zu nennen.[8] Es bleibt aber dabei, dass auch bei einer Werbung mit aufgegliederten Preisen eine Endpreisangabe erforderlich ist, die zudem hervorzuheben ist, § 1 Abs. 6 Satz 3 PrAngVO. Allerdings darf der Reiseveranstalter eine Pauschale in den Reisepreis einstellen, und es müssen auch nur jene Gebühren in den Endpreis einbezogen werden, die bei der Buchung zu bezahlen sind, nicht jedoch Gebühren, die erst am Flughafen zu entrichten sind.[9] Dies wird damit begründet, dass derartige Gebühren als selbstständiges Entgelt für die Benutzung von Flughafeneinrichtungen anzusehen sind, auch wenn sie notwendigerweise bei einer Flugreise in Anspruch genommen werden müssen.[10]

Ebenso müssen **Nebenkosten einer Ferienwohnung** in den Preis einberechnet werden, auch wenn die Nebenkosten an einen Dritten abzuführen sind.[11] Dies gilt für die fixen Nebenkosten und Nebenkostenpauschalen, während verbrauchsabhängige und fakultative Nebenkosten nicht angegeben werden müssen. Bei variablen Nebenkosten, die notwendigerweise anfallen, z. B. Heizungskosten in einer Skihütte, muss jedoch der Berechnungsmodus angegeben werden. 5

Die Höhe der **Anzahlung** darf 10 % nicht übersteigen. Dies ergibt sich aus der allerdings bestrittenen Weitergeltung der Grundsätze des Vorauskasseurteils[12] des BGH. Demselben Urteil zufolge darf der Restpreis erst zwei Wochen vor Reiseantritt fällig gestellt werden. 6

Ein weiteres Problem ergibt sich, wenn Kataloge im **Baukastensystem** aufgebaut sind. Hier können nicht alle irgendwie denkbaren Gesamtpreise ausgewiesen werden, obwohl die PrAngVO dies formal verlangt. Ein vertretbarer Ausweg wäre es, wenn der Reiseveranstalter repräsentative Musterberechnungen im Katalog abdruckt. 7

7 BGH GRUR 1981, 140 = WRP 1981, 23 – Flughafengebühr; LG Berlin RRa 1994, 66; OLG Frankfurt a. M. RRa 1995, 112 und RRa 1995, 36; vgl. auch oben Vorbem. Rn. 30 ff.

8 OLG Düsseldorf RRa 1997, 44 und RRa 1998, 12.

9 OLG Düsseldorf RRa 1997, 44.

10 Unzutreffend *Führich*, Rn. 594 d, wonach bei reinen Flugreisen die Nebenkosten nicht in den Endpreis eingerechnet werden müssen.

11 BGH NJW 1991, 2706.

12 BGHZ 100, 157; vgl. oben § 651 a Rn. 58.

3. Die einzelnen Angaben

8 Die Katalogpflichtangaben von § 1 Abs. 1 beginnen mit dem **Bestimmungsort**, lit. a. Auch bei einer Rundreise entfällt der Bestimmungsort nicht; es handelt sich dann um mehrere Bestimmungsorte.[13] Es muss ein postalisch korrekter Ortsname genannt werden, so dass der Reisende in der Lage ist, ihn in Reiseführern oder Landkarten wieder zu finden. Die Angabe eines Feriengebietes allein reicht nicht aus. Bei einer Fortuna-Reise[14] muss dagegen der Bestimmungsort nicht genannt werden, hier muss der Reiseveranstalter aber darauf hinweisen, dass ihm allein das Recht zusteht, den Ferienort zu bestimmen.

9 Die zweite Informationspflicht betrifft **Transportmittel** (Merkmale und Klassen), § 1 Abs. 1 lit. b. Der Reiseveranstalter muss angeben, ob die Reise mit Flugzeug, Bahn oder Bus durchgeführt wird. Unter »Merkmal« ist zu verstehen, ob eine Flugreise per Linie oder per Charterflug erfolgt. Die Angabe des konkreten Fluggerätes ist nicht zu verlangen, jedoch die der Fluggesellschaft, weil der Reisende daran ein berechtigtes Interesse hat, auch wenn die vom Reisenden vorgenommene Verknüpfung zwischen Sicherheit und bestimmten Fluggesellschaften häufig höchst subjektiv ist.[15] Erkennt der Veranstalter, dass der Reisende auf einen Rollstuhl angewiesen ist, muss er darüber informieren, ob die eingesetzten Transportmittel für einen Rollstuhl geeignet sind.[16]

10 Unter »**Klasse**« sind die üblichen Flugzeug- und Bahnklassen wie »Business Class« oder »Economy Class« zu verstehen. Weniger übliche Begriffe müssen erläutert werden.[17] § 1 Abs. 1 lit. b gilt auch für den Transfer, so dass der Reiseveranstalter angeben muss, ob der Transfer per Bus, per Taxi oder auf andere Weise durchgeführt wird.

11 § 1 Abs. 1 lit. c regelt **Angaben über die Unterkunft**. Unter »**Art**« der Unterkunft ist zu verstehen, ob es sich um ein Hotel, eine Pension, ein Ferienhaus, ein Apartment, eine Clubanlage oder dergleichen handelt. Zur »**Lage**« gehört eine Einstufung zwischen ruhig und laut sowie zwischen zentral und abgelegen, ferner eine Entfernungsangabe zu üblichen Urlaubsaktivitäten, d. h. bei Badeurlaub die Entfernung zum Meer und beim Winterurlaub die Entfernung zum

13 So auch Soergel-*Eckert*, § 1 InfVO Rn. 4.

14 Siehe dazu auch *Kaller/Schäfer*, RRa 1995, 78.

15 Vgl. im Einzelnen *Tonner/Lindner*, VuR 1996, 249; *Führich*, Rn. 527; oben § 651 a Rn. 79.

16 LG Frankfurt a. M. RRa 1999, 187 mit krit. Anm. *Bechhofer*, S. 189.

17 Vgl. LG Frankfurt a. M. NJW-RR 1991, 316: Mangel, weil trotz Angabe »Europäische Business Class« Beförderungen außerhalb Europas in der Economy Class durchgeführt wurden.

nächsten Skilift. Für Behinderte besteht auch hier eine Informationspflicht wie bei der Unterkunft.[18]

Das Merkmal »**Kategorie oder Komfort**« lässt sich nicht getrennt von den »Hauptmerkmalen« der Unterkunft beschreiben. Der Reiseveranstalter kann hier ein eigenes **Klassifikationssystem** entwickeln, das er an einer Stelle im Prospekt erläutert und darauf bei den einzelnen Angeboten durch ein Sternchensymbol Bezug nimmt. Die Aussagen müssen sich sowohl auf die vom Reisenden zu benutzenden Zimmer als auch auf die Hotelanlage als Ganzes beziehen.[19] 12

Im Einzelnen sollte dabei Folgendes beachtet werden: Der Reiseveranstalter muss informieren, ob WC und Dusche oder Bad im Zimmer vorhanden sind. Der Standard der Möblierung muss erwähnt werden. Betten, die nicht den in Deutschland üblichen entsprechen, sollten angegeben werden, z. B. französische Doppelbetten. Was der Reisende als übliche Ausstattung erwarten kann, ohne dass es dazu einer Aussage im Prospekt bedarf, hängt von der Kategorie ab. In einer Luxuskategorie kann der Reisende etwa Fernseher oder Radio und Minibar erwarten. Sollte dies nicht vorhanden sein, muss es im Prospekt angegeben werden. In einer einfacheren Kategorie können diese Dinge dagegen nicht erwartet werden. Der Reiseveranstalter muss auf die Lage der Zimmer in der Hotelanlage hinweisen, z. B. »Doppelzimmer direkt über der Diskothek«, »Zimmer im ruhigen Nebenhaus, vom Haupthaus durch Straße getrennt«. Die wesentlichen Hoteleinrichtungen müssen aufgeführt werden, z. B. Restaurant, Swimmingpool, Diskothek.[20] 13

Unter »**Zulassung und touristische Einstufung**« ist die Einstufung gemäß den Vorschriften des Gastmitgliedsstaates gemeint. Sofern es ein **einheimisches Klassifikationssystem** gibt, muss dieses also in dem Prospekt mit aufgenommen werden und erläutert werden. Falls der Reiseveranstalter ein eigenes System verwendet, kann er dadurch in Schwierigkeiten kommen, weil dann bei jedem Angebot unter Umständen zwei unterschiedliche Symbole stehen müssen.[21] Man sollte deswegen jedoch die Vorschrift nicht missachten, denn sie hat einen guten Sinn: Der Reisende soll in der Lage sein, Hotels in unterschiedlichen Prospekten leichter zu vergleichen. Die Formulierung von § 1 Abs. 1 lit. c ist so weit, dass auch Klassifikationen in Nicht-EU-Mitgliedsstaaten davon erfasst werden. 14

18 LG Frankfurt a. M. RRa 1999, 187.

19 AG Düsseldorf RRa 1998, 116.

20 Vgl. auch *Tempel*, NJW 1996, 1625, 1628.

21 Unzutreffend *Führich*, Rn. 527, der dem Reiseveranstalter in diesem Fall ein Wahlrecht geben will.

15 Auf der europäischen Ebene wird derzeit darüber nachgedacht, ein **einheitliches europäisches Klassifikationssystem** einzuführen. Die betroffenen Verbände stehen dem jedoch ablehnend gegenüber. M. E. wäre ein derartiges System jedoch sinnvoll, um die dargestellten Schwierigkeiten zu vermeiden.

16 Nach § 1 Abs. 1 lit. d muss der Reiseveranstalter über **Mahlzeiten** informieren. Dies bedeutet, dass mehr an Information zur Verfügung gestellt werden muss als die Kürzel »ÜF«, »HP« und »VP«. Der Reisende sollte darüber informiert werden, welchen Servicestandard er erwarten kann, d. h. ob er sich am Buffet selbst bedienen muss, ob er in der Zeitwahl innerhalb eines bestimmten Rahmens frei ist, oder ob in Schichten gegessen wird. Ferner sollte der Reiseveranstalter angeben, wann warme und wann kalte Mahlzeiten gereicht werden, und ob eine Auswahl besteht.[22] Werden überwiegend landestypische Mahlzeiten serviert, muss beschrieben werden, was darunter zu verstehen ist.

17 Nach § 1 Abs. 1 lit. e muss die **Reiseroute** angegeben werden. Das hat nicht nur für eine Rundreise Bedeutung, sondern auch für eine normale Reise. Der Reisende muss über Abflug- und Zielflughafen und über den Transfer informiert werden. Sollte der Reiseveranstalter bei einer Rundreise nicht alle Übernachtungsorte und sonstigen Haltepunkte angeben können, kann er nicht mit vagen Angaben auskommen. Vielmehr muss er dann einen zulässigen Leistungsänderungsvorbehalt in den Vertrag mit aufnehmen.[23]

18 Nach § 1 Abs. 1 lit. f ist über **Pass- und Visumerfordernisse** sowie über gesundheitspolizeiliche Vorschriften zu informieren. Von dieser Pflicht kann sich der Reiseveranstalter nicht frei zeichnen.[24] Zu den Passerfordernissen gehört die Frage, ob überhaupt ein Reisepass für die Einreise benötigt wird, und wie lange er noch gültig sein muss. Der Reiseveranstalter muss auch über die Kosten und die Fristen, die zur Erlangung eines Visums eingehalten werden müssen, informieren. Der Katalog muss alle Informationen enthalten, die der Reisende für seine Buchungsentscheidung benötigt; dazu gehören auch die Nebenkosten. Der Reisende muss wissen, bis wann er sich zur Buchung entscheiden muss, um das Visum noch rechtzeitig zu erhalten. Wenn er dies erst gemäß § 2 bei der Buchung erfährt, kann es zu spät sein.

19 Die gesundheitspolizeilichen Erfordernisse betreffen vor allem **Schutzimpfungen**. Der Reiseveranstalter muss informieren, falls solche Impfungen mit einem gewissen zeitlichen Abstand zum Reiseantritt durchgeführt werden müssen. Dagegen muss er den Reisenden nicht darüber aufklären, welche Impfungen

22 *Tempel*, NJW 1996, 1625, 1628, hält dies für zu weitgehend.
23 Großzügiger *Führich*, Rn. 527: nur die wichtigsten Stationen.
24 LG Bamberg RRa 1998, 192.

zwar zweckmäßig, aber nicht vorgeschrieben sind. Solche Informationen haben sich zwar eingebürgert und sollten auch beibehalten werden, rechtlich geboten auf Grund des § 1 Abs. 1 lit. f sind sie aber nicht, denn diese Vorschrift hat nicht den Gesundheitsschutz des Reisenden, sondern die Beseitigung formaler Einreisehindernisse zum Gegenstand. Es ist jedoch eine Änderung bei § 2 InfVO vorgesehen.[25]

Der Reiseveranstalter muss laufend **Erkundungen über Veränderungen der Vorschriften** der bereisten Länder einholen und diese weiterleiten.[26] Dafür stehen heute in der Regel EDV-Systeme zur Verfügung. Die Weiterleitung kann durch Einlegeblätter für die Prospekte geschehen. Die Informationen brauchen nur für die Staatsangehörigen des EU-Mitgliedstaates erteilt zu werden, in dem der Prospekt verteilt wird. Solange Kataloge nicht grenzüberschreitend verteilt werden, tauchen insoweit keine Probleme auf. 20

§ 1 Abs. 1 lit. g sieht Angaben vor, falls der Reiseveranstalter die Durchführung der Reise von einer **Mindestteilnehmerzahl** abhängig machen will. Der Reiseveranstalter muss einmal auf die Mindestteilnehmerzahl hinweisen und zum anderen erklären, bis zu welchem Zeitpunkt vor Reiseantritt dem Reisenden gegebenenfalls mitgeteilt wird, dass die Reise nicht stattfindet. Beide Angaben müssen sowohl bei der Reiseausschreibung wie in den AGB erfolgen.[27] 21

Zwar ist nicht geregelt, bis zu welchem Zeitpunkt vor Reiseantritt der Reiseveranstalter aus diesem Grunde zurücktreten kann, jedoch wäre eine zu kurze Frist unangemessen im Sinne des § 9 AGBG und nicht zumutbar gemäß § 10 Nr. 3 AGBG. Die Regelung in der Konditionenempfehlung des DRV, wonach zwei Wochen vor Reiseantritt ausreichen, ist zu akzeptieren. 22

4. Die Verbindlichkeit

Nach § 1 Abs. 1 Satz 2 sind die Katalogangaben »**bindend**«. Damit wird die für Reisekataloge charakteristische **Doppelnatur als Werbe- und Vertragsaussage** angesprochen und festgeschrieben. Änderungen sind nur zulässig, wenn sie dem Reisenden vor Vertragsschluss klar mitgeteilt werden; im Prospekt ist ausdrücklich darauf hinzuweisen. Es sind also Einlegeblätter und Aufkleber erforderlich; der Veranstalter muss überwachen, dass sie auch tatsächlich die bereits an die Reisebüros ausgelieferten Kataloge erreichen. Die Richtlinie erklärt in Art. 3 Abs. 2 spätere einverständliche Vertragsänderungen ausdrücklich für zulässig. 23

25 Unten § 2 InfVO Rn. 6.

26 A. A. AG Karlsruhe NJW-RR 1994, 1398, mit Anm. *Führich*, RRa 1995, 19.

27 Vgl. auch *Tempel*, NJW 1996, 1625, 1629.

Dieser Teil der Vorschrift ist im deutschen Recht nicht umgesetzt worden, weil der Abschluss von Änderungsverträgen ohnehin zulässig ist.

24 Der Katalog wird üblicherweise als bloße **invitatio ad offerendum** angesehen.[28] Das kommt etwa in der Konditionenempfehlung des DRV zum Ausdruck, wonach in der Buchung die Angebotserklärung des Kunden und in der Reisebestätigung die Annahmeerklärung des Reiseveranstalters zu sehen ist. Der Katalog wird vertragsrechtlich nur dadurch relevant, dass seine Angaben zur Konkretisierung der Leistungspflichten des Veranstalters herangezogen werden.[29]

25 Der Verfasser hat bislang die Auffassung vertreten, aus der Tatsache, dass der Katalog ein wirtschaftliches Angebot sei, müsse man folgern, dass er auch ein vertragsrechtliches Angebot sei. Art. 3 Abs. 2 der Richtlinie bestärkte den Verfasser in dieser Position.[30] Diese Ansicht wird aufgegeben. Der Reiseveranstalter will mit der Herausgabe des Katalogs kein bindendes Vertragsangebot gemäß § 145 BGB abgeben, weil er nicht wissen kann, ob im Zeitpunkt der Buchung durch den Verbraucher die »Angebote« noch verfügbar sind. Er müsste also die Bindungswirkung durch eine Klausel ausschließen, was § 145 BGB ausdrücklich zulässt. Der Verbraucher steht dann nicht besser da, als ob man den Katalog als invitatio ad offerendum qualifiziert. Wenn der Verbraucher einen Katalog zur Hand nimmt, weiß er regelmäßig, dass die darin enthaltenen Angebote zwischenzeitlich ausgebucht sein könnten; er sieht also im Katalog kein vertragsrechtlich bindendes Angebot. Es ist nicht angebracht, dieses Ergebnis vom Vorliegen einer die Bindung ausschließenden Klausel abhängig zu machen, statt auf die bewährte Figur der invitatio ad offerendum zurückzugreifen.

26 Freilich bleibt der Sinn der Vorschrift bei dieser Auslegung etwas dunkel. Er geht nicht über die im deutschen Recht bislang schon herrschende Ansicht hinaus, dass der **Katalog den Leistungsinhalt des Reisevertrags bindend festlegt**, wenn die Parteien nichts anderes vereinbart haben. Will der Reiseveranstalter vor Vertragsschluss an die Katalogangabe nicht mehr gebunden sein, so kann er eine entsprechende Erklärung vor Vertragsschluss abgeben, Absatz 1 Satz 3. Die Möglichkeit einer **Änderungserklärung** muss er sich freilich im Katalog vorbehalten. Fehlt ein solcher Hinweis und wird auch im Vertrag nichts Abweichendes vereinbart, so ist der Reiseveranstalter an den Kataloginhalt definitiv gebunden; der Kataloginhalt wird Vertragsbestandteil. Der Reiseveranstalter kann dann vom Kataloginhalt nur noch durch Geltendmachung eines Leistungsänderungs-

28 *Bidinger/Müller*, vor § 651 a Anm. 23; *Führich*, Rn. 90; *Seyderhelm*, § 651 a Rn. 90.

29 *Seyderhelm*, § 651 a Rn. 98.

30 Zuletzt MünchKomm-*Tonner*, § 1 InfVO Rn. 23 ff.; anders bereits in: *Grabitz/Hilf*, Das Recht der Europäischen Union, Bd. II, A 12: Pauschalreisen (RL 90/314/EWG) Art. 3 Rn. 20.

vorbehalts abweichen, sofern ein solcher vereinbart ist. Ein Leistungsänderungsvorbehalt unterliegt gemäß § 10 Nr. 4 AGBG allerdings wesentlich engeren Grenzen[31] als der nach Absatz 1 Satz 3 möglichen Änderungserklärung vor Vertragsschluss, so dass es im Interesse des Reiseveranstalters liegt, auf die Möglichkeit einer Änderungserklärung im Prospekt hinzuweisen.

Dies gilt auch für den Preis. Ohne einen ausdrücklichen **Preisänderungsvorbehalt im Katalog** dürfen daher vom Katalog abweichende Preise nicht verlangt werden. In der Literatur wird darüber hinaus verlangt, dass der Preisänderungsvorbehalt getrennt von einem allgemeinen Leistungsänderungsvorbehalt und drucktechnisch hervorgehoben zu erfolgen habe.[32] In der Tat würde der Reisende einem allgemeinen Leistungsänderungsvorbehalt nicht ansehen, dass damit auch Preiserhöhungen gemeint sein sollen. **26 a**

Der Reiseveranstalter darf die Möglichkeit des § 1 Abs. 1 Satz 3 nicht dazu missbrauchen, »ins Blaue hinein« Erklärungen im Katalog abzudrucken und sich dann durch Änderungserklärungen vor der durch die Vorschrift angeordneten vertraglichen Verbindlichkeit der Katalogangaben zu schützen. Die Katalogangaben müssen daher zumindest bei Aushändigung des Katalogs an die Reiseinteressenten zutreffend gewesen sein. Der Reiseveranstalter darf sich die Kosten für Einlegeblätter nicht dadurch ersparen, dass er auf die Möglichkeit vertraut, Änderungserklärungen erst unmittelbar vor der Buchung abzugeben. Schließt der Reiseveranstalter ständig von den Katalogangaben abweichende Reiseverträge ab, so werden die Katalogangaben zwar nicht im Widerspruch zu den Verträgen Vertragsinhalt, der Reiseveranstalter begeht jedoch unlauteren Wettbewerb gemäß § 1 UWG und setzt sich einer Klage der Konkurrenten oder der Verbände gemäß § 13 UWG aus. **27**

Die Richtlinie sieht ergänzend zur Möglichkeit einer Änderungserklärung vor Vertragsschluss vor, dass die Parteien auch nach Vertragsschluss **einvernehmlich den Vertrag ändern** können. Der deutsche Gesetzgeber hat diesen Teil nicht mit in die Verordnung übernommen, weil eine einvernehmliche Vertragsänderung ohnehin stets möglich ist. Der Reisende braucht sich auf eine Vertragsänderung nicht einzulassen, auch dann nicht, wenn der Reiseveranstalter die im Katalog beschriebene Reise, aus welchen Gründen auch immer, nicht oder nicht so durchführen kann. Sofern der Reiseveranstalter nicht zulässigerweise zurücktreten kann oder die Leistungsänderungen durch einen Änderungsvorbehalt abgedeckt sind, ist die Reise mangelbehaftet. **28**

31 Vgl. oben § 651 a Rn. 75 ff.

32 *Kappus*, Rn. 3; vgl. auch *Führich*, RRa 2000, 43, 44.

29 § 1 Abs. 2 erweitert die Katalogpflichtangaben des Absatzes 1 auf **Bild- und Tonträger**. Diese Vorschrift ist nicht durch die Richtlinie vorgegeben. Der Gesetzgeber dürfte dabei in erster Linie an Videokassetten gedacht haben, während die heute im Vordergrund stehende Verbreitung von Reiseangeboten über das **Internet** bei Erlass der Vorschrift im Jahre 1994 so noch nicht absehbar war. Es ist jedoch müssig, darüber zu streiten, ob das Internet ein »Bild- und Tonträger« im Sinne dieser Vorschrift ist,[33] jedenfalls trifft der Sinn und Zweck der Vorschrift auch auf über Internet verbreitete Angebote zu, so dass die Vorschrift zumindest analog anwendbar ist.

30 Bei klassischen Videokassetten ist es zweckmäßig, die erforderlichen Angaben in Schriftform der Kassette beizulegen, während bei Internetangeboten der Anbieter dafür sorgen muss, dass die Pflichtangaben den Nutzer auch erreichen und nicht nur durch kompliziertes Anklicken zu erhalten sind.

33 So ohne weiteres Soergel-*Eckert*, § 651 a Rn. 12; *Führich*, Rn. 531 und *Seyderhelm*, § 651 a Rn. 12.

§ 2 InfVO [Unterrichtung vor Vertragsschluss]

Der Reiseveranstalter ist verpflichtet, den Reisenden, bevor dieser seine auf den Vertragsschluss gerichtete Willenserklärung (Buchung) abgibt, zu unterrichten über

1. **Pass- und Visumerfordernisse, insbesondere über die Fristen zur Erlangung dieser Dokumente. Diese Verpflichtung bezieht sich auf die Erfordernisse für Angehörige des Mitgliedstaates, in dem die Reise angeboten wird,**
2. **gesundheitspolizeiliche Formalitäten,**

soweit diese Angaben nicht bereits in einem von dem Reiseveranstalter herausgegebenen und dem Reisenden zur Verfügung gestellten Prospekt enthalten und inzwischen keine Änderungen eingetreten sind.

§ 2 wiederholt die in § 1 Abs. 1 lit. f geregelten **Informationspflichten über** 1
Pass-, Visum- und Gesundheitsvorschriften für den Fall, dass der Reiseinteressent vor Vertragsschluss **keinen Katalog erhalten** hat. Hat der Reisende einen Katalog erhalten, braucht § 2 nicht beachtet zu werden, jedoch ist es zweckmäßig, stets gemäß § 2 vorzugehen, da der Reiseveranstalter kaum wird nachweisen können, dass der Reisende einen Katalog erhalten hat. Auch bei § 2 handelt es sich um eine **vorvertragliche Informationspflicht**, d. h. die Information darf nicht erst im Vertrag gegeben werden. Ein mit der Reisebestätigung ausgehändigtes Merkblatt kommt daher zu spät. Ebenso wie bei § 1 Abs. 1 lit. f müssen die Angaben über Pass- und Visumvorschriften nur für die Angehörigen des Mitgliedsstaates, in dem der Prospekt verteilt wurde, gegeben werden.[1] Die Informationspflicht ist nicht auf reine Luftbeförderungsverträge zu übertragen.[2]

Die Vorschrift ist auch bei **Last-minute-Buchungen** einzuhalten. Es muss da- 2
rauf hingewiesen werden, wenn bestimmte Impfungen nur mit einem gewissen Zeitabstand vor Reiseantritt wirksam durchgeführt werden können und eine Einreise im Bestimmungsland nicht möglich ist, weil eine vorgeschriebene Impfung zu spät käme. Allerdings muss der Reiseveranstalter nur auf vorgeschriebene, nicht auf lediglich zweckmäßige Impfungen hinweisen.[3]

Die zugrunde liegende Vorschrift der **EG-Richtlinie**, Art. 4 Abs. 1, verlangt da- 3
gegen, dass auch die Pass- und Visainformationen für die **Angehörigen anderer**

1 LG Stuttgart RRa 1998, 134.
2 AG Berlin-Mitte RRa 1998, 179; AG Karlsruhe RRa 1998, 201.
3 Vgl. oben § 1, Rn. 19.

EU-Mitgliedsstaaten gegeben werden müssen. Der Entwurf der Verordnung[4] war hier noch korrekt, doch hat sich der Verordnungsgeber nachträglich auf Druck der Reiseindustrie über die Verpflichtung aus der Richtlinie hinweggesetzt. Man wird hier mit einer **richtlinienkonformen Auslegung** helfen können[5] und eine Informationspflicht für Angehörige anderer EU-Mitgliedsstaaten annehmen müssen. Damit wird von den Reiseveranstaltern auch nichts Unmögliches verlangt, da über moderne EDV-Informationssysteme derartige Informationen heute jederzeit abrufbar sind.

4 Die instanzgerichtlichen Entscheidungen zur Hinweispflicht sind widersprüchlich. Der Reisende muss sich nach Ansicht des LG Baden-Baden[6] ein erhebliches **Mitverschulden** anrechnen lassen, wenn er bei einer kurzfristigen Buchung einer Reise in ein außereuropäisches Land die vom Reisebüro angegebenen Einreisebestimmungen nicht kritisch hinterfragt. Der Reiseveranstalter haftet grundsätzlich für eine **Falschauskunft des Reisebüros**,[7] jedoch nicht, wenn das Reisebüro die aktuellen Einreisebestimmungen bei einem **Generalkonsulat** erfragt und dort eine Falschauskunft erhält.[8] Ein Reisebüro, das Flüge für Gastarbeiter in die Türkei vermittelt, ist kein Reiseveranstalter und ist nicht verpflichtet, die Reisenden auf die in der Türkei geltenden Visa-Bestimmungen hinzuweisen.[9] Diese Entscheidungen sind teilweise kaum mit § 2 InfVO vereinbar.

5 Dagegen hat der Reisevermittler auf die Notwendigkeit eines **Transit-Visums** hinzuweisen, wenn erkennbar ist, dass der Reisende für die gebuchte Reise ein solches benötigt.[10] Der unterlassene Hinweis auf die Visapflicht begründet keine eigene Pflichtverletzung des Reisebüros.[11] Die Visumbeschaffung selbst ist grundsätzlich Sache des Reisenden und zählt nicht zu dem Leistungsumfang des Reiseveranstalters.[12]

6 Der Gesetzgeber beabsichtigt, die Informationspflicht auf zweckmäßige Impfungen zu erweitern. Der Reiseveranstalter soll darauf hinweisen müssen, dass besondere Impfschutzmaßnahmen empfehlenswert sein können und eine Stelle benennen, die über Schutzmaßnahmen Auskunft geben kann.[13]

---

4 BT-Drucks. 12/5354.
5 So auch *Führich*, Rn. 535; a. A. Soergel-*Eckert,* § 2 InfVO Rn. 2.
6 LG Baden-Baden RRa 1996, 13.
7 LG Frankfurt a. M. RRa 2000, 25.
8 OLG Düsseldorf NJW-RR 1995, 694; AG Karlsruhe NJW-RR 1994, 1398; AG Bad Homburg NJW-RR 1998, 923.
9 AG Nürnberg NJW-RR 1995, 1203.
10 AG Bielefeld RRa 1998, 47.
11 LG Frankfurt a. M. RRa 1999, 55, mit Anm. *Tempel.*
12 AG Ludwigsburg RRa 1998, 199.
13 Text und Begründung des Entwurfs der ÄnderungsVO sind abgedruckt im DGfR Jahrbuch 1999 (2000), S. 161 ff.

§ 3 InfVO [Reisebestätigung, Allgemeine Reisebedingungen]

(1) Der Reiseveranstalter hat dem Reisenden bei oder unverzüglich nach Vertragsschluss eine Urkunde über den Reisevertrag (Reisebestätigung) auszuhändigen.

(2) Die Reisebestätigung muss, sofern nach der Art der Reise von Bedeutung, außer den in § 1 Abs. 1 genannten Angaben über Reisepreis und Zahlungsmodalitäten sowie über die Merkmale der Reise nach § 1 Abs. 1 Buchstabe b, c, d, e und g folgende Angaben enthalten:

a) endgültiger Bestimmungsort oder, wenn die Reise mehrere Aufenthalte umfasst, die einzelnen Bestimmungsorte sowie die einzelnen Zeiträume und deren Termine;

b) Tag, voraussichtliche Zeit und Ort der Abreise und Rückkehr;

c) Besuche, Ausflüge und sonstige im Reisepreis inbegriffene Leistungen;

d) Hinweise auf etwa vorbehaltene Preisänderungen sowie deren Bestimmungsfaktoren (§ 651 a Abs. 3 des Bürgerlichen Gesetzbuchs) und auf nicht im Reisepreis enthaltene Abgaben;

e) vereinbarte Sonderwünsche des Reisenden;

f) Name und Anschrift des Reiseveranstalters;

g) über die Obliegenheit des Reisenden, dem Reiseveranstalter einen aufgetretenen Mangel anzuzeigen, sowie darüber, dass vor der Kündigung des Reisevertrages (§ 651 e des Bürgerlichen Gesetzbuchs) dem Reiseveranstalter eine angemessene Frist zur Abhilfeleistung zu setzen ist, wenn nicht die Abhilfe unmöglich ist oder vom Reiseveranstalter verweigert wird oder wenn die sofortige Kündigung des Vertrages durch ein besonderes Interesse des Reisenden gerechtfertigt wird;

h) über die nach § 651 g des Bürgerlichen Gesetzbuchs einzuhaltenden Fristen, unter namentlicher Angabe der Stelle, gegenüber der Ansprüche geltend zu machen sind;

i) über den möglichen Abschluss einer Reiserücktrittskostenversicherung oder einer Versicherung zur Deckung der Rückführungskosten bei Unfall oder Krankheit unter Angabe von Namen und Anschrift des Versicherers.

(3) Legt der Reiseveranstalter dem Vertrag Allgemeine Geschäftsbedingungen zugrunde, müssen diese dem Reisenden vor Vertragsschluss vollständig übermittelt werden.

(4) Der Reiseveranstalter kann seine Verpflichtungen nach den Absätzen 2 und 3 auch dadurch erfüllen, dass er auf die in einem von ihm herausgegebenen und dem Reisenden zur Verfügung gestellten Prospekt enthaltenen Angaben verweist, die den Anforderungen nach den Absätzen 2 und 3 entsprechen. In jedem Fall hat die Reisebestätigung den Reisepreis und die Zahlungsmodalitäten anzugeben.

(5) Die Absätze 1 bis 4 gelten nicht, wenn die Buchungserklärung des Reisenden weniger als 7 Werktage vor Reisebeginn abgegeben wird. Der Reisende ist jedoch spätestens bei Antritt der Reise über die in Absatz 2 Buchstabe g bezeichnete Obliegenheit und die in Absatz 2 Buchstabe h bezeichneten Angaben zu unterrichten.

Übersicht:

1. Reisebestätigung

1 Nach § 3 Abs. 1 muss der Reiseveranstalter dem Reisenden bei oder unverzüglich nach Vertragsschluss eine »Urkunde über den Vertragsschluss (Reisebestätigung)« aushändigen. Genau genommen ist dies keine korrekte Umsetzung der zugrunde liegenden **Richtlinienvorschrift**, da nach deren Art. 4 Abs. 2 lit. b die Vertragsbedingungen dem Reisenden **vor Vertragsschluss** zu übermitteln sind. Der Umsetzungsgesetzgeber meinte, mit einer wörtlichen Umsetzung dem üblichen Vertragsschlussmechanismus von Buchung durch den Reisenden (Vertragsangebot) und Reisebestätigung seitens des Reiseveranstalter (Vertragsannahme) nicht gerecht zu werden. Dies befreit freilich nicht von einer Beachtung der zwingenden Vorgaben der Richtlinie. Es ist daher im Sinne einer richtlinienkonformen Auslegung zu verlangen, dass bereits alle Merkmale, die Gegenstand der Reisebestätigung sein müssen, in der **Buchungserklärung** enthalten sind. Nur dann wird der Reisende darüber »vor Vertragsschluss« informiert. Die Reisebestätigung kommt zu spät, da sie bereits den Vertragsschluss darstellt.

2 Ohne die Verpflichtung, die Informationen »vor Vertragsschluss« zu übermitteln, könnte der Vertrag auch dadurch zustande kommen, dass die Buchungs-

erklärung des Reisenden nur einige Merkmale enthält und der Reiseveranstalter dann in der Reisebestätigung durch Angabe aller erforderlichen Merkmale ein Leistungsbestimmungsrecht gemäß § 315 BGB ausübt. Dies würde jedoch gegen das Erfordernis verstoßen, die Angaben vor Vertragsschluss zu machen, so dass, wie ausgeführt, zweckmäßigerweise alle erforderlichen Angaben bereits in der Buchungserklärung auftauchen sollten. Ein **telefonischer Vertragsabschluss**, bei dem die erforderlichen Merkmale nicht vorher übermittelt werden, ist aus diesem Grunde nicht möglich, zumal die **Reisebestätigung** dem Wortlaut der Richtlinie zufolge **schriftlich oder in einer anderen dem Verbraucher verständlichen Form** zu erfolgen hat. Auch dieses Erfordernis ist vom Umsetzungsgesetzgeber nur unzureichend umgesetzt worden und muss aus dem Erfordernis der Aushändigung einer Urkunde richtlinienkonform herausinterpretiert werden. Für die telefonische Buchung bedeutet dies, dass der **Vertragsschluss erst nach Aushändigung der Reisebestätigung** erfolgen kann. Man wird daher ausnahmsweise in der Übermittlung der Reisebestätigung das Vertragsangebot zu sehen haben, welches der Reisende konkludent, z. B. durch Leistung der Anzahlung, annimmt.

§ 3 Abs. 2 wiederholt zunächst diejenigen **Katalogpflichtangaben** des § 1, die 3
auch in der Reisebestätigung aufzutauchen haben. Es handelt sich um Reisepreis und Zahlungsmodalitäten sowie Transportmittel, Unterbringung, Mahlzeiten und Reiseroute. Darüber hinaus müssen weitere Angaben gemacht werden, die teilweise bereits als Katalogpflichtangaben auftauchen, in der Reisebestätigung aber präziser erfolgen müssen.

Beim **Bestimmungsort** müssen über die Katalogpflichtangaben hinaus die »ein- 4
zelnen Zeiträume und deren Termine« angegeben werden. Beim **Reisetermin** müssen Tag, Zeit und Ort der Abreise und Rückkehr angegeben werden. Dieses Erfordernis ist auf den Widerstand der Reiseindustrie gestoßen, weil eine derart präzise Planung lange vor Reiseantritt nicht möglich sei. Angesichts der eindeutigen Vorgabe der Richtlinie musste die Vorschrift aber so ergehen. Sie ist auch sinnvoll, denn der Reisende muss z. B. die Uhrzeit seiner Abreise wissen, um beurteilen zu können, ob er für die An- und Abreise zum Flughafen noch einen weiteren Tag einplanen muss. Eine Mitteilung mit den Reiseunterlagen gemäß § 4 käme dafür zu spät.[1] Entgegen der Vorgabe der Richtlinie hat der Verordnungsgeber durch die Einfügung des Wortes »voraussichtlich« die Verbindlichkeit der Vorschrift aufgeweicht.

1 *Führich*, Rn. 543, der für die Rückkehr die Angabe »vormittags« oder »abends« für ausreichend hält.

5 Nach § 3 Abs. 2 lit. c müssen **Besuche, Ausflüge und sonstige Leistungen** angegeben werden, nach § 3 Abs. 2 lit. d muss ein Hinweis auf **Preiserhöhungsvorbehalte** sowie auf **nicht im Reisepreis enthaltene Abgaben** vorhanden sein. Dies kann z. B. eine **Flughafengebühr** sein, die, wenn sie eigens im Flughafen erhoben wird, nicht in den Reisepreis eingerechnet werden muss.[2] Der Reiseveranstalter genügt seiner Pflicht, wenn er die zum Zeitpunkt der Reisebestätigung geltende Gebühr nennt, auch wenn diese sich später ändert. Er sollte auf erfahrungsgemäß häufige Änderungen solcher Abgaben hinweisen, auch wenn dies vom Gesetz nicht verlangt wird.

6 § 3 Abs. 2 lit. e betrifft **Sonderwünsche**. Sie müssen in die Reisebestätigung aufgenommen werden. Jedoch können auch nicht in der Reisebestätigung auftauchende Sonderwünsche beachtlich sein. Wird in der Reisebestätigung auf einen angegebenen Sonderwunsch nicht eingegangen, so ist dieser angenommen.[3] Lehnt die Reisebestätigung den Sonderwunsch ausdrücklich ab, so ist dies die Ablehnung des Vertragsangebotes des Reisenden, verbunden mit dem Angebot zum Abschluss eines anderen Vertrags, dessen Annahme dem Reisenden freigestellt ist, § 150 Abs. 2 BGB. Nach § 3 Abs. 2 lit. f muss der **Reiseveranstalter** seinen **Namen und seine Anschrift angeben**. Die Rechtsprechung hat bislang aus ungenügenden Angaben abgeleitet, dass die Frist des § 651 g Abs. 1 BGB nicht zu laufen beginnt.[4]

7 Der Reiseveranstalter muss auch **Name und Anschrift eines Versicherers** »ggf.« angeben. Dies betrifft in jedem Fall den Insolvenzversicherer,[5] ggf. auch Versicherer von Reiserücktrittskosten, Unfällen oder Krankheit. Auf Versicherungen der zuletzt genannten Art muss der Reiseveranstalter zwar nicht bei der Buchung oder der Reisebestätigung, aber gemäß § 4 Abs.1 lit. d vor Reiseantritt hinweisen.

8 Schließlich muss der Reiseveranstalter den Reisenden auf sämtliche sich aus dem Gesetz ergebende **Fristen** hinweisen, die der Reisende bei der Verfolgung von Mängelrügen einhalten muss, § 3 Abs. 2 lit. g und h. Es handelt sich dabei zunächst um die **Mängelanzeigefrist** nach § 651 d Abs. 2 BGB. Die Hinweispflicht auf diese Obliegenheit vermag natürlich nicht den Umfang der Obliegenheit gegenüber der bisherigen Rechtslage zu erweitern, d. h. den Reisenden

2 Vgl. oben § 1 InfVO, Rn. 3 ff.

3 So zu Recht LG Frankfurt a. M. NJW-RR 1991, 878; *Führich*, Rn. 546; *Tempel*, NJW 1996, 1625, 1632.

4 LG Hannover VuR 1990, 164 = NJW-RR 1990, 572; vgl. auch LG Frankfurt a. M. NJW-RR 1993, 1271: Reiseveranstalter muss sich unter seinem Markennamen verklagen lassen.

5 Vgl. unten § 651 k Rn. 12; nach *Führich*, Rn. 547, ist die Angabe im Sicherungsschein ausreichend.

trifft nicht in allen Fällen eine Anzeigepflicht, auch wenn dies aus dem Hinweis selbst nicht hervorgeht.[6] Ferner verlangt die Vorschrift keinen Hinweis auf die Folgen einer versäumten Anzeige vor Ort. Sowohl die Grenzen der Obliegenheiten als auch die Folgen der Nichtbeachtung sollten jedoch zweckmäßigerweise in den Hinweis aufgenommen werden. Hinsichtlich der Kündigung hat der Reiseveranstalter praktisch den Wortlaut des § 651 e Abs. 2 BGB zu wiederholen.

Gemäß § 3 Abs. 2 lit. h ist auf die nach § 651 g BGB einzuhaltenden Fristen 9
hinzuweisen. Dies betrifft sowohl die einmonatige **Rügefrist** nach § 651 g Abs. 1 BGB wie die halbjährliche **Verjährungsfrist** nach § 651 g Abs. 2 BGB. Die Stelle, der gegenüber die Ansprüche geltend zu machen sind, muss namentlich angegeben werden. Das bedeutet eine postalisch ausreichende Adresse. Die Geltendmachung ist jedoch auch beim Reisebüro ausreichend, wenn der Reiseveranstalter dies nicht ausdrücklich ausschließt.[7]

2. Einbeziehung Allgemeiner Geschäftsbedingungen

§ 3 Abs. 3 regelt die Einbeziehung von Allgemeinen Geschäftsbedingungen. Die 10
Vorschrift ist **strenger als** die allgemeine Einbeziehungsvoraussetzung gemäß **§ 2 AGBG**, denn die AGB müssen dem Reisenden vor Vertragsschluss **vollständig übermittelt** werden. Vor Inkrafttreten der InfVO war es nicht erforderlich, AGB im Katalog abzudrucken. Dies war mit § 2 AGBG vereinbar, da diese Vorschrift lediglich die Möglichkeit der Kenntnisnahme und im Übrigen einen Hinweis und das Einverständnis der anderen Vertragspartei verlangt.

Die vollständige Übermittlung kann auf zweierlei Weise erfolgen: **entweder** 11
werden die AGB **in einen dem Reisenden ausgehändigten Katalog vollständig abgedruckt**, § 3 Abs. 4, **ansonsten** müssen sie dem Kunden **vor Vertragsschluss ausgehändigt** werden. Ein Reiseveranstalter, der seine AGB nicht im Katalog abdruckt, muss also dafür Sorge tragen, dass die Buchungsstelle über Exemplare der AGB verfügt und diese auch aushändigt. Um einen übertriebenen Formalismus zu vermeiden, andererseits jedoch dem Wortlaut der zugrunde liegenden Richtlinie Rechnung zu tragen, sollte man die Worte »vor Vertragsschluss« im Sinne von »vor Vollendung des Vertragsschlusses« lesen.[8] Man kann aber nicht so weit gehen, die Anforderungen des § 3 Abs. 3 auf die Voraussetzungen des § 2

6 Vgl. unten § 651 d, Rn. 18 ff.
7 Vgl. unten § 651 g, Rn. 6 ff.
8 Die strengere Auffassung in der Vorauflage – Anh. zu § 651 a, Rn. 51 – wird aufgegeben. Im Ergebnis ähnlich wie jetzt hier *Tempel*, NJW 1996, 1625, 1631; *Bechhofer*, RRa 1999, 196.

AGBG herunterzuschrauben, denn damit würde man den europarechtlichen Vorrang der zugrunde liegenden Richtlinie missachten.[9]

12 Werden die AGB **nicht vollständig übermittelt**, werden sie **nicht Vertragsbestandteil.**[10] Dies ergibt sich zwar nicht aus § 3 Abs. 3, jedoch ist diese Rechtsfolge dem § 2 AGBG zu entnehmen, der durch § 3 Abs. 3 nur auf der Tatbestandsseite, jedoch nicht auf der Rechtsfolgenseite modifiziert wird, so dass er für die Rechtsfolgen auch bei Reise-AGB anzuwenden ist.

13 Gemäß § 3 Abs. 4 kann der Reiseveranstalter seine Pflichten nach den Absätzen 2 und 3 auch dadurch erfüllen, dass er die **erforderlichen Informationen** bzw. die vollständigen AGB bereits **in den Katalog aufnimmt**. Die Aufnahme der Informationen kann auch teilweise erfolgen; einige der in Absatz 2 aufgezählten Pflichtangaben können ihrer Art nach ohnehin nur in die Reisebestätigung aufgenommen werden, z. B. Sonderwünsche. Der Reiseveranstalter kann also z. B. die AGB vollständig im Katalog abdrucken, um sie nicht vor jeder Buchung einzeln aushändigen lassen zu müssen, die Angaben nach Absatz 2 jedoch nur in der Reisebestätigung machen. So wird es den Reisebüros sicher recht sein, wenn Name und Anschrift des Veranstalters, § 3 Abs. 2 lit. f, nicht im Katalog genannt werden, was Direktbuchungen der Reiseinteressenten unter Umgehung des Reisebüros begünstigen könnte. Auf alle Fälle muss der Reiseveranstalter in der Weise Bestätigung, Reisepreis und Zahlungsmodalitäten angeben. Die Ersetzung der Pflichtangaben in der Reisebestätigung durch einen Verweis auf den Katalog ist in der EG-Pauschalreise-Richtlinie nicht vorgesehen.

14 Wenn der Reiseveranstalter seine Pflichten dadurch erfüllt, dass er die Informationen bereits im Katalog gibt, muss er beweisen, dass dem Reisenden tatsächlich ein Katalog vorgelegen hat. Im Hinblick darauf, dass die Richtlinie auf jeden Fall erreichen will, dass der Reisende durch die Reisebestätigung hinreichend informiert wird, sind daran strenge Anforderungen zu stellen. Vorsichtshalber sollte daher zusätzlich auch eine Aushändigung der AGB vor jedem Buchungsvorgang erfolgen und eine vollständige und nicht auf den Katalog bezugnehmende Reisebestätigung übersandt werden.

3. Last-Minute-Reisen

15 § 3 Abs. 5 enthält eine Sonderregelung für Last-Minute-Reisen. Sie werden definiert als Reisen, bei denen die **Buchungserklärung weniger als 7 Werktage vor**

9 So aber *Führich*, Rn. 551; im Ergebnis auch Soergel- *Eckert*, § 3 InfVO Rn. 5.

10 Die Vorschrift wird ignoriert vom AG Gelsenkirchen RRa 1999, 195, für die telefonische Einbeziehung einer Stornoklausel.

Reisebeginn abgegeben wird. Diese Definition stimmt mit dem üblicherweise verwendeten Begriff nicht überein, da darunter Reisen verstanden werden, die auch wesentlich länger als 7 Tage vor Reiseantritt gebucht werden.[11] Bei den im Absatz 5 definierten Reisen, also nicht bei allen Last-Minute-Reisen, treffen den Reiseveranstalter die Pflichten der Vorschrift nicht. Lediglich über die Obliegenheiten nach den §§ 651 d, 651 e und 651 g BGB muss er den Reisenden bis Reiseantritt informieren.

11 Vgl. oben Vorbemerkungen, Rn. 38.

§ 4 InfVO [Unterrichtung vor Beginn der Reise]

(1) Der Reiseveranstalter hat den Reisenden rechtzeitig vor Beginn der Reise zu unterrichten

a) über Abfahrts- und Ankunftszeiten, Orte von Zwischenstationen und die dort zu erreichenden Anschlussverbindungen;

b) wenn der Reisende bei der Beförderung einen bestimmten Platz einzunehmen hat, über diesen Platz;

c) über Name, Anschrift und Telefonnummer der örtlichen Vertretung des Reiseveranstalters oder – wenn nicht vorhanden – der örtlichen Stellen, die dem Reisenden bei Schwierigkeiten Hilfe leisten können; wenn auch solche Stellen nicht bestehen, sind dem Reisenden eine Notrufnummer und sonstige Angaben mitzuteilen, mit deren Hilfe er mit dem Veranstalter Verbindung aufnehmen kann.

Bei Auslandsreisen Minderjähriger ist die bei der Buchung angegebene Person darüber zu unterrichten, wie eine unmittelbare Verbindung zu dem Kind oder dem an dessen Aufenthaltsort Verantwortlichen hergestellt werden kann.

(2) Eine besondere Mitteilung nach Absatz 1 ist nicht erforderlich, soweit die jeweilige Angabe bereits in einem dem Reisenden zur Verfügung gestellten Prospekt oder der Reisebestätigung enthalten ist und inzwischen keine Änderungen eingetreten sind.

1 Gemäß § 4 muss der Reiseveranstalter »rechtzeitig vor Beginn der Reise« vier weitere Informationspflichten erfüllen. Diese müssen spätestens mit den üblichen **Reiseunterlagen** kurz vor Reiseantritt übermittelt werden.

2 Nach § 4 Abs. 1 lit. a muss »über Abfahrts- und Ankunftszeiten, Orte von Zwischenstationen und die dort zu erreichenden Anschlussverbindungen« informiert werden. Die kommentarlose Übersendung des Flugscheines, der neue Abflugzeiten enthält, erfüllt nicht die Voraussetzungen des § 4 InfVO.[1] Dem Reisenden muss ein **Fahr- bzw. Flugplan** zur Verfügung gestellt werden, der für jede Einzelstrecke Abfahrt und Ankunftszeit enthält. »**Zwischenstationen**« ist so zu verstehen, dass auch Zwischenlandungen bei Direktflügen anzugeben

1 LG Kleve RRa 1997, 179.

sind. Anzugeben ist auch der Abfertigungsschalter im Flughafen, die Check-in-Zeit und die genaue Lage der Unterkunft bei Selbstfahrern.[2]

Nach § 4 Abs. 1 lit. b muss der Reisende gegebenenfalls über seinen **Sitzplatz** bei der Beförderung informiert werden. Diese Vorschrift darf nicht übertrieben streng ausgelegt werden, da man vom Veranstalter nicht erwarten kann, dass er entgegen den üblichen Usancen bei Flugreisen den Sitzplatz bereits mit den Reiseunterlagen mitteilt. Er sollte deswegen zur Angabe des Sitzplatzes nur dann verpflichtet sein, wenn dies zum Zeitpunkt der Übersendung der Reiseunterlagen schon möglich ist. 3

Nach § 4 Abs. 1 lit. c muss der Reiseveranstalter über die **Erreichbarkeit seiner örtlichen Vertretung** informieren, in Ermangelung einer solchen darüber, wie der Reisende ansonsten mit dem Reiseveranstalter Kontakt aufnehmen kann. »Örtliche Vertretungen« müssen nicht unbedingt nur Veranstalter eigene örtliche Reiseleitungen sein. In Betracht kommen auch **Agenturen im Zielgebiet**, derer sich der Veranstalter bedient. 4

Sind solche Einrichtungen nicht vorhanden, muss der Reiseveranstalter **örtliche Stellen** benennen, »**die den Verbraucher bei Schwierigkeiten Hilfe leisten können**«. Der Reiseveranstalter kann hier örtliche Fremdenverkehrsbüros oder Ähnliches anführen, jedoch muss er sich zuvor versichern, dass solche Institutionen es sich tatsächlich zur Aufgabe gemacht haben, Reisenden bei Schwierigkeiten Hilfe zu leisten und nicht lediglich touristische Dienstleistungen vermitteln. 5

Im Zweifel werden solche »örtliche Stellen« nicht vorhanden sein. Dann muss auf die letzte Möglichkeit zurückgegriffen werden: Der Reiseveranstalter muss dem Reisenden eine »**Notrufnummer**« geben. Das kann eine eigene Telefonnummer des Veranstalters sein, muss es aber nicht. Man wird erwarten müssen, dass eine Notrufnummer rund um die Uhr besetzt ist und dass es sich um eine Stelle handelt, die zur Abhilfe typischer Probleme in der Lage ist. Ein kleinerer Veranstalter wird einen solchen Service nicht selbst erbringen können, sondern wird eine professionelle Servicezentrale einschalten müssen. Auf jeden Fall muss der Veranstalter aber auch mitteilen, wie er selbst erreichbar ist. 6

Schließlich muss der Reiseveranstalter über die Möglichkeit informieren, dass man eine **Reiserücktrittskostenversicherung** sowie **Kranken- und Unfallversicherung** abschließen kann. Der Reiseveranstalter genügt seiner Pflicht, wenn er den Wortlaut des Gesetzes wiederholt. Es steht ihm frei, Angebote von Versicherungen beizulegen, mit denen er zusammen arbeitet. 7

2 Vgl. *Tempel*, NJW 1996, 1625, 1632 m. N. in den Fn. 142 bis 146.

8 § 4 Abs. 1 Satz 2 betrifft **Auslandsreisen** alleinreisender **Minderjähriger**. Eine bei der Buchung anzugebende Person muss darüber unterrichtet werden, wie das Kind zu erreichen ist. Die Vorschrift erscheint etwas übertrieben.[3] Sie bedeutet, dass eine Begleitperson die Übersicht behalten muss, wo sich die Minderjährigen aufhalten, z. B. wenn sie bei einem Schüleraustausch auf verschiedene Gastfamilien verteilt werden – sofern man den Schüleraustausch als Pauschalreise ansieht.[4]

9 § 4 Abs. 2 erklärt die nach Absatz 1 zu machenden **Angaben** für **entbehrlich**, wenn die Angaben bereits in einem dem Reisenden zur Verfügung stehenden **Prospekt** oder in der **Reisebestätigung** standen. Von dieser Möglichkeit wird der Reiseveranstalter freilich nur hinsichtlich des Absatzes 1 lit. d (Versicherungen), allenfalls lit. c (örtliche Vertretungen) Gebrauch machen können, da die Angabe nach lit. a und b erst kurz vor Reiseantritt zur Verfügung stehen dürften.

3 Gleichwohl ist eine restriktive Interpretation, wie sie *Führich*, Rn. 558, vornimmt, nicht vertretbar, da sie mit dem Wortlaut der Richtlinie nicht vereinbar ist.

4 Dazu oben § 651 a, Rn. 5 f.

§ 5 InfVO [Gelegenheitsreiseveranstalter]

Diese Verordnung gilt nicht für Reiseveranstalter, die nur gelegentlich und außerhalb ihrer gewerblichen Tätigkeit Pauschalreisen veranstalten.

Die Richtlinie nimmt **Gelegenheitsanbieter** von ihrem Geltungsbereich aus, 1
das deutsche Umsetzungsgesetz hingegen nicht, was wegen des Minimalstandardcharakters der Richtlinie möglich ist. In zwei Fällen hat der Gesetzgeber die Geltung der Umsetzungsvorschriften dennoch auf professionelle Reiseveranstalter beschränkt, weil die Vorschriften sinnvollerweise nur von solchen erfüllt werden können, nämlich beim Insolvenzschutz, § 651 k Abs. 6 Nr. 1 BGB[1] und hier bei den Informationspflichten.

Nach den Vorstellungen des Gesetzgebers bedeutet »gelegentlich« die Veranstal- 2
tung von ein bis zwei Reisen im Jahr.[2] Nicht alle Gelegenheitsveranstalter sind von den Informationspflichten ausgenommen, sondern nur solche, die **außerhalb ihrer gewerblichen Tätigkeit** handeln. Ein Gewerbetreibender kann deshalb durchaus unter die Vorschrift fallen, vorausgesetzt, er handelt »außerhalb seiner gewerblichen Tätigkeit«, also ohne Gewinnerzielungsabsicht. Das gilt z. B., wenn ein Unternehmen den Betriebsausflug der Belegschaft organisiert. Die Leserreise einer Zeitung wird dagegen im Rahmen der gewerblichen Tätigkeit und nicht als bloßer Leserservice erbracht.[3]

---

1 Vgl. unten § 651 k, Rn. 23.

2 BT-Drucks. 12/5354, S. 19 und 12/7013, S. 11.

3 LG Darmstadt NJW 1978, 2300.

§ 6 InfVO [Inkrafttreten]

Diese Verordnung tritt am Tage nach der Verkündung in Kraft.

1 Die Verordnung ist am 23. November 1994 in Kraft getreten.

§ 651 b [Eintritt Dritter in den Reisevertrag]

(1) [1]**Bis zum Reisebeginn kann der Reisende verlangen, dass statt seiner ein Dritter in die Rechte und Pflichten aus dem Reisevertrag eintritt.** [2]**Der Reiseveranstalter kann dem Eintritt des Dritten widersprechen, wenn dieser den besonderen Reiseerfordernissen nicht genügt oder seiner Teilnahme gesetzliche Vorschriften oder behördliche Anordnungen entgegenstehen.**

(2) **Tritt ein Dritter in den Vertrag ein, so haften er und der Reisende dem Reiseveranstalter als Gesamtschuldner für den Reisepreis und die durch den Eintritt des Dritten entstehenden Mehrkosten.**

Übersicht:

1. Die Ersetzungsbefugnis des Reisenden

§ 651 b gibt dem Reisenden das Recht, seine Rechte und Pflichten aus dem Rei- 1
severtrag **auf einen Dritten zu übertragen**. In der forensischen Praxis hat diese Vorschrift bislang keine Bedeutung erreicht, wie man daran sehen kann, dass es kaum veröffentlichte Urteile zu § 651 b gibt. Daraus sollte man aber nicht folgern, dass die Vorschrift überhaupt keine praktische Bedeutung hat, denn sie gibt dem reiseunwillig gewordenen Kunden die Möglichkeit, **statt mit der Folge unter Umständen hoher Stornogebühren nach § 651 i zurückzutreten**, einen Ersatzreisenden zu stellen. Die Ersetzungsbefugnis ist auch durch die EG-Richtlinie gewährleistet, Art. 4 Abs. 3. Der Gesetzgeber hatte deswegen § 651 b im Umsetzungsgesetz neu formuliert.

Nach der ursprünglichen Fassung der Vorschrift konnte man davon ausgehen, 2
dass der ursprüngliche Reisende Vertragspartner blieb. Diese Auffassung ist auf Grund des neuen Wortlauts nicht mehr haltbar. Vielmehr **verliert der bisherige Reisende seine Stellung als Vertragspartner**, und es trifft ihn nur noch die Haftung nach Absatz 2.

3 Der ursprüngliche Vertragspartner kann also beispielsweise, wenn er die Reise aus irgend einem Grund nicht mehr antreten will und ihm die Rücktrittskosten (vgl. § 651 i Abs. 2, 3) zu hoch sind, durch eine Zeitungsanzeige einen **Ersatzreisenden suchen** und den Reiseveranstalter auf diesen verweisen. Es fallen dann lediglich die Kosten nach § 651 b Abs. 2 an, nicht aber die normalerweise höheren nach § 651 i Abs. 2, 3. Der Reiseveranstalter kann den Kunden nicht darauf verweisen, er habe in seinen AGB eine solche Fallkonstellation als Rücktritt ausgestaltet, verbunden mit einer Neubuchung; eine solche Regelung verstieße gegen den zwingenden Charakter der Vorschrift. Deswegen wird der ursprüngliche Kunde häufig ein Interesse daran haben, nach § 651 b vorzugehen, weil dieser Weg billiger ist als der Rücktritt nach § 651 i.

4 Die alte Fassung des § 651 b war als ein Fall eines Vertrags zugunsten Dritter gemäß § 328 BGB angesehen worden.[1] Nunmehr handelt es sich um eine **Vertragsübernahme.**[2]

5 Die Diskussion in der Literatur, wie die Rechte aus dem Vertrag, insbesondere die Gewährleistungsrechte, zwischen dem ursprünglichen Vertragspartner und dem Ersatzreisenden zu verteilen sind, ist durch die Neufassung obsolet geworden. Es ist nunmehr klargestellt, dass **sämtliche Rechte ausschließlich dem neuen Vertragspartner zustehen**, der die Reise auch tatsächlich durchführt.[3] D. h. aber nicht, dass der ursprüngliche Vertragspartner, der etwa nach Absatz 2 auf Zahlung des Reisepreises in Anspruch genommen wird, keine Einwendungen geltend machen kann, siehe unten Rn. 12.

6 Nach dem Wortlaut der Vorschrift kann das Ersetzungsrecht **bis zum Reisebeginn** geltend gemacht werden. Das ist jedoch für den Reiseveranstalter unzumutbar, da der Name des Reisenden in den Reiseunterlagen ausgetauscht und den Leistungsträgern mitgeteilt werden muss. Nach allgemeiner und zutreffender Ansicht kann das Ersetzungsrecht daher **nur 1 bis 3 Tage** vor Reiseantritt ausgeübt werden.[4]

2. Widerspruchsrecht des Reiseveranstalters

7 Der Reiseveranstalter braucht sich nicht jeden Dritten als Ersatzreisenden aufdrängen zu lassen. Vielmehr räumt ihm Absatz 1 Satz 2 für zwei Fälle ein Wider-

1 Vgl. Soergel-*Eckert,* § 651 b Rn. 4; *Bidinger/Müller,* § 651 b Anm. 3.
2 Soergel-*Eckert,* § 651 b Rn. 19; *Bidinger/Müller,* § 651 b Anm. 3; *Führich* Rn. 161; *Seyderhelm,* § 651 b Rn. 3.
3 Soergel-*Eckert,* § 651 b Rn. 20; *Bidinger/Müller,* § 651 b Anm. 2.
4 Vgl. z. B. *Führich,* Rn. 63; LG Baden-Baden RRa 1996, 13.

spruchsrecht ein: Der Erste spricht davon, dass **der Dritte den besonderen Reiseerfordernissen nicht entspricht**. Die Begründung des Regierungsentwurfs des ursprünglichen Gesetzes nennt als Beispiel fehlende Tropentauglichkeit.[5] Der Reiseveranstalter kann auch widersprechen, wenn der Ersatzreisende nicht mehr rechtzeitig wirksam geimpft werden kann.[6] Außer solchen **gesundheitlichen Gründen**, die z. B. bei Abenteuerreisen eine Rolle spielen können, kommen auch **altersmäßige Gründe** in Betracht: Man wird einem Reiseveranstalter nicht zumuten können, z. B. auf eine Jugendreise Senioren mitzunehmen oder umgekehrt. In Betracht kommen auch Beschränkungen auf einen anderweitig abgegrenzten Personenkreis, z. B. Studenten. Der Reiseveranstalter kann auch widersprechen, wenn der Ersatzreisende anderen Geschlechts ist als der ursprüngliche Vertragspartner und Unterbringung in Mehrbettzimmern vorgesehen ist.[7]

Als zweiten Fall nennt das Gesetz **entgegenstehende gesetzliche Vorschriften** 8
oder behördliche Anordnungen. Das regierungsamtliche Beispiel ist hier ein Sammelvisum, bei dem die angemeldeten Personen nicht mehr ausgetauscht werden können. Zu denken ist ferner an Einreisebeschränkungen aller Art, z. B. weil sich die Ersatzperson aus Gesundheitsgründen einer vorgeschriebenen Impfung nicht unterziehen kann. Behördliche Anordnungen können auch Genehmigungen über bestimmte Arten von Flügen sein.[8] Dies hat in der Vergangenheit eine Rolle bei der Genehmigung von sog. ABC-Flügen gespielt, dürfte jedoch in Zukunft wegen der Liberalisierung des Flugverkehrs immer bedeutungsloser werden.

Dagegen darf der Reiseveranstalter **vertragliche Hindernisse** gegen die Erset- 9
zungsbefugnis des Reisenden weder durch seine Allgemeinen Reisebedingungen noch durch seine Vertragsbeziehungen mit den Leistungsträgern schaffen. Die Konditionenempfehlung des DRV nimmt darauf Rücksicht, indem in Ziffer 5.3 lediglich der Wortlaut des § 651 b wiederholt wird. Auch wenn der Reiseveranstalter z. B. Beförderungsbedingungen zum Inhalt eines Reisevertrags macht, dürfen diese nicht gegen die §§ 651 a ff. verstoßen und damit auch nicht gegen die Ersetzungsbefugnis nach § 651 b. Solche privatrechtlichen Beförderungsbedingungen sind auch die nach dem Luftverkehrsgesetz genehmigten Flugbedingungen sowie die Bedingungen der IATA.

---

5 BT-Drucks. 8/786, S. 18.

6 OLG Frankfurt a. M., Urt. vom 21.9. 1983, 17 U 155/81.

7 Soergel-*Eckert*, § 651 b Rn. 12.

8 Soergel-*Eckert*, § 651 b Rn. 13.

10 **Widerspricht der Reiseveranstalter** der Teilnahme des Ersatzreisenden **unberechtigterweise**, so wird er dem ursprünglichen Reisenden gegenüber **schadenersatzpflichtig.**[9]

3. Mehrkosten

11 Nach Absatz 2 kann der Reiseveranstalter die durch die Teilnahme des Dritten entstehenden **Mehrkosten** verlangen. Schuldner dieses Anspruchs sind sowohl der ursprüngliche Vertragspartner wie der Dritte. Die h. M. lässt eine **Pauschalierung** der Kosten zu.[10] Dem kann nicht gefolgt werden. In § 651 b fehlt eine dem § 651 i Abs. 3 entsprechende Vorschrift, die die Pauschalierung von Stornogebühren ausdrücklich zulässt. Wegen des zwingenden Charakters der Vorschrift kann in § 651 b eine Pauschalierungsmöglichkeit nicht hineingelesen werden.[11] Die Mehrkosten können sein: Kosten der Umbuchung, Ausfertigung neuer Reiseunterlagen, Benachrichtigung von Leistungsträgern.[12]

4. Gesamtschuldnerische Haftung

12 Das Umsetzungsgesetz zur EG-Richtlinie hat eine **gesamtschuldnerische Haftung des alten und neuen Vertragspartners** neu eingeführt. Dies ist eine Verbesserung der Rechtsstellung des Reiseveranstalters. Es ist in der EG-Richtlinie zwar so vorgesehen, hätte vom Umsetzungsgesetz aber nicht in das deutsche Gesetz übernommen werden müssen, weil auf Grund des Minimalstandardprinzips der Richtlinie verbraucherfreundlichere Regelungen in den Mitgliedsstaaten Bestand haben können. Bei der gesamtschuldnerischen Haftung taucht insbesondere das Problem auf, inwiefern der in Anspruch genommene ursprüngliche Vertragspartner den Reisepreis zahlen muss, wenn die **Reise mangelhaft** durchgeführt wurde, der Reisende aber Anzeige- und Rügefristen für Gewährleistungsansprüche nicht eingehalten hat. Man wird davon ausgehen können, dass den ursprünglichen Vertragspartner kein Verschulden am Fristablauf trifft, so dass er ihn sich nicht entgegenhalten lassen muss.

---

9 Vgl. *Führich*, Rn. 169; AG Baden-Baden RRa 1994, 154.

10 *Führich*, Rn. 171; *Bidinger/Müller*, § 651 b Anm. 8.

11 So im Ergebnis auch AK-BGB-*Derleder*, § 651 b Rn. 1; Erman-*Seiler*, § 651 b Rn. 5; Soergel-*Eckert*, § 651 b Rn. 25; *Führich*, a. a. O. meint, diese Auslegung bleibe zu sehr am Wortlaut der Vorschrift haften.

12 Vgl. die Begründung des Regierungsentwurfs des ursprünglichen Gesetzes, BT-Drucks. 8/786, S. 18.

5. Die Rechtsstellung von Mitreisenden

Wenn jemand für mehrere eine Reise bucht, taucht das Problem auf, ob der Anmeldende für alle Reisenden im eigenen Namen handelt, und welche Rechtsstellung die Mitreisenden haben. Bei **Familienreisen** geht man davon aus, dass das **anmeldende Familienmitglied Vertragspartner bezüglich aller Familienmitglieder** wird und dann auch für alle Mängelansprüche geltend machen kann.[13] Für die **anderen Familienmitglieder** besteht ein **Vertrag zugunsten Dritter**, aus dem diese auch selbstständige Ansprüche geltend machen können.[14] Diese Grundsätze gelten jedoch dann nicht, wenn sich wegen einer Namensverschiedenheit kein Rückschluss auf ein verwandtschaftliches oder Ehegattenverhältnis ziehen lässt.[15] Reiseverträge fallen nach h.M nicht unter die Schlüsselgewalt gemäß § 1357 BGB.[16] 13

Bucht jemand für eine **Gruppe**, so handelt der **Anmeldende als Vertreter der Übrigen**, so dass mit jedem Mitglied der Gruppe ein einzelner Vertrag zustande kommt, aus dem dann jedes Gruppenmitglied allein berechtigt und verpflichtet ist.[17] Das gilt auch für die Buchung einer **Klassenreise** durch einen Lehrer.[18] Etwaige Mängelansprüche müssen von jedem Einzelnen geltend gemacht werden. Die Gruppenmitglieder können jedoch ihre Ansprüche einem einzelnen Gruppenmitglied abtreten, so dass dieses sie dann doch gebündelt durchsetzen kann.[19] 14

Eigene vertragliche Rechte und Pflichten der mitangemeldeten Gruppenmitglieder entstehen freilich nur dann, wenn der Anmeldende **Vertretungsmacht** hatte. Die **Anmeldeklausel** in der Konditionenempfehlung des DRV will darüber hinaus eine Haftung des Anmeldenden für den gesamten Reisepreis bewirken, allerdings nur, wenn er eine entsprechende gesonderte Verpflichtung durch ausdrückliche und gesonderte Erklärung übernommen hat. Durch diese Einschränkung wird die Klausel mit § 11 Nr. 14 a AGBG vereinbar, sonst wäre sie 15

---

13 Vgl. Soergel-*Eckert*, § 651 a Rn. 35; *Führich*, Rn. 95; MünchKomm-*Tonner*, § 651 a Rn. 56; AG Düsseldorf RRa 1995, 162; AG Düsseldorf RRa 1996, 164; AG Düsseldorf RRa 1998, 108; AG Düsseldorf RRa 1998, 172 = NJW-RR 1999, 567.

14 H. M., vgl. die Nachweise in der vorigen Fußnote.

15 AG Düsseldorf RRa 1995, 162; LG Frankfurt a. M. RRa 1996, 51; AG Düsseldorf RRa 1997, 240.

16 OLG Düsseldorf NJW-RR 1990, 186; *Führich*, Rn. 96.

17 OLG Frankfurt a. M. NJW 1986, 1941; LG Hamburg RRa 1999, 147; LG Frankfurt a. M. NJW 1987, 784 und NJW-RR 1988, 247; AG Stuttgart RRa 1995, 9 und 125; OLG Hamburg RRa 1996, 132; Soergel-*Eckert*, § 651 a Rn. 36; *Führich*, Rn. 97.

18 OLG Frankfurt a. M. NJW 1986, 1941.

19 OLG Frankfurt a. M. FVE ZivR 1980, Nr. 293; *Führich*, Rn. 97.

unzulässig.[20] Die »ausdrückliche und gesonderte Erklärung« ist zweckmäßigerweise durch eine zweite Unterschrift nachzuweisen.

16 Die übrigen Reiseteilnehmer bleiben bei dieser Konstruktion selbstständige Vertragspartner mit selbstständigen Rechten.[21] Wenn sie den Anmeldenden wirksam zur Anmeldung bevollmächtigt haben, sind sie auch zur Zahlung des anteiligen Reisepreises gegenüber dem Reiseveranstalter verpflichtet. Ohne Bevollmächtigung gilt § 177 BGB, d. h. die mit angemeldeten Reisenden können den Vertrag genehmigen. Verweigern sie die Genehmigung, so haftet der Anmeldende dem Reiseveranstalter gemäß § 179 BGB. Schließt ein Erziehungsberechtigter einen Reisevertrag zugunsten seines minderjährigen Kindes ab, wird der Jugendliche Vertragspartner des Reiseveranstalters, was bedeutet, dass auch nur der Jugendliche berechtigt ist, das Minderungsrecht auszuüben.[22]

6. Verschenkte Reisen, Incentive-Reisen

17 Wer eine Reise bucht, an der er nicht selbst teilnimmt, kann gleichwohl Vertragspartei werden. Dem steht der Begriff des Reisenden nicht entgegen, der nahe legen könnte, dass Vertragspartei und die an der Reise teilnehmende Person nicht auseinander fallen können. Es muss im Einzelfall abgegrenzt werden, ob die **buchende Person** lediglich als **Vertreter** der an der Reise teilnehmenden Person auftreten **oder** ob sie **selbst Vertragspartei** werden wollte. Dabei ist auf die Sicht des Reiseveranstalters abzustellen, der im Zweifel davon ausgehen darf, dass die ihm gegenübertretende Person auch selbst Vertragspartei werden will.[23]

18 Bei **Incentive-Reisen** und bei **verschenkten Reisen** kommt der Reisevertrag zwischen dem Arbeitgeber bzw. dem Schenker und dem Reiseveranstalter zustande. Das Gleiche muss auch für Gewinnspielreisen gelten. Vertragsparteien werden der Veranstalter des Gewinnspiels und der Reiseveranstalter.[24]

19 Der tatsächlich Reisende hat die Stellung eines Dritten aus einem **Vertrag zugunsten Dritter**, muss sich aber gemäß § 334 BGB etwaige Einwendungen des

20 *Wolf/Horn/Lindacher*, § 9 AGBG, Rn. R 96; *Führich*, Rn. 98; *Kappus*, Rn. 8; *Tempel*, S. 489.

21 LG Frankfurt a. M. NJW 1987, 784 und NJW-RR 1988, 247.

22 AG Bielefeld RRa 1996, 36; a. A. AG Bremen RRa 1997, 156; AG Bergisch-Gladbach RRa 1998, 134.

23 Vgl. LG Hamburg RRa 1997, 201.

24 Ebenso *Seyderhelm*, § 651 a Rn. 45; a. A. AG Berlin-Hohenschönhausen RRa 1998, 108, das den Reisevertrag zwischen dem Reisenden und dem Veranstalter des Gewinnspiels/Umfrage annimmt; AG Düsseldorf RRa 1998, 84; AG Düsseldorf RRa 1998, 107, bestätigt vom LG Düsseldorf, Urt. vom 23. 1. 1998, 22 S 335/97 für verschenkte Reisen.

Reiseveranstalters aus dem Reisevertrag entgegenhalten lassen.[25] Er kann jedoch insbesondere die Gewährleistungsrechte und die Schadenersatzansprüche nach § 651 f selbstständig geltend machen. Die starke Stellung des Begünstigten ist EG-rechtlich geboten, weil die Pauschalreise-Richtlinie ausdrücklich »die übrigen Begünstigten« in den Schutzbereich der Richtlinie mit einbezieht, Art. 2 Nr. 4.

25 Vgl. *Führich*, Rn. 99.

§ 651 c [Abhilfe]

(1) **Der Reiseveranstalter ist verpflichtet, die Reise so zu erbringen, dass sie die zugesicherten Eigenschaften hat und nicht mit Fehlern behaftet ist, die den Wert oder die Tauglichkeit zu dem gewöhnlichen oder nach dem Vertrage vorausgesetzten Nutzen aufheben oder mindern.**

(2) **[1]Ist die Reise nicht von dieser Beschaffenheit, so kann der Reisende Abhilfe verlangen. [2]Der Reiseveranstalter kann die Abhilfe verweigern, wenn sie einen unverhältnismäßigen Aufwand erfordert.**

(3) **[1]Leistet der Reiseveranstalter nicht innerhalb einer vom Reisenden bestimmten angemessenen Frist Abhilfe, so kann der Reisende selbst Abhilfe schaffen und Ersatz der erforderlichen Aufwendungen verlangen. [2]Der Bestimmung einer Frist bedarf es nicht, wenn die Abhilfe von dem Reiseveranstalter verweigert wird oder wenn die sofortige Abhilfe durch ein besonderes Interesse des Reisenden geboten wird.**

Übersicht:

1. Mangel

1.1. Absatz 1 im System der Gewährleistung

1 Voraussetzung für die Gewährleistungsansprüche des Reisenden ist ein Mangel der in § 651 c Abs. 1 bezeichneten Art. Die Vorschrift kennt zwei Arten von Mängeln: **Fehlen einer zugesicherten Eigenschaft** oder **Fehler**. Damit knüpft der Gesetzgeber an die in den Vertragstypen des BGB übliche Bestimmung des Mangels an. Ein Fehler oder das Fehlen einer zugesicherten Eigenschaft ist sowohl im Kaufrecht (§ 459) wie im Mietrecht (§ 537) wie im Werkvertragsrecht (§ 633) Voraussetzung für das Eingreifen von Gewährleistungsansprüchen.

2 Absatz 1 ist damit die zentrale Vorschrift des Gewährleistungsrechts. Allerdings klärt sie nicht genauer, was ein Mangel ist. Die Angabe in der Gesetzesbegründung, die zu den anderen Vertragstypen übliche Auslegung sei auf das Reisevertragsrecht zu übertragen,[1] hilft nur begrenzt weiter. Zum **Mangelbegriff** hat es eine erhebliche Auseinandersetzung in Rechtsprechung und Literatur gegeben, wobei jedoch allmählich ein Klärungsprozess zu beobachten ist.

3 Klarer als der Mangel ist dagegen die **Rechtsfolgenseite** im Gesetz ausgeführt. Ein Mangel rechtfertigt zunächst ein **Abhilfeverlangen**, § 651 c Abs. 2. Erst wenn der Reiseveranstalter diesem nicht nachkommt, kann der Reisende entweder zur **Selbstabhilfe** schreiten, § 651 c Abs. 3, oder nach Reiseende **Minderung** verlangen, § 651 d Abs. 1. Sollten ihm darüber hinaus **Schäden** entstehen, kann er Ersatz nach § 651 f Abs. 1 verlangen.

4 Wenn sich der Mangel zu einem **erheblichen Mangel** steigert, hat der Reisende weitergehende Rechte: Er kann nach § 651 e **zurücktreten**, wobei er ebenfalls zuvor vergeblich Abhilfe verlangt haben muss, und er kann nach § 651 f Abs. 2 Schadenersatz wegen nutzlos aufgewendeter Urlaubszeit verlangen.

1.2. Abgrenzung zum allgemeinen Leistungsstörungsrecht

5 Durch die Einfügung des Reisevertragsrechts ins BGB stellt sich die Frage, wie die Gewährleistungsrechte vom allgemeinen Leistungsstörungsrecht abzugrenzen sind. Aus heutiger Sicht hat die Frage zwar eine berechtigte dogmatische, jedoch nur eine geringe praktische Relevanz, da man von einer weitgehenden Verdrängung des allgemeinen Leistungsstörungsrechts durch das Gewährleistungsrecht ausgeht.

1 BT-Drucks. 8/786, S. 25.

6 Erklärlich ist dies durch die Gesetzgebungsgeschichte. Der Gesetzgeber wollte zunächst ein Gesetz außerhalb des BGB schaffen und ging von einem einheitlichen, umfassenden Vertragsverletzungsbegriff aus, der an das einheitliche Kaufgesetz angelehnt war und damit durchaus modernen Bestrebungen zur Reform des BGB nahe kommt. Als sich der Bundestag entschloss, entgegen der Regierungsvorlage das Reisevertragsrecht ins BGB einzustellen, wurden die Konsequenzen im Hinblick auf die Anpassung an das allgemeine Leistungsstörungsrecht nicht gesehen. Nach einigen Schwankungen in der Literatur schlug *Wolter* vor, **ab Abschluss des Reisevertrages ausschließlich die Gewährleistungsvorschriften** anzuwenden.[2] Dem folgte der BGH in einem Urteil von 1986, wonach dann, wenn eine Reiseleistung ganz oder teilweise nicht erbracht wird, grundsätzlich ein Reisefehler vorliegt.[3]

7 Auch für die Anwendung der **Verzugsvorschriften** besteht so gut wie kein Raum. Da die Reise regelmäßig ein Fixgeschäft ist, wird eine Verspätung bei der Beförderung zu einem Fehler, der Gewährleistungsansprüche auslöst. Die allgemeinen Verzugsvorschriften kommen allerdings für die Zahlungsverpflichtung des Reisenden zur Anwendung.

8 Auch für die **positive Forderungsverletzung** bleibt nur ausnahmsweise ein Anwendungsbereich, da § 651 f Abs. 1 sehr weit gefasst ist und zahlreiche Pflichten, die in anderen Vertragstypen als Nebenpflichten einzustufen sind, im Reisevertrag Hauptpflichten sind, insbesondere die Informationspflichten.[4]

1.3. Der Fehlerbegriff

1.3.1. Weiter und enger Fehlerbegriff

9 In der Literatur standen sich zunächst ein weiter und ein enger Fehlerbegriff gegenüber. Der **weite Fehlerbegriff** geht auf *Wolter* zurück.[5] Danach haftet der Reiseveranstalter verschuldensunabhängig für den **Erfolg der Reise** und trägt grundsätzlich die Gefahr des Gelingens. Ihm ist dieses Risiko zuzuweisen, weil er die Reise von der Auswahl der Reiseziele und der Leistungsträger, der Information darüber, der konkreten Gestaltung bis zur endgültigen Durchführung im Wesentlichen in der Hand hat, während der Reisende auf ihn und seine Hilfs-

2 AcP 183 (1983) 36, 57 ff.

3 BGHZ 97, 255, bei Nichterbringung der gesamten Reiseleistung wegen Überbuchung des Flugzeugs AG Hamburg RRa 1999, 192; AG Stuttgart RRa 1999, 204.

4 Vgl. unten § 651 f Rn. 13 ff.; a. A. *Tempel*, zuletzt NJW 1996, 1625, 1627.

5 MünchKomm-*Wolter*, § 651 c Rn. 5 (2. Aufl.), vom Verf. übernommen, jetzt MünchKomm-*Tonner*, § 651 c Rn. 5; ebenso *Bechhofer*, S. 38; *Bidinger/Müller*, § 651 c Anm. 5; Soergel-*Eckert*, 651 c Rn. 9.

kräfte angewiesen ist. Die Einstandspflicht bezieht sich auf die Reise als Gesamtheit von Nach-, Neben- und ineinander gefügten Reiseleistungen, die nicht als bloße Aneinanderreihung von Einzelteilen, sondern als eine Verschmelzung zu einem einheitlichen Ganzen anzusehen ist.

Nach dem **engen** Mangelbegriff, der auf *Tempel* zurückgeht, werden nur solche Umstände als Mangel im Sinne des § 651 c anerkannt, die vom Reiseveranstalter **beherrschbar** sind. Mängel sollen zu verneinen sein bei Umständen, die bei jeder noch so erdenklichen Sorgfalt des Reiseveranstalters nicht zu vermeiden sind.[6] 10

Der Unterschied der beiden Fehlerbegriffe besteht vor allem darin, dass der weite Fehlerbegriff außerhalb der einzelnen Reiseleistungen liegende Umstände in die Gewährleistung des Reiseveranstalters mit einbezieht, z. B. Strand- und Schneeverhältnisse.[7] Das Beherrschbarkeitskriterium des **engen Mangelbegriffes ist abzulehnen**, weil das BGB bei der Gewährleistung grundsätzlich Verschuldens unabhängig ist, das Beherrschbarkeitskriterium dagegen auf ein Verschuldenselement abstellt.[8] 11

In den **praktischen Ergebnissen** liegen die beiden Mängelbegriffe weniger weit auseinander, als es auf den ersten Blick den Anschein haben mag. Das liegt daran, dass der weite Mangelbegriff nicht auf einschränkende und der enge Mangelbegriff nicht auf erweiternde Kriterien verzichten kann. So entnimmt *Wolter* dem Grundsatz von Treu und Glauben **Grenzen der Einstandspflicht des Reiseveranstalters**, die er damit begründet, dass nicht eine Vertragspartei das gesamte Leistungsrisiko allein tragen kann.[9] *Tempel* wiederum nimmt Informationspflichten des Reiseveranstalters an, um zu weit gehende Folgen seines engen Mangelbegriffs zu vermeiden, z. B. in den Algenfällen. Gleichwohl bleibt ein Bereich, in dem die beiden Begriffe zu unterschiedlichen Ergebnissen kommen, nämlich dann, wenn auch der Reiseveranstalter ein Risiko nicht kennen kann, über das zu informieren wäre. 12

1.3.2. Vermittelnde Meinungen

Im Übrigen vertritt die Literatur vermittelnde Ansichten. *Teichmann* stellt auf das **Verwendungsrisiko** ab und ist damit dem weiten Mangelbegriff nä- 13

---

6 *Tempel*, JuS 1984, 81, 86; *Tempel*, S. 507 f.; *Führich*, Rn. 195; *Isermann*, Rn. 22; *Seyderhelm*, § 651 c Rn. 12, 16 ff.

7 *Tempel*, S. 508, hält die Diskussion inzwischen für eher theoretisch.

8 Das Beherrschbarkeitskriterium wird von *Tempel* inzwischen auch nicht mehr vertreten, RRa 1998, 23; *ders.*, S. 507.

9 MünchKomm-*Wolter*, § 651 c Rn. 2 (2. Aufl.).

her,[10] während *Führich* von einer **Haftung** des Reiseveranstalters **für das** von ihm **vertraglich versprochene Leistungsprogramm** plädiert, womit er sich eher in der Nähe des engen Mangelbegriffs befindet.[11]

1.3.3. Rechtsprechung

14 Die Auffassung des **BGH** kann dem **weiten Mangelbegriff** zugeordnet werden. Der BGH betont die verschuldensunabhängige Gewährleistung des Reiseveranstalters und weist ihm die Haftung für Umstände zu, die außerhalb seines Einflussbereiches liegen, nämlich für einen durch einen Wirbelsturm verursachten Reisemangel.[12] Auch das Urteil vom 14. 12. 1999 liegt auf dieser Linie.[13] Dort wurde ein Reitausflug mit einem nervösen Pferd als Mangel angesehen, obwohl der Reitausflug nicht Bestandteil des Programms war, vielmehr auf die Möglichkeit zum Reiten lediglich im Prospekt hingewiesen wurde.

15 Die **Instanzgerichte** vertreten dagegen einen **engeren Mangelbegriff**, der sich durch einen weitgehenden Rekurs auf das sog. **allgemeine Lebensrisiko** auszeichnet, das vom Reisenden zu tragen sei. Da umgekehrt im Gegensatz zum *Tempel*schen Mangelbegriff die Verschuldensunabhängigkeit der Gewährleistung nicht in Frage gestellt wird, ist oft wenig vorhersehbar, ob der Reiseveranstalter für Umstände, die außerhalb seines Einflussbereiches liegen (z. B. Strandverhältnisse) haftet. Den Gerichten ist dies freilich nicht vorzuwerfen, da auch die Mangelbegriffe der Lehre ihre Konturen erst durch die Konkretisierung in Einzelfällen gewinnen. Einen dogmatisch nicht angreifbaren Mangelbegriff kann man nur um den Preis einer großen begrifflichen Starre entwickeln, die wiederum der notwendigen angemessenen Risikoverteilung zwischen den Vertragsparteien im Wege steht. Hier wird deswegen weiter am **weiten Mangelbegriff** festgehalten, der im Wege einer **Risikoabwägung im Einzelfall einzuschränken** ist.

1.4. Eingrenzungen

1.4.1. Unerhebliche Fehler

16 Entscheidend sind daher die Eingrenzungen. Zunächst einmal lösen unerhebliche Mängel keine Gewährleistung aus.[14] Die Liste der von der Rechtsprechung

10 JZ 1990, 1118; Jauernig-*Teichmann*, § 651 c Anm. 1.
11 *Führich*, Rn. 195.
12 BGHZ 85, 50, 58 = NJW 1983, 33, 35; bestätigt von NJW 1986, 1748, 1749.
13 RRa 2000, 85 = NJW 2000, 1188.
14 Vgl. Soergel-*Eckert*, § 651 c Rn. 12; *Führich*, Rn. 217 ff.

ausgeschiedenen bloßen **Unannehmlichkeiten** wird immer länger. Dies ist nicht darauf zurückzuführen, dass die Rechtsprechung weniger verbraucherfreundlich urteilt als in früheren Jahren, sondern darauf, dass die Gerichte immer häufiger mit Fällen in Anspruch genommen werden, die eigentlich nicht vor die Gerichte gehören.[15]

Die Unannehmlichkeiten beziehen sich zunächst auf die **Flugbeförderung**. Eine zweistündige Flugverzögerung ist hinzunehmen.[16] Verzögerungen von 5 oder 8 Stunden sind dagegen – entgegen einigen Urteilen – nicht mehr unerheblich.[17] Nicht erwartete Zwischenlandungen wurden wiederholt vor die Gerichte gebracht.[18] **17**

Einige Gerichte gehen allerdings auch zu weit. Eine Vorverlegung des Rückflugs um 5 Stunden und eine Flugverspätung von 21 Stunden sind nicht mehr hinzunehmen.[19] Flugtechnisch bedingte Verspätungen bis zu 4 Stunden sind generell hinzunehmen.[20] **18**

Ohne Erfolg wurde ein unzureichender Bordservice gerügt[21], Turbulenzen[22] sowie ein nicht feststellbarer Sitz.[23] **19**

Bei **Busreisen** sind bloße Unannehmlichkeiten Verspätungen bis zu zwei Stunden[24] sowie Transferverzögerungen bis zu einer Stunde.[25] Nicht richtig ist es allerdings, den Ersatz eines Inlandflugs durch eine Busfahrt ebenfalls als bloße Unannehmlichkeit anzusehen.[26] **20**

Bloße Unannehmlichkeiten im Bereich der **Unterkunft** werden von der Rechtsprechung weithin angenommen bei der **Belästigung durch Insekten und an-** **21**

15 Überlegungen, Fälle dieser Art einer außergerichtlichen Streitschlichtung zuzuführen, bei *Tonner*, in: Liber amicorum Norbert Reich, 1997, S. 861; vgl. auch die von der DGfR auf der Internationalen Tourismus-Börse 1997 veranstaltete Podiumsdiskussion »Beschwerde-Management statt Amtsgerichte?«, Bericht *Lindner*, RRa 1997, 125 ff.

16 OLG Düsseldorf FVE ZivR 1982, Nr. 336; AG Düsseldorf RRa 1998, 207.

17 OLG Düsseldorf NJW-RR 1992, 1330; LG Hannover NJW-RR 1986, 1174.

18 AG Frankfurt a. M. FVE ZivR 1981, Nr. 331 (unvorhergesehene dreistündige Zwischenlandung); LG Hannover 16. 11. 1987 – 20 O 265/87 (Zwischenlandung von 30 Minuten ohne Verlassen des Flugzeugs); AG Frankfurt a. M. 24. 11. 1993 – 31 C 4135/92–10 (Zwischenlandung, ohne dass Non-Stop-Flug zugesichert war).

19 Anders AG Düsseldorf RRa 1995, 151 bzw. AG Stuttgart RRa 1996, 61.

20 AG Essen RRa 1996, 60; AG Nürnberg RRa 1997, 85; AG Hersbruck RRa 1997, 237.

21 OLG Düsseldorf NJW-RR 1998, 923; AG Bad Homburg RRa 1995, 18.

22 AG Bonn RRa 1996, 251.

23 AG Königstein RRa 1996, 59.

24 LG Frankfurt a. M. NJW-RR 1988, 1451; OLG Frankfurt a. M. RRa 1998, 95.

25 AG Bad Homburg RRa 1994, 174; LG Hamburg RRa 1997, 97.

26 So aber AG Bonn RRa 1996, 222.

dere Tiere. Dies gilt für 5 Kakerlaken im Zimmer in einem südlichen Land,[27] Ameisen im Bungalow in Zypern,[28] Spinnweben,[29] Insekten und Ameisen in Dänemark,[30] Flöhe in den Tropen,[31] drei Geckos auf Hawaii,[32] einen Skorpion,[33] einen Moskito,[34] Ohrenkneifer[35] und Stechfliegen im Außenbereich eines Hotels[36].

22 **Lärm** wurde in folgenden Fällen als bloße Unannehmlichkeit qualifiziert: Flughafen in Hotelnähe, wenn darauf hingewiesen wurde,[37] Stimmen aus dem Nachbarzimmer und vereinzelte Tanzveranstaltungen,[38] eine Hoteldisko bei einer Fortuna-Reise,[39] eine ein- bis zweistündige tägliche Lärmbelästigung bei Hinweis auf »gelegentliche Lärmbelästigungen«.[40]

23 Bloße Unannehmlichkeiten bei der **Zimmerausstattung** sind nach Ansicht der Gerichte ein fehlender Duschvorhang,[41] ein defektes Radio und Telefon,[42] der Ausfall der Klimaanlage für eine Nacht[43] sowie der Ausfall der Klimaanlage bei Nachttemperaturen von 14–17° und Tagestemperatur von 20–25°.[44]

24 Auch das **Benehmen von Mitreisenden** kann die Gerichte selten veranlassen, einen Mangel anzunehmen. Es ist eine bloße Unannehmlichkeit, wenn 40 % der Gäste auf einem Kreuzfahrtschiff einer Schweizer Jodlergruppe angehören[45] oder wenn sich Mitreisende nicht so benehmen und kleiden, wie der Reisende dies auf einem Kreuzfahrtschiff erwartet.[46] Ein älteres Urteil des LG Frankfurt, wonach der Anblick von geistig und körperlich schwer **Behinderten** einen Man-

27 LG Köln FVE ZivR 1983, Nr. 469; a. A. LG Frankfurt a. M. NJW-RR 1988, 245.
28 OLG Hannover FVE ZivR 1984, Nr. 462.
29 AG München RRa 1994, 85.
30 AG Kiel RRa 1998, 4.
31 OLG Köln NJW-RR 1993, 252.
32 LG Frankfurt a. M. NJW-RR 1992, 630.
33 LG Frankfurt a. M. NJW-RR 1993, 1146.
34 OLG Düsseldorf NJW-RR 1993, 315.
35 AG Syke RRa 1995, 252.
36 AG Hamburg RRa 1997, 97 = NJW-RR 1997, 1205.
37 AG München RRa 1997, 159; AG Frankfurt a. M. RRa 1998, 3.
38 LG Frankfurt a. M. FVE ZivR 1981, Nr. 307.
39 LG Essen MDR 1991, 1132.
40 AG Düsseldorf MDR 1985, 496.
41 LG Frankfurt a. M. FVE ZivR 1998, Nr. 457.
42 AG Düsseldorf RRa 1995, 209.
43 AG München NJW-RR 1989, 1528.
44 AG Stuttgart RRa 1996, 104.
45 LG Hamburg NJW-RR 1993, 1465; a. A. LG Frankfurt a. M. NJW-RR 1993, 951.
46 AG Frankfurt a. M. RRa 1996, 200.

gel darstellt, hatte seinerzeit heftige Reaktionen hervorgerufen.[47] Man wird hierin eine bloße Unannehmlichkeit zu erblicken haben.[48]

Im Außenbereich der Unterbringung sind Stufen zwischen Hotelzimmer und Strand[49] und ein Parkplatz an einer Berghütte, der sich wegen fehlender Schneeräumung 400 m statt 100 m von der Hütte entfernt befand,[50] angesehen worden. Das Tragen von Plastikarmbändern in einer **all-inclusive-Anlage** ist nach einer im Vordringen befindlichen Auffassung ebenfalls eine bloße Unannehmlichkeit.[51] 25

Beim **Essen** rügen Reisende immer wieder die Auswirkungen der **Massenabfertigung**, ohne dabei jedoch vor Gericht Erfolg zu haben. Das Essen in Schichten,[52] Wartezeiten,[53] und einheitliches Gruppenreiseessen[54] stellen keinen Mangel dar. Der Reisende darf keine deutsch sprechende Bedienung[55] und auch keine Sektgläser in einer Berghütte[56] erwarten. Essen auf schmutzigen Brettern bei einer Safari,[57] ein fehlender Begrüßungscocktail,[58] ein trockenes Brötchen[59] sind ebenso hinzunehmen wie salziges Leitungswasser, wenn es täglich Mineralwasser gibt,[60] und im Speisesaal herumtollende Kinder.[61] 26

Im Grenzbereich zur **sexuellen Belästigung** lag ein Fall des LG Frankfurt a. M., bei dem das Gericht aber von einem bloßen Anstarren ausging.[62] Eine **Strandverschmutzung** ist kein Mangel, wenn sie über das Übliche nicht hinausgeht.[63] 27

47 LG Frankfurt a. M. NJW 1980, 1169, dazu *Brox*, NJW 1980, 1939.

48 AG Kleve RRa 1999, 190; AG Frankfurt a. M. NJW 1980, 1965; a. A. jedoch auch in jüngerer Vergangenheit AG Flensburg NJW 1994, 272.

49 AG Hamburg RRa 1995, 224.

50 AG Offenburg NJW-RR 1996, 117, ablehnend *Tempel*, NJW 1997, 2206, 2210.

51 AG Hannover RRa 1998, 94; AG Charlottenburg RRa 1999, 139; LG Köln RRa 1999, 212; LG Hamburg RRa 1999, 214; AG Bad Homburg RRa 1999, 155; a. A. LG Frankfurt a. M. RRa 1997, 52 mit Anm. *Führich*, S. 230 = NJW 1997, 2246; AG Köln RRa 1998, 193; AG München RRa 1999, 193 (10%) = NJW-RR 1999, 1146; vgl. auch *Tempel*, NJW 1997, 2206, 2213.

52 LG Düsseldorf MDR 1993, 212.

53 AG Hamburg RRa 1997, 162; LG Frankfurt a. M. NJW-RR 1994, 178.

54 OLG Düsseldorf NJW-RR 1995, 368.

55 AG Bad Homburg RRa 1996, 19.

56 AG Offenburg NJW-RR 1996, 117.

57 LG München NJW-RR 1994, 124.

58 LG Frankfurt a. M. VuR 1990, 203.

59 LG Düsseldorf MDR 1993, 212.

60 AG Frankfurt a. M. FVE ZivR 1984, Nr. 479.

61 AG Düsseldorf MDR 1992, 450; LG Kleve RRa 1997, 54.

62 LG Frankfurt a. M. NJW-RR 1993, 632.

63 AG Baden-Baden RRa 1994, 12.

Bei einer **Studienreise** muss der Reisende mit körperlichen Anstrengungen rechnen.[64]

1.4.2. Allgemeines Lebensrisiko

28 In letzter Zeit wird versucht, mit dem Begriff des »allgemeinen Lebensrisikos« die Haftung des Reiseveranstalters zurückzudrängen.[65] Der Begriff des allgemeinen Lebensrisikos ist jedoch **kein Rechtsbegriff** und daher weder tauglich, die Grenzen der Einstandspflicht des Reiseveranstalters zu ziehen noch eine im Prinzip bestehende Haftung des Reiseveranstalters einzuschränken oder gar auszuschließen. Die Haftung des Reiseveranstalters muss vielmehr positiv begründet werden als Gewährleistungshaftung oder als Haftung wegen einer vertraglichen oder deliktischen Pflichtverletzung.

29 Der Begriff des **allgemeinen Lebensrisikos** wird vor allem bei folgenden **drei** Fallgestaltungen angewendet:

- zum einen handelt es sich um **Unfälle**. Hierbei ist jedoch zu beachten, dass der Reiseveranstalter nur dann bei Unfällen haftet, wenn ihm ein eigenes Organisationsverschulden zuzurechnen ist. Dies ist bei gewöhnlichen Unfällen regelmäßig nicht der Fall. Für ein Verschulden Dritter haftet der Reiseveranstalter nicht, und für ein Verschulden von Leistungsträgern nur dann, wenn vertragliche Ansprüche geltend gemacht werden.[66]
- Eine zweite Fallgruppe betrifft eine Haftung für wetter- und klimabedingte Umstände. Grundsätzlich haftet der Reiseveranstalter für das **Wetter** nicht und auch nicht dafür, dass im Großen und Ganzen die üblichen Witterungsbedingungen vorhanden sind. Das gilt z. B. für fehlenden **Schnee** in einem Skigebiet, für zu schwachen oder zu starken **Wind** in einem Gebiet, das mit der Möglichkeit zum Segeln oder Surfen beworben wurde, für einen wider Erwarten lachsarmen Fluss und grundsätzlich auch für Meeresverschmutzung.[67]

30 Es kann jedoch auch Ausnahmen geben, wenn beispielsweise der Reiseveranstalter mit der Schneesicherheit geworben hat und diese Aussage Vertragsbestandteil geworden ist oder wenn ein Badeurlaub Vertragsleistung sein sollte, das Baden aber wegen der **Meeresverschmutzung** nicht möglich war. Die letzte Frage ist intensiv wegen der **Algenverschmutzung** in der Adria diskutiert worden. Dabei ist zu berücksichtigen, dass die verschuldensunabhängige Gewähr-

---

64 LG Heidelberg NJW 1984, 133.
65 *Siebert*, RRa 1994, 110, 126.
66 Vgl. im Einzelnen unten § 651 f Rn. 21 ff. mit Rechtsprechungsnachweisen.
67 Vgl. im Einzelnen unten Mängeltabelle Rn. 73 f. mit Rechtsprechungsnachweisen.

leistung grundsätzlich auch zu einer Haftung des Reiseveranstalters für Umstände führt, die er nicht beherrschen kann, sofern er ihr Vorhandensein gewährleisten wollte. Auf der anderen Seite kann der Reisende nur das verlangen, was vernünftigerweise als Leistung des Reiseveranstalter erwartet werden kann. Der Reisende kann nicht davon ausgehen, dass der Reiseveranstalter für jede Wetterlaune haften will, auch wenn die Kataloge noch so sehr blauen Himmel und Sonnenschein hervorheben. Erst dann, wenn ausdrückliche Zusagen gemacht wurden, beginnt die Haftung. Die Grenze wird nicht immer einfach zu ziehen sein, die Rechtsprechung verhält sich hier jedoch m. E. zu restriktiv.

Die dritte Fallgruppe betrifft **Diebstahl und Überfälle**. Auch hier besteht 31 grundsätzlich keine Haftung des Reiseveranstalters.[68] Allerdings hat der BGH eine Informationspflicht des Veranstalters bei erheblicher Gefahr von Überfällen angenommen.[69]

1.4.3. Umwelt

Auch **ökologische Beeinträchtigungen** können einen Mangel darstellen. Dabei 32 ist abzugrenzen, inwieweit die Einstandspflicht des Reiseveranstalters reicht, wobei eine **Einzelfallbetrachtung** angestellt werden muss, da sich pauschale Kriterien nicht entwickeln lassen.[70]Aus dem System des verschuldensunabhängigen Gewährleistungsrechts folgt, dass der Anbieter einer Ware oder Dienstleistung an seinen Versprechungen festgehalten wird, d. h. wer in bunten Prospekten mit der heilen Urlaubswelt wirbt, hat dafür auch einzustehen. Der Reiseveranstalter darf nur das versprechen, was sich ökologisch halten lässt. Wer z. B. mit einem Badeurlaub wirbt, muss das Zielgebiet als ggf. algengefährdet beschreiben, wenn er nicht haften will. Sonst haftet er.[71] Fährt der Reisende allerdings sehenden Auges in ein umweltgefährdetes Badegebiet, hat er keine Gewährleistungsansprüche. Wer »Skiurlaub« verkauft, muss die von ihm geweckte Erwartung des Reisenden, dass er mit Schnee rechnen kann, ebenfalls durch Prospektangaben entkräften, wenn er nicht haften will.[72]

Eine **Algenverschmutzung** in der Adria hat zu einer Reihe von Urteilen geführt. 33 Das LG Frankfurt a. M. lehnte auf der Basis seines engen Mangelbegriffs einen

68 OLG München RRa 1999, 174.

69 BGH NJW 1982, 1521 – Jamaika.

70 Zum Folgenden *Peter/Tonner*, NJW 1992, 1794; grundsätzlich zum Thema Umwelt und Reiserecht *Tonner*, VuR 1992, 13.

71 Enger *Führich*, Rn. 197.

72 Fehlender Schnee wird nicht als Mangel angesehen von AG München NJW-RR 1990, 190. Vgl. dagegen LG Frankfurt VuR 1991, 273 = NJW-RR 1991, 879: Haftung für fehlenden Schnee wegen unrichtiger Prospektangaben.

Mangel ab und qualifizierte die Algenverschmutzung als höhere Gewalt.[73] Allerdings nahm das LG Frankfurt a. M. Informationspflichten des Reiseveranstalters an. Bei **Strandverschmutzungen** nehmen die Gerichte dagegen sehr viel eher einen Mangel an, und zwar auch bei öffentlichen Stränden.[74]

34 **Informationspflichten** sind keine hinreichende Lösung für Umweltgefährdungen.[75] Eine Haftung allein darauf aufzubauen, hieße, in zahlreichen Fällen von vornherein nur den Reisenden das Risiko tragen zu lassen, ohne zu fragen, wer dem Risiko näher steht.[76] Das ist immer dann der Fall, wenn das Risiko plötzlich und unvorhersehbar auftritt, eine Information also gar nicht denkbar ist. Aber auch, wenn die Information rechtzeitig erfolgen kann, kann der Reiseveranstalter durch routinemäßige Übersendung von Merkblättern kurz vor Reiseantritt das gesamte Risiko auf den Reisenden schieben. Eine derartig einseitige Risikoverteilung erscheint nicht angemessen. Diese Informationen müssen daher am Maßstab zulässiger Leistungsänderungen gemessen werden.

35 Umweltbedingte Mängel können mit **höherer Gewalt** zusammenfallen, nämlich immer dann, wenn sie plötzlich und unvorhersehbar auftreten. In diesem Fall kommt § 651 j zur Anwendung, der beiden Vertragsparteien ein Kündigungsrecht einräumt. Der Vorrang des § 651 j bezieht sich jedoch nur auf das Kündigungsrecht, d. h. Minderungsansprüche wegen eines Mangels gemäß § 651 d bleiben bestehen.[77]

1.5. Bedeutung der Prospektbeschreibung

36 Grundsätzlich wird der Prospekt **Vertragsinhalt**.[78] Dies gilt allerdings nicht für werbemäßige Anpreisungen und nichts sagende Floskeln wie »Verbringen Sie Ihren Traumurlaub in …« oder »ein einmaliges Skierlebnis«.[79] Allerdings ist die Grenze fließend; substantielle Anpreisungen können zum Vertragsinhalt

---

73 LG Frankfurt a. M. VuR 1990, 160 = NJW-RR 1990, 761; VuR 1991, 116 = NJW-RR 1991, 695; ebenso LG Hannover, NJW-RR 1991, 376; anders nur LG Tübingen, NJW-RR 1991, 376.

74 LG Frankfurt a. M. NJW-RR 1987, 566; 1993, 124; AG Düsseldorf MDR 1991, 839; AG Hannover VuR 1992, 23 mit einer Zusammenstellung weitgehend unveröffentlichter Urteile anderer Abteilungen des AG Hannover; AG Frankfurt a. M. RRa 1994, 58; zustimmend *Bechhofer,* S. 59; bei Hervorhebung des Strands im Prospekt auch *Seyderhelm,* § 651 d Rn. 71; a. A. AG Bad Homburg RRa 1994, 76, 172; AG Hamburg RRa 1994, 100.

75 So aber *Führich,* Rn. 197; vgl. auch *ders.*, NJW 1991, 2192.

76 Vgl. *Peter/Tonner,* NJW 1992, 1794, 1796.

77 So jetzt auch *Führich,* Rn. 198.

78 Vgl. oben § 651 a Rn. 71; so jetzt auch BGH RRa 2000, 85 = NJW 2000, 1188.

79 Vgl. ausführlich mit Angaben über empirische Untersuchungen *Schlotmann,* S. 18 ff.

werden, beispielsweise »wirklich feiner Sandstrand« oder »Wir verlassen uns lieber auf Linie«.

Große Bedeutung für den Mangelbegriff hat die **Prospektbeschreibung**. Der Gesetzgeber hat in Umsetzung der EG-Pauschalreiserichtlinie einzelne **Katalogpflichtangaben** normiert, jedoch gehen die schon bislang vom deutschen Recht anerkannten Grundsätze über die Prospektbeschreibung teilweise darüber hinaus. Es kann dahinstehen, ob lediglich ein Fehler vorliegt oder eine zugesicherte Eigenschaft fehlt, wenn Prospektbeschreibung und tatsächlich erbrachte Reiseleistung voneinander abweichen, da beide Mangelarten die gleichen Rechtsfolgen auslösen. 37

Es gilt der Grundsatz der **Prospektwahrheit**. Fotos dürfen nicht etwas vortäuschen, was nicht da ist, z. B. das repräsentativste Zimmer des Hotels abbilden, wenn die Zimmer überwiegend schlechter ausgestattet sind; das einzige Stück Sandstrand, wenn überwiegend nur Felsstrand vorhanden ist; eine Außenaufnahme, die eine lebhafte am Hotel vorbeiführende Straße nicht einmal ahnen lässt. Wenn der Reiseveranstalter nicht im Text auf die Realität hinweist, läuft er Gefahr, an der von den Fotos suggerierten Beschaffenheit festgehalten zu werden. 38

Zum Grundsatz der Prospektwahrheit gehört auch der Grundsatz der **Vollständigkeit**, d. h., der Prospekt muss alle relevanten Umstände, auch die negativen, angeben. 39

Der Reiseveranstalter darf auch nicht darauf vertrauen, dass der Kunde **zwischen den Zeilen lesen** kann. Ist z. B. ein Hotel laut, so reicht es nicht, dies durch den Hinweis »zentrale Lage« zu umschreiben. Bei einer »gelegentlichen Lärmbelästigung« darf die tägliche Lärmbelästigung ein bis zwei Stunden nicht übersteigen.[80] Täglicher Diskolärm bis spät nach Mitternacht ist nicht mit den Worten »für Leute, die gerne spät zu Bett gehen«, zu umschreiben.[81] 40

Der Reiseveranstalter haftet auch für im Prospekt erwähnte **Einrichtungen am Urlaubsort**, sofern dies zum Erfolg der Reise gehört. Das ist z. B. der Fall, wenn im Prospekt Ausflugs- oder Unterhaltungsmöglichkeiten erwähnt werden, die am Urlaubsort vorhanden sein sollen, ohne Bestandteil des Leistungsangebots des Reiseveranstalters zu sein, wenn diese Einrichtungen dem Urlaub das Gepräge geben sollen.[82] Erweckt der Prospekt beispielsweise den Eindruck, dass ein erlebnis- und unterhaltungsreicher Urlaub möglich ist, sind dann aber fast alle 41

80 AG Düsseldorf MDR 1985, 496.

81 Eine »Übersetzungsliste« für Schwachstellen versteckende Beschreibungen findet sich bei *Schlotmann*, S. 21.

82 So für einen Reitausflug BGH RRa 2000, 85 = NJW 2000, 1188.

einschlägigen Einrichtungen geschlossen, so liegt ein Mangel vor. Drastischer liegt der Fall noch, wenn eine Studienreise nach Athen angeboten wird, dann aber wegen eines Streiks keine Museumsbesuche möglich sind oder eine Reise anlässlich einer Sportveranstaltung durchgeführt werden soll und die Sportveranstaltung abgesagt wird. Das LG Frankfurt a. M. hat zu Unrecht im ersten Fall eine Haftung des Reiseveranstalters mit der Begründung abgelehnt,[83] es falle in die Risikosphäre des Reisenden, ob die Museen offen seien.

2. Abhilfe

2.1. Das Abhilfeverlangen

42 Stellt der Reisende fest, dass ein Mangel vorliegt, kann er vor Ort **Abhilfe** verlangen, § 651 c Abs. 2. Das Abhilfeverlangen ist dem werkvertraglichen Anspruch auf **Nachbesserung**, § 633 Abs. 2, nachgebildet und wie dieser als Erfüllungsanspruch anzusehen. Es setzt voraus, dass die Reiseleistung an sich erbracht wird.[84]

43 Das Abhilfeverlangen ist **formlos** möglich, es darf in AGB nicht an die Schriftform gebunden werden. Es ist laut Gesetz »an den Reiseveranstalter« zu richten. Ist eine **örtliche Reiseleitung** vorhanden, so ist diese als Vertreter des Reiseveranstalters anzusehen, und das Abhilfeverlangen ist ihr vorzutragen. Ist eine örtliche Reiseleitung nicht vorhanden, so kann in einer AGB-Klausel nicht uneingeschränkt verlangt werden, dass der Reisende den **Reiseveranstalter an seinem Firmensitz** benachrichtigt. Dies kann vielmehr aus einer Reihe von Gründen **unzumutbar** sein. Es gelten insoweit die gleichen Grundsätze wie bei der Mängelanzeige.[85] Dies gilt auch für die Frage, wer als Adressat der Anzeige in Betracht kommt und wann der Kunde die Anzeige unterlassen darf, ohne seine Rechte zu verlieren.[86] Eine Pflicht zur Stellung eines Reiseleiters ist abzulehnen.[87] Nach § 4 Abs. 1 lit. c InfVO hat der Reiseveranstalter den Reisenden vor Reiseantritt darüber zu unterrichten, wie er vor Ort zu erreichen ist.[88]

---

83 NJW 1983, 237; ähnlich AG Berlin Charlottenburg für die vom Westen boykottierten Olympischen Spiele 1980 in Moskau, FVE ZivR 1980, Nr. 250.

84 Vgl. auch Begründung des Regierungsentwurfs, BT-Drucks. 8/786, S. 26.

85 Vgl. unten § 651 d Rn. 13.

86 Vgl. unten § 651 d Rn. 18 ff.

87 So auch *Tempel*, BB 1982, 627; *Seyderhelm*, § 651 d Rn. 87 (»fraglich«); differenzierend *Führich*, Rn. 485 ff.

88 Vgl. § 4 InfVO Rn. 4 ff.

Unterlässt der Kunde das Abhilfebegehren, obwohl eine örtliche Reiseleitung vorhanden ist, so kann er die Rechte, die ihm zustehen, wenn der Reiseveranstalter die Abhilfe verweigert oder nicht durchführen kann, nicht geltend machen (Selbstabhilfe[89] und Kündigung[90]). Die Rechte, die ihm nach der Reise zustehen (Minderung, § 651 d, Schadenersatz, § 651 f) gehen ihm zwar durch ein fehlendes Abhilfeverlangen im Prinzip nicht verloren, jedoch kann er Minderung nur verlangen, wenn er eine Mängelanzeige nicht schuldhaft unterlassen hat, § 651 d Abs. 2. Der Reisende verliert seinen Minderungsanspruch jedoch erst ab dem Zeitpunkt, zu dem der Reiseveranstalter hätte Abhilfe schaffen können.[91] Der Kunde steht auf jeden Fall besser da, wenn er seine Beschwerde schriftlich formuliert und dem Reiseveranstalter oder der örtlichen Reiseleitung zusendet, auch wenn er ohne sofortige Beschwerde nicht alle Rechte verliert. Will die örtliche Reiseleitung ein **Mängelprotokoll** aufnehmen, ist dagegen nichts einzuwenden, sofern wirklich alle Beanstandungen des Kunden notiert werden. Im Zusammenhang mit der Aufnahme von Mängelprotokollen gibt es jedoch einige Unklarheiten.[92] 44

Der Reiseveranstalter darf auf das Abhilfeverlangen folgendermaßen reagieren: 45

(1) Er veranlasst, dass der **beanstandete Mangel abgestellt** wird: Dem örtlichen Reiseleiter gelingt es, dem Kunden das vertraglich vorgesehene Zimmer mit Seeblick zu verschaffen; er kann den Hotelier bewegen, den verschmutzten Swimmingpool zu säubern oder die Diskothek früher zu schließen. Der Kunde hat für den restlichen Urlaub selbstverständlich keine Ansprüche mehr, er kann aber für die Zeit, während der die Reise mit Mängeln behaftet war, Minderung geltend machen.

(2) Er **verweigert die Abhilfe**, weil sie einen **unverhältnismäßigen Aufwand** erfordern würde: Dies wird selten der Fall sein. Der Reiseveranstalter kann sich darauf berufen (§ 651 c Abs. 2 Satz 2), wenn der Aufwand zur Abhilfe in einem groben Missverhältnis zu dem beanstandeten Mangel steht.

(3) Er stellt eine **Ersatzleistung** zur Verfügung.

89 Unten Rn. 52 ff.

90 Unten Erläuterungen zu § 651 e.

91 LG München I FVE ZivR 1984, Nr. 471.

92 Vgl. dazu unten § 651 d Rn. 15 ff.

2.2. Abhilfe durch Ersatzleistung

46 Die meisten Reiseveranstalter behalten sich in ihren Allgemeinen Reisebedingungen das Recht vor, einer Beschwerde durch eine gleichwertige Ersatzleistung abzuhelfen. In der Regel kommt hier die **Unterbringung in einem anderen Hotel** in Betracht. Das ist zu akzeptieren, sofern das Ersatzhotel der gleichen Kategorie angehört[93] und auch alle Spezifika der ursprünglichen Unterkunft aufweist, z. B. Strandnähe, Sporteinrichtungen.[94] Einen Ortswechsel braucht sich der Kunde im Rahmen der Abhilfe nicht gefallen zu lassen.[95] **Kleinere Abweichungen** bzgl. der Nebenleistungen (Entfernung zum Strand, Verpflegung, Zimmerausstattung etc.) werden **zugelassen**, wenn dadurch der Zuschnitt der Unterbringung insgesamt nicht geändert wird.[96] Keine hinreichende Abhilfe ist die Zurverfügungstellung eines verbundenen Doppelzimmers, wenn ein Drei-Zimmer-Appartement (Wohnraum und zwei Schlafzimmer) gebucht worden ist.[97] Eine Hotelunterkunft mit Halbpension ist keine geeignete Ersatzleistung für ein Ferienappartement.[98]

47 Der Reiseveranstalter wird häufig gezwungen sein, um allen diesen Voraussetzungen zu genügen, den Reisenden in einem **Hotel einer höheren Kategorie** unterzubringen. Er darf dann aber die Abhilfe nicht davon abhängig machen, dass der Reisende bereit ist, die **Mehrkosten** zu zahlen. Auch sonst hat der Reiseveranstalter alle durch die Abhilfemaßnahme entstehenden Kosten zu übernehmen, z. B. die Taxifahrt, wenn der Kunde in ein anderes Hotel zieht. Für den Umzugstag steht dem Reisenden u. U. ein Anspruch nach § 651 f Abs. 2 zu.[99]

48 Ist die **Ersatzleistung ihrerseits mit Mängeln behaftet**, steht der Reisende vor der Frage, ob er sie akzeptieren soll, z. B.: Der Reiseleiter verschafft dem Kunden zwar das zugesagte Zimmer mit Balkon, aber in einem Hotel neben einer Baustelle. Hat der Kunde die mangelhafte Ersatzleistung akzeptiert, stehen ihm selbstverständlich die normalen Gewährleistungsrechte wie z. B. Minderung

93 A. A. OLG Düsseldorf NJW-RR 1989, 1528: Eine niedrigere Katalogeinstufung allein soll unschädlich sein.

94 A. A. LG Frankfurt a. M., das allein wegen der Stellung eines Ersatzhotels einen Mangel annimmt, ständige Rechtssprechung seit NJW 1983, 233; ebenso AG Stuttgart RRa 1995, 127; vgl. ausführlich *Tempel*, RRa 1995, 158; *Seyderhelm*, § 651 d Rn. 58.

95 LG München I FVE ZivR 1984, Nr. 471; BGH NJW 1983, 35; OLG Celle FVE ZivR 1981, Nr. 347; OLG München NJW 1984, 132; LG Stuttgart NJW-RR 1986, 349; AG Hamburg RRa 1994,188.

96 Vgl. OLG Karlsruhe NJW-RR 1988, 246.

97 OLG Düsseldorf NJW-RR 1986, 1175.

98 LG Frankfurt a. M. VuR 1990, 158 = NJW- RR 1990, 699.

99 Vgl. unten § 651 f Rn. 32.

zu. Ist der Mangel der Ersatzleistung sofort erkennbar, muss der Kunde ihn auch sofort nach den für die Minderung geltenden Regeln[100] anzeigen.

Steht der Kunde vor der Frage, ob er die mangelhafte Ersatzleistung hinnehmen 49
soll, gilt Folgendes: Grundsätzlich braucht er nur eine einwandfreie Ersatzleistung zu akzeptieren, aber wegen des Prinzips der Schadensminderungspflicht ist er gehalten, eine **Ersatzleistung mit verhältnismäßig geringen Mängeln** zu **akzeptieren**, wenn die ursprüngliche Leistung einen gravierenderen Mangel aufweist. Beispiel: Im gebuchten Hotel herrscht Baulärm, im Ersatzhotel tropft lediglich der Wasserhahn. Der Baulärm würde u. U. sogar zur sofortigen Kündigung gemäß § 651 e berechtigen. Der Reisende kann sich nicht weigern, ins Hotel umzuziehen, weil dies ebenfalls einen Mangel aufweist. Vielmehr ist er darauf verwiesen, wegen des Mangels den Weg zur Minderung zu beschreiten. Würde er dagegen vom Regen in die Traufe kommen (Beispiel: Das erste Hotel hat den zugesagten Balkon nicht, das Ersatzhotel nicht die zugesagte Sportanlage), kann er den Umzug verweigern und selbstverständlich erst recht, wenn er gravierendere Mängel als die ursprünglich vorhandenen hinnehmen müsste. Der Reisende braucht eine Ersatzleistung dann nicht anzunehmen, wenn sie ihm aus subjektiven Gründen nicht zumutbar ist, etwa wenn zwei Familien gemeinsam Urlaub gebucht haben und dadurch getrennt würden.

Das **LG Frankfurt a. M.**[101] konkretisiert unter Hinweis auf seine Tabelle diese 50
Grundsätze wie folgt: Der Reisende braucht ein Ersatzangebot, das von der ursprünglichen Buchung abweicht, nur dann anzunehmen, wenn der Mangel des ursprünglichen Quartiers mit nicht mehr als 10 % zu bewerten ist und das Ersatzquartier lediglich im Vergleich zum geschuldeten Quartier bestimmte Zusatzleistungen nicht aufweist (z. B. keine Sauna, keinen Tennisplatz), die als Mangel höchstens zu einer Minderung von 5 % berechtigen. Der Reisende kann ein Ersatzangebot immer dann ablehnen, wenn der Mangel des ursprünglichen Quartiers zur Kündigung gemäß § 651 e berechtigen würde, oder wenn das Ersatzquartier irgendwelche Mängel im Hinblick auf Unterkunft oder Verpflegung aufweist. Lehnt der Reisende nach diesen Grundsätzen ein zumutbares Umzugsangebot ab, so darf er laut LG Frankfurt a. M. bzgl. der mangelhaften gebuchten Unterkunft weiterhin mindern, aber nur bis zu der Höhe, in der er hätte mindern dürfen, wenn er das zumutbare Umzugsangebot angenommen hätte. Dazu gehört auch die Erstattung des anteiligen Reisepreises für den wegen Umzugs in das Ersatzobjekt nutzlos gewordenen Urlaubstag.

100 Siehe unten § 651 d Rn. 11 ff.
101 NJW 1985, 1474.

51 Gelegentlich lassen sich Reiseleiter anlässlich einer Abhilfe durch Ersatzleistung bescheinigen, dass dadurch alle Ansprüche des Reisenden gegen den Reiseveranstalter abgegolten sind. Solche **Verzichtklauseln** sind nach allgemeiner Auffassung unzulässig und können Gewährleistungs- und andere Ansprüche des Reisenden nicht wirksam ausschließen.[102]

3. Selbstabhilfe

52 Verweigert der Reiseveranstalter auf eine berechtigte Beschwerde hin Abhilfe, ohne dafür einen Grund zu haben, so darf der Kunde zur Selbstabhilfe schreiten und die dabei anfallenden **Kosten vom Reiseveranstalter verlangen**, § 651 c Abs. 3. Weigert sich die örtliche Reiseleitung beispielsweise, dem sich wegen einer bis tief in die Nacht lärmenden Diskothek beschwerenden Reisenden ein Ersatzquartier zur Verfügung zu stellen, so kann dieser auf eigene Faust in ein anderes Hotel umziehen und die ihm dort präsentierte Rechnung dem Reiseveranstalter zur Erstattung einreichen.[103] Der Reisende muss also erst einmal Geld verauslagen und läuft hinterher Gefahr, dass der Reiseveranstalter seinem Erstattungsanspruch – wenn auch unberechtigt – Einwendungen entgegen hält. Im Einzelnen ist Folgendes zu beachten:

53 Der Reisende darf nur dann zur Selbstabhilfe schreiten, wenn er dem Reiseveranstalter **mit dem Abhilfeverlangen eine Frist gesetzt** hat und diese erfolglos abgelaufen ist. Die Frist darf relativ kurz sein. Es ist eine Abwägung zwischen dem Interesse des Reiseveranstalters vorzunehmen, doch noch eine ordnungsgemäße Vertragserfüllung erbringen zu können, und dem Interesse des Reisenden, so schnell wie möglich zu einer Klärung zu gelangen, ob er die vertragsgemäße Leistung noch erhalten kann. Die Frist braucht regelmäßig nur Stunden zu betragen, insbesondere darf der Reisende, der sich wegen einer mangelhaften Unterkunft beschwert, verlangen, noch am selben Tag in ein ordnungsgemäßes Quartier zu erhalten.[104] Das LG Frankfurt a. M. will die Länge der angemessenen Frist nach der Schwere der gerügten Mängel differenzieren. Will der Reiseveranstalter dem Reisenden ein Ersatzquartier zur Verfügung stellen, so soll er dafür 24 Stunden Zeit haben.[105]

---

102 OLG Düsseldorf VuR 1992, 22; LG Kleve NJW-RR 1992, 1525; LG Frankfurt a. M. NJW 1984, 1762; vgl. auch unten § 651 l Rn. 6.

103 A. A. in ständiger Rechtsprechung das LG Frankfurt a. M., siehe unten Rn. 60.

104 Vgl. auch *Führich,* Rn. 242.

105 NJW 1985, 1473.

Sieht sich die örtliche **Reiseleitung außerstande, dem Mangel abzuhelfen**, z. B. weil sie den Lärm nicht abstellen kann und Ausweichquartiere nicht zu beschaffen sind, so darf der Reisende **sogleich** zur **Selbstabhilfe** übergehen. Das Gleiche gilt, wenn die örtliche Reiseleitung eine Abhilfe verweigert, weil sie die Beschwerde für unberechtigt hält. Auch hier läuft der Reisende natürlich Gefahr, dass es hinterher zu einem Streit mit dem Reiseveranstalter über die Berechtigung kommt und er bereits Kosten hatte. Schließlich ist eine Frist nicht erforderlich, wenn der Reisende »ein besonderes Interesse« an einer sofortigen Abhilfe hat, § 651 c Abs. 3 Satz 2. **Beispiel:** Der Transferbus zum Flughafen kommt nicht; der Reisende muss ein Taxi nehmen, um den Heimflug nicht zu verpassen.[106] 54

Eine Abhilfe des Reiseveranstalters wird u. U. dann scheitern, wenn er keine örtliche Reiseleitung unterhält. Jedoch ist der Reisende nicht schon wegen Fehlens einer örtlichen Reiseleitung zu Selbstabhilfemaßnahmen berechtigt, sondern muss **grundsätzlich erst den Reiseveranstalter benachrichtigen**. Diese Benachrichtigungspflicht hat jedoch Grenzen; so kann es z. B. unzumutbar sein, den Reiseveranstalter aus dem nicht deutschsprachigen Ausland zu benachrichtigen.[107] Der Reiseveranstalter kann wegen der fehlenden örtlichen Reiseleitung keine längeren Fristen für sich beanspruchen. 55

Greift der Reisende zur Selbstabhilfe, so kann er **Ersatz der erforderlichen Aufwendungen** verlangen. Er kann also etwa für den Fall, dass er ein ruhiges Hotel gebucht hatte und neben einer Großbaustelle untergebracht wurde, die Kosten für eine andere Unterkunft verlangen oder für den Fall, dass er ein Hotel mit Tennisplatz gebucht hatte, dieser aber nicht vorhanden war, die Eintrittskosten für einen Tennisplatz, oder bei gravierenden Mängeln der Verpflegung zusätzliche Restaurantkosten. Auch die Fahrtkosten zu einem befahrbaren Skigebiet sind ersatzfähig,[108] ebenso die Aufwendungen, die bei der Suche nach einer Ersatzunterkunft entstanden sind.[109] 56

Selbstverständlich darf der Reisende eine verweigerte Abhilfe nicht zum Anlass nehmen, nun auf Kosten des Reiseveranstalters in »Saus und Braus« zu leben. Sucht er ein Ersatzquartier, muss er ein **Hotel der gleichen Kategorie** nehmen. Allerdings darf er in die nächsthöhere Kategorie ausweichen, wenn in der gleichen Kategorie am Ort keine Zimmer frei sind.[110] Sind die zugesagten Sportmöglichkeiten nicht im oder am Hotel vorhanden, so darf der Kunde die ent- 57

106 Vgl. AG Stuttgart RRa 1995, 125.

107 OLG Köln FVE ZivR 1986, Nr. 576; LG Frankfurt a. M. VuR 1988, 146 = NJW-RR 1988, 634.

108 LG Frankfurt a. M. NJW-RR 1991, 879.

109 LG Mönchengladbach NJW-RR 1986, 1175; LG Frankfurt a. M. NJW-RR 1992, 310.

110 OLG Köln NJW-RR 1993, 252 (höhere Hotelkosten); KG NJW-RR 1993, 1209.

sprechenden Einrichtungen vor Ort mieten, z. B. einen Tennisplatz. Verpasst der Transferbus den Abflugzeitpunkt, so darf der Reisende per Linienflug nach Hause fliegen und braucht sich nicht auf den Charterflug am nächsten Tag vertrösten zu lassen.[111]

58 Den Reisenden trifft allerdings wie generell so auch hier eine **Schadensminderungspflicht**. So dürfen nach Auffassung des OLG Köln nicht alle sieben Reisenden in ein Hotel umziehen, die ein Ferienhaus mit vier Schlafzimmern gebucht hatten, von denen eines fehlte.[112]

59 Der Kunde darf nach h. M. einen **Vorschuss** für seine Selbstabhilfebemühungen verlangen.[113] Wird ihm dieser verweigert, so darf der Kunde dem Reiseveranstalter auch etwaige Kreditkosten für seine Aufwendungen in Rechnung stellen.[114]

60 Das **LG Frankfurt a. M.** unterscheidet zwischen »**Selbstabhilfe**« und sog. »**erweiterter Selbstabhilfe**«. »Einfache« Selbstabhilfe liegt vor, wenn der Reisende das verschmutzte Zimmer reinigen lässt, fehlendes Küchenzubehör beschafft oder einen defekten Herd reparieren lässt. Sucht sich der Reisende dagegen ein Ersatzquartier, so spricht das LG Frankfurt a. M. von »erweiterter« Selbstabhilfe.[115] Nur die »einfache« Selbstabhilfe erkennt das LG Frankfurt a. M. im Rahmen des § 651 c Abs. 3 an. Bei der sog. »erweiterten« Selbstabhilfe verlangt das Gericht dagegen, dass der Reisende nach § 651 e vorgeht, also den Reisevertrag zuvor kündigt. Das kann er jedoch nur bei einer erheblichen Beeinträchtigung, die erst bei einem Minderungstatbestand um 20 % vorliegt.[116]

61 Die Differenzierung des LG Frankfurt a. M. zwischen Selbstabhilfe und erweiterter Selbstabhilfe findet im Gesetz keine Stütze und ist abzulehnen.[117] Sie höhlt das Recht auf Selbstabhilfe weitgehend aus, da der Bezug eines Ersatzquartiers der wichtigste Fall der Selbstabhilfe ist. Die erschwerten Voraussetzungen für die Kündigung gemäß § 651 e sind vom Gesetz für die Selbstabhilfe nicht vorgesehen. Die Differenzierung sollte daher aufgegeben werden.

---

111 Vgl. AG Frankfurt a. M. MDR 1991, 837.

112 OLG Köln NJW-RR 1994, 55.

113 *Führich*, Rn. 246; Soergel-*Eckert*, § 651 c Rn. 40.

114 Zustimmend zur 1. Aufl. *Eckert* und *Führich*, a. a. O.

115 Ständige Rechtsprechung seit NJW 1983, 2884; zuletzt etwa NJW-RR 1992, 310; NJW-RR 1992, 630; NJW-RR 1995, 1521; RRa 1995, 48.

116 Vgl. unten § 651 e Rn. 9 ff.

117 Sehr kritisch auch *Führich*, Rn. 241; ablehnend ferner *Bidinger/Müller*, § 651 c Anm. 43; Soergel-*Eckert*, § 651 c Rn. 36. Der frühere Vorsitzende Richter der 24. Kammer des LG Frankfurt a. M. *Tempel* hat diese Rechtsprechung bis in die jüngste Vergangenheit wiederholt verteidigt, RRa 1995, 158; RRa 1998, 18, 27; ebenso der frühere Richter an der Kammer, *Seyderhelm*, § 651 c, Rn. 93. Vereinzelt folgte auch die Judikatur dieser Rechtsprechung, AG Hamburg RRa 1995, 10; 1995, 226; AG Bad Homburg RRa 1996, 186.

Anhang zu § 651 c – Mängelliste

Übersicht:

1. Beförderung

1.1. Flugzeug[1]

1.1.1. Überbuchungen, Verspätungen

1 Eine **Überbuchung** ist ein Mangel; §§ 323 ff. finden nicht Anwendung.[2] **Flugverspätungen bis zu 4 Stunden** innerhalb Europas bzw. in die anliegenden Urlaubszentren (Tunesien, Türkei) sind nach weitgehend übereinstimmender Auffassung[3] entschädigungslos hinzunehmen.[4] Für jede weitere angebrochene Stunde besteht ein Minderungsanspruch in Höhe von 5 % des Reisepreises für diesen Tag.[5] Hingegen entschied das OLG Düsseldorf, dass eine **8-stündige Verspätung** bei einem **Trans-Atlantik-Flug** hinzunehmen sei.[6] Bei einer absoluten **Billig-Reise** sollen jedoch auch **6 Stunden** Verspätung nur eine Unannehmlichkeit sein.[7] Eine Flugverspätung, die auf einen Hurrikan im Zielgebiet zurückzuführen ist, bedeutet keinen Mangel.[8]

2 Bei einer **7-stündigen Abflugverspätung** ist es dem Reisenden auch zur **Nachtzeit** zuzumuten, die Wartezeit am Flughafen zuzubringen. Begibt er sich auf

1 Vgl. auch *Schmid*, Charterflug, S. 51 ff.
2 AG Hamburg RRa 1999, 192.
3 Ausnahme: AG Kleve RRa 1996, 113; AG Stuttgart RRa 1996, 61: auch 280 Minuten bzw. 21 Stunden noch kein Minderungsgrund.
4 LG Frankfurt a. M. RRa 1997, 43; AG Wiesbaden RRa 1997, 115.
5 AG Essen RRa 1996, 60; AG Düsseldorf RRa 1998, 107; AG Nürnberg RRa 1997, 85; AG Mannheim RRa 1997, 120; AG Hamburg RRa 1995, 71; AG Kleve RRa 1999, 180; AG Darmstadt RRa 1999, 201.
6 OLG Düsseldorf NJW-RR 1992, 1330.
7 AG Düsseldorf RRa 1998, 15.
8 AG Frankfurt a. M. RRa 1996, 18.

eigene Initiative in ein Hotel, kann er nicht erwarten, dass ihm dort die neue Abflugzeit mitgeteilt wird.[9]

Ist lediglich ein **Direktflug** gebucht, so liegt kein Mangel vor, wenn eine **Zwischenlandung** erfolgt und sich die Reise dadurch verlängert, weil ein Direktflug kein **Non-Stop-Flug** ist.[10] Ist dagegen ein Non-Stop-Flug vereinbart worden, liegt ein Reisemangel vor, wenn der Flug durch Zwischenlandungen unterbrochen wird und die Ankunft später als vorgesehen erfolgt.[11] Wird der **Rückflug** planwidrig ohne Übernachtung unterbrochen, so führt dies zu einer 20 %igen Minderung des anteiligen Tagesreisepreises.[12] 3

Ist im Reisevertrag eine Ankunft des Flugzeuges um Mitternacht am Zielflughafen zugesagt, ist eine Verschiebung der Ankunftszeit um **2 Stunden** unzumutbar.[13] Wird durch die Verlegung der Flugzeiten aus einem Tagesflug ein Nachtflug, so ist dies eine wesentliche Änderung der Reiseleistung.[14] Wird bei einer Kurzreise (6 Tage) der Abflug zum Urlaubsort um **15 Stunden** verschoben, dann wird wegen des Verlustes eines halben Urlaubstages der Zuschnitt der Reise so erheblich beeinträchtigt, dass der Reisende den Vertrag sogar kündigen kann.[15] Die **Verschiebung** des Abfluges **vom Vormittag auf den Abend** ist hinzunehmen, wenn der Reisende zuvor benachrichtigt wurde.[16] Das LG Frankfurt a. M. gewährte für die zeitliche Verschiebung der Reise nur Ansprüche für die nutzlose An- und Abreise zum Flughafen.[17] 4

Für die **Verschiebung** des Rückfluges **um einen Tag** kann gemindert werden.[18] Wird durch eine Verspätung ein **Anschlussflug** verpasst und dadurch eine Zwischenübernachtung ohne Hilfestellung des Reiseveranstalters notwendig, so ist eine Minderung von 100 % für den Reisetag gegeben.[19] Ebenfalls um einen vollen Tagespreis konnte ein Reisender mindern, dem infolge einer **Abflugverspätung** von 20 Stunden der geplante Zwischenaufenthalt in Hongkong entging.[20] 5

9 AG Bad Homburg RRa 1996, 208.
10 AG Würzburg RRa 1998, 81; ebenso auch AG Stuttgart Bad Cannstatt RRa 1996, 158.
11 AG Essen RRa 1995, 130.
12 LG Frankfurt a. M. MDR 1992, 450.
13 AG Offenbach RRa 1995, 91.
14 AG Düsseldorf RRa 1997, 226.
15 LG Frankfurt a. M. RRa 1997, 43; ähnlich AG Bielefeld RRa 1999, 28.
16 AG Düsseldorf RRa 1997, 235; ähnlich AG Bad Homburg RRa 2000, 13.
17 LG Frankfurt a. M. NJW-RR 1991, 1271.
18 OLG Köln NJW-RR 1993, 1019.
19 OLG Frankfurt a. M. RRa 1998, 67.
20 LG Frankfurt a. M. RRa 1997, 218.

Das entgangene Abendessen im Hotel und die verkürzte Nachtruhe infolge einer Flugverspätung ist dagegen kein Mangel.[21]

6 Fällt ein Flug wegen **Streiks** des Wartungspersonals aus, so haftet der Reiseveranstalter.[22] Das Gleiche gilt bei einem Streik des Flughafenpersonals.[23] Auch eine 30-stündige Flugverspätung wegen eines **nicht vorrätigen Ersatzteils** ist dem Reiseveranstalter zuzurechnen.[24]

1.1.2. Flugvorverlegungen

7 Die Gerichte gehen grundsätzlich davon aus, dass der erste und der letzte Reisetag der An- bzw. Abreise dienen und somit nicht zur Erholung zur Verfügung stehen. Innerhalb dieser beiden Tage können Flugzeiten **beliebig verschoben** werden. Die Vorverlegung des Rückfluges bzw. des Abfluges um **5 bis 8 Stunden** muss ein Reisender entschädigungslos hinnehmen.[25] Auch die dadurch bedingte Flugzeitverschiebung für einen Weiterflug stellt keinen Mangel dar.[26] Flugvorverlegungen vom Nachmittag in die frühen Morgenstunden sind kein Grund für einen Reisemangel,[27] auch dann nicht, wenn der Transfer vom Hotel zum Flughafen schon kurz vor Mitternacht am vorletzten Urlaubstag beginnt.[28] Weist der Reiseveranstalter im Reisekatalog auf die Möglichkeit von **Flugplanänderungen** hin sowie darauf, dass An- und Abreisetag nicht als Erholungstag angesehen werden dürfen, dann stellt ein verspäteter Abflug **keinen Reisemangel** dar.[29]

8 Nur **ausnahmsweise** gesteht die Rechtsprechung eine **Minderung** wegen einer Vorverlegung zu. Das AG Hamburg sprach eine Minderung von 30 % des Reisepreises für einen Tag wegen einer **10-stündigen Vorverlegung** zu.[30] In einem Fall des AG Düsseldorf kamen eine Verspätung von **2 ½ Tagen** auf dem Hinflug und eine Vorverlegung um einen halben Tag auf dem Rückflug zusammen. Das Gericht sprach eine Minderung von 100 % des Reisepreises für drei Tage zu.[31]

---

21 AG Bad Homburg RRa 1995, 18.
22 LG Frankfurt a. M. VuR 1987, 164.
23 LG Hannover VuR 1989, 206 = NJW-RR 1989, 820.
24 LG Berlin NJW-RR 1990, 1018.
25 AG Düsseldorf RRa 1995, 151; AG Bonn RRa 1996, 231; AG Essen RRa 1995, 130; AG Bad Homburg RRa 2000, 13.
26 AG Bonn RRa 1996, 231.
27 AG Hamburg RRa 1998, 152; a. A. AG Düsseldorf RRa 1997, 138.
28 AG Hamburg RRa 1998, 111.
29 AG Stuttgart RRa 1995, 188.
30 AG Hamburg RRa 1996, 44.
31 AG Düsseldorf RRa 1996, 17.

Wird eine 3½-tägige Städtereise um einen **halben Tag** gekürzt, kann der Reisende kündigen.[32]

1.1.3. Änderung des Abflug- oder Ankunftsortes

Entscheidungen über die Verlegung des **Abflugortes** sind widersprüchlich. Ei- 9
nerseits wurde eine Verlegung von Düsseldorf nach Frankfurt a. M. als bloße Unannehmlichkeit angesehen,[33] andererseits eine Verlegung von Köln nach Düsseldorf sogar als zur Kündigung berechtigender Mangel.[34]

Verlegt der Veranstalter den Rückflugort so, dass ein **eintägiger Transfer** not- 10
wendig ist, so kann der Reisende Minderung in Höhe dieses Tages verlangen.[35]

Einige Urteile befassen sich mit einem **abweichenden Ankunftsort in Deutsch- 11
land**, worin regelmäßig ein **Mangel** gesehen wird, auch bei einem Leistungsänderungsvorbehalt.[36] Wegen eines Fluges, der mit 7-stündiger Verspätung statt in Düsseldorf in Bremen gegen Mitternacht endete, erhielt der Reisende 5 % Minderung sowie die Taxikosten.[37] Auch die Ankunft in Köln statt in Düsseldorf verbunden mit einer fünfstündigen Verspätung wurde als Mangel angesehen.[38] Wird bei einer Ankunft in München statt in Köln lediglich ein Bustransfer angeboten, darf der Reisende ohne Mängelrüge mit Abhilfeverlangen sofort einen Anschlussflug buchen.[39]

Beanstandungen der Reisenden wegen **mangelnden Komfort und Service** blie- 12
ben regelmäßig **ohne Erfolg**. So ist eine Beförderung außerhalb Europas in der 'Economy Klasse' kein Mangel, auch wenn im Prospekt »Europäische Business-Klasse« versprochen wurde.[40] Fehlende Speisen und Getränke auf dem Flug nach Antalya sind bei einer absoluten Billig-Reise kein Mangel.[41]

Ein **Sitz**, der sich weniger weit neigen lässt als in der Reihe davor begründet 13
keinen Mangel.[42] Auch die Zuteilung eines Sitzplatzes im Raucherbereich ist

32 AG Bielefeld NJW-RR 1998, 924: Außerdem flog statt des zugesicherten modernen Airbus eine 24 Jahre alte Boeing.
33 OLG Düsseldorf VuR 1995, 216.
34 LG Kleve RRa 1997, 229.
35 AG Düsseldorf RRa 1997, 240.
36 AG Düsseldorf RRa 1997, 139; AG Düsseldorf RRa 1998, 196; AG Essen RRa 1995, 192.
37 AG Düsseldorf RRa 1996, 78.
38 AG Essen RRa 1996, 60: DM 160,-.
39 AG Stuttgart RRa 1995, 125.
40 LG Frankfurt a. M. NJW-RR 1991, 316.
41 AG Düsseldorf RRa 1998, 15.
42 AG Königstein RRa 1996, 59.

kein Mangel.[43] Eine bloße Unannehmlichkeit stellt es dar, wenn der Reisende und sein Begleiter im Flugzeug nicht nebeneinander sitzen können.[44]

1.1.4. Unterbliebene Sitzplatzbuchung

14 Wer feststellt, dass ein Sitzplatz für ihn nicht gebucht ist, aber durch eigene Bemühungen doch noch einen Platz im gleichen Flugzeug erhält, kann um 20% des anteiligen Tagespreises mindern.[45]

1.1.5. Sicherheit

15 **Technische Mängel** und ähnliche Vorkommnisse, die lediglich zu psychischen Beeinträchtigungen der Reisenden führen, aber keinen objektiven Sicherheitsmangel darstellen und auch keine Schäden verursachen, werden von den Gerichten **nicht als Mangel** anerkannt. Dies gilt für eine Zwischenlandung wegen eines technischen Mangels[46] und für einen Triebwerksschaden.[47] Auch ein Sturzflug beim Durchfliegen einer Gewitterfront ist kein Mangel.[48]

16 Anders hat lediglich das AG Düsseldorf entschieden, das dem Reisenden zubilligte, vom **schlechten Zustand der Kabine** auf den schlechten Zustand der gesamten Maschine zu schließen und ihm dafür eine Minderung von 5 % des auf einen Tag entfallenden Reisepreises zusprach.[49]

1.1.6. Wechsel der Fluggesellschaft

17 Der Wechsel der Fluggesellschaft stellt ohne Hinzukommen besonderer Umstände **keinen Mangel** dar.[50] Dies gilt auch dann, wenn der Reisende die neue Gesellschaft nicht kannte.[51] Ähnliches gilt auch für den Wechsel des **Kreuzfahrtschiffes.**[52]

43 AG Bad Homburg RRa 1996, 61.
44 AG Hamburg RRa 1998, 45.
45 AG Essen RRa 1995, 175.
46 AG Düsseldorf RRa 1998, 82; AG Düsseldorf RRa 1999, 119; AG Charlottenburg RRa 1999, 139 (zwei Zwischenlandungen).
47 AG Bad Homburg RRa 1998, 203.
48 AG Bonn RRa 1996, 231.
49 AG Düsseldorf RRa 1998, 61.
50 AG Hamburg RRa 1998, 152; LG Kleve RRa 1999, 14; AG Bad Homburg RRa 2000, 13.
51 AG Hamburg RRa 1998, 45.
52 LG Frankfurt a. M. RRa 1997, 218; AG Ludwigsburg RRa 1998, 67.

Etwas anderes gilt freilich, wenn die **Beförderung mit einer bestimmten Fluggesellschaft Vertragsbestandteil** geworden war.[53] Wirbt ein Veranstalter einer Flugpauschalreise mit einer jungen modernen Flotte, dann sichert er die Verwendung moderner Flugzeuge als Eigenschaft der Reise zu.[54] 18

Wird ein Reisender **statt** auf einen **Inlandstransferflug** mit einem klimatisierten **Reisebus** befördert, liegt eine unbeachtliche Abweichung vor, wenn die Ersatzbeförderung lediglich unwesentlich länger als die geschuldete Beförderung war.[55] Bei einer Verlängerung der Reise um 9 Stunden (statt Flugzeug: Bus und Schiff) liegt freilich ein Mangel vor.[56] 19

Fällt die vorgesehene Fahrt im **Komfortbus** vom Wohnort zum gebuchten Hotel am Urlaubsort aus und muss der Reisende stattdessen mit dreimaligem Umsteigen mit der **Bahn** fahren, so liegt darin eine unzulässige erhebliche Änderung der Leistung.[57] 20

1.1.7. Sonstiges

Enthält ein **Flugschein** ein von den vertraglichen Vereinbarungen **abweichendes Rückreisedatum** und muss sich der Reisende vor Ort um die Richtigstellung bemühen, so kann er den Gesamtreisepreis um 20 % mindern.[58] 21

Kein Reisemangel liegt vor, wenn der Reisende 45 Minuten auf den **Bustransfer** vom Flughafen zum Hotel **warten** muss.[59] Ein **unterbliebener Transfer** vom Flughafen zum Hotel, der zwar in den Reiseunterlagen, aber nicht im Katalog zugesagt ist, ist kein Mangel.[60] 22

Für den **Wegfall eines Helikopterfluges** von 700 km über die Malediven ist eine Minderung von 5 % zulässig.[61] 23

53 AG Bonn RRa 1997, 197; AG Düsseldorf RRa 1968, 61: 5 % des Reisepreises für einen Tag.

54 AG Bielefeld RRa 1999, 28 = NJW-RR 1998, 924: »Das Durchschnittsalter der 8 Airbusmaschinen der O-Fluggesellschaft beträgt derzeit 2,8 Jahre.« Eingesetzt wurde eine ca. 24 Jahre alte Boeing.

55 AG Bonn RRa 1996, 222.

56 AG Hamburg RRa 1995, 224.

57 LG Frankfurt a. M. RRa 1998, 119.

58 AG Nürnberg RRa 1997, 242.

59 LG Hamburg RRa 1997, 99.

60 AG Frankfurt a. M. NJW-RR 1993, 60.

61 AG Hanau RRa 1997, 112.

1.2. Bus

24 Fährt der **Transferbus** nicht am vereinbarten Einstiegsort vor, so dass der Reisende nicht befördert wird, kann er den Reisevertrag kündigen.[62] 20 Minuten muß er jedoch warten.[63] Eine Wartezeit von zwei Stunden im Winter im Freien ist jedoch ein erheblicher Mangel.[64]

25 Kein Reisemangel liegt vor, wenn sich der Busfahrer weigert, sämtliche Gepäckstücke eines Reisenden zu befördern, weil sie die im Katalog angegebene **Gepäckgrenze deutlich überschreiten** (30 kg statt 20 kg).[65] Ist die **Teilnehmerzahl einer Busreise** doppelt so groß wie vorgesehen, lässt das LG München eine Minderung von 50 % zu.[66]

26 Der **schlechte Zustand eines Busses** (verschmutzter Zustand, Klima- und Lautsprecheranlage defekt) berechtigt zu einer Minderung von 20 %,[67] Verkehrsunsicherheit infolge eines **Defektes am Hinterrad** zu einer Minderung von 66 %.[68] Als Mangel gilt auch die trotz Zusage nicht vorhandene **Nichtraucherzone**.[69]

27 Ist der **Sitzabstand** bei einer Rundreise außergewöhnlich eng, so ist dies ein Mangel.[70] Bei einer **Rundreise durch Indien** kann man nicht mit einem Bus mitteleuropäischen Standards rechnen.[71] Es stellt keinen Reisemangel bei Indienreisen dar, wenn die Klimaanlage des Reisebusses nicht in Betrieb genommen wird.[72] Ist der Reisende erkennbar behindert, muss darüber informiert werden, ob der Bus für den Transport eines Rollstuhlfahrers geeignet ist.[73]

1.3. Fehlgeleitetes Reisegepäck

28 Wird das Reisegepäck fehlgeleitet, begründet das **Nichtvorhandensein** des Gepäcks einen **Mangel**, für den Minderung geltend gemacht werden kann, auch wenn das Gepäck später wieder auftaucht. Bleibt das Gepäck **endgültig verloren**, so hat der Reisende darüber hinaus **Schadenersatzansprüche**. Der Reise-

62 AG Frankfurt a. M. RRa 1995, 73 = NJW-RR 1995, 694.
63 AG Bielefeld RRa 1996, 114.
64 LG Frankfurt a. M. NJW-RR 1988, 1451.
65 AG Bad Homburg RRa 1998, 223.
66 LG München I FVE ZivR1982, Nr. 396.
67 AG Ludwigsburg RRa 1995, 188.
68 LG Frankfurt a. M. NJW-RR 1991, 247.
69 AG Borken NJW-RR 1991, 377.
70 LG Frankfurt a. M. VuR 1991, 44 = NJW-RR 1991, 247.
71 AG Königstein RRa 1994, 45.
72 AG Königstein NJW-RR 1995, 1203.
73 LG Frankfurt a. M. RRa 1999, 187 mit krit. Anm. *Bechhofer,* S. 189.

veranstalter ist gehalten, dem Reisenden eine **Ersatzbeschaffung** der wichtigsten Reiseutensilien zu ermöglichen. Die Minderungssätze schwanken.

Bleibt das Gepäck während der gesamten Dauer einer achttägigen Peking-Reise verschwunden, kann gemindert werden.[74] Wird einem Reisenden das Gepäck **am Tag nach der Ankunft** am Zielort ausgehändigt, ist dies nur eine geringfügige Beeinträchtigung der Reise.[75] Trifft das Gepäck bei einem Badeaufenthalt mit **3 Tagen Verspätung** ein, ist eine Minderung des anteiligen Reisepreises von 25 % begründet.[76] Das AG Hamburg nimmt eine Differenzierung vor: Für den 1. Tag soll um 10 % gemindert werden können, für den 2. Tag um 100 %, und ab dem 3. Tag um 30 %, weil sich der Reisende inzwischen mit Ersatzgepäck hätte eindecken können.[77] Bei einer **Kreuzfahrt** erkannte das LG Frankfurt am Main auf 40 %.[78] 29

Den zur **Ersatzbeschaffung** aufgewendeten Betrag kann der Reisende nicht in vollem Umfang ersetzt verlangen.[79] Erstattet die Fluggesellschaft einen Betrag, der über den Wert des verlorenen Koffers hinaus geht, so ist dieser auf einen Minderungsanspruch gegenüber dem Reiseveranstalter anzurechnen.[80] 30

Wird ein Reisender mit einem Taxi, das nicht Leistungsträger des Reiseveranstalters ist, vom Flughafen zum Hotel gefahren, muss er sich vergewissern, dass seine **Koffer aus dem Taxi ausgeladen** werden, selbst wenn der Reiseleiter anbietet, sich um die Koffer zu kümmern.[81] Der Reiseveranstalter muss dafür sorgen, dass Gepäckstücke, die in einem vom Fahrgastraum getrennten **Gepäckabteil eines Reisebusses** untergebracht werden, vor **Diebstahl** gesichert sind.[82] 31

2. Unterkunft

2.1. Andere Zimmerkategorie; nicht vertragsgemäße Verteilung auf die Zimmer

Ist ein Hotel noch nicht fertig gestellt, so dass **statt** der gebuchten **zwei Räume** nur ein **Doppelzimmer** zur Verfügung gestellt werden kann, ist vormittags und nachmittags Baulärm zu hören, sind die Pools noch nicht benutzbar, fehlen 32

74 AG Nürnberg NJW-RR 1999, 1068.
75 AG Ludwigsburg RRa 1995, 188.
76 AG Frankfurt a. M. NJW-RR 1998, 709.
77 AG Hamburg RRa 1997, 79.
78 LG Frankfurt a. M. NJW-RR 1994, 309.
79 AG Frankfurt a. M. NJW-RR 1998, 709.
80 AG Bad Homburg RRa 1997, 160.
81 LG Hannover RRa 1995, 146.
82 LG Duisburg RRa 1995, 150.

noch Hallenbad, Sauna, Fitnessraum und Sportanlagen, ist eine Reisepreisminderung von 60 % und eine Entschädigung wegen vertanen Urlaubs angemessen.[83]

33 Muss ein **Ehepaar ein Zimmer mit** einem **Kind teilen**, obwohl ein separates Zimmer gebucht war, liegt ein Mangel vor.[84] Eltern brauchen nicht hinzunehmen, dass ihre beiden Kinder, auch wenn für sie Kinderermäßigung in Anspruch genommen wird, in ihrem Doppelzimmer untergebracht werden. Das LG Frankfurt a. M. sprach ihnen hierfür 50 % des auf die Unterbringung entfallenden Preisanteils zu.[85] Die Unterbringung der Reisenden einschließlich ihrer beiden Kinder in einem **1-Zimmer-Appartement statt** des gebuchten **Appartements mit 2 separaten Schlafzimmern** kann zu einer maximalen Minderung von 25 % führen.[86] Eine Minderung um den auf einen halben Tag entfallenden Anteil des Gesamtpreises wurden dem Reisenden zugesprochen, weil die zugewiesene Suite nicht über den in der Katalogbeschreibung zugesicherten zweiten Raum verfügte.[87]

34 Wer, auch als unverheiratetes Paar, ein **Doppelzimmer** bestellt hat und mit **zwei Einzelzimmern** vorlieb nehmen soll, kann 20 % Minderung verlangen.[88] Als Mangel anerkannt ist ferner, wenn **zwei Zimmer** nicht wie zugesagt **nebeneinander** liegen.[89] Wer ein »**halbes Doppelzimmer**« gebucht hat, darf Minderung verlangen, wenn er mit einer **Person des anderen Geschlechts** untergebracht wird und kündigen, wenn sein Mitreisender eine Prostituierte mit ins Zimmer nimmt.[90]

35 Die Zuweisung eines **Appartements anstelle des gebuchten Doppelzimmers** stellt keinen Mangel dar,[91] anders jedoch, wenn die Unterbringung nicht in dem gebuchten Appartement mit Kochnische, Kühlschrank und separatem Schlafraum erfolgt, sondern in einem normalen Hotelzimmer. Dann kann der Reisende den Reisepreis in Höhe von 10 % mindern.[92].

---

83 LG Bonn RRa 1999, 78 = NJW-RR 1999, 55.

84 OLG Frankfurt a. M. RRa 1995, 224 (15-jährige Tochter; ein erheblicher Mangel); AG Düsseldorf RRa 1997, 203 (12-jähriger Sohn; 20 %).

85 LG Frankfurt a. M. NJW 1980, 1696.

86 LG Bonn RRa 1996, 223; AG Düsseldorf RRa 1997, 37; AG Bad Homburg RRa 1999, 171.

87 AG Stuttgart Bad Cannstatt RRa 1996, 104.

88 LG Frankfurt a. M. NJW 1982, 1884.

89 OLG Düsseldorf NJW – RR 1992, 1273.

90 LG Frankfurt a. M. NJW 1984, 806; dazu *Teichmann/Michalek*, JuS 1985, 673; LG Frankfurt a. M. RRa 1994, 40.

91 AG Düsseldorf RRa 1998, 107.

92 AG Düsseldorf RRa 1996, 78.

Die Zuweisung von **zwei Doppelzimmern statt des gebuchten 4-Bett-Zimmers** ist grundsätzlich eine höherwertige Leistung, jedoch kann der Reisende berechtigte Gründe haben, dies als ungünstig zu empfinden.[93] Umgekehrt berechtigt die Unterbringung in einem 4-Bett-Zimmer statt der gebuchten Doppelzimmer zu einer Minderung von 20 %[94] bzw. 25 %.[95] Ein fehlendes **Kinderzusatzbett** führt zu einer Minderung von 20 %.[96] 36

Die Unterbringung in einem **Bungalow statt** in einem **Hotelzimmer** berechtigt zur Minderung.[97] Das LG Essen gewährte einem Reisenden eine Minderung von 50 %, weil er in einem **Zelt statt** in einem **Bungalow** schlafen musste.[98] 37

Wer ein **Einzelferienhaus** gebucht hat, aber nur eine **Doppelhaushälfte** erhält, kann um 10 % mindern.[99] Die Unterbringung zweier Reisender **statt** in einem **Doppelzimmer** in einem kleinen **Privatappartement**, welches mit anderen Reisenden geteilt werden muss, führt zu einer Minderung von 50 %.[100] Eine Skiurlaubergruppe aus **13 Personen**, die ein einziges Haus gebucht hatte, um ihre Kinder besser betreuen zu können, aber auf **5 verschiedene Häuser verteilt** wurde, erhielt vom LG Aachen eine Minderung von 50 %.[101] 38

2.2. Beanstandungen am Zimmer

Ein Doppelzimmer, das nicht über eine **Mindestgröße von 12 m^2** (ohne Badezimmer) verfügt, ist bei einer Belegung mit zwei Personen als mangelhaft anzusehen.[102] Außerdem gehört zu den Mindestanforderungen auch, dass das Zimmer über einen Tisch bzw. Nachttisch verfügen muss.[103] 39

Für die Unterbringung in einem **zu kleinen Zimmer** wird eine Minderung von 5 % bezogen auf den Tagespreis für angemessen gehalten.[104] Für zu kleine Zimmer (8 m^2), die außerdem mufflig rochen, schmutzig waren und durchhängende und zu kurze Betten sowie totes Ungeziefer hatten, wurde eine Minde- 40

93 AG Bad Homburg RRa 1996, 186 mit Anm. *Strangfeld*: Minderung in Höhe von 15 % (einschließlich fehlenden Meerblicks).
94 AG Düsseldorf RRa 1997, 138.
95 AG Düsseldorf RRa 1997, 101.
96 LG Frankfurt a. M. NJW-RR 1994, 310.
97 AG Düsseldorf RRa 1997, 240.
98 LG Essen VersR 1971, 947.
99 LG Freiburg NJW-RR 1994, 125.
100 LG Kleve RRa 1996, 197.
101 LG Aachen FVE ZivR 1981, Nr. 373.
102 AG Bad Homburg RRa 1995, 25.
103 AG Bad Homburg RRa 1995, 25.
104 AG Würzburg RRa 1998, 81.

rung von 15 % zugesprochen.[105] Auch bei Reisen nach Sibirien kann der Reisende, der keine ausgesprochene Abenteuerreise bucht, einen gewissen **Mindeststandard** erwarten. Der Hinweis, dass die örtlichen Hotels nicht dem deutschen Standard entsprechen, ist nicht geeignet, die Unterschreitung des Mindeststandards zu rechtfertigen.[106] Ist der Reisende erkennbar behindert, muss darauf hingewiesen werden, inwieweit die Unterkunft für einen Rollstuhlfahrer geeignet ist.[107]

41 «**Neu renoviert und eingerichtet**« bedeutet nicht, dass die alten Einrichtungsgegenstände durch neue moderne ersetzt wurden, sondern nur, dass sie überhaupt ersetzt wurden.[108] Es ist aber ein Reisemangel, der zu einer Minderung von 10 % führt, wenn der Kläger nicht in einem **frisch renovierten Hotel** untergebracht wird, obwohl ihm das zugesichert wurde.[109] Bei einem außergewöhnlichen Preis kann eine **gehobene Zimmerausstattung** verlangt werden.[110]

42 Wenn im Zimmer und **auf der Veranda keine Sitzgelegenheiten** vorhanden sind, so liegt ein Reisemangel vor.[111] **Fehlende Einrichtungsgegenstände** entgegen der Prospektbeschreibung führen zur Minderung.[112] Die Ausstattung mit **zwei Einzelbetten statt eines Doppelbettes** ist kein Mangel.[113] Ein **modriger Geruch** in einem Hotelzimmer in Kenia ist ebenso wenig ein Mangel wie ein fehlender Kleiderschrank.[114] Eine **verfleckte Flanelldecke** als Zudecke wird mit 5 % Minderung berücksichtigt.[115]

43 Des Weiteren wurde das Fehlen von **Sektgläsern** in der Hüttenausstattung vor Gericht beanstandet, allerdings ohne Erfolg.[116] Eine entgegen der Prospektbeschreibung fehlende **Musikanlage** berechtigt zu einer Minderung von 5 %.[117] Wenn ebenfalls trotz Zusicherung keine **Minibar** im Zimmer ist, kann keine

105 LG Baden-Baden RRa 1996, 175.

106 OLG Frankfurt a. M. RRa 1998, 95 = NJW-RR 1999, 1356.

107 LG Frankfurt RRa 1999, 187, mit krit. Anm. *Bechhofer*, S. 189; weniger strikt AG Frankfurt a. M. RRa 1999, 191: Der Veranstalter muss aus Rollstuhlfahrer-Eigenschaft nicht schließen, dass eine hundertprozentig behindertengerechte Unterkunft erforderlich ist.

108 AG Syke RRa 1996, 155.

109 AG Hamburg RRa 1996, 233.

110 LG Frankfurt a. M. VuR 1992, 97 = NJW-RR 1992, 380.

111 AG Stuttgart RRa 1997, 198.

112 AG Bad Homburg RRa 1995, 25 (25 % für ein 1,20 m breites Doppelbett); AG Düsseldorf RRa 1998, 116 (15%).

113 AG Mönchengladbach RRa 1995, 134.

114 AG Stuttgart RRa 1997, 198.

115 AG Königstein RRa 1996, 150.

116 AG Offenburg NJW-RR 1996, 177.

117 AG Kleve RRa 1998, 104.

Abhilfe durch die Möglichkeit, den Hotelservice rund um die Uhr dafür in Anspruch zu nehmen, geschaffen werden.[118]

Für eine defekte Dusche in Verbindung mit einer Verschmutzung des gesamten 44
Appartements werden 25 % gewährt.[119] **Freiliegende Kabel im Badezimmer** und eine nicht ordnungsgemäß befestigte Steckdose bedeuten einen Mangel, der eine Minderung von 5 % nach sich zieht.[120]

Fliegengitter statt Glasscheiben in der Dominikanischen Republik sind kein 45
Mangel,[121] ebenso wenig eine unzureichende Verdunklungsmöglichkeit, **Feuchtigkeitsflecken** und **Rostflecken** im Badezimmer,[122] dagegen eine starke **Verschmutzung**, die mit Geruchsbelästigung einhergeht.[123]

Es ist kein Mangel, wenn der Parkplatz der gemieteten Hütte wegen Schnee nicht 46
benutzt werden kann und das **Auto 400 m entfernt geparkt** werden muss.[124] Auch wer nur bis 500 m an das Hotel mit dem Auto heranfahren kann, kann deswegen nicht mindern.[125]

2.3. Heizung und Klimaanlage

Ob das **Fehlen einer Heizung** einen Mangel darstellt, kann **nicht einheitlich** 47
entschieden werden. In südlichen Ländern gehören Heizungen nur ausnahmsweise zur Standardausrüstung.[126] Die Beheizbarkeit eines Appartements auf den **Kanarischen Inseln** kann allenfalls in einem erstklassigen Hotel,[127] nicht jedoch bei einem landestypischen Mittelklassehotel verlangt werden.[128] Auf die fehlende Heizung muss auch nicht hingewiesen werden.[129] Bei extrem niedrigen Temperaturen in den Wintermonaten muss jedoch eine Heizmöglichkeit bestehen.[130]

118 AG Kleve RRa 1998, 104 (5 %).
119 LG Bonn RRa 1996, 83.
120 AG Berlin Tiergarten RRa 1997, 151.
121 AG Essen RRa 1996, 252.
122 LG Bonn RRa 1996, 223.
123 LG Bonn RRa 1996, 83.
124 AG Offenburg NJW-RR 1996, 177.
125 AG Essen RRa 1996, 252.
126 LG München I RRa 1995, 11.
127 LG München I RRa 1995, 11.
128 LG Bonn RRa 1998, 93.
129 LG Bonn RRa 1998, 93.
130 LG Dortmund VuR 1987, 25 = NJW-RR 1986, 1174; LG Frankfurt a. M. Urt. vom 13. 5. 1985, 2/24 S. 335/84; LG Hannover NJW-RR 1986, 146.

48 Es ist hinzunehmen, wenn in einem **dänischen Ferienhaus** im Winter einer von insgesamt vier Heizkörpern defekt ist.[131] Unbeheizte Unterkünfte in **Sibirien** ohne fließend warmes Wasser bei Außentemperaturen um 1 bis 2° C rechtfertigen eine Minderung von 35 % des täglichen Reisepreises.[132]

49 Eine fehlende, nicht funktionierende oder ausgeschaltete **Klimaanlage** wird von den Gerichten **unterschiedlich** beurteilt. Es ist streitig, ob der Reisende nachweisen muss, dass die Temperaturen im Zimmer durch die fehlende Klimaanlage unzumutbar geworden sind.[133] Trotz »**Sparreise**« wurde ein Mangel angenommen, weil die zugesicherte Klimaanlage nur stundenweise arbeitete und dadurch **Temperaturen um 30° C** erreicht wurden.[134] Für eine mangelhaft funktionierende Klimaanlage in der **Dominikanischen Republik** wurde eine Minderung von 10 % zuerkannt.[135] Eine **nachts abgestellte** Klimaanlage führt zu einer Minderung von 15 %.[136]

50 In folgenden Fällen wurde **kein Minderungsanspruch** angenommen: bei Nachttemperaturen zwischen 14° und 17° C und Tagestemperaturen zwischen 20° und 25° C,[137] für den dreitägigen Ausfall einer Klimaanlage, die nur für die allgemein zugänglichen Räume des Hotels zugesichert war,[138] und für den Ausfall einer Klimaanlage zu Zeiten, zu denen sie üblicherweise nicht verwendet wird.[139]

51 Das Fehlen einer zugesicherten Klimaanlage **auf einem Schiff** führt bei hohen Temperaturen zu einer Minderung von 25 %,[140] und **bei einem Bus** bei einer Rundreise in Irland im Hochsommer von 7,5 %.[141]

2.4. Ersatzunterkunft

2.4.1. Grundsatz

52 Es ist streitig, ob der Reisende eine gleichwertige Ersatzunterkunft hinnehmen muss oder ob er bereits für die bloße Tatsache, nicht in dem gebuchten Hotel

131 AG Kiel RRa 1998, 4.

132 OLG Frankfurt a. M. RRa 1998, 95 = NJW-RR 1999, 1356.

133 Für eine Nachweispflicht des Reisenden LG Stuttgart RRa 1996, 187; anders LG Baden-Baden RRa 1996, 175.

134 AG Hannover RRa 1996, 222.

135 AG Frankfurt a. M. RRa 1996, 18.

136 LG Frankfurt a. M. FVE ZivR 1981, Nr. 302.

137 AG Stuttgart Bad Cannstatt RRa 1996, 104.

138 AG Düsseldorf RRa 1997, 235.

139 AG Düsseldorf RRa 1995, 209.

140 AG Königstein RRa 1996, 150.

141 AG Bielefeld RRa 1996, 204.

untergebracht zu werden, eine Minderung verlangen kann.[142] Die meisten Gerichte halten die **Ersatzunterbringung** im Prinzip für **zulässig**, während das **LG Frankfurt a. M.** in ständiger Rechtsprechung allein wegen der Zuweisung einer Ersatzunterkunft, auch wenn diese ansonsten den vertraglichen Vereinbarungen entspricht, eine **Minderung** von 10 % bis 25 % zuspricht.[143] Wer ein zumutbares Ersatzquartier ablehnt, kann nur bis zu der Höhe mindern, die auch bei Annahme des Ersatzangebotes berechtigt gewesen wäre.[144]

2.4.2. Abweichende Hotelkategorie

Ein Abweichen von der vereinbarten Hotelkategorie ist als solches **kein Mangel**, **53** sofern dem nicht eine Abweichung der geschuldeten Qualitätsmerkmale zugrunde liegt.[145] Dem LG Frankfurt a. M. zufolge muss der Reiseveranstalter beweisen, dass bei einer niedrigeren Hotelkategorie keine von der vertraglich geschuldeten abweichende Beschaffenheit vorliegt.[146]

Die Ausgliederung eines Hotels aus der Steigenberger-Kette ist für sich genom- **54** men ebenfalls kein Mangel.[147] Aus der Angabe »operated by Hilton« allein kann kein bestimmter Standard entnommen werden.[148] Die Unterbringung in einem 1.100 Betten umfassenden **5-Sterne-Hotel statt** in einem **3-Sterne-Hotel** mit 95 Zimmern stellt einen Reisemangel dar.[149] Ein **älteres Ersatzhotel** führt für sich betrachtet, wenn ein neues Hotel geschuldet war, noch nicht zu einem Mangel.[150]

2.4.3. Abweichende Ausstattungsmerkmale

Ein Extremfall ist die Unterbringung in einem **Tauchboot** mit 18 Personen unter **55** spartanischen Bedingungen statt in der gebuchten Hotelanlage.[151] Ansonsten sprachen die Gerichte in folgenden Fällen eine Minderung zu:

142 AG Hamburg RRa 1995, 10.

143 Ständige Rechtsprechung seit NJW 1983, 233, zuletzt NJW-RR 1992, 310; ebenso AG Stuttgart RRa 1995, 127; AG Düsseldorf RRa 1994, 102; 1996, 13; AG Hamburg RRa 1994, 188.

144 LG Düsseldorf RRa 1997, 116.

145 AG Essen NJW – RR 1991, 53; AG Düren MDR 1985, 232 (2- statt 3-Sterne-Hotel); AG Bad Homburg RRa 1999, 205.

146 LG Frankfurt a. M. NJW 1985, 143.

147 LG Stuttgart RRa 1993, 9.

148 OLG Stuttgart RRa 1994, 28.

149 AG Düsseldorf RRa 1997, 236 (20 %, wobei darauf abgestellt wurde, dass die Nebenleistungen teurer sind).

150 AG Düsseldorf RRa 1996, 201.

151 OLG Frankfurt a. M. RRa 1998, 67 (100 % Minderung sowie Schadenersatz gemäß § 651 f Abs. 2).

- Unterbringung im 2-Familien- statt 1-Familien-Bungalow,[152]
- Ersatzquartier ohne Klimaanlage, Sandstrand und nur mit eingeschränkten Sportmöglichkeiten,[153]
- fehlender Meerblick, an der Straße gelegen, Tochter, für die Einzelzimmer gebucht war, musste im Doppelzimmer der Eltern mit untergebracht werden,[154]
- Unterbringung in einem normalen Hotel statt Club-Hotel,[155]
- fehlende Strandlage, fehlende Unterhaltungsmöglichkeiten,[156]
- Unterbringung in einem Doppelzimmer an einer stark befahrenen Straße anstatt in einem ruhigen 2-Zimmer-Appartement.[157]

2.4.4. Abweichende Merkmale der Umgebung

56 Ein Hotel, das außerhalb eines Ortes an einem **Kiesstrand** liegt, ist einem am Ortseingang in unmittelbarer Nähe eines **Sandstrandes** liegenden nicht gleichwertig.[158] Für die Unterbringung in einem **Stadthotel** statt des vorgesehenen komfortablen Hotels mit Blick auf den Titicaca-See wurde eine Minderung von 20 % des Reisepreises für einen Tag zugesprochen.[159] Eine Gesamtminderung von 20 % wurde dem Reisenden zugesprochen, der nicht in dem von ihm gebuchten **Strandhotel**, sondern in einem Stadthotel in einer Entfernung von 18 Fahrminuten vom Strand untergebracht wurde, welches sich unweit einer sechsspurigen Autobahn befand.[160] Die Unterbringung auf einer **kleinen Insel**, die nur bis 22.00 Uhr mit einer Fähre verbunden war und auf der sich keine Geschäfte und Restaurants befanden, wurde bei Halbpension mit 35 % bewertet.[161]

57 Eine Ersatzunterkunft **in einem anderen Ort** ist ein Reisemangel, auch wenn sie dem gebuchten Hotel gleichwertig ist.[162] Das gilt erst recht bei großen Entfernungen vom ursprünglich gebuchten Ort.[163]

---

152 LG Frankfurt a. M. FVE ZivR 1982, Nr. 378 (20 %).

153 LG München I FVE ZivR 1983, Nr. 380 (15 %).

154 LG Frankfurt a. M. FVE ZivR 1981, Nr. 268 ($66^2/_3$ %).

155 AG Bad Homburg RRa 1996, 182; AG Düsseldorf RRa 1997, 238; AG Düsseldorf RRa 1998, 171 (20–40 %).

156 AG Würzburg RRa 1998, 81 (15 %).

157 AG Bad Homburg NJW-RR 1997, 501 (85 %).

158 AG Düsseldorf RRa 1995, 209.

159 AG Königstein RRa 1996, 162.

160 AG Königstein RRa 1997, 175.

161 OLG Frankfurt a. M. RRa 1998, 67; in einem ähnlichen Fall gab es nur 25 %: AG Hanau RRa 1997, 112.

162 AG Düsseldorf RRa 1997, 139; AG Düsseldorf RRa 1997, 87.

163 LG Frankfurt a. M. FVE ZivR 1982, Nr. 378 (40 km, 20 %); AG Kleve RRa 1996, 151 und 179 (100 km: Rücktrittsrecht, in RRa 1996, 151 auch Schadenersatzanspruch gem. § 651 f Abs. 2).

Zu Minderungen führten auch die Unterbringung im Nachbaremirat Scharjah statt in Dubai,[164] auf dem Festland statt auf den Seychellen[165] und auf der Halbinsel Sinai statt in Hurghada.[166] 58

2.4.5. Entschädigung für den Umzug

Für einen Umzug innerhalb des Hotels werden **Minderungen** von 20 %[167] oder in Höhe des auf einen halben Tag entfallenden Reisepreises[168] zugesprochen. Teilweise wird eine Entschädigung abgelehnt.[169] 59

Für den Umzug in ein anderes Hotel kann der Reisende je nach Aufwand 50–100 % Minderung des auf diesen Tag entfallenden Reisepreises verlangen.[170] Zusätzlich kann **Schadenersatz für nutzlos aufgewendete Urlaubszeit** gemäß § 651 f Abs. 2 verlangt werden.[171] Wenn der Reisende selbst ein Ersatzquartier suchen muss, kann er auch für den Tag der Suche Minderung verlangen.[172] 60

2.5. Fehlen von Hoteleinrichtungen und versprochenem Service

Das Fehlen eines separaten **Kinderbeckens** entgegen der ausdrücklichen Erwähnung in der Katalogbeschreibung stellt einen Reisemangel dar.[173] Ein laut Prospekt versprochenes »Kinderbecken« muss nicht für Kinder jeden Alters geeignet sein.[174] 61

Wird der **Swimmingpool** entgegen der Prospektbeschreibung nicht temperiert, kann man 20 % mindern,[175] ebenso, wenn der Swimmingpool gänzlich fehlt.[176] Wegen eines nicht benutzbaren Swimmingpools sprach das AG Hannover 50 % 62

164 LG Köln RRa 1996, 226 (ein Abhilfeangebot zur Unterbringung in einem 25 km vom Stadtzentrum Dubais entfernten Hotel durfte abgelehnt werden).

165 AG Königstein RRa 1996, 149 (30 %).

166 LG Frankfurt a. M. RRa 1998, 173 (35 %).

167 LG Düsseldorf RRa 1997, 13.

168 AG Düsseldorf RRa 1998, 116; AG Bad Homburg RRa 1995, 25 und RRa 1997, 100.

169 AG Düsseldorf RRa 1996, 78.

170 LG Düsseldorf RRa 1997, 13 (50 %); AG Hannover RRa 1997, 74; AG Hersbruck RRa 1997, 237; AG Düsseldorf RRa 1995, 208; AG Düsseldorf RRa 1997, 101 (100 %).

171 AG Bad Homburg RRa 1996, 182.

172 OLG Frankfurt a. M. RRa 1998, 67 (80 %).

173 AG Kleve RRa 1999, 29 = NJW-RR 1999, 1148.

174 AG Köln RRa 1997, 219 mit Anm. *Schmid*.

175 LG Frankfurt a. M., 25. 2. 1985, 2/24 S 368/83.

176 OLG Köln VersR 1989, 52.

des auf die Unterbringung entfallenden Preisanteils zu.[177] Eine Minderung in Höhe von 15 % wurde für den verschmutzten und zu kleinen Swimmingpool (6 × 3 m) zugesprochen.[178] Es stellt keinen Mangel dar, wenn die Zahl der **Sonnenschirme** und **Liegen** geringer ist als die Zahl der Hotelgäste.[179] Fehlen **Sauna und Thermalbad** bei einem »Kururlaub«, so ist ein Abzug von 10,– DM pro Tag angebracht,[180] ebenso bei Nichtbenutzbarkeit von Tennisplatz und Fitnessraum.[181]

63 Bei einer Sonderangebotsreise wurde ein eingeschränkter **Buspendelverkehr** (einmal täglich statt dreimal täglich) und ein eingeschränktes **Unterhaltungsprogramm** (in zwei Wochen nur ein Grillabend und ein halbstündiges Musikprogramm) nicht als Mangel angesehen.[182] Ein fehlendes aber versprochenes Unterhaltungsprogramm stellt keinen Mangel dar, wenn genügend andere Abwechslungsmöglichkeiten vorhanden sind.[183] Bei Fehlen der zugesagten **Animateure** spricht das LG Hannover dem DM 60,– pro Person und Woche zu.[184] Umgekehrt kann auch eine vorhandene, aber nicht angekündigte Animation zu einem Mangel führen, wenn sie sich belästigend auswirkt.[185]

64 Eine zugesagte, aber fehlende **Kinderbetreuung** berechtigt zu einer Minderung von 25 bzw. 20 %.[186] Wenn laut Katalog eine mehrsprachige Kinderbetreuung angeboten wird, sind schlechte Deutschkenntnisse der Betreuungsperson kein Mangel.[187] Eine defekte Wippe auf einem Spielplatz berechtigt zu einer Minderung von 5 % vom Reisepreis der Tochter.[188] Bei einer Reise mit minderjährigen Mädchen muss eine **weibliche Betreuung** vorhanden sein.[189]

65 Eine Minderung von 20 % pro Tag steht dem Reisenden zu, dem eine **deutschsprachige Reiseleitung** versprochen wurde und der sich »die drei Schluchten« in China von einem nur chinesisch redenden Führer erklären lassen muss.[190]

---

177 AG Hannover FVE ZivR 1983, Nr. 483.
178 LG Baden-Baden RRa 1996, 175.
179 LG Kleve RRa 1995, 57; AG München NJW-RR 1999, 1146.
180 AG Frankfurt a. M. FVE ZivR 1980, Nr. 270.
181 AG Freising RRa 2000, 6.
182 LG Hamburg RRa 1996, 6.
183 AG Stuttgart RRa 1996, 61.
184 LG Hannover NJW 1984, 2417.
185 »Clubatmosphäre« mit Achtertischen: LG Frankfurt a. M. Urt. vom 10. 6. 1985, 2/24 S 247/83 (100 %).
186 LG Frankfurt a. M. RRa 1997, 33.
187 AG Kleve RRa 1999, 29 = NJW-RR 1999, 1148.
188 AG Hamburg RRa 1998, 45.
189 AG Bielefeld RRa 1999, 156.
190 LG Frankfurt a. M. RRa 1997, 218.

10 % Minderung kann er verlangen für die Tage, in denen kein englischsprachiges Personal vorhanden war.[191] Nur türkisch sprechendes Hotelpersonal begründet keinen Mangel.[192]

Zwar können auch ästhetische Beeinträchtigungen als Reisemängel anerkannt werden,[193] aber **von den Vormietern stammender Müll** vor der Tür kurz nach Sylvester in einem Ferienhaus ist kein Mangel.[194] 66

Ein **Handtuchwechsel** nur alle drei Tage stellt keinen Mangel in einem Bungalow der unteren Mittelklasse dar;[195] nur ein Handtuchwechsel in der Woche zusammen mit fehlender **Zimmerreinigung** während der gesamten zwei Wochen berechtigt jedoch zu einer Minderung von 3 %.[196] Erfolgt die Zimmerreinigung nur alle 2 bis 3 Tage statt täglich und stehen frische Handtücher nicht in genügender Anzahl zur Verfügung (lediglich einmal pro Woche), so kann der Reisepreis um 5 % gemindert werden.[197] Fehlender **Tischservice** bei abendlichen Veranstaltungen ist kein Mangel.[198] 67

Für einen **unberechtigten Verweis aus dem Hotel** steht dem Reisenden ein Minderungsanspruch von 50 % des auf diesen Tag entfallenden Reisepreises zu.[199] **Beleidigende Äußerungen des Hoteldirektors** sind kein Reisemangel.[200] 68

Eine **Wartezeit nach Ankunft im Hotel** bis zur Zimmerzuweisung ist eine bloße Unannehmlichkeit.[201] Eine fehlende Einweisung in die Hotelanlage gleich nach der Ankunft um 24.00 Uhr ist kein Mangel.[202] Ebenfalls bestehen keine Ansprüche, wenn am Abreisetag die **Zimmer bereits um 10.00 Uhr geräumt** werden müssen und der Reisende bis 18.00 Uhr in der Hotelhalle auf sein Gepäck aufpassen muss.[203] 69

Servicemängel in Folge eines Streiks der Hotelangestellten begründen einen Mangel. Der Reiseveranstalter kann sich nicht auf höhere Gewalt berufen. Das LG Frankfurt a. M. hat eine Minderung von 50 % des auf die Unterbringung 70

191 LG Frankfurt a. M. RRa 1997, 218.
192 AG Bad Homburg RRa 1999, 8.
193 AG Stuttgart Bad Cannstatt RRa 1996, 56; a. A. LG Kleve RRa 1997, 57.
194 AG Kiel RRa 1998, 4.
195 AG Hamburg RRa 1998, 45.
196 AG München RRa 1997, 20.
197 AG Bad Homburg RRa 1999, 8.
198 AG Hamburg RRa 1998, 45.
199 LG Arnsberg RRa 1996, 144.
200 LG Arnsberg RRa 1996, 144.
201 OLG Düsseldorf VuR 1995, 216.
202 AG Berlin Tiergarten RRa 1997, 151.
203 AG Königstein RRa 1996, 149.

entfallenden Preisanteils zuerkannt bei einem Streik in einer von drei Wochen.[204] Aus diesem Urteil kann man schließen, dass bei einem völlig bestreikten Urlaub eine Minderung von 100 % (einschließlich des auf die Beförderung entfallenden Preisanteils) in Betracht kommt.

2.6. Prospektangaben

71 Eine **Hotelbeschreibung** in einem Katalog gilt **nicht** als **zugesichert**, wenn die Reise nicht aus dem Katalog, sondern einem **Sonderangebot** mit deutlich niedrigerem Preis gebucht wird.[205] Bei Buchung einer »**Supersparreise**« muss das Hotel nicht der Prospektbeschreibung entsprechen, sondern lediglich dem Standard, den es zu Beginn der Reise hatte.[206] Für die Beschreibung eines Hotels im **Prospekt eines anderen Reiseveranstalters** muss der Reiseveranstalter nur dann einstehen, wenn diese Beschreibung Vertragsbestandteil geworden ist.[207]

72 Wird eine **Reise vor dem Erscheinen eines neuen Prospekts gebucht**, richtet sich der Inhalt der Leistungen des Reiseveranstalters nicht nach der zum Zeitpunkt der Buchung gültigen Darstellung, sondern nach der Katalogbeschreibung, die für den gebuchten Zeitraum maßgebend ist.[208] **Weicht** das vermittelnde **Reisebüro** bei seinen Erklärungen gegenüber dem Reisenden **von der Katalogbeschreibung** des Reiseveranstalters oder gar von dem bereits geschlossenen Reisevertrag ab, kann dies dem Reiseveranstalter nicht zugerechnet werden.[209]

73 Der Reiseveranstalter hat nicht dafür einzustehen, wenn der Reisende vor Ort **Witterungsverhältnisse** antrifft, die von den im Katalog angegebenen Durchschnittswerten abweichen.[210] Anderes kann gelten, wenn das Wetter von entscheidender Bedeutung ist. So wurde ein Reiseveranstalter, der sich auf **Surfreisen** spezialisiert hatte, an seinen speziellen Windzusagen festgehalten.[211] Auch wenn der Urlaub durch Sicherheitsmaßnahmen vor einem heranziehenden Hurrikan beeinträchtigt wird, liegt ein Mangel vor.[212]

74 **Schneemangel** stellt bei einer Skipauschalreise weder einen Reisemangel noch höhere Gewalt dar, sondern ist das allgemeine Lebensrisiko eines Reisenden. Es

---

204 LG Frankfurt a. M. NJW1980, 1696.
205 AG Hamburg RRa 1995, 121.
206 AG Hannover NJW-RR 1990, 1210.
207 AG Essen RRa 1995, 143.
208 AG Landau in der Pfalz RRa 1997, 56; LG Landau in der Pfalz RRa 1997, 156.
209 AG Kleve RRa 1996, 10; LG Frankfurt a. M. RRa 1998, 173; LG Hannover RRa 1996, 199; AG München RRa 1997, 40.
210 AG Stuttgart Bad Cannstatt RRa 1996, 151.
211 LG Verden RRa 1997, 21.
212 AG Bad Homburg RRa 2000, 24.

kann aber als Mangel geltend gemacht werden, wenn im Prospekt mit »Ganzjahresskilauf«, »Schneesicherheit« oder »Höhenlage« geworben wird oder Schneesicherheit zugesichert wurde.[213]

Rissige Wände und Böden, lockere Fliesen und angeschlagene Einrichtungs- 75
gegenstände sind bei einer Prospektbeschreibung »einfach, aber feriengerecht im rustikal-toskanischen Stil eingerichtet« hinzunehmen. **Hundegebell** in der ländlichen Gegend und Klopfgeräusche sind nur eine hinzunehmende Belästigung.[214]

Bildet der Reiseveranstalter im Katalog neben der Beschreibung des Zielgebietes 76
eine »**malerische Bucht**« ab, sichert er damit zu, dass diese im Zielgebiet liegt. Ist dies nicht der Fall, liegt ein Reisemangel vor.[215] Die Abbildung eines **Zimmers mit Meerblick** soll für den Reisenden keinen Vertrauenstatbestand dahingehend schaffen, dass er in jedem Fall ein Zimmer mit Meerblick erhalten werde.[216] Ein Katalogfoto, das laut Unterschrift einen Teil des Landgutes zeigt, muss nicht die angebotene Ferienwohnung umfassen.[217]

Dagegen sieht das AG Düsseldorf einen Verstoß gegen § 1 Abs. 1 lit. c InfVO und 77
einen **Mangel** an, wenn **das zur Verfügung gestellte Zimmer nicht dem abgebildeten entspricht**; eine unrichtige Eigenschaftszusicherung kann auch ohne Nutzungsbeeinträchtigung zu einem Minderungsanspruch führen.[218] Das LG Hannover gewährte sogar 15 %, weil die Zimmer infolge einer **Verwechslung der Fotos im Prospekt** nicht nach Westen, sondern nach Osten lagen.[219] Eine **Swimmingpoolrutsche** gilt auch dann im Sinne der §§ 1 Abs. 1,3 InfVO als zugesichert, wenn sie zwar nicht bei der Objektbeschreibung genannt wird, aber auf einer Abbildung des Katalogs zu erkennen ist.[220]

Die Beschreibung »Hotel mit Meerblick« bedeutet nicht zwangsläufig, dass 78
das Hotel direkt am Strand liegt (hier: 3 km entfernt).[221] Ein Appartement, dass laut Prospekt zur **Meerseite** liegt, muss nicht notwendigerweise **Meerblick** haben.[222]

---

213 LG Frankfurt a. M. VuR 1991, 173 = NJW-RR 1991, 879; LG Offenburg NJW-RR 1997, 626 (abweichende Höhenlage).
214 AG Freiburg RRa 1998, 54.
215 LG Kleve RRa 1997, 57.
216 AG Stuttgart Bad Cannstatt RRa 1996, 106.
217 AG Freiburg RRa 1998, 54.
218 AG Düsseldorf RRa 1998, 116.
219 LG Hannover FVE ZivR 1983, Nr. 411.
220 AG Kleve RRa 1998, 174.
221 AG Hamburg RRa 1998, 111.
222 AG Kleve RRa 1996, 244.

79 Sichert der Anbieter ein **Boot** als »ideal für mehrere Ehepaare« zu, so hat für jedes Ehepaar eine eigene Kabine zur Verfügung zu stehen. Fehlt diese Ausstattung, kann der Reisende eine Minderung von 20 % beanspruchen.[223] Fehlen die im Prospekt zugesagten **Sport- und Spielmöglichkeiten**, kann der Reisende einen Mangel nur geltend machen, wenn er eine konkrete Nutzungsabsicht nachweist.[224] Sind Ausstattungsgegenstände (Heimtrainer, Swimmingpool) eines Ferienhauses in der Prospektangabe nicht erwähnt, sichert der Reiseveranstalter damit nicht deren Abwesenheit zu.[225]

2.7. Wasser- und Stromausfall

80 Bei für den Reiseveranstalter unvorhersehbarer **Wasserknappheit** hat das AG Düren eine Minderung von 25 % vorgenommen,[226] während das AG Frankfurt a. M. für eine **Strom- und Wassersperre** werktags von 11.00 bis 01.00 Uhr eine Minderung von ebenfalls 25 %[227] und für einen völligen **Wasserausfall** von 50 % des auf die Unterbringung entfallenden Preisanteils für angemessen hält.[228] Einem Reisenden, der während des ganzen Urlaubs **Wasser nur vom Tankwagen** bekam, sprach das AG München eine Minderung von 20 % zu,[229] einem anderen $33^1/_3$ %, weil das Wasser – ebenfalls während der gesamten Reisezeit – zwischen 7.00 und 21.00 Uhr ausfiel.[230] Es besteht keine Hinweispflicht auf die fehlende **Trinkwasserqualität des Leitungswassers** auf Mallorca.[231]

81 Ein Ausfall der **Warmwasserversorgung in Ägypten** an zwei Tagen stellt einen Mangel dar, der zu einer Minderung von 10 % führt.[232] Tägliche **Stromausfälle** von bis zu einer halben Stunde in einem Land wie der Türkei sind nur eine Unannehmlichkeit.[233]

2.8. Mängel der Verpflegung

82 Klagen, die sich auf Mängel der Verpflegung stützen, haben die Gerichte häufig abgewiesen, vor allem, wenn sie zu unsubstantiiert vorgetragen wurden (»zu

223 LG Frankfurt a. M. RRa 1995, 89.
224 AG Düsseldorf RRa 1995, 208.
225 AG Syke RRa 1995, 228.
226 AG Düren Urt. vom 27. 2. 1978, C 671/78.
227 AG Frankfurt a. M. FVE ZivR 1980, Nr. 254.
228 AG Frankfurt a. M. FVE ZivR 1981, Nr. 278.
229 AG München Urt. vom 22. 8. 1979, 2 C 295/79.
230 AG München Urt. vom 21. 12. 1981, 6 C 15458/80.
231 AG Bad Homburg RRa 1998, 14.
232 LG Frankfurt a. M. RRa 1998, 173.
233 AG Düsseldorf RRa 1997, 235.

schlechtes Essen«). Auch wenn der Beschwerdegrund zu sehr von der subjektiven Erwartungshaltung des Reisenden geprägt ist, z. B. besondere Erwartungen an ein **Frühstücksbüffet**[234] oder wenn er sich gar an der Esskultur des Reiselandes stößt, z. B. »**fettiges Essen**« in Süddalmatien,[235] oder »**öliges Essen**« in Spanien[236] erkennen die Gerichte in der Regel **keinen Mangel** an.

Ausnahmsweise anerkannt worden sind folgende Fälle: Es sollten »nach Möglichkeit« **Diätgerichte** angeboten werden, aber es gab überhaupt keine;[237] **kaltes Buffet** statt Abendessen bei Halbpension[238], normales Frühstück, wenn »**Spezialfrühstück**« zugesagt war;[239] unqualifizierte Bedienung durch Aushilfskellner.[240] **83**

Kein Mangel ist es, wenn bei einer **Safari** das Essen auf **schmutzigen Brettern** **84** zubereitet wird.[241] Erst recht liegt kein Mangel vor, wenn man sich bereits beim Frühstück entscheiden soll, ob man das Mittag- bzw. Abendessen an dem betreffenden Tag im Hotel einnehmen wolle.[242]

Für die **Erkrankung infolge verdorbener Speisen** gelten besondere Grund- **85** sätze. Früher ging die Rechtsprechung von einer Beweislastumkehr zugunsten des Reisenden aus, wenn mehrere Reisende an den gleichen Symptomen erkrankten.[243] Neuere Urteile sprechen zurückhaltender von einem **Anscheinsbeweis**, der dem Reisenden zur Hilfe kommt.[244] Eine geringe Zahl erkrankter Reisender reicht nicht aus;[245] mindestens die Hälfte der erkrankten Reisenden soll die gleichen Symptome aufweisen müssen,[246] wobei ein bestimmter Prozentsatz aber nicht entscheidend sei.[247]

234 AG Frankfurt a. M. FVE ZivR 1983, Nr. 400.
235 AG Köln FVE ZivR 1984, Nr. 488.
236 AG Frankfurt a. M. FVE ZivR 1994 Nr. 478.
237 AG Frankfurt a. M. FVE ZivR 1978, Nr. 221.
238 AG Frankfurt a. M. FVE ZivR 1980, Nr. 248.
239 LG Frankfurt a. M. Urt. vom 14. 1. 1985, /24 S 215/84 (5 %).
240 LG Frankfurt a. M. Urt. vom 21. 11. 1983, 2/24 S 160/83 (10 %).
241 LG München NJW-RR 1994, 124.
242 LG Arnsberg RRa 1996, 144.
243 OLG Düsseldorf NJW-RR 1990, 187; LG Hannover VuR 1987, 217; VuR 1989, 252; LG Berlin RRa 1994, 64; LG Frankfurt a. M. RRa 1994, 94.
244 LG Hannover NJW-RR 1989, 633; LG Frankfurt a. M. VersR 1995, 1198; RRa 1995, 108; LG Frankfurt a. M. NJW-RR 1993, 1331.
245 AG Ludwigsburg RRa 1998, 114 = NJW-RR 1999, 710; AG Bad Homburg RRa 1998, 73; AG Bonn RRa 1998, 237.
246 AG Ludwigsburg RRa 1998, 114.
247 LG Frankfurt a. M. NJW-RR 1993, 1331.

86 Ausnahmsweise reicht eine geringe Zahl erkrankter Reisender aus, wenn die Erkrankten **alle an einem bestimmten Essen teilgenommen** haben und die Erkrankung unmittelbar danach aufgetreten ist.[248] Bei einer **Ciguatera-Fischvergiftung** soll der Reiseveranstalter sich entlasten können, weil eine Vergiftung auch bei Anwendung äußerster Sorgfalt nicht auszuschließen sei.[249]

87 Der Reisende kann den Nachweis führen, dass er sich die Infektion nur durch verdorbene Verpflegung des Reiseveranstalter zugezogen haben kann, so z. B. auf einer **Kreuzfahrt.**[250] Dann hat der Reisende einen Minderungsanspruch für die Dauer der Erkrankung von 100 % des Reisepreises,[251] nicht aber für die Zeit davor.[252] Vom LG Frankfurt a. M. als Entwertung der ganzen Reise anerkannt wurde hingegen eine Erkrankung in der zweiten Urlaubswoche, die auf verdorbenes Essen zurückzuführen ist.[253]

88 Zeigen mehrere Gäste eines Hotels **ähnliche Krankheitssymptome**, so spricht der Anscheinsbeweis dafür, dass die Ursache der Erkrankung in der Hotelverpflegung zu suchen ist. Dies gilt jedoch nicht, wenn zeitgleich auch Gäste anderer Hotels erkranken.[254] Eine **Darmerkrankung** während des Urlaubs kann nicht auf das Essen im Urlaubshotel zurückgeführt werden, wenn sich der Urlauber überwiegend außerhalb des Hotels verpflegt.[255]

89 Auch beim Essen muss sehr genau vorgetragen werden, was beanstandet werden soll.[256] **Kein Mangel** stellt die »**Hektik**« beim Essen oder die »**eintönige Speisenfolge**« dar.[257] Ein Frühstück, das lediglich aus Toast und Eiern besteht, kann nicht beanstandet werden, wenn nur ein landestypisches Frühstück geschuldet wird.[258]

90 Ein Reisender, der in der Hauptsaison eine Unterkunft in einer dem Massentourismus dienenden großen Hotelanlage der **Mittelklasse** auf Mallorca bucht, kann **kein Abendessen in ruhiger und erholsamer Atmosphäre** wie in einem guten Restaurant erwarten. Es stellt daher keinen Mangel dar, wenn das **Essen in Schichten** eingenommen wird, wobei Wartezeiten von 5–10 Minuten entstehen

248 LG Hannover NJW-RR 1989, 633.
249 LG Frankfurt a. M. RRa 1996, 145 mit Anm. *Tonner,* S. 171.
250 LG Darmstadt RRa 1995, 123; anders aber bei Halbpension, AG Bad Homburg RRa 1999, 171 mit krit. Anm. *Schmid.*
251 LG Darmstadt RRa 1995, 123; LG Hannover NJW-RR 1989, 633.
252 LG Frankfurt a. M. NJW-RR 1993, 1331.
253 LG Frankfurt a. M. NJW-RR 1990, 1396; ebenso RRa 1994, 94.
254 LG München I RRa 1997, 36.
255 OLG Düsseldorf NJW-RR 1999, 491.
256 AG Kleve RRa 1996, 251.
257 LG Arnsberg RRa 1996, 144.
258 OLG Düsseldorf NJW-RR 1998, 922.

können und nicht vor jedem neuen Gast die Tischwäsche gewechselt bzw. der Tisch abgewischt wird.[259] Auch **Wartezeiten von 20 Minuten** bei der Einnahme der Mahlzeiten seien **entschädigungslos** hinzunehmen.[260] Der Reiseveranstalter muss dem Reisenden nicht die Restaurantkosten ersetzen, wenn der Reisende in einem Hotel der gehobenen Mittelklasse in Griechenland nicht mit kurzen Hosen zum Essen zugelassen wurde.[261] Wenn es im Prospekt heißt, dass das Essen im »offenen Restaurant« eingenommen wird, dann muss der Gast mit der **Belästigung durch Fliegen** rechnen.[262]

Wer das **Abendessen im Freien bei Temperaturen um 6°-9° C** einnehmen muss, 91
kann mindern.[263] Ein in der Nebensaison reduziertes Speisenangebot ist kein Mangel, wenn dies im Prospekt angekündigt war,[264] ebenso wenig **einheitliches Essen für alle Reiseteilnehmer** einer Reisegruppe.[265] Ein im Katalog angekündigtes »**Meeresfrüchte-Buffet**« soll nicht täglich angeboten werden müssen.[266]

Wird das Abendessen regelmäßig **lauwarm** serviert, kann dies eine Reisepreis- 92
minderung um 5–10 % rechtfertigen.[267] Wird der Reisende entgegen dem gebuchten Hotel in einem Appartementhaus untergebracht, in dem das Essen in einem öffentlichen Restaurant anstatt in einem Speisesaal einzunehmen ist, so berechtigt dies zu einer Minderungsquote von 5 %.[268]

Entspricht das tatsächliche Angebot der Mahlzeiten **nicht** dem **Standard eines** 93
Mittelklassehotels (beim Frühstück nur eine Tasse Kaffee, Abendessen ohne Vor- und Nachspeisen, kein Fleisch) und damit auch nicht der vereinbarten Halbpension, so führt dies zu einer Minderung von 10 %.[269] Am Tisch serviertes Essen anstelle des angekündigten Buffets bedeutet dagegen keinen Mangel.[270] Wenn aber der gebuchte Unterkunftstyp eine **Kitchenette** umfasst, diese aber nicht genutzt werden kann, weil dem Reisenden verboten wurde, Lebensmittel in die Anlage zu bringen, so liegt darin ein Reisemangel.[271]

259 LG Kleve RRa 1997, 54; AG Hamburg RRa 1997, 102; LG Hamburg RRa 1996, 6 (Essen in Schichten).
260 LG Kleve RRa 1999, 63.
261 AG Hamburg RRa 1996, 166.
262 AG Aschaffenburg RRa 1997, 147.
263 OLG Düsseldorf RRa 1997, 216 (zusammen mit anderen schwerwiegenden Beeinträchtigungen 60 %).
264 OLG Düsseldorf RRa 1997, 216.
265 OLG Düsseldorf VuR 1995, 30.
266 AG Köln RRa 1998, 193.
267 AG Ludwigsburg RRa 1995, 207.
268 AG Bad Homburg RRa 1999, 8.
269 AG Bad Homburg RRa 1999, 8.
270 AG Bad Homburg RRa 1999, 8.
271 AG Kleve RRa 1999, 29 = NJW-RR 1999, 1148.

2.9. Lärm

94 Bei der Geltendmachung eines Reisemangels wegen Lärmbelästigung muss **substantiiert vorgetragen** werden, welche konkreten Beeinträchtigungen vorlagen, insbesondere sind detaillierte Angaben zu den örtlichen Entfernungen, zum zeitlichen und räumlichen Ausmaß der Beeinträchtigung und zu den örtlichen Verhältnissen zu machen.[272]

2.9.1. Baulärm

95 Baulärm führt grundsätzlich zu einem Minderungsanspruch.[273] Die **Minderungssätze**, die die Gerichte dafür bislang gewährten, **schwanken** allerdings erheblich. Das AG Frankfurt a. M. hat für Lärm durch Bauarbeiten im Hotel 33 $^{1}/_{3}$ % gewährt[274], während das AG Berlin Charlottenburg für Baulärm trotz Mittagspause 90 % des auf die Unterbringung entfallenden Preisanteils zusprach.[275] Hingegen entschied das LG Hannover auf lediglich 30 % für Baulärm auf einer Miniinsel unter Einsatz von Betonmischmaschine und Kreissäge.[276] Auf einer mittleren Linie liegen das OLG Düsseldorf mit **50 % wegen Baulärms werktags/tagsüber**[277] und das LG Berlin mit 40 % wegen täglicher Bauarbeiten ab 6.00 Uhr in zwei von drei Wochen.[278]

96 Die neueren Urteile pendeln sich eher auf einer unteren Linie ein. Bei **umfangreichen Renovierungsarbeiten** im Hotel oder neben dem Hotel, täglich von 7.00 bis 19.00 Uhr außer an Sonn- oder Feiertagen, dafür an einem Tag bis 22.00 Uhr kann eine Minderung von 25 % des Reisepreises verlangt werden,[279] bei zusätzlichem Lärm aus einer Diskothek und mehrmaligem Fehlalarm des Feuermelders jedoch 40%.[280] Wegen umfangreicher Renovierungsarbeiten im Bereich der Aufenthaltsräume im Hotel während der gesamten Urlaubszeit wurde einem Reisenden eine Minderung von 20 % zugesprochen.[281] Wegen **Bauarbeiten im bewohnten Zimmer** steht dem Reisenden eine Minderung in Höhe eines halben Urlaubstages zu.[282] Einen Mangel stellt auch die **Reparatur des Bade-**

---

272 LG Stuttgart RRa 1996, 187; AG Essen RRa 1996, 252; AG München RRa 1997, 159; AG Köln RRa 1998, 193.

273 A. A. AG Hamburg RRa 1995, 193 (Bauarbeiten an Uferpromenade vor Hotel).

274 AG Frankfurt a. M. FVE ZivR 1981, Nr. 313.

275 AG Berlin Charlottenburg VersR 1984, 373.

276 LG Hannover NJW-RR 1989, 821.

277 OLG Düsseldorf VersR 1981, 554.

278 LG Berlin Urt. v. 2. 12. 1977, 52 S 156/76.

279 AG Hamburg RRa 1998, 45; AG Bad Homburg RRa 1998, 137.

280 AG Bad Homburg RRa 1999, 205.

281 AG Bad Homburg RRa 1997, 100.

282 AG Bad Homburg RRa 1997, 100.

zimmers im Nachbarappartement dar, wenn dies bis tief in die Nacht dauert.[283] Presslufthammer ab 7 Uhr an vier Tagen (nebst rostigen Nägeln auf dem Beachvolleyballplatz) berechtigen zu einer Minderung von 5%.[284]

Wenn die lärmintensivsten Arbeiten nur **2 m vom Zimmer des Reisenden** entfernt morgens um 6.00 Uhr stattfinden, steht ihm ein Minderungsanspruch von 10 % des auf diesen Tag entfallenden Reisepreises zu.[285] Lärm aus einer **nahe liegenden Werkstatt**, in der bis in die späten Abendstunden und nachts mit Bohr- und Flexgeräten gearbeitet wird, berechtigt zu einer Minderung von 15 %.[286] In einem Extremfall, bei dem sich **um das gesamte Hotel herum Baustellen** befanden, die während der gesamten Urlaubszeit in Betrieb waren, wurde eine Minderung von 70 % zugesprochen.[287] **97**

2.9.2. Verkehrslärm

Verkehrslärm führt zu einem Mangel, wenn nicht aus der Prospektbeschreibung deutlich wird, dass die **Unterkunft an einer lebhaften Straße** liegt.[288] Bei einer Ferienwohnung **in einem engen Tal** muss man allerdings damit rechnen, dass sie an einer befahrenen Straße liegt.[289] Das AG München hat 25 % in einem Fall gewährt, wo ein Ferienhaus neben einer Hauptverkehrsstraße lag.[290] **98**

Weil ein **Parkplatz unmittelbar neben der Unterkunft** lag (nebst weiteren kleineren Mängeln), wurden 25 %, bezogen auf den reinen Unterbringungspreis, zugesprochen.[291] Ebenfalls 25 % wurden gewährt für **Baulärm durch LKW-Anfahrten**, Bohrer- und Kompressoreinsatz, verbunden mit fehlendem »herrlichem Sandstrand«.[292] **Hundegebell** und **Mopedlärm** veranschlagt das LG Hannover (zusammen mit zugesagten, aber nicht ausreichend vorhandenen Sonnenschirmen) mit 20 %.[293] Weil das Hotel an einer **Hauptverkehrsstraße** lag, obwohl die Katalogbeschreibung auf eine ruhige Lage hindeutete, wurde auf eine Minderung in Höhe von DM 600,– (das entsprach ca. 28 %) erkannt.[294] Der **99**

283 AG Essen RRa 1996, 252 (5 %).
284 AG München NJW-RR 1999, 1146.
285 AG Stuttgart RRa 1995, 9.
286 AG Essen RRa 1996, 252; a. A. LG Kleve RRa 1997, 57 (Gewerbebetriebe in der Nähe des Hotels).
287 LG Köln RRa 1996, 226.
288 LG Frankfurt a. M. FVE ZivR 1984 Nr. 457 und 460.
289 AG Frankfurt a. M. NJW-RR 1993, 1144.
290 AG München Urt. v. 13. 7. 1979, 4 C 2061/79.
291 KG Urt. v. 16. 4. 1984, 8 U 21781/83.
292 LG Düsseldorf MDR 1985, 232.
293 LG Hannover FVE 1982, Nr. 462.
294 LG Düsseldorf Urt. v. 15. 6. 1984, 22 S 37/83.

Hinweis in der Katalogbeschreibung auf »erholsame Urlaubstage« begründet die Erwartung des Reisenden, dass er keinerlei Lärmbelästigungen ausgesetzt ist.[295]

100 **Fanfarenwarnzeichen von Lokomotiven** sind kein Lärm, der wegen zentraler Lage hinzunehmen wäre.[296] Wegen Lärms bis 3.00 Uhr morgens, der von einer Hauptstraße und einer **Diskothek** ausgeht, kann in Höhe von 20 % gemindert werden.[297] **Nächtlicher Straßenlärm**, der ein Einschlafen unmöglich macht, rechtfertigt ein Abhilfeverlangen des Reisenden.[298]

2.9.3. Fluglärm

101 Die **Lage** eines Hotels **in der Nähe eines Flughafens** ist nicht ohne weiteres ein Reisemangel.[299] Nächtlicher Fluglärm stellt keinen Mangel dar, wenn auf die Nähe zum Flughafen hingewiesen wurde.[300] Wenn im Prospekt die Transferzeit vom Flughafen zum Hotel mit ca. 10 Minuten angegeben ist, kann wegen Fluglärms nicht gemindert werden.[301] Bei nur fünf Flugbewegungen täglich ist der Fluglärm kein Mangel.[302]

102 Eine Minderung in Höhe von 40 % wurde einem Reisenden zugesprochen wegen eines Hotels, das neben dem **Rollfeld eines Großflughafens** lag.[303] Wegen des Lärms durch einen **Truppenübungsplatz** gab es 30 % Minderung. Hier flogen Düsenjäger zeitweise in geringer Höhe über den Strand.[304] Eine Militärflugbasis in 50 m Entfernung vom Bungalow des Reisenden kann eine Reisepreisminderung von 10 % begründen.[305]

2.9.4. Lärm durch Veranstaltungen im oder am Hotel

103 Hier spielt vor allem die **Störung der Nachtruhe durch Diskotheken** eine Rolle. Das LG Frankfurt am Main differenziert nach der Zeit, in welcher der Lärm auftritt. Lärm bis Mitternacht ist mit Rücksicht auf die Lebensgewohnheiten

295 OLG Düsseldorf NJW-RR 1998, 921.
296 LG Frankfurt a. M. VuR 1992, 104 = NJW-RR 1992, 51.
297 AG Düsseldorf RRa 1997, 238.
298 LG Düsseldorf RRa 1997, 13.
299 OLG Düsseldorf NJW-RR 1998, 921.
300 AG Frankfurt a. M. RRa 1998, 3.
301 AG München RRa 1997, 159.
302 AG Frankfurt a. M. FVE ZivR 1980, Nr. 218.
303 AG München Urt. v. 10. 9. 1980, 2 C 10284/80.
304 KG MDR 1977, 102.
305 OLG Düsseldorf NJW-RR 1999, 491.

in südlichen Ländern hinzunehmen, danach nicht mehr.[306] Wegen Diskolärms bis 4.00 Uhr morgens kann daher der Reisepreis um 20 % für die zwei Diskotage gemindert werden.[307]

Beschreibt der Reiseveranstalter in seinem Prospekt die Unterkunft als »ruhiges Feriendomizil in ruhiger Lage«, kann er sich nicht darauf berufen, dass der Lärm in Urlaubszentren landestypisch sei. Dem Kläger wurde für diese Beeinträchtigung 20 % Minderung zugesprochen.[308] Wenn im Prospekt eine »**Openairdisko**« angekündigt wird, dann ist mit lauter Musik bis in die Nachtstunden zu rechnen.[309] Eine 10 %ige Minderung steht dem Reisenden zu, wenn sein Hotelzimmer direkt über der Showbühne und dem Pool gelegen ist.[310] **104**

Wird in der Prospektbeschreibung deutlich darauf hingewiesen, dass das Hotel in einem Gebiet liegt, in dem das Nachtleben seinen Schwerpunkt hat, kann ein Reisender nicht davon ausgehen, dass das Hotel für Ruhe suchende Urlauber geeignet sei.[311] Es stellt auch keinen Mangel dar, wenn die einheimische Bevölkerung an einem öffentlichen Strand eine Art **Volksfest** veranstaltet und dabei einen gewissen Lärmpegel hervorruft.[312] **105**

2.9.5. Lärm durch Mitreisende

Grundsätzlich haftet der Reiseveranstalter nicht für die Mitreisenden. Jedoch wurden einem Kreuzfahrtpassagier 15 % Minderung zugesprochen, weil er durch ständige **Streitereien in der Nachbarkabine** belästigt wurde.[313] Erhebliches **Schnarchen** der Mitreisenden in einem Doppel- bzw. Drei-Bett-Zimmer ist eine Lärmbelästigung, die jedenfalls dann einen Reisemangel darstellt, wenn der Reisende eine Einzelkabine gebucht hatte, und zu einer über die Rückzahlung des Einzelbettzimmerzuschlags hinausgehenden Minderung führt.[314] **106**

---

306 LG Frankfurt a. M. FVE ZivR 1980, Nr. 208 für Sizilien, FVE ZivR 1981, Nr. 264 für Griechenland; FVE ZivR 1981, Nr. 312 ($33^1/_3$ %); AG Kleve RRa 1999, 183.

307 LG Frankfurt a. M. RRa 1998, 138.

308 LG Kleve RRa 1997, 74.

309 LG Düsseldorf RRa 1997, 216.

310 AG Düsseldorf RRa 1997, 236.

311 AG Kleve RRa 1998, 138.

312 AG Aschaffenburg RRa 1997, 147.

313 OLG Frankfurt a. M. NJW 1983, 235.

314 AG Königstein RRa 1996, 53 (25 %).

2.10. Geruchsbelästigung, Naturgeräusche

107 Naturereignisse wie Gerüche aus Tümpeln, **Froschquaken** aus Teichen oder das Geräusch eines Wasserfalls gehören zum allgemeinen Lebensrisiko eines Reisenden. Ein Reiseveranstalter haftet daher nicht für Geruchsbelästigungen, die von einer auf einem Nachbargrundstück befindlichen **Wasseraufbereitungsanlage** ausgehen.[315]

108 Die Geruchsbelästigung durch eine **Rumfabrik** in der Nähe der Ferienunterkunft stellt in der Regel einen Mangel dar.[316] Das LG Frankfurt am Main hält bei einer Geruchsbelästigung durch **Fäkalien** eine Minderung von je nach Intensität 10 bis 20 % für angemessen.[317] Der Gestank eines **Schweinekobens** wurde vom gleichen Gericht mit 5 % berücksichtigt.[318]

2.11. Sicherheit

109 Die **Bewachung** eines Hotels **durch Bewaffnete** ist kein Mangel.[319] Ein **Diebstahl** im Urlaub gehört zum allgemeinen Lebensrisiko,[320] der Reiseveranstalter ist nur verpflichtet, dem Reisenden eine Unterkunft zur Verfügung zu stellen, die dem landesüblichen Sicherheitsstandard entspricht.[321] Es bedarf auch keines Hinweises durch den Veranstalter, dass **Wertsachen** nicht unbeaufsichtigt im Zimmer zurückgelassen werden sollten.[322] Eine **Personenidentifizierung an der Rezeption** von Ferienanlagen bei der Abholung des Zimmerschlüssels kann nicht verlangt werden, auch wenn damit ein Diebstahl erleichtert wird.[323]

110 Selbst die entgeltliche Aufnahme des **PKW** eines Hotelgastes **in einer Tiefgarage** begründet nicht ohne weiteres Verwahrungspflichten des Hotelinhabers.[324] Der Reisende trägt allein das Risiko für das Abhandenkommen persönlicher **Wertgegenstände**, wenn er diese **während eines Landganges auf**

---

315 AG Hamburg RRa 1995, 51.

316 OLG Düsseldorf RRa 1995, 113.

317 LG Frankfurt a. M. Urt. vom 13. 5. 1985, 2/24 S 14/83.

318 LG Frankfurt a. M. FVE ZivR 1983, Nr. 448.

319 AG Essen RRa 1996, 252.

320 OLG München RRa 1999, 174 (Diebstahl aus Hotelsafe); AG Baden-Baden RRa 1996, 107; AG Kleve RRa 1996, 185; AG Hamburg RRa 1998, 178 = NJW-RR 1999, 931; AG München RRa 1996, 204; AG München RRa 1997, 149; AG Hamburg RRa 1995, 72; LG Berlin VersR 1995, 466.

321 AG Stuttgart Bad Cannstatt RRa 1996, 104.

322 AG Düsseldorf RRa 1998, 196.

323 AG Bonn RRa 1996, 218.

324 AG Berlin Charlottenburg VersR 1995, 467.

einer Yacht zurücklässt, obwohl er weiß, dass sie unverschlossen bleiben werden.[325]

Die allgemeine Gefahr, bei einer **Trecking-Tour** überfallen zu werden, ist dem allgemeinen Lebensrisiko des Reisenden zuzuordnen.[326] Die Reise ist nur dann mit Fehlern behaftet, wenn eine ungewöhnlich hohe, durch besondere Tatsachen begründete konkrete Überfallgefahr besteht.[327] 111

2.12. Sexuelle Belästigung

Die Gerichte sind **sehr zurückhaltend**. Es gibt nur eine veröffentlichte Entscheidung, der zufolge sexuelle Belästigung zu einer Minderung führte.[328] Das Gericht definierte darin sexuelle Belästigung als ein fortdauerndes aufdringliches Verhalten, das in verbalen Belästigungen oder non-verbalen Gesten wie etwa Anfassen zum Ausdruck kommen muss und dass das nach außen zum Ausdruck kommende Bedürfnis der Reisenden, in Ruhe gelassen zu werden, missachtet. 112

Nicht ausreichend sind dem gegenüber Verhaltensweisen, die in lockerer, ungezwungener Atmosphäre am Urlaubsort als sozial adäquat angesehen werden müssen, wie etwa Flirts oder Annäherungsversuche, soweit sie sich nicht über den unmissverständlich hervorgetretenen entgegenstehenden Willen der Reisenden hinwegsetzen. Weder die Äußerung eines Reiseleiters, er wolle der Reisenden die Füße küssen[329], noch eine »entsprechende Handbewegung« des Fahrers eines Landrovers[330] sind eine zur Minderung führende sexuelle Belästigung, ebenso wenig gelegentliches Anstarren und Nachgehen.[331] Die Gerichte neigen offenbar dazu, sexuelle Belästigung als »allgemeines Lebensrisiko« junger Frauen anzusehen. 113

Registriert ein Reisender, dass sein Hotel in Thailand als **Stundenhotel** genutzt wird, ist dies allein kein Reisemangel.[332] 114

325 AG Frankfurt a. M. RRa 1998, 218.
326 LG Hamburg RRa 1995, 8.
327 AG Hamburg RRa 1998, 178 = NJW-RR 1999, 931; LG Hamburg RRa 1995, 8.
328 LG Frankfurt a. M. NJW 1984, 1762 (20 %).
329 AG Bad Homburg RRa 1996, 8.
330 AG Frankfurt a. M. NJW-RR 1998, 709.
331 LG Frankfurt a. M. NJW-RR 1993, 632.
332 AG Bad Homburg RRa 1996, 61.

2.13. Mitreisende

115 Es stellt einen Reisemangel dar, wenn es infolge des **Urlaubsaufenthaltes eines Ministerpräsidenten** eines Landes sowie eines Staatspräsidenten aufgrund von Sicherheitsmaßnahmen zu einer gewissen Unruhe und Angespanntheit in einer Ferienanlage kommt.[333]

116 Der Erholungswert eines Aufenthalts in einem **Luxushotel** kann durch die Anwesenheit von Gästen mit einfachem Niveau so beeinträchtigt sein, dass ein Reisemangel vorliege. »Billigtouristen« aus Russland, Polen, Ägypten und Israel saßen beim **Abendessen in Unterhemden** und schlangen das Essen in sich hinein. Dadurch werde das Ambiente des 5-Sterne-Hotels ganz wesentlich gestört.[334] Anders entschied jedoch das AG Hamburg.[335] Im Zeitalter des Massentourismus sei ein spezielles Publikum für Luxushotels nicht mehr vorhanden. Daher ist bei einem Aufenthalt während einer Pauschalreise in einem derartigen Objekt das Zusammentreffen mit Gästen aus anderen Bevölkerungsschichten mit einfach strukturiertem Niveau nicht auszuschließen. Etwaige hierdurch empfundene optische oder atmosphärische Störungen sind entschädigungslos hinzunehmen.

117 Auch in einem einfacheren Hotel »für Unternehmungslustige« stellt ständiges **Grölen und Lärmen** Jugendlicher auf Klassenfahrt einen Reisemangel dar, der zu einer Minderung in Höhe von 10 % des Reisepreises berechtigt.[336] Ein Reisemangel liegt jedoch nicht vor, wenn sich **Kinder** in einem Ferienhotel nicht ständig ruhig und gesittet verhalten oder wenn ihr Essverhalten nicht den üblichen **Tischmanieren** entspricht und sie im Speisesaal herumlaufen.[337]

118 Der Anblick behinderter Menschen begründet keinen Mangel, und zwar auch dann, wenn sie am Nachbartisch gefüttert werden und unartikulierte Laute ausstoßen. Dies folgt schon aus Art. 3 Abs. 3 S. 2 GG.[338]

333 AG Düsseldorf RRa 1998, 158 (10 %).
334 AG Düsseldorf RRa 1996, 45.
335 AG Hamburg RRa 1995, 121.
336 AG Bad Homburg RRa 1996, 114.
337 LG Kleve RRa 1997, 54.
338 AG Kleve RRa 1999, 190. Die gegenteilige Auffassung von LG Frankfurt a. M. NJW 1980, 1169 und AG Flensburg NJW 1993, 272 ist überholt; vgl. auch *Führich*, RRa 1995, 101.

3. Mängel der Umgebung

3.1. Ungeziefer

Der Anblick in Mitteleuropa seltener gewordener oder nicht auftauchender Tierarten in und um das Hotel in südlichen Reiseländern ist nach Auffassung vieler Gerichte nicht weiter außergewöhnlich. So sind **Moskitos** kein Kündigungsgrund.[339] Allerdings besteht eine Hinweispflicht, wenn mit ihnen vermehrt zu rechnen ist.[340] Auch drei **Geckos** und eine **Kakerlake** auf Hawaii begründen keinen Reisemangel.[341] Ferner ist ein einzelner **Skorpion** am Gardasee kein Mangel.[342] Eine **Ratte** im Zimmer[343] oder eine **Raupenplage** müssen die Reisenden jedoch nicht erdulden.[344] Für einen vom **Wanzenbiss** herrührenden Hautausschlag ist eine zeitanteilige Minderung von 10 % für jeden Tag angemessen.[345] 119

Ein Reiseveranstalter muss keinen Ersatz für Kleidungsstücke und Schuhe leisten, die der Reisende am Urlaubsort weggeworfen hat, weil sie mit **Kakerlaken** in Berührung gekommen sind.[346] Einzelne **Kakerlaken** im Hotelzimmer in südlichen Ländern sind kein Mangel.[347] Einen Mangel begründen sie erst dann, wenn sie gehäuft auftreten, d. h. mehr als 10–20 Kakerlaken pro Tag.[348] Mit Ungeziefer in einem Feriendorf, das in einem Pinienwald gelegen ist, muss man rechnen.[349] Auch eine **Ameisenstraße**, die durch das Bad eines Ferienhauses auf einem Naturgrundstück führt, ist kein Reisemangel.[350] 120

Stechfliegen im Außenbereich eines Hotels begründen im Regelfall keinen Mangel.[351] **Ohrenkneifer** in einem Ferienhaus auf dem Lande stellen auch dann keinen Reisemangel dar, wenn sie in größerer Anzahl auftreten.[352] Die Information durch einen Aushang, dass am ersten Tag wegen Schädlingsbekämpfung die Fenster und Türen geschlossen zu halten sind, begründet keinen Mangel.[353] 121

339 OLG Düsseldorf NJW-RR 1993, 315.
340 AG Frankfurt a. M. RRa 1994, 75.
341 LG Frankfurt a. M. VuR 1992, 99 = NJW-RR 1992, 630.
342 LG Frankfurt a. M. RRa 1993, 6 = NJW-RR 1993, 1146.
343 OLG Düsseldorf VuR 1991, 107 = NJW-RR 1991, 377.
344 OLG Düsseldorf VuR 1992, 22.
345 AG Bad Homburg RRa 1997, 100.
346 AG Bad Homburg RRa 1996, 51.
347 AG Hamburg RRa 1998, 45; LG Bonn RRa 1996, 223.
348 AG Kleve RRa 1998, 138; AG Bonn RRa 1996, 220.
349 AG Düsseldorf RRa 1998, 158.
350 AG Kiel RRa 1998, 4.
351 LG Hamburg RRa 1997, 97.
352 AG Syke RRa 1995, 232.
353 AG Hamburg RRa 1998, 45.

Mit der Beschwerde, dass sich in der Anlage 40–50 **Katzen** aufgehalten haben, ist ein Reisender vor Gericht gescheitert.[354] Wird der Aufenthalt in einer Ferienanlage für drei Stunden von einem **Bienenschwarm** gestört, liegt ebenfalls kein Reisemangel vor.[355] Damit eine Minderung wegen eines Reisemangels zugesprochen werden kann, muss der Reisende ausreichend **substantiiert vortragen**, in welcher Art und in welchem Umfang er von dem Ungeziefer belästigt wurde und inwieweit dadurch sein Urlaub beeinträchtigt wurde.[356]

3.2. Mängel des Strandes/Bademöglichkeit

3.2.1. Sauberkeit

122 Die Bandbreite der zugesprochenen Minderungen ist erheblich. Zum Thema **Strandverschmutzung** gibt das AG Hannover eine umfangreiche Darstellung.[357] In einem Fall des AG Frankfurt am Main hatte ein **Abwasserabflussrohr** im Strandbereich ein Loch.[358] Ist der Strand so verschmutzt, dass ein Baden nicht möglich ist, werden 20 % zuerkannt.[359] Auch das Auftreten von **Algen** hat die Gerichte schon mehrfach beschäftigt. Dem LG Frankfurt a. M. zufolge ist eine Algenpest kein Mangel, aber u. U. höhere Gewalt, so dass die falsche Auskunft des Reiseveranstalters über Algenfreiheit zu einer Haftung wegen Fehlens einer zugesicherten Eigenschaft führt.[360] In einem späteren Verfahren stellte das LG Frankfurt a. M. grundsätzlich fest, dass nach der Buchung auftretende Algen in der Regel nicht zu Ansprüchen führen.[361] Ebenfalls abgewiesen wurde eine Algenklage vor dem LG Hannover[362] und dem LG München.[363] Das LG Tübingen hingegen befand, dass Algen ein Mangel bei Badeurlaub sein können.[364]

123 Wenn der öffentliche Strand zwar mit **Teer** verschmutzt war, jedoch ein anderer Strand nutzbar war, so ist dies kein Minderungsgrund.[365] Anderen Gerichten zufolge stellt ein verschmutzter öffentlicher Strand grundsätzlich nur eine Un-

354 LG Bonn RRa 1996, 223.
355 AG Bad Homburg RRa 1999, 9.
356 AG Stuttgart RRa 1996, 202.
357 AG Hannover VuR 1992, 23.
358 AG Frankfurt a. M. FVE ZivR 1981, Nr. 278 (DM 200,-).
359 AG Baden-Baden RRa 1994, 12.
360 LG Frankfurt a. M. VuR 1990, 160 = NJW-RR 1990, 761.
361 LG Frankfurt a. M. VuR 1991, 116 = NJW-RR 1991, 695.
362 LG Hannover NJW-RR 1991, 376.
363 LG München NJW-RR 1994, 124.
364 LG Tübingen NJW-RR 1991, 376.
365 LG Hamburg RRa 1996, 6.

annehmlichkeit dar.[366] Der Hinweis auf die Bademöglichkeit in einem **Naturgewässer** (Lagune) bedeutet nicht, dass dieses keinerlei Verschmutzungen aufweisen darf.[367] Baden muss vielmehr nur nicht gesundheitsgefährdend und ohne Überwindung von Abscheu oder gar Ekel möglich sein.

Für eine Verunreinigung des Meeres durch ausgelaufenes **Rohöl** soll der Reiseveranstalter nicht haften. Ihn trifft jedoch eine Informationspflicht.[368] 124

3.2.2. Strandentfernung

Bei einer im **Prospekt zugesicherten Strandentfernung** von »ca. 250 m« gewährt das AG Stuttgart-Bad Cannstatt eine Toleranz von 100 m, wobei die Wasserlinie nicht maßgeblich ist.[369] Gibt der Reiseveranstalter im Prospekt eine konkrete Strandentfernung an (300 m), so darf der Reisende erwarten, auch nur diese Strecke vom Hotel bis zum Strand und nicht einen Umweg von 600 m zurücklegen zu müssen.[370] Ein Mangel liegt auch vor, wenn das Hotel vom Strand durch eine **befahrene Straße** getrennt war und die Ausschreibung im Katalog den Eindruck vermittelte, dass das Hotel direkt am Strand liegt.[371] 125

Wenn der Reisende statt der versprochenen »wenigen Meter« bis zum Strand einen Fußmarsch von 13 bis 15 Minuten hat, dann steht ihm eine Minderung von 2 % des Reisepreises zu.[372] Eine zu große Strandentfernung (1000 m statt 500 m), sowie das Fehlen eines zugesicherten Tennisplatzes und der Wassersportmöglichkeiten rechtfertigen eine Minderung von 20 %.[373] 126

Muss ein Reisender auf dem Weg vom Hotelzimmer zum Strand einen größeren **Höhenunterschied über zahlreiche Stufen** überwinden, liegt darin kein Mangel.[374] Liegt eine Ferienclubanlage laut Katalogbeschreibung »**direkt am Strand**«, muss der Reisende akzeptieren, wenn seine Unterkunft am Rande der Anlage liegt und der Weg zum Strand daher 800 m beträgt.[375] Wird die Entfernung zum Strand mit 350 m angegeben, kann der Reisende nicht davon ausgehen, dass er keine Straße überqueren muss.[376] 127

366 AG Berlin Tiergarten RRa 1997, 151; AG Düsseldorf RRa 1997, 191.
367 OLG Düsseldorf NJW-RR 1999, 491.
368 AG Hamburg RRa 1995, 27.
369 AG Stuttgart Bad Cannstatt RRa 1993, 57.
370 LG Kleve RRa 1998, 15 (5 %).
371 AG Düsseldorf RRa 1997, 235.
372 AG München RRa 1997, 20.
373 LG Kleve RRa 1997, 57.
374 AG Hamburg RRa 1995, 224.
375 LG Kleve RRa 1999, 50.
376 AG Düsseldorf RRa 1997, 191.

3.2.3. Abweichungen der örtlichen Bedingungen von der Katalogbeschreibung

128 Die Katalogangabe »**direkt an einem schönen Strandabschnitt**« berechtigt zur Erwartung, dass ein breiter Strand zum Sonnen und eine Bademöglichkeit vorhanden sind.[377] Sind Strand und Meer entgegen der Katalogbeschreibung gänzlich und nicht nur teilweise **felsig**, der Strand nicht feinsandig, sondern **grobkörnig** und sind die nächsten Wassersportmöglichkeiten 2 bis 3 km entfernt anstatt vor Ort, ist eine **Minderung** von je 5 % gerechtfertigt.[378] Ein **Kiesstrand** ist kein Reisemangel, solange nicht ein feiner Sandstrand zugesichert wurde.[379]

129 Der Reisende kann mindern, wenn der Strand als **Sandstrand** beschrieben ist, aber in Wirklichkeit kieselig, mit Gesteins-, Mauerwerks- oder Betonresten durchsetzt ist[380] oder nur dicke Steine, die bis ins Wasser reichen, aufweist.[381] Ist in einem Reiseprospekt von einem prächtigen lang gezogenen weißen Sandstrand die Rede, der ideale Bade- und Spaziermöglichkeiten bietet, so muss der Reisende auch unter Berücksichtigung der am Urlaubsort (Kenia) herrschenden Gezeiten **nicht damit rechnen, dass bei Flut überhaupt kein Liegestrand** und bei Ebbe bis zu mehreren 100 m vorgelagerten Felsenriffs nur seichtes Wasser vorhanden ist.[382] Eine zugesagte, aber nicht vorhandene **FKK-Möglichkeit** ist ein Mangel.[383] Auch wenn sich der zugesagte Badesee als **kalter Gebirgssee** entpuppt, kann man mindern.[384]

3.3. Fehlende Sportmöglichkeiten

130 Wenn nur ein mangelhaftes statt eines »umfangreichen« Sportangebotes vorliegt, so berechtigt dies zu einer Minderung von 14 %.[385] Wer **Golfeinzelunterricht** nehmen muss, obwohl er sich auf den im Prospekt angekündigten Gruppenkurs gefreut hat, darf mindern.[386] Der Reisende, der entgegen den Versprechungen weder Tennis spielen, reiten, tauchen noch Tischtennis spielen konnte, durfte um 10 % mindern.[387] Wenn auf den im Prospekt als »Tauchparadies«

377 AG Düsseldorf RRa 1994, 116.
378 AG Düsseldorf RRa 1997, 235.
379 AG Syke RRa 1996, 154.
380 OLG Düsseldorf VuR 1995, 217 (35 %).
381 AG Düsseldorf RRa 1997, 236 (10 %).
382 AG Stuttgart RRa 1997, 198.
383 LG Frankfurt a. M. Urt. vom 20. 10. 1978, 2/24 S 173/79 (10 %).
384 AG Frankfurt a. M. FVE ZivR 1975, Nr. 955 (5 %).
385 AG München RRa 1997, 20.
386 LG Frankfurt a. M. NJW-RR 1990, 700.
387 LG Frankfurt a. M. Urt. vom 22. 10. 1980, 2/24 S 173/79.

dargestellten Malediven der **Tauchkurs** in italienischer Sprache gehalten wird, ist dies auch dann ein Mangel, wenn es sich um eine Fremdleistung handelt.[388]

3.4. Sonstiges

Ein **Friedhof** nahe des Hotels begründet keinen Reisemangel.[389] 131

4. Besondere Reisearten

4.1. Kreuzfahrten

Wird die Reise mit einem **anderen als dem gebuchten Kreuzfahrtschiff** durchgeführt, liegt ein Mangel vor.[390] Zu kleine und verschmutzte **Kabinen** berechtigen zu einer Minderung.[391] Ein Wassereinbruch, infolge dessen die Kojen durchnässt sind, ist ein erheblicher Mangel.[392] Endet eine Segelkreuzfahrt mit einem **Schiffbruch**, so liegt ebenfalls ein erheblicher Mangel vor.[393] 132

Bucht der Reisende eine **Außenkabine**, so hat er einen Anspruch auf freien Blick auf das Meer vom Kabinenfenster aus und nicht auf eine Schiffswand.[394] Für eine **Kabine ohne Dusche/WC** werden 15 % Minderung gewährt, für eine mangelhafte Dusche 5 %.[395] Auch wenn die Ausstattung eines Flussbootes in Indonesien als »sehr einfach« beschrieben ist, muss der Reisende eine erhebliche **Verschmutzung** nicht hinnehmen.[396] Wenn die Passagiere die Mahlzeiten selbst aus der Küche in den Aufenthaltsraum tragen müssen, so steht ihnen für diesen **Servicemangel** ein Minderungsanspruch von 5 % zu.[397] 133

Kann ein **Teil der Häfen nicht angelaufen** werden, darf gemindert werden, allerdings nicht bei einem geringfügigen Ausfall. Der BGH hat bei einer »In das Land der Pyramiden« betitelten Kreuzfahrt 30 % anerkannt, weil das Schiff Ägypten nicht anlaufen konnte.[398] Zwei **gestrichene Tagesausflüge** infolge eines 134

388 AG Frankfurt a. M. NJW-RR 1991, 954.
389 OLG Düsseldorf NJW-RR 1998, 921.
390 LG Frankfurt a. M. RRa 1997, 218 (20 %).
391 AG München NJW-RR 1989, 1528 (9 m² große Vierbett-Kabine: 7,5 %); AG Ludwigsburg RRa 1998, 65 (Kabine zu klein und verschmutzt: 7,5 %).
392 OLG Düsseldorf VuR 1995, 29.
393 OLG Frankfurt a. M. RRa 1996, 84.
394 AG Stuttgart Bad Cannstatt RRa 1996, 56 (15 %).
395 AG München RRa 1997, 20.
396 LG Frankfurt a. M. RRa 1995, 48.
397 AG Königstein RRa 1996,150.
398 BGH NJW 1980, 2189.

ausgefallenen Schiffsmotors sollen zu einer Minderung von 30 % für die beiden Tagen berechtigen.[399] Dagegen liegt eine zur Kündigung berechtigende erhebliche Beeinträchtigung nicht vor, wenn sich bei einer 18-tägigen Kreuzfahrt der Beginn der Reise um einen Tag verzögert und zwei Häfen nicht angelaufen werden können.[400]

135 Streicht der Reiseveranstalter im Prospekt die Umfahrung Grönlands deutlich heraus, kann diese aber wegen Packeises und Fehlen eines zugesicherten **Eisbrechers** nicht durchführen, liegt ein Mangel vor.[401] Wird eine Flusskreuzfahrt um eine **Teilstrecke verkürzt**, so liegt darin ein Reisemangel.[402]

136 Einen Mangel erkannte das AG Frankfurt a. M. für **Bügelschäden** an Kleidungsstücken an.[403] Wer auf einer Kreuzfahrt durch die Karibik mit Schweizer **Folklore** unterhalten wird, kann dies als Mangel empfinden.[404] Hingegen erkannte das LG Hamburg jodelnde Schweizer auf einer »Folklore-Kreuzfahrt« nicht als Mangel an.[405]

137 Eine Kreuzfahrt birgt an sich schon einen Erholungswert und stellt nicht nur einen Transport dar, so dass **ein Tag an Bord nicht nutzlos aufgewendete Zeit** ist.[406] Wenn der Reisende vier Tage im Hotel statt auf dem Schiff verbringt, so ist dies kein Mangel, wenn dieser Ersatzreiseverlauf bereits im Katalog angekündigt wurde.[407]

138 Wird eine Reise als »**ökumenische Kreuzfahrt**« mit Leistungen wie Gottesdienste, Bibelarbeit, Vorträge, Besichtigungen ausgeschrieben, muss dem Reisenden ohne besonderen Hinweis klar sein, dass er keine gewöhnliche Erholungskreuzfahrt gebucht hat. Es bedarf bei einer solchen Reise – wie bei einer Studienreise – keines besonderen Hinweises auf körperliche Anstrengungen.[408] Es ist kein Mangel, wenn das Schiff nur auf Reede anlegt und beim **Ausbooten** von einem der eingesetzten Boote in ein anderes wegen eines Motorschadens umgestiegen werden muss, **bestimmte Sicherheitsnormen** (hier: Sicherheitsvorschriften SOLAS für Rettungsboote) nicht eingehalten wurden, wenn eine objektive Gefährdung oder Beeinträchtigung nicht erkennbar ist, das **Frühstück** wegen eines

399 AG Königstein RRa 1996, 162.
400 AG Bonn RRa 1999, 87.
401 LG Frankfurt a. M. RRa 1995, 169 (30 %).
402 AG Stuttgart RRa 1995, 9 (10 %).
403 AG Frankfurt a. M. NJW-RR 1993, 1328.
404 LG Frankfurt a. M. NJW-RR 1993, 951.
405 LG Hamburg NJW-RR 1993, 1465.
406 AG Bonn RRa 1996, 231.
407 AG Ludwigsburg RRa 1998, 67.
408 AG Stuttgart RRa 1998, 156.

Landausflugs bereits um 5 Uhr serviert wurde und schließlich vor der Durchfahrt des Kanals von Korinth nicht geweckt wurde.[409]

Keinen Mangel stellt es dar, wenn in den Kabinen **keine Schränke** vorhanden waren und die Zwei-Bett-Kabine mit vier Betten ausgestattet war, von denen jedoch nur zwei belegt waren.[410] Aus der Zusicherung, das Schiff sei »**behindertengerecht**«, können keine Schlussfolgerungen auf das Vorhandensein bestimmter Einrichtungen gezogen werden.[411] Verschiedene kleinere Mängel, die je für sich eine bloße Unannehmlichkeit sind, summieren sich nicht zu einem i. S. von § 651 c relevanten Mangel.[412] **139**

4.2. Erlebnis- und Abenteuerreisen

Die Wahl einer völlig anderen Route als der in der Prospektbeschreibung angekündigten bei einer geführten **Trecking-Reise**, die zu einer Änderung des Reisecharakters geführt hat, sowie das zeitweilige Fehlen einer sachkundigen Führung sowie zusätzliche Autotransporte begründen einen Mangel der Reise.[413] Ein zur Minderung berechtigender Reisemangel liegt vor, wenn bei einer Extremexpedition notwendige **Sicherheitsvorkehrungen** fehlen.[414] Eine fehlende **deutschsprachige Reiseleitung** auf Expeditions- und Rundreisen wird als Mangel anerkannt[415] und zwar auch dann, wenn die deutschsprachige Reiseleitung von einem inländischen Reiseveranstalter nicht ausdrücklich angekündigt wird.[416] **140**

Die Ausschreibung als **Wanderreise** – ohne konkreten zeitlichen Rahmen – verpflichtet den Veranstalter nicht zur Durchführung von Wanderungen, die jeweils den gesamten Tag ausfüllen. Ein Reisemangel entfällt, wenn die Abweichung vom geplanten Reiseverlauf auf einen Wunsch der Reiseteilnehmer zurückgeht.[417] Weist der Reiseveranstalter im Prospekt einer **Hochgebirgstour in Tibet** darauf hin, dass die Reise eine sehr gute Konstitution erfordert, so hat der Reisende eigenverantwortlich zu prüfen, ob er diesen Anforderungen gewachsen ist. Es stellt daher keinen Reisemangel dar, wenn der Reiseleiter sich weigert, **141**

409 AG Stuttgart RRa 1998, 156.
410 AG Königstein RRa 1996, 150.
411 AG Offenbach RRa 1996, 242.
412 OLG Frankfurt a. M. RRa 1993, 50.
413 OLG Düsseldorf VuR 1995, 213.
414 LG Frankfurt a. M. RRa 1995, 67.
415 LG Düsseldorf RRa 1997, 134 (nur englisch bei USA-Rundreise: 20 %); AG Frankfurt a. M. NJW-RR 1998, 709 (nur arabisch: 20 %).
416 AG Heidelberg RRa 1995, 13.
417 AG Hagen RRa 1995, 203.

den Reisenden auf die Tour mitzunehmen, weil er die körperliche Verfassung des Reisenden als hierfür nicht ausreichend ansieht.[418]

142 Der Reisende muss sich auf Pannen, Störungen und Unbequemlichkeiten einstellen.[419] Es stellt keinen Reisemangel dar, wenn für eine **Fahrt im Landrover** im Jemen eine Mindestteilnehmerzahl von 4 Personen genannt ist, die Fahrt aber mangels Beteiligung nur mit einer Reisenden durchgeführt wird.[420] Wenn der Reiseveranstalter in seinem Katalog ausführt, dass der Bestand an Schwarzwild genauso hervorragend sei wie der Bestand an Hirschen, so bedeutet dies nicht, dass dieselbe Anzahl von Schwarzwild und Hirschen im vereinbarten **Jagdrevier** vorhanden sein muss.[421]

4.3. All inclusive-Reisen

143 Der Reisende einer all inclusive-Reise kann ein Umzugsangebot nicht deswegen ablehnen, weil er im Ersatzquartier die Leistungen zunächst selbst bezahlen muss.[422] Die Pflicht zum **Tragen eines Plastikarmbandes** halten die Gerichte teils für eine bloße Unannehmlichkeit,[423] teils für einen Mangel.[424]

4.4. Fortuna- und Roulettereisen[425]

144 Auch bei einer »Fortunareise« muss ein gewisser **Mindeststandard** gegeben sein, denn in diesem Fall sind lediglich solche Gewährleistungsansprüche ausgeschlossen, die sich aus der Lage und dem Standort des Hotels ergeben[426], sofern nicht bestimmte Zusagen Vertragsinhalt geworden sind.[427] Die Unterbringung in einem 70 km von Cancun entfernten Fischerort ist jedenfalls nicht vertragsgemäß,[428] ebenfalls nicht in einem FKK-Hotel.[429]

418 AG Stuttgart Bad Cannstatt RRa 1996, 240; ähnlich auch AG München RRa 1997, 195.
419 AG Heidelberg RRa 1995, 13.
420 AG Frankfurt a. M. NJW-RR 1998, 709.
421 AG Stuttgart RRa 1996, 37.
422 LG Düsseldorf RRa 1997, 116.
423 LG Köln RRa 1999, 212; LG Hamburg RRa 1999, 214; AG Hannover RRa 1998, 94; AG Kleve RRa 1999, 115; AG Charlottenburg RRa 1999, 139.
424 AG München RRa 1999, 193 (10%) = NJW-RR 1999, 1146; AG Köln RRa 1998, 193; AG Baden -Baden NJW 1999, 1340; LG Frankfurt a. M. RRa 1997, 52, mit Anm. von *Führich*, S. 230 sowie *Tempel*, NJW 1997, 2206 und 2213.
425 Allgemein dazu *Kaller/Schäfer*, RRa 1995, 78.
426 AG Flensburg RRa 1999, 48.
427 OLG Frankfurt a. M. RRa 1994, 48.
428 LG Frankfurt a. M. NJW-RR 1993, 435.
429 AG Düsseldorf NJW-RR 1999, 1147 (5% Minderung).

Es ist dem Reisenden grundsätzlich **verwehrt, Gewährleistungsansprüche wegen der örtlichen Lage oder des Umfeldes** der ihm zugewiesenen Unterkunft zu erheben.[430] Außerdem kann der Reisende mit dem Einwand, er sei mit dem zugewiesenen Hotel nicht einverstanden, nicht gehört werden, wenn eine durchschnittliche Unterkunft zur Verfügung gestellt wird.[431] Das Hotel kann am oberen oder unteren Rand der gebuchten Kategorie angesiedelt sein, **geschuldet wird nicht mittlere Art und Güte**. Bezieht sich die Fortunareise auf eine bestimmte Hotelkategorie, kann der Reisende erwarten, dass die im Prospekt enthaltene »Kategorisierungstabelle« zur Anwendung kommt.[432] Die Unterbringung in einem Appartement anstatt in einem Hotelzimmer stellt keinen Mangel dar.[433] Wenn der Preis einer Roulettereise nicht über dem Normalpreis der untersten Kategorie liegt, darf in dieser untergebracht werden.[434] 145

4.5. Billigreisen

Bucht der Reisende aufgrund eines **Sonderangebots** des Reiseveranstalters eine Flugpauschalreise ohne konkret beschriebene Leistungen, sind **Einschränkungen** hinsichtlich des Hotelstandards und der sonstigen Gegebenheiten am Zielort (wie Diskomusik und Baulärm) **hinzunehmen.**[435] Der Standard einer Urlaubsreise richtet sich, soweit nicht Zusicherungen vorliegen, nach dem **Preis.** Bei einer 17-tägigen all inclusive-Reise nach Sri Lanka für DM 1.599,– sind eine Bahnlinie hinter dem Hotel, eine Schlange unter dem Liegestuhl, eine Ratte im Treppenhaus und Kakerlaken auf der Toilette ebenso wenig ein Mangel wie ein Draht auf der Liegewiese und die Nähe eines Dorfes.[436] 146

4.6. Gruppenreisen

Auch bei einer **Jugendreise** durch Irland darf als Mindeststandard erwartet werden, dass für Männer und Frauen **getrennte Waschgelegenheiten** vorhanden sind.[437] Für minderjährige Mädchen muss eine **weibliche Betreuung** vorhanden sein.[438] Bei einer **Sonderreise zum Weltfrauenkongress** 1995 in Peking muss der Reiseveranstalter darauf hinweisen, dass die Teilnahme an den Veran- 147

430 AG Bad Homburg RRa 1995, 203.
431 AG Hamburg RRa 1995, 71.
432 LG Frankfurt a. M. NJW-RR 1994, 178.
433 AG Düsseldorf RRa 1998, 196.
434 OLG Düsseldorf VuR 1991, 287 = NJW-RR 1991, 1202.
435 AG Hamburg RRa 1995, 109.
436 AG Nürnberg NJW-RR 1999, 567.
437 AG Bielefeld RRa 1996, 204 (2,5 %).
438 AG Bielefeld RRa 1999, 156.

staltungen nur möglich ist, wenn sich die Teilnehmerinnen vorher registrieren lassen.[439] Das LG Berlin ging jedoch von einem Mitverschulden in Höhe von einem Drittel aus, weil der Reisenden die Fragen nach den Teilnahmebedingungen zuzumuten war.

4.7. Hochzeitsreisen

148 Bucht ein Reisender eine dreiwöchige Urlaubsreise mit einer »Hochzeitspauschale«, liegt ein Mangel vor, wenn am Hochzeitstag die Teilleistung **»Abenddinner« nicht erbracht** wurde.[440]

4.8. Sprachreisen

149 Mehrfach haben sich die Gerichte mit der Qualität von Sprachkursen auseinandergesetzt. So befand das LG Frankfurt a. M. eine **Wohnküche** als einen ungeeigneten Ort für die Durchführung eines Sprachkurses.[441] Das LG Hannover gewährte eine Minderung von 20 %, weil der Sprachkurs mangelhaft war.[442] Bei einer Sprachreise nach England soll die Unterbringung in einer **englischstämmigen Gastfamilie** nicht geschuldet sein.[443]

4.9. Studienreisen

150 **Anstrengende Wanderungen** für eine 72-Jährige sind kein Mangel.[444] Ebenso wenig liegt ein Mangel vor, wenn im Prospekt von »nicht zu anstrengenden« Führungen die Rede ist, eine ältere Reisende aber gleichwohl wegen der Fußwege eine größere Anzahl von Exkursionen auslassen muss.[445]

439 LG Berlin RRa 1997, 75 (75 %); AG Tempelhof-Kreuzberg RRa 1996, 248 (80 %).

440 LG Hamburg RRa 1997, 62 (30 %) mit kritischer Anmerkung *Schmid* sowie *Tempel*, RRa 1997, 131.

441 LG Frankfurt a. M. VuR 1990, 270 = NJW-RR 1990. 1210.

442 LG Hannover VuR 1991, 243 = NJW-RR 1992, 50.

443 AG Heidelberg RRa 1998, 171.

444 LG Frankfurt a. M. RRa 1993, 29.

445 LG Heidelberg FVE ZivR 1983, Nr. 412 und 467 (doppelt abgedruckt).

§ 651 d [Minderung]

(1) **Ist die Reise im Sinne des § 651 c Abs. 1 mangelhaft, so mindert sich für die Dauer des Mangels der Reisepreis nach Maßgabe des § 472.**

(2) **Die Minderung tritt nicht ein, soweit es der Reisende schuldhaft unterlässt, den Mangel anzuzeigen.**

Übersicht:

1. Anspruch auf Minderung, Abs. 1

1.1. Allgemeines

Minderung bedeutet Herabsetzung des Reisepreises, d. h. der Reisende kann den Preis kürzen oder, wenn er wie regelmäßig schon gezahlt hat, einen **Teilbetrag** vom Reiseveranstalter **zurück verlangen**. Das Minderungsrecht ist ein charakteristisches Gewährleistungsrecht der im BGB geregelten Schuldverträge und taucht im Kauf-, Miet- und Werkvertragsrecht auf. Daran knüpft auch § 651 d an. Im Unterschied zum Werkvertragsrecht besteht der Minderungsanspruch **neben dem Abhilfe- und Selbstabhilfeanspruch** nach § 651 c. Es kann also solange gemindert werden, wie der Mangel vorhanden ist. Besteht der Mangel während der gesamten Reise, so ist der ganze Reisepreis zu mindern. Fällt der Mangel während der Reise durch Abhilfe, Selbstabhilfe oder ohne Zutun eines der Vertragspartner weg (z. B. die lärmerzeugenden Bauarbeiten werden beendet), so ist der Teil des Reisepreises zu mindern, der auf den Zeitraum entfällt, in dem die Reise mangelhaft war. Das Gleiche gilt, wenn der Mangel erst während der Reise auftritt. Ob ein Mangel auf den bereits verbrachten mangelfreien Teil der Reise so **zurückwirken** kann, dass sich die gesamte Reise als nutzlos erweist, war bislang streitig,[1] ist aber jetzt vom BGH bejaht worden.[2] 1

1 Dafür: LG Frankfurt a. M. NJW-RR 1990, 1396; OLG Düsseldorf NJW-RR 1990, 187 und NJW-RR 1990, 573; dagegen: LG Frankfurt a. M. NJW-RR 1993, 1330; LG Hannover NJW-RR 1989, 633; LG Düsseldorf RRa 2000, 12.

2 RRa 2000, 85 = NJW 2000, 1188.

2 Die Berechnung der Minderung läuft immer auf einen vagen **geschätzten Prozentsatz** mit allen Folgen für das Prozessrisiko hinaus. Daran können weder Tabellen[3] noch der vom Gesetz gewiesene Berechnungsmaßstab etwas ändern. Letzterer hat geringe praktische Bedeutung; er verweist auf die kaufrechtliche Vorschrift des § 472. § 472 hat jedoch insofern Bedeutung, als er eine verhältnismäßige Herabsetzung des Preises vorschreibt. Deswegen kann die Minderung nicht in einem festen Betrag bestehen, sondern muss in einem Prozentsatz des Reisepreises ausgedrückt werden. Das Gericht kann einen Einzelmangel auch höher bewerten als der Reisende.[4]

3 Die inzwischen h. M. sowohl in der Judikatur wie in der Literatur legt bei der Minderung den **Gesamtpreis** und nicht nur den auf die mangelhafte Teilleistung entfallenden Teilpreis zugrunde. Dieser Auffassung ist zuzustimmen, denn der Mangel einer Reiseleistung setzt auch den Wert der anderen, mangelfreien Reiseleistungen für den Kunden herab. Insbesondere ist die Beförderung kein Wert an sich, sondern lediglich Mittel zum Zweck.

4 Nach einer zurückgehenden Ansicht, die auf das LG Hannover begründet wurde,[5] ist lediglich der auf die mangelhafte Reiseleistung entfallende **Teilreisepreis** zu mindern. Diese Auffassung wird von den Gerichten heute nur noch selten vertreten,[6] in der Literatur von *Isermann*.[7]

5 Gegen die Mindermeinung kann allerdings nicht eingewendet werden, sie erfordere Einsicht in die betriebsinternen Kalkulationen der Reiseveranstalter, denn die Teilpreise für Unterkunft und Beförderung lassen sich leicht durch einen Blick auf die Katalogpreise für Verlängerungswochen ermitteln. Die unterschiedliche Berechnungsweise bedeutet im Ergebnis **keinen allzu großen Unterschied**, denn wenn man lediglich die einzelne mangelhafte Reiseleistung als Bezugsmaßstab wählt, muss man selbstverständlich um einen höheren Prozentsatz mindern, als wenn der Gesamtreisepreis gemindert würde.[8]

3 Vgl. unten zur Frankfurter Tabelle Rn. 6 ff.

4 AG Hamburg RRa 1999, 173.

5 LG Hannover NJW 1984, 2417; NJW-RR 1989, 633; ebenso AG Hannover FVE ZivR 1983, Nr. 483; LG Düsseldorf MDR 1988, 965; AG Berlin-Charlottenburg VersR 1984, 373; AG Sankt Blasien MDR 1986, 757.

6 OLG Celle RRa 1995, 163. Das LG Hannover vertritt sie nicht mehr, NJW-RR 1999, 1004.

7 *Isermann*, Rn. 39.

8 Dass die Quoten je nach Berechnungsmaßstab unterschiedlich sein müssen, erkennt auch das LG Hannover an: NJW 1984, 2417, 2419, so auch *Isermann*, a. a. O.

1.2. Frankfurter Tabelle

Letztlich führt für die Praxis **kein Weg an der Benutzung von Tabellen vorbei.** 6
Es hilft nicht weiter, wenn man einerseits zu Recht betont, dass die Minderung nur vage geschätzt werden kann, andererseits aber Tabellen für unzulässig hält. Es sei aber die **Warnung vor einem schematischen Gebrauch** der Tabellen wiederholt.[9]

Die Frankfurter Tabelle wurde 1985 von der 24. Zivilkammer des LG Frankfurt 7
veröffentlicht.[10] In der Tabelle werden zu den wesentlichen Teilen einer Pauschalreise, nämlich Unterkunft, Verpflegung, Nebenleistungen und Beförderung, typische Mängel aufgelistet und für jeden Mangel ein Minderungsprozentsatz mit einer gewissen Bandbreite genannt. Aufgrund der Erläuterungen ergeben sich Ab- und Zuschläge bei bestimmten Verpflegungsarten, sowie Höchstgrenzen, so dass sich keine Minderungssätze von mehr als 100 % errechnen lassen.

Die übrigen Gerichte haben sich zur Frankfurter Tabelle teilweise zurückhaltend 8
bis ablehnend,[11] und teilweise vorsichtig zustimmend[12] verhalten. Für Frankfurter Prozesse ist zu beachten, dass die Tabelle direkt nur im Rechtszug zur Reiserechtskammer (24. Kammer) als Berufungskammer des LG zur Anwendung kommt, dagegen nicht im Rechtszug LG-OLG. Durch die Anhebung der Beschwerdesumme entscheiden auch immer mehr Amtsgerichte abschließend in Reiserechtsstreitigkeiten und sind insofern auch im Bezirk des LG Frankfurt nicht an dessen Tabelle gebunden, so dass die **Bedeutung der Frankfurter Tabelle bedauerlicherweise abnimmt**.

1.3. Verhältnis zu anderen Ansprüchen

Voraussetzung für eine Minderung ist ein **Mangel** gemäß § 651 c Abs. 1. Liegt 9
ein Mangel vor, so muss zunächst ein Abhilfeverlangen gemäß § 651 c Abs. 2 gestellt werden. Für die Zeit bis zur erfolgreichen Abhilfe kann jedoch bereits Minderung verlangt werden. In dem Abhilfeverlangen gemäß § 651 c Abs. 2 ist

9 Vgl. oben Einleitung Rn. 33 f.

10 NJW 1985, 113 mit Erläuterungen von *Tempel*, NJW 1985, 97; Ergänzung in NJW 1994, 1639; abgedruckt im Anhang.

11 OLG Hamburg NJW 1985, 3030, 3031; AG Sankt Blasien MDR 1986 757; AG Frankfurt a. M. NJW-RR 1991, 954; OLG Stuttgart (6. Senat) RRa 1994, 28 mit Anmerkung *Noll*; LG Hamburg NJW-RR 1996, 117 (nicht bei Sonderreisen); RRa 1998, 76 = NJW-RR 1998, 708.

12 OLG Düsseldorf NJW-RR 1986, 280; LG Berlin NJW-RR1990, 1018; AG Frankfurt a. M. NJW-RR 1998, 812; NJW-RR 1991, 954; AG Bad Homburg NJW-RR 1997, 819; NJW-1997, 1341; AG Mannheim RRa 1997, 120; AG Hanau RRa 1997, 112; AG Hamburg RRa 1998, 45, 46; LG Hamburg NJW-RR 1996, 117; LG Münster MDR 1992, 450.

zugleich die nach § 651 d Abs. 2 erforderliche Mängelanzeige zu sehen. Der Reisende kann seiner Minderungsansprüche nur dadurch verlustig gehen, dass er den Mangel nicht oder nicht rechtzeitig anzeigt (dazu sogleich).

10 Ein Mangel begründet regelmäßig auch einen **Schaden** im Sinne des § 651 f Abs. 1. Ein Anspruch kann sowohl aus § 651 d Abs. 1 wie aus § 651 f Abs. 1 begründet sein. Der Anspruch aus § 651 d Abs. 1 ist insofern leichter geltend zu machen, als er kein Verschulden voraussetzt. Auch bei § 651 f Abs. 1 gilt das Erfordernis der Mängelanzeige.[13]

2. Die Anzeigepflicht, Abs. 2

2.1. Form und Adressat

11 Der Kunde kann Minderung nur dann verlangen, wenn er den Mangel am Urlaubsort **angezeigt** hat, § 651 d Abs. 2. Eine **Form** ist dafür **nicht vorgeschrieben** und darf wegen des zwingenden Charakters der Vorschrift auch durch AGB nicht festgelegt werden. Sinn der Vorschrift ist, den Reiseveranstalter vor Ansprüchen zu schützen, die nicht entstanden wären, wenn ihm **Gelegenheit zur Abhilfe** gegeben worden wäre. Wer also klaglos einen mangelhaften Urlaub erlitten hat, kann hinterher keine Minderungsansprüche mehr geltend machen, auch wenn er die Frist des § 651 g einhält.

12 Die Anzeige muss **alsbald nach Auftreten des Mangels** erfolgen. Dies verlangt auch Art. 5 Abs. 4 der EG-Pauschalreiserichtlinie, der insoweit jedoch nicht ausdrücklich in deutsches Recht umgesetzt wurde. Nimmt der Kunde mangelhafte Leistungen eine Woche lang hin und beschwert sich erst dann, so läuft er Gefahr, dass ihm das Minderungsrecht für die Vergangenheit aberkannt wird. Das gilt aber nicht, wenn er einen bis zwei Tage gewartet hat, vielleicht in der Hoffnung, der Grund seiner Beanstandungen werde sich von allein erledigen.

13 Die Anzeige hat **gegenüber dem Reiseveranstalter** zu erfolgen. Das ist unproblematisch, wenn der Reiseveranstalter eine **örtliche Reiseleitung** unterhält, die dann als Vertreter des Reiseveranstalters gilt. Existiert keine örtliche Reiseleitung, ist grundsätzlich der **Reiseveranstalter an seinem Firmensitz** zu verständigen, sofern dies zumutbar ist.[14] Zulässig ist jedenfalls eine Klausel in Allgemeinen Reisebedingungen, wonach der Reisende verpflichtet ist, seine Beanstandungen unverzüglich der örtlichen Reiseleitung zur Kenntnis zu bringen, oder, falls dies nicht möglich ist, die Zentrale des Reiseveranstalters im Inland zu

13 Vgl. unten § 651 f Rn. 3 f.

14 Zu den Ausnahmen dieses Prinzips siehe unten Rn. 18 ff.

informieren, sofern der Kunde gleichzeitig darauf hingewiesen wird, dass die Minderung nur bei schuldhaft unterlassener Mängelanzeige nicht eintritt.[15]

Ob die Anzeige gemäß § 651 d Abs. 2 auch wirksam an den **Leistungsträger** 14
gerichtet werden kann, ist umstritten. Dafür spricht, dass ein im Reiserecht nicht bewanderter Reisender sich bei einem Mangel der Unterkunft in erster Linie an die Hotelrezeption wenden wird, zumal wenn eine örtliche Reiseleitung nicht vorhanden ist oder nicht täglich im Hotel erreichbar ist. Eine Abhilfe durch den Leistungsträger dürfte aus der Sicht des Reisenden in vielen Fällen schneller möglich sein als durch Einschalten des Reiseveranstalters. Es entlastet auch den Reiseveranstalter, wenn er bei kleineren, relativ leicht behebbaren Mängeln nicht eingeschaltet wird. Man sollte den Reisenden, der diesen nahe liegenden und häufig zweckmäßigen Weg beschreitet, nicht »bestrafen«, in dem man ihm die Minderung versagt, wenn die Beschwerde bei der Rezeption wider Erwarten nichts fruchtet und der Reisende dann doch noch – entweder »verspätet« oder gar nach Reiseende – beim Reiseveranstalter rügt. Das LG Frankfurt a. M. ließ in einer früheren Entscheidung die Anzeige beim Leistungsträger genügen.[16] Dies kann man nicht verallgemeinern, denn der Leistungsträger wird im Regelfall kein Interesse daran haben, die Anzeige an den Reiseveranstalter weiterzuleiten. Er diskreditiert dadurch seine Leistung. Man sollte deswegen mit *Bernreuther* lediglich im Einzelfall eine **Duldungs- oder Anscheinsvollmacht** annehmen.[17] Dieser Weg versperrt zwar schematische Lösungen, bringt aber das Interesse des Reisenden, eine bloße Anzeige beim Leistungsträger für ausreichend halten zu dürfen, und das Interesse des Reiseveranstalter, an solchen Anzeigen nicht festgehalten zu werden, wenn er den Anschein der Vollmacht des Leistungsträgers zerstört, in ein ausgewogenes Verhältnis.

Wie ausgeführt (Rn. 11) genügt stets eine mündliche Anzeige. Gleichwohl wer- 15
den in der Praxis häufig sog. **Mängelprotokolle** erstellt. Dies ist zwar zulässig, kann aber nicht dazu führen, dass der Reisende wegen eines Mangels keine Minderung mehr geltend machen kann, wenn er nicht ins Protokoll aufgenommen wurde, sofern er ihn nur angezeigt hat und dies beweisen kann. Auf keinen Fall darf die Geltendmachung von Minderungsrechten davon abhängig gemacht werden, dass der Kunde bei der Erstellung eines Mängelprotokolls mitwirkt.

Ein **vorbehaltloses Mängelprotokoll** führt dazu, dass sich der Reiseveranstalter 16
daran festhalten lassen muss und nicht mehr bestreiten kann, dass die dort aufgeführten Mängel bestanden haben.[18] Meistens werden die Protokolle jedoch

15 OLG Frankfurt a. M. NJW 1985, 143.

16 NJW 1985, 330.

17 *Bernreuther*, Die Pauschalreise, 1981, S. 102, 103; *ders.*, DAR 1985, 51 f.

18 So mit überzeugender Begründung *Führich*, Rn. 256.

mit einem Vermerk »**zur Kenntnis genommen**« abgezeichnet. Das LG Frankfurt a. M. wollte auch darin ein Anerkenntnis der Mängel sehen,[19] andere Gerichte dagegen zu Recht nicht.[20] Die striktere Auffassung hätte zur Folge, dass entsprechende Vermerke nicht mehr erteilt würden. Damit ist dem Reisenden nicht gedient, der ein einfaches Beweismittel haben möchte, dass er seiner Anzeigepflicht nachgekommen ist.[21]

17 Der Reisende darf sich weigern, an der Erstellung eines Protokolls mitzuwirken, ohne dass für ihn negative Sanktionen daran geknüpft werden dürfen. Allerdings ist ein solches Verhalten nicht zweckmäßig. Auch wenn es keine Vermutung gibt, dass das Mängelprotokoll vollständig ist, so kann es doch schwierig werden zu beweisen, dass neben in das Protokoll aufgenommenen Mängeln weitere mündlich angezeigt wurden. Der Reisende sollte daher darauf achten, dass das **Protokoll vollständig** ist. Weigert sich der Reiseleiter, bestimmte vom Reisenden vorgebrachte Beanstandungen aufzunehmen, so sollte der Reisende sie vorsichtshalber schriftlich anzeigen, auch wenn eine Rechtspflicht zur Schriftform nicht besteht.

2.2. Entbehrlichkeit

18 Dem Gesetz zufolge verliert der Kunde trotz fehlender Anzeige seine Ansprüche dann nicht, wenn ihn **am Unterlassen der Anzeige kein Verschulden** trifft. Die Anzeigepflicht entfällt auch, wenn die Anzeige **objektiv nicht notwendig** ist.

19 In der Praxis haben sich folgende **Fallgruppen** gebildet:

- Abhilfe ist nicht möglich.[22]
- Die Mängel waren dem Reiseveranstalter vor Reiseantritt bekannt.[23]
- Die örtliche Reiseleitung ist am Ankunftstag nicht erreichbar.[24]

19 LG Frankfurt a. M., NJW 1988, 1219 = VuR 1988, 28 und VuR 1989, 28; zurückhaltender *Seyderhelm,* § 651 d Rn. 95, der eine »gewisse Indizwirkung« annimmt.

20 LG Hannover, VuR 1988, 217 = NJW-RR 1988, 1254; LG Berlin, NJW-RR 1989, 1213.

21 Wie hier *Isermann,* Rn. 31.

22 BGHZ 92, 177, 179 = NJW 1985, 132; OLG Frankfurt NJW 1985, 235, 237; AG Baden-Baden RRa 1994, 12; AG Hersbruck RRa 1997, 237.

23 LG Frankfurt a. M. NJW 1983, 233, 234; LG Frankfurt a. M. NJW-RR 1986, 145 (falsche Reiseausschreibung im Prospekt); a. A. LG Frankfurt a. M. RRa 1998, 43.

24 LG Frankfurt a. M. NJW 1985, 330; NJW-RR 1990, 760; NJW 1991, 631; NJW-RR 1992, 760; LG Köln NJW-RR 1989, 565; LG Düsseldorf MDR 1991, 839; OLG Frankfurt a. M. RRa 1998, 67, 69.

Das **Fehlen** der Mängelanzeige ist auch **unschädlich**, wenn eine **Mängelanzeige zu spät kommen würde**, um den Reiseveranstalter noch in die Lage zu versetzen, Abhilfe zu schaffen. Dies gilt vor allem dann, wenn der Mangel kurz vor Urlaubsende auftritt, eine örtliche Reiseleitung nicht vorhanden ist und eine Benachrichtigung beim Reiseveranstalter nicht vor Urlaubsende eintreffen würde. Eine Mängelanzeige einer Minderjährigen ist entbehrlich.[25] 20

Nach § 3 Abs. 2 lit. g InfVO muss der Reisende **über die Obliegenheit der Mängelanzeige in der Reisebestätigung oder im Katalog unterrichtet** werden. Der Reisende ist im Ergebnis nur dann zur Mängelanzeige verpflichtet, wenn der Reiseveranstalter in der genannten Form darauf hinweist; der Hinweis in den AGB allein reicht nicht. Eine Klausel, in der der Reisende zur Mängelanzeige verpflichtet wird, ohne dass gleichzeitig darauf hingewiesen wird, dass er sein Minderungsrecht dann nicht verliert, wenn er ohne Verschulden den Mangel nicht anzeigt, ist unwirksam.[26] 21

Rügt der Reisende **verspätet**, z. B. eine Woche nach Auftauchen des Mangels, und kann der Reiseveranstalter den Mangel nicht beheben, so muss der Reiseveranstalter dennoch Minderung ab Eintritt des Mangels und nicht erst ab Anzeige akzeptieren, weil vermutet wird, dass er auch zu einem früheren Zeitpunkt den Mangel nicht beseitigen konnte, es sei denn, er entkräftet diese Vermutung.[27] 22

25 AG Bielefeld RRa 1999, 156.

26 OLG Frankfurt a. M. NJW 1985, 145.

27 BGHZ 92, 177, 179 = NJW 1985, 132; OLG Frankfurt a. M. NJW 1983, 235.

§ 651 e [Kündigung wegen Mangels]

(1) [1]Wird die Reise infolge eines Mangels der in § 651 c bezeichneten Art erheblich beeinträchtigt, so kann der Reisende den Vertrag kündigen. [2]Dasselbe gilt, wenn ihm die Reise infolge eines solchen Mangels aus wichtigem, dem Reiseveranstalter erkennbaren Grund nicht zuzumuten ist.

(2) [1]Die Kündigung ist erst zulässig, wenn der Reiseveranstalter eine ihm vom Reisenden bestimmte angemessene Frist hat verstreichen lassen, ohne Abhilfe zu leisten. [2]Der Bestimmung einer Frist bedarf es nicht, wenn die Abhilfe unmöglich ist oder vom Reiseveranstalter verweigert wird oder wenn die sofortige Kündigung des Vertrages durch ein besonderes Interesse des Reisenden gerechtfertigt wird.

(3) **[1]Wird der Vertrag gekündigt, so verliert der Reiseveranstalter den Anspruch auf den vereinbarten Reisepreis. [2]Er kann jedoch für die bereits erbrachten oder zur Beendigung der Reise noch zu erbringenden Reiseleistungen eine nach § 471 zu bemessende Entschädigung verlangen. [3]Dies gilt nicht, soweit diese Leistungen infolge der Aufhebung des Vertrags für den Reisenden kein Interesse haben.**

(4) [1]Der Reiseveranstalter ist verpflichtet, die infolge der Aufhebung des Vertrags notwendigen Maßnahmen zu treffen, insbesondere, falls der Vertrag die Rückbeförderung umfasste, den Reisenden zurückzubefördern. [2]Die Mehrkosten fallen dem Reiseveranstalter zur Last.

Übersicht:

1. Systematische Stellung

1.1. Begriff der Kündigung

Der Begriff »Kündigung« würde bei üblicher Verwendung bedeuten, dass der Reisevertrag durch die Kündigung nicht etwa rückwirkend aufgehoben wird (ex tunc), wie es bei einem Rücktritt oder einer Wandelung der Fall wäre mit der Folge, dass die bisher ausgetauschten Leistungen zurück gewährt werden müssen. Vielmehr würde der Vertrag erst zum Zeitpunkt der **Kündigung (ex nunc)** unwirksam. Eine solche Regelung erscheint bei einem Reisevertrag auf den ersten Blick auch angemessen, da der Reisende die erhaltenen Leistungen infolge Zeitablauf nicht zurück gewähren kann. Diese klare **Trennung zwischen Kündigung** einerseits **und Rücktritt** bzw. Wandelung andererseits wird durch § 651 e Abs. 3, 4 jedoch **verwischt**. Danach verliert der Reiseveranstalter den Anspruch auf den Reisepreis, es treten stattdessen Vorschriften in Kraft, die ihrer Art nach der Rückabwicklung eines ex tunc unwirksamen Vertrages dienen und dabei lediglich berücksichtigen, dass eine Seite die erhaltenen Leistungen nicht zurück gewähren kann. **Rückabwicklungsvorschriften** für diesen Fall finden sich jedoch auch bei der Wandelung, z. B. durch den Verweis beim kaufrechtlichen Wandlungsrecht auf die Rücktrittsvorschriften der §§ 346 ff. Der Sache nach hat der Gesetzgeber in 651 e Abs. 3, 4 Rückabwicklungsvorschriften geschaffen, welche die im Falle einer Wandelung in Kraft tretenden Rücktrittsvorschriften der §§ 346 ff. für die besondere Situation im Reisebereich inhaltlich ersetzen, ihnen funktionell aber entsprechen.[1] Damit unvereinbar ist die Verwendung des Begriffs »Kündigung«. 1

Die Ausübung dieses Kündigungsrechts führt dazu, dass sich der Reisevertrag in ein **Rückabwicklungsverhältnis** umwandelt. Die gegenseitigen Leistungspflichten der Parteien gehen unter; die Rückabwicklung bemisst sich nach § 651 e Abs. 3, 4. **Kündigung und Minderung** können daher **nicht nebeneinander** geltend gemacht werden; der Minderwert der Reiseleistung wird bei der Rückabwicklung berücksichtigt. 2

Nach überwiegender Auffassung kann der Reisende auch **vor Reiseantritt kündigen**, wenn ein erheblicher Mangel droht und der Reiseveranstalter ihm nicht abhelfen kann.[2] Dies ist z. B. der Fall, wenn der Reiseveranstalter vor Reiseantritt 3

1 Der auf *Wolter* (MünchKomm-*Wolter*, 2. Aufl., § 651 e Rn. 1) zurückgehende Begriff »modifizierte Wandelung« hat allgemein Zustimmung gefunden, Soergel-*Eckert*, § 651 e, Rn. 3; *Führich*, Rn. 306; *Seyderhelm*, § 651 d Rn. 2.

2 LG Düsseldorf NJW-RR 1987, 177; das LG Frankfurt a. M. wendet § 651 i an: NJW-RR 1986, 1616; NJW-RR 1987, 178; in der Literatur für Anwendung des § 651 e auch vor Reiseantritt

auf erhebliche Beeinträchtigungen hinweist. Durch den Hinweis gibt er zu erkennen, dass sie nicht zu beseitigen sind.

1.2. Verhältnis zu anderen Rücktritts- und Kündigungsrechten

4 Der Reisende kann gemäß **§ 651 a Abs. 4** vom Vertrag zurücktreten oder die Teilnahme an einer mindestens gleichwertigen **Ersatzreise** verlangen, wenn der Reiseveranstalter entweder den Preis um mehr als 5 % ändert oder eine wesentliche Reiseleistung erheblich geändert wird. Dieser Anspruch besteht **alternativ zum Rücktrittsrecht** gemäß § 651 e.

5 Dem Reisenden steht vor Reiseantritt das **Rücktrittsrecht nach § 651 i** zu. Dieses Recht kann ohne Angabe eines Grundes ausgeübt werden, ist aber mit der Zahlung von Stornogebühren verbunden. Der Reisende steht sich also besser, wenn er vor Reiseantritt bei einem drohenden erheblichen Mangel nach § 651 e bzw. bei einer erheblichen Leistungsänderung nach § 651 a Abs. 4 vorgeht.

6 Nach **§ 651 j** können Reisende und Reiseveranstalter den Reisevertrag bei **höherer Gewalt** kündigen. Die Rückabwicklung erfolgt in diesem Fall anders als bei § 651 e, und zwar zugunsten des Reiseveranstalter, der auch für Reiseleistungen, an denen der Reisende kein Interesse mehr hat, eine Entschädigung verlangen kann. Außerdem werden bei § 651 j die **Mehrkosten** infolge der Kündigung, insbesondere die einer vorzeitigen Rückreise, **zwischen den Parteien geteilt**, während sie bei § 651 e vom Veranstalter zu tragen sind. Das Gesetz stellt jedoch klar, dass im Anwendungsbereich der Kündigung wegen höherer Gewalt gemäß § 651 j eine Kündigung gemäß § 651 e nicht möglich ist. Mit dieser 1994 eingeführten Änderung beseitigt der Gesetzgeber eine frühere Rechtsprechung des BGH, der ein Wahlrecht zwischen § 651 e und § 651 j eingeräumt hatte, falls höhere Gewalt zu einem erheblichen Mangel führt.[3] Diese Auffassung war in der Literatur überwiegend abgelehnt worden.[4]

7 Ob dem Reisenden auch ein Kündigungsrecht **aus wichtigem Grund** zusteht, das grundsätzlich bei allen Dauerschuldverhältnissen zu gewähren ist, mag dahinstehen.[5] Richtigerweise ist die »Kündigung« gemäß § 651 e als Rücktritt zu qualifizieren; es handelt sich beim Reisevertrag gerade nicht um ein Dauerschuldverhältnis. Angesichts der weitgehenden Kündigungs- und Rücktritts-

---

Bechhofer, § 651 e Anm. II; *Bidinger/Müller*, § 651 e Anm. 3; *Führich*, Rn. 308; *Seyderhelm*, § 651 e Rn. 3.

3 BGHZ 85, 50 – Mauritius.

4 *Teichmann*, JZ 1990, 1117; *Wolter*, AcP 183 (1983) 35, 51; *Führich*, Rn. 437; *Seyderhelm*, Rn. 5; *Tempel*, S. 556; Soergel-*Eckert*, § 651 e Rn. 4.

5 Für Kündigungsrecht aus wichtigem Grund und Dauerschuldverhältnis, *Führich*, Rn. 309.

möglichkeiten im geschriebenen Recht kommt der Frage aber kaum praktische Bedeutung zu.

2. Voraussetzungen der Kündigung

2.1. Erheblicher Mangel, Abs. 1

Das Kündigungsrecht hat **drei** Voraussetzungen: 8

- einen Mangel,
- eine erhebliche Beeinträchtigung oder eine Unzumutbarkeit,
- ein fruchtloses Abhilfeverlangen.

Was ein Mangel ist, ergibt sich aus § 651 c Abs. 1.

Eine **erhebliche Beeinträchtigung** liegt vor, wenn eine **Reiseleistung gänzlich** 9 **fehlt**. Als erhebliche Beeinträchtigung sind anerkannt worden das Nichtvorhandensein des Gepäcks ab dem 4. Tag bei einer 14-tägigen Reise,[6] der Ausfall eines kulturhistorisch besonders wichtigen Teils – Jordanien – bei einer Studienreise in den vorderen Orient,[7] das Fehlen von Animateuren bei einem Aktivurlaub,[8] das Fehlen einer ordnungsgemäßen Reisebegleitung bei einer Studienreise,[9] ein Doppelzimmer anstelle eines gebuchten Drei-Zimmer-Appartements,[10] Unterbringung für die Hälfte der Reisezeit in einem nicht gleichwertigen Ersatzquartier,[11] Doppelzimmer an einer Hauptstraße statt ruhigem 2-Zimmer-Appartement,[12] Nebenhaus mit Bauernhauscharakter statt Mittelklassehotel,[13] einfaches Stadthotel statt Luxus-Beach-Hotel,[14] nicht fertig gestellte Appartements ohne zugesagte Zimmereinteilung,[15] Ersatzhotel in 150 km Entfernung,[16] privates Appartement zusammen mit anderen Mitreisenden statt Doppelzimmer,[17] Doppelzimmer mit Zusatzbett statt Doppelzimmer und Einzelzimmer,[18] unzu-

6 LG Hannover NJW 1985, 2903.
7 OLG München OLGZ 1983, 83.
8 LG Hannover NJW 1984, 2418.
9 LG Frankfurt a. M. MDR 1985, 141.
10 OLG Düsseldorf NJW RR 1986, 1175.
11 OLG Düsseldorf NJW-RR 1986, 1175.
12 AG Bad Homburg NJW-RR 1997, 501.
13 LG Frankfurt a. M. NJW-RR 1991, 1341.
14 LG Frankfurt a. M. NJW-RR 1992, 1083.
15 OLG Düsseldorf NJW-RR 1998, 53.
16 AG Kleve RRa 1996, 179.
17 LG Kleve RRa 1996, 197.
18 OLG Frankfurt a. M. RRa 1995, 224.

reichender Einbruchschutz und Überfall,[19] sexuelle Belästigung im Einflussbereich des Hotels,[20] zwei Tage lang nicht erreichbare Reiseleitung,[21] Abflugverzögerung von mehr als 10 Stunden,[22] zwei Doppelzimmer ohne Kochnische statt Appartement mit Kochnische und Selbstverpflegung,[23] Nichtbeförderung, wenn der Zubringerbus für eine Kreuzfahrt nicht am vereinbarten Hotel abfährt,[24] Wassereinbruch mit durchnässten Kojen auf einer Hochseesegelreise,[25] Änderung des Abflug- oder Ankunftsort vor Reiseantritt ohne wichtigen Grund,[26] Abflugverschiebung von 15 Stunden bei 6-tägiger Reise,[27] Pflicht zum Tragen eines nicht abnehmbaren Armbandes in all-inclusive-Hotel, wenn darauf nicht vor Buchung hingewiesen wird,[28] völlig mangelhafte Sprachreise;[29] Unterbringung in einem Hotel mit Blick auf eine Tankstelle statt »kleinem und idyllisch gelegenen« Hotel.[30]

10 Teilweise in Widerspruch zu den soeben zitierten Urteilen soll **keine erhebliche Beeinträchtigung** vorliegen bei Moskitos und Kakerlaken,[31] bei Flugverzögerungen,[32] bei Unterbringung in einem gleichwertigen Hotel in 10-Autominuten-Entfernung mit Kleinkind, wenn die mitreisende Oma im gebuchten Hotel bleibt,[33] bei fehlender Kinderbetreuung.[34]

11 In der Rechtsprechung hat sich inzwischen weitgehend eine Quantifizierung der Erheblichkeit durchgesetzt. Die 24. Kammer des LG Frankfurt a. M. setzt die

19 AG Frankfurt a. M. NJW RR 1995, 1264.

20 LG Frankfurt a. M. NJW 1984, 17 62.

21 LG Köln NJW-RR 1989, 565; LG Frankfurt a. M. NJW-RR 1996, 888.

22 LG Aachen MDR 1989, 817.

23 LG Frankfurt a. M. NJW-RR 1990, 699.

24 AG Frankfurt a. M. RRa 1995, 73.

25 OLG Düsseldorf NJW-RR 1995, 314.

26 LG Kleve RRa 1997, 229.

27 LG Frankfurt a. M. RRa 1997, 43; vgl. auch AG Bielefeld NJW-RR 1998, 924 (12 Stunden bei $3^1/_2$-tägiger Städtereise).

28 LG Frankfurt a. M. RRa 1997, 52 = NJW 1997, 2246; a. A. aber zahlreiche andere Gerichte, vgl. die Nachweise oben Anhang zu § 651 c: Mängelliste Rn. 143.

29 LG Frankfurt a. M. NJW-RR 1990, 1210.

30 LG Düsseldorf RRa 2000, 28.

31 OLG Düsseldorf NJW-RR 1993, 315; LG Frankfurt a. M. NJW-RR 1992, 630; LG Frankfurt a. M. NJW-RR 1993, 1146; AG Bonn RRa 1996, 220.

32 LG Hannover NJW-RR 1986, 602; AG Düsseldorf RRa 1997, 101 = NJW -RR 1998, 51 (13 Stunden), AG Hamburg RRa 1996, 44 (Vorverlegung um 10 Stunden), AG Wiesbaden RRa 1997, 121 (Abflugverzögerung um 5 Stunden und Wechsel des Abflugortes von Frankfurt a. M. nach Brüssel), OLG Düsseldorf RRa 1997, 221 (Ausfall eines Reisetages infolge dreistündigem Transfer).

33 AG Bad Homburg NJW-RR 1996, 306.

34 LG Hannover NJW-RR 1998, 194.

Erheblichkeitsschwelle bei Mängeln an, die zu einer **Minderung von 20 %** berechtigen würden.[35] Dem haben sich wenige andere Gerichte angeschlossen.[36] Dem LG Frankfurt a. M. zufolge ist die Erheblichkeitsschwelle von 20 % bereits erreicht, wenn die 20 % beim mangelhaften Teil der Reise erfüllt sind; 20 % des Gesamtreisepreises sind nicht erforderlich.[37]

Die Mehrzahl der Gerichte geht dagegen im Anschluss an das LG Hannover[38] von **50 %** aus.[39] Auch hier müssen die 50 % nur bei dem mangelbehafteten Teil der Reise erreicht werden. Der Vorzug der 50 %- Schwelle liegt darin, dass damit die Erheblichkeit identisch wie bei § 651 f Abs. 2 definiert wird, denn dort sind sich alle einig, dass sie bei 50 % liegen soll.[40] M. E. erschwert jedoch das Erfordernis von zugrunde liegenden Mängeln in Höhe von 50 % die Ausübung des Kündigungsrechts zu sehr. Auch bei § 651 f Abs. 2 liegt die Schwelle von **50 % zu hoch**. Man sollte deswegen bei beiden Vorschriften einheitlich von einem Drittel des Reisepreises ausgehen.[41] 12

Die oben zitierten Urteile belegen jedoch, dass mit einer Quantifizierung das Problem der Erheblichkeit allein nicht zu lösen ist, es vielmehr auf eine wertende Betrachtung des Einzelfalles ankommt. Die Gerichte »errechnen« vielfach die Erheblichkeit nicht, sondern stellen darauf ab, ob die Fortsetzung der Reise zumutbar ist.[42] 13

Der Reisende kann ferner auch bei nicht erheblicher Beeinträchtigung kündigen, wenn ihm die **Fortsetzung der Reise aus einem wichtigen**, dem Reiseveranstalter erkennbaren **Grund nicht zuzumuten** ist. Wie aufgezeigt, berücksichtigen die Gerichte die Zumutbarkeit bereits weitgehend bei der Erheblichkeit. Es 14

35 Ständige Rechtsprechung seit NJW 1983, 2884; später z. B. VuR 1990, 155; NJW-RR 1990, 699; NJW-RR 1992, 1083; NJW-RR 1993, 61; RRa 1995, 67; RRa 1995, 89; RRa 1997, 42.

36 OLG Frankfurt a. M. RRa 1994, 48; RRa 1995, 224; LG Frankfurt a. M. (20. Kammer), RRa 1995, 67; AG Essen RRa 1996, 252; RRa 1997, 104.

37 LG Frankfurt a. M. NJW-RR 1992, 1083.

38 NJW-RR 1986, 213; VuR 1991, 243 = NJW-RR 1992, 50; NJW-RR 1998, 194; vgl. auch *Isermann*, Rn. 50.

39 LG Frankfurt a. M. (21. Kammer) VuR 1992, 235 mit Anm. *Tonner;* LG Köln MDR 1991, 840; OLG Stuttgart RRa 1994, 28 mit Anm. *Noll;* LG Stuttgart RRa 1994, 28; AG Stuttgart RRa 1996, 151; LG Bonn RRa 1996, 83; RRa 1996, 223; LG Kleve NJW- RR 1997, 1140; LG Düsseldorf RRa 2000, 28, das aber nicht schematisch auf 50% abstellen will (in concreto: 40%); zustimmend zu 50% *Bechhofer,* § 651 e Anm. III 1.

40 Vgl. unten § 651 f Rn. 34 ff.

41 Vgl. ausführlicher MünchKomm-*Tonner,* § 651 e Rn. 7; zustimmend *Führich,* Rn. 311 (30 %), für 30 % auch KG MDR 1982, 317; LG Köln MDR 1991, 840.

42 So insbesondere das OLG Düsseldorf NJW-RR 1986, 1175; NJW-RR 1989, 1078; NJW-RR 1993, 315; OLG Frankfurt a. M. RRa 1995, 224; ebenso *Seyderhelm,* § 651 e Rn. 14 ff.; ähnlich Soergel-*Eckert,* § 651 e Rn. 7 (»Umstände des Einzelfalls«).

wird neben den objektiven ein subjektiver Grund gestellt, wobei allerdings das Vorliegen eines »wichtigen Grundes« sich nicht nach dem beliebigen Ermessen des Reisenden richtet. Vielmehr ist auf verständige Erwägungen eines durchschnittlichen Reisenden in der betreffenden Situation abzustellen. Die Begründung zum Regierungsentwurf nennt als Beispiel einen Körperbehinderten, der ein bestimmtes Hotel bucht, weil es für Behinderte geeignet ist, und dann in einem Ersatzhotel untergebracht wird, das zwar der gleichen Kategorie angehört, aber für Behinderte nicht geeignet ist.[43] Eine Unzumutbarkeit liegt auch vor, wenn ein auf Diätverpflegung angewiesener Reisender entgegen einer Zusage keine Diätverpflegung erhält.[44]

2.2. Abhilfeverlangen, Abs. 2

15 Das Kündigungsrecht hängt davon ab, dass der Kunde zunächst eine **angemessene Frist zur Abhilfe** gesetzt hat. Dies ist die gleiche Voraussetzung wie beim Selbsthilferecht nach § 651 c Abs. 3.[45] Der Reisende muss mit der Fristsetzung keine Kündigungsandrohung verbinden. Er ist also frei, nach Ablauf der Frist entweder gemäß § 651 c Abs. 3 im Wege der Selbstabhilfe vorzugehen oder gemäß § 651 e den Vertrag zu kündigen.

16 Wenn der Reiseveranstalter aufgrund des Abhilfeverlangens mit Fristsetzung die Mängel soweit beseitigt, dass die verbleibenden Mängel nicht mehr erheblich sind, entfällt das Kündigungsrecht.[46]

17 In folgenden Fällen muss der Reisende keine Frist setzen, kann also gleich kündigen:

1. Die Abhilfe ist **unmöglich**, wobei es auf objektive Unmöglichkeit ankommt.[47]
2. Der **Reiseveranstalter verweigert die Abhilfe**, wozu auch das Bestreiten von Mängeln gehört.[48]
3. Der Reisende hat ein **besonderes Interesse** an der sofortigen Kündigung.

---

43 BT-Drucks. 8/786, S. 23 f.

44 *Führich*, Rn. 313.

45 Siehe oben § 651 c Rn. 42 ff.

46 LG Offenburg NJW-RR 1997, 626.

47 *Führich*, Rn. 315.

48 *Bidinger/Müller*, § 651 e Anm. 11; *Führich*, Rn. 315.

Dies nimmt die Rechtsprechung vor allem dann an, wenn die Reiseleitung nicht vorhanden ist[49] oder der Reiseveranstalter widersprüchliche oder unklare Angaben über die Erreichbarkeit der Reiseleitung macht.[50] Ein besonderes Interesse ist auch dann zu bejahen, wenn die Mängel so zahlreich sind, dass es aussichtslos erscheint, sie vor Urlaubsende zu beseitigen.[51]

3. Rechtsfolgen der Kündigung

3.1. Abwicklung des gekündigten Vertrags, Abs. 3

Mit der Ausübung der Kündigung **erlischt der Anspruch** des Reiseveranstalter **auf den Reisepreis.** Normalerweise wird der Reisende die Vergütung jedoch bereits vor Antritt der Reise entrichtet haben. Der Vertrag wandelt sich damit in ein **Rückabwicklungsverhältnis** um. 18

Gleichwohl verliert der Reiseveranstalter nicht jeden Zahlungsanspruch. Er kann vielmehr eine **Entschädigung für die erbrachten** und **noch zu erbringenden Reiseleistungen** verlangen, § 651 e Abs. 3 Satz 2. Als Berechnungsmodus verweist die Vorschrift auf § 471. § 471 will erreichen, dass nicht einfach der Wert der mangelhaften Sachen (hier: Reiseleistungen) vom Gesamtpreis abgezogen wird, sondern dass ein etwaiges Abweichen des Reisepreises vom Wert der mangelfreien Reise in seiner Relation erhalten bleibt. Der Bezug auf § 471 hat jedoch wenig praktische Bedeutung, da regelmäßig Anhaltspunkte dafür fehlen, inwieweit der tatsächliche Wert der Reise vom Reisepreis abweichen soll. 19

Nach der gesetzlichen Konzeption kann der Reiseveranstalter für eine mangelhafte Reiseleistung auch keine teilweise Vergütung verlangen. Das Gesetz ist gerade nicht den Weg gegangen, für eine mangelhafte Reiseleistung dem Reiseveranstalter einen geminderten Reisepreis zuzusprechen. Vielmehr spricht es von »Entschädigung«. Die Bezugnahme auf die Wandelungsvorschrift des § 471 bringt zum Ausdruck, dass die **mangelhafte Reiseleistung ohne Vergütung** bleiben soll. Im Ergebnis bedeutet dies, dass der Reiseveranstalter nur für mangelfreie Reiseleistungen eine Entschädigung verlangen kann, nicht jedoch für mangelhafte Reiseleistungen, derentwegen der Reisende gekündigt hat. 20

---

49 LG Frankfurt a. M. NJW-RR 1991, 880; NJW-RR 1996, 888; OLG Karlsruhe NJW-RR 1988, 954 (Wohnmobilveranstalter); a. A. AG Frankfurt a. M. RRa 2000, 9 (Reiseveranstalter war per Fax erreichbar).

50 LG Frankfurt a. M. NJW-RR 1991, 1076 = VuR 1991, 358; NJW-RR 1991, 378.

51 AG Bielefeld RRa 1995, 152.

21 In der **Praxis** wird jedoch regelmäßig ein **anderer Weg** beschritten. Der Reisende muss als Entschädigung den Teil des Gesamtreisepreises bezahlen, der dem Verhältnis der tatsächlichen Reisedauer zur vertraglich vereinbarten Reisedauer entspricht. Dies gilt uneingeschränkt jedoch nur für mangelfreie Teile der Reise. **Für mängelbehaftete Teile wird derjenige Preis zugrunde gelegt, der sich nach der Kürzung um eine berechtigte Minderung ergibt**. Hat beispielsweise der Reisende eine dreiwöchige Reise zum Preis von DM 2.400,– gebucht und der Reisende wegen erheblicher Lärmbeeinträchtigung, die eine Minderung von 25 % erlauben würde, am Ende der zweiten Woche gekündigt, so beträgt die Entschädigung zwei Drittel des Gesamtreisepreises, gekürzt um 25 %, also DM 1.200,-. Wenn die Lärmbeeinträchtigung erst nach der ersten Woche aufgetreten wäre, wäre nur die Hälfte der Entschädigung zu kürzen, so dass eine Entschädigung von DM 1.400,– zu zahlen wäre. Diese Berechnungsweise hat vor allem den Vorteil, dass auch der Preis für die Beförderungsleistung anteilig gekürzt wird, auch wenn die Beförderungsleistung selber einwandfrei ist.[52] Dies ist gerechtfertigt, denn der Reisende wollte die Beförderungskosten für die volle Länge des Urlaubs aufwenden und nicht nur für die durch die Kündigung gekürzte Zeit.

22 Der Reiseveranstalter kann jedoch auch mangelfreie Leistungen dann **nicht in** seine **Entschädigungsrechnung einstellen**, wenn sie infolge der Aufhebung des Vertrags für den Reisenden **kein Interesse** mehr haben, § 651 e Abs. 3 Satz 3. Diese Vorschrift hat in erster Linie praktische Bedeutung bei einer einwandfreien Beförderungsleistung, wenn die Unterkunft gravierende Mängel aufweist und der Reisende deswegen kündigt. Beispiel: Der Reisende findet bei der Ankunft am Urlaubsort eine völlig ungeeignete Unterkunft vor und kündigt deswegen sogleich. Das Gleiche gilt für an sich einwandfreie Nebenleistungen wie eine örtliche Reiseleitung. In diesem Fall kann der Reiseveranstalter gar keine Entschädigung verlangen.

23 Auch wenn der Reisende nicht sogleich zurückreist, ist die **Beförderungsleistung nicht voll zu entschädigen**, weil der Reisende ein Interesse an der Beförderungsleistung nur hinsichtlich des ursprünglich geplanten vollständigen Urlaubs hatte. Durch die Kürzung des Urlaubs infolge der Kündigung entfällt auch das Interesse an der Beförderungsleistung in entsprechender Relation, denn die Beförderungskosten können im Verhältnis zu der Zeit, in welche der Urlaub mangelfrei war, in ein Missverhältnis geraten. Wenn beispielsweise eine dreiwöchige Flugreise gebucht ist, nach einer Woche jedoch eine Großbaustelle neben dem Hotel eröffnet wird, war die Beförderungsleistung für den Reisenden für die eine ordnungsgemäße Woche zwar noch »von Interesse«, aber er hat die

52 Vgl. *Tempel*, NJW 1985, 97, 102; LG Frankfurt a. M. NJW 1984, 1762 und NJW-RR 1986, 55.

Beförderungskosten für drei und nicht für eine Woche Urlaub aufwenden wollen. Für die Woche wären sie ihm möglicherweise viel zu teuer geworden. Die Beförderungsleistung war für den Reisenden daher nur teilweise von Interesse. Durch die oben dargestellte Berechnung der Entschädigung durch die Rechtsprechung wird diesem Aspekt Rechnung getragen, da auch der auf die Beförderung entfallende Anteil des Reisepreises anteilig gekürzt wird.

Das LG Frankfurt a. M. vertrat früher die Auffassung, dass dann, wenn die Män- **24**
gel so schwer wiegend sind, dass sie zu einer Minderung von mindestens 50 % berechtigt hätten, die mangelhafte Reiseleistung als »ohne Interesse« für den Reisenden anzusehen sei, so dass er nichts zu zahlen hätte.[53] Diese Lösung ist als zu schematisch abzulehnen.

3.2. Rückbeförderung des Reisenden, Abs. 4

§ 651 e Abs. 4 bestimmt, dass der Reiseveranstalter infolge der Kündigung nicht **25**
von jeder Leistungspflicht frei wird. Dies wäre eine für den Reisenden unerträgliche Lage, zumal wenn er sich im Ausland befindet, die ihn von der Ausübung einer an sich berechtigten Kündigung oft genug abhalten würde. Das Gesetz sieht deshalb vor, dass der Reiseveranstalter »die infolge der Aufhebung des Vertrags notwendigen Maßnahmen zu treffen« hat, insbesondere die **Rückbeförderung**, wenn diese Vertragsbestandteil war. Zu den notwendigen Maßnahmen gehört insbesondere die **Weitergewährung von Unterkunft und Verpflegung**, soweit diese nach dem Vertrag zu gewähren war, bis zum nächstmöglichen Zeitpunkt der Rückreise.[54] Der kündigende Reisende kann also nicht einfach auf die Straße gesetzt werden. Ist die Rückbeförderung Vertragsbestandteil, so ist es Sache des Reiseveranstalters, für die Rückbeförderung zu sorgen, z. B. Flugzeugplätze zu besorgen und einen Transfer zum Flughafen durchzuführen. Ist die Rückbeförderung dagegen kein Vertragsbestandteil, kann der Reisende die Unterkunfts- und Verpflegungsleistungen bis zum nächsten zumutbaren Aufbruchtermin verlangen. Handelt es sich z. B. um eine PKW-Reise, muss er sich nicht auf eine Nachtfahrt verweisen lassen, sondern kann noch eine Übernachtung beanspruchen. Desgleichen kann er eine der Kündigung folgende Mahlzeit verlangen. Den Reiseveranstalter trifft allerdings keine Rückbeförderungspflicht, wenn die Reise aus in der Sphäre des Reisenden liegenden Gründen abgebrochen wird.[55]

53 LG Frankfurt a. M. NJW 1984, 1762; NJW-RR 1986, 55.
54 Vgl. Begründung zum Regierungsentwurf, BT-Drucks. 8/786, S. 22.
55 AG Düsseldorf RRa 1999, 197; AG Baden-Baden RRa 1994, 31.

26 Verletzt der Reiseveranstalter die sich aus § 651 e Abs. 4 ergebenden Verpflichtungen, so macht er sich dem Reisenden gegenüber **schadenersatzpflichtig**. Eine solche Vertragspflichtverletzung kann darin bestehen, dass er sich nicht um die Rückbeförderung kümmert oder den Reisenden sogleich nach der Kündigung auf die Straße setzt. In diesem Falle kann der Reisende als Schadenersatz Ersatzunterkunft und Verpflegung sowie die **Kosten einer selbst organisierten Rückbeförderung** verlangen.[56] Eine solche Rückbeförderung muss ihrer Art nach der vertraglich vorgesehenen entsprechen. Auch wenn der Reiseveranstalter auf die Kündigung überhaupt nicht reagiert, macht er sich schadenersatzpflichtig und muss die Kosten einer selbst organisierten Rückreise tragen.

27 Der Reisende kann allerdings **nicht auf eigene Faust die Rückreise antreten**, ohne vom Reiseveranstalter zuvor die Rückbeförderung verlangt zu haben, auch wenn er zur Kündigung berechtigt ist, und danach Ersatz seiner Aufwendungen verlangen. Vielmehr muss er stets zuvor dem Reiseveranstalter Gelegenheit geben, die Rückbeförderung durchzuführen. Der Reiseveranstalter wird die Rückbeförderung regelmäßig kostengünstiger organisieren können als der Reisende, so dass der Reisende sich bei einer Selbstorganisation, zu der es keinen Anlass gab, einen Abzug seiner Aufwendungen wegen Verstoßes gegen die Schadensminderungspflicht gefallen lassen muss.

28 Der Reiseveranstalter muss auf jeden Fall etwaige **Mehrkosten der Rückbeförderung** tragen, § 651 e Abs. 4 Satz 2. Die außerplanmäßige Rückbeförderung des Reisenden wird häufig aufwendiger sein als die zum vertraglich vorgesehenen Zeitpunkt. Hierzu gehören zunächst einmal Kosten, um die außerplanmäßige Rückbeförderung in Gang zu setzen, z. B. Telefon- und Faxkosten. Der Reiseveranstalter wird u. U. einen zusätzlichen Flughafentransfer einrichten müssen. Der zusätzliche und kurzfristig zu arrangierende Rückflug wird häufig teurer sein als der zunächst vorgesehene. Der Reiseveranstalter muss den Reisenden jedoch sofort zurückbefördern und darf ihn nicht 2–3 Tage warten lassen, bis eine für ihn günstigere Rückflugmöglichkeit zur Verfügung steht.[57]

29 Auch bis zum Antritt der Rückreise können Mehrkosten entstehen, z. B., wenn im gebuchten Hotel kein Zimmer frei ist, ein vertragsgemäßes Ersatzquartier nicht aufgetrieben werden kann und der Reisende bis zum Antritt der Rückreise irgendwie untergebracht werden muss. Alle diese Kosten darf der Reiseveranstalter nach § 651 e Abs. 4 Satz 2 nicht auf den Reisenden umlegen. Die Vorschrift ist daher geeignet, den Reiseveranstalter anzuhalten, alle Möglich-

---

56 Vgl. Soergel-*Eckert*, § 651 e Rn. 18; *Führich*, Rn. 326; für nur teilweisen Ersatz *Seyderhelm*, § 651 e Rn. 52.

57 So auch LG Frankfurt a. M. NJW 1985, 143.

keiten einer Abhilfe gemäß § 651 c Abs. 2 sorgfältig zu prüfen und den Reisenden eventuell sogar in einer etwas teureren Ersatzunterkunft unterzubringen, um die noch höheren Kosten abzuwenden, die bei einer Kündigung auf ihn zu kämen.

§ 651 f [Schadenersatz]

(1) **Der Reisende kann unbeschadet der Minderung oder der Kündigung Schadenersatz wegen Nichterfüllung verlangen, es sei denn, der Mangel der Reise beruht auf einem Umstand, den der Reiseveranstalter nicht zu vertreten hat.**

(2) **Wird die Reise vereitelt oder erheblich beeinträchtigt, so kann der Reisende auch wegen nutzlos aufgewendeter Urlaubszeit eine angemessene Entschädigung in Geld verlangen.**

Übersicht:

1. Voraussetzungen des Anspruchs nach § 651 f Abs. 1

1 Das Gesetz enthält neben dem Minderungsanspruch nach § 651 d auch noch einen Schadenersatzanspruch gemäß § 651 f Abs. 1. Die Minderung ist immer auf eine teilweise prozentuale oder sogar vollständige Rückzahlung des Reisepreises gerichtet, aber auch darauf beschränkt. Gemindert werden kann ferner nur bei einem Mangel. Schadenersatzansprüche sind dagegen prinzipiell **vom Reisepreis unabhängig**. Sie setzen einen **Schaden** des Kunden voraus, der allerdings auch, aber nicht notwendigerweise darin bestehen kann, dass er den Reisepreis umsonst aufgewendet hat.[1] Typische Schäden sind Schäden an Gesundheit oder Eigentum des Reisenden. **Schadenersatzansprüche und Minderungsansprüche** können auch kumuliert werden.

2 Für **Sachschäden** können Schadenersatzansprüche gemäß § 651 h auf den **dreifachen Reisepreis** beschränkt werden. Für **Personenschäden** ist die Haftung seit der Umsetzung der EG-Pauschalreiserichtlinie dagegen **unbeschränkbar**, so dass

1 A. A. *Führich*, Rn. 330, der der Auffassung ist, dass die Ansprüche aus §§ 651 d und 651 e vorrangig sind.

es nicht mehr notwendig ist, bei höheren Schäden auf Deliktsrecht auszuweichen, was früher vielfach praktiziert wurde. Der deliktische Anspruch ist dagegen immer noch wegen der Möglichkeit eines Schmerzensgeldes gemäß § 847 interessant.[2] Eine Haftungsbeschränkung kann ferner auf internationale Übereinkommen gestützt werden, was vor allem im Beförderungsbereich von Bedeutung ist.[3] Schadenersatzansprüche nach § 651 f unterliegen den Fristen des § 651 g, d. h., sie müssen innerhalb eines Monats nach Reiseende angemeldet werden.

Sehr umstritten ist, ob ein Schadenersatzanspruch nach § 651 f Abs. 1 eine **Mängelanzeige** gemäß § 651 d Abs. 2 oder ein fruchtloses Abhilfebegehren gemäß § 651 c Abs. 3 oder § 651 e Abs. 2 voraussetzt. **Der BGH verlangt dies**[4]. Er begründet dies rechtssystematisch damit, dass § 651 f insoweit nicht der Werkvertragsvorschrift des § 635, sondern der Mietvertragsvorschrift des § 538 Abs. 1 nachgebildet sei, weil der Anspruch aus § 651 f neben den Ansprüchen aus §§ 651 c bis 651 e und nicht statt ihrer (so § 635) geltend gemacht werden kann. Der BGH hält dieses Ergebnis für interessengerecht, weil der Reiseveranstalter Gelegenheit haben muss, dem Mangel abzuhelfen und der Reisende sich unredlich verhielte, wenn er Mängel still schweigend in Kauf nimmt, um hinterher daraus Regressansprüche abzuleiten.[5] 3

Im Schrifttum wird zum Teil die **Gegenauffassung** vertreten. Dies wird rechtssystematisch begründet. Über die Schadensminderungspflicht des § 254 kommen jedoch auch diese Autoren zu einer Kürzung des Schadenersatzanspruches, wenn der Reisende den Mangel nicht am Urlaubsort anzeigt und damit eine Obliegenheit verletzt hat.[6] 4

Der BGH[7] hat auch klargestellt, dass der Reisende **für denselben Mangel nicht kumulativ Minderung und Schadenersatz** verlangen kann. Der durch eine Minderung abgegoltene Vermögensverlust kann nicht noch einmal als Schadenersatz geltend gemacht werden. Dem Reisenden muss vielmehr ein über den Minderwert der Reise hinausgehender Schaden entstanden sein, wobei der Gesetzgeber im Rahmen des § 651 f Abs. 1 an **Begleit- und Folgeschäden** gedacht hat.[8] Das bedeutet aber nicht, dass ein Anspruch nicht alternativ auf § 651 d 5

2 Vgl. *Bidinger/Müller*, Anhang zu § 651 f Anm. 1.
3 Vgl. unten § 651 h Rn. 15 ff.
4 BGHZ 92, 132 = NJW 1985, 132.
5 Im Ergebnis ebenso OLG Düsseldorf NJW-RR 1989, 735; LG Hannover NJW 1984, 1226; *Eberle*, DB 1979, 344, 345; *Tempel*, S. 535 f.; *Führich*, Rn. 337; *Isermann*, Rn. 29; *Seyderhelm*, § 651 f Rn. 10.
6 Vgl. etwa *Teichmann*, JZ 1979, 737, 747; *Blaurock/Wagner*, JURA 1985, 169, 172; Erman-*Seiler*, § 651 f Rn. 4; ausführlich *Eckert*, S. 119 ff.
7 BGHZ 92, 132 = NJW 1985, 132.
8 BT-Drucks. 8/786, S. 29.

Abs. 1 oder § 651 f Abs. 1 gestützt werden kann; es besteht Anspruchskonkurrenz. Jedoch kommt dem keine große praktische Bedeutung zu, da die formalen Voraussetzungen – die Mängelanzeige gemäß § 651 d Abs. 2 und die Ein-Monatsfrist gemäß § 651 g Abs. 1 – die gleichen sind und § 651 f Abs. 1 darüber hinaus Verschulden des Reiseveranstalters verlangt. Praktisch wird § 651 f Abs. 1 daher nur für über den Minderwert der Reise hinausgehende Schäden.

6 Solche Schäden können sein:

(1) **Körperverletzungen** infolge von Unfällen, sei es auf der Beförderung, sei es bei einer zur Reise gehörenden Sportveranstaltung, sei es im Hotel. Rechtsprechungsbeispiele sind ein Jeep-Unfall,[9] die Explosion eines Gasherdes in einem Appartement[10] oder Erkrankungen infolge verdorbener Speisen.[11] Wird der Reisende durch verdorbene Speisen krank, so ist auch der Urlaub entwertet und der Reisepreis infolgedessen nutzlos aufgewendet. Der Reisepreis wird damit auch zu einem Schadensposten, jedoch erst ab Eintritt der Erkrankung.[12] Ausnahmsweise kann bei einer schweren Erkrankung oder einem folgenschweren Unfall der ganze Urlaub nutzlos geworden sein.[13] Der Reiseveranstalter haftet jedoch nicht, wenn der Reisende am Swimmingpool ausgerutscht ist.[14]

(2) Der **Verlust oder die Beschädigung von Gepäck** bei der Beförderung. Hierbei sind die beförderungsrechtlichen Haftungsbeschränkungsmöglichkeiten zu beachten, die wegen § 651 h auf den Reisevertrag durchschlagen.[15] Der Reiseveranstalter muss auch angemessene Kosten für Ersatzbeschaffungen erstatten und dafür einen Vorschuss leisten.[16] Ein Haftungsausschluss für derartige Schäden ist unzulässig.[17]

(3) Die Beschädigung von **Eigentum des Reisenden** durch Bedienstete der Leistungsträger (Beispiel: Bügelschäden an der Kleidung bei einer Kreuzfahrt).[18]

---

9 OLG Düsseldorf NJW-RR 1991, 55.
10 LG Frankfurt a. M. NJW 1983, 2264.
11 LG Hannover VuR 1987, 217; VuR 1989, 252; LG Frankfurt a. M. NJW-RR 1990, 1396; NJW-RR 1993, 1330.
12 LG Frankfurt a. M. NJW-RR 1993, 1330.
13 BGH RRa 2000, 85 = NJW 2000, 1188; LG Frankfurt a. M., NJW-RR 1990, 1336.
14 LG Frankfurt RRa 2000, 14.
15 Vgl. unten § 651 h Rn. 15 ff. und die dortigen Rechtsprechungsbelege.
16 OLG Frankfurt a. M. MDR 1984, 667, 668.
17 LG Bamberg RRa 1998, 192.
18 AG Frankfurt a. M. NJW-RR 1993, 1328. Zu weit gehend AG Ludwigsburg RRa 1998, 114 (Beschädigung einer Jacke im Durchleuchtungsgerät eines Flughafens).

(4) Reine **Vermögensschäden**, insbesondere nutzlose Aufwendungen und Mehraufwendungen infolge von Mängeln. Dazu gehören Taxi- und Telefonkosten,[19] Kosten für die An- und Abreise bei abgesagter oder gekündigter Unterbringung mit eigener Anreise,[20] Kosten eines Ersatz- oder Anschlussfluges,[21] Kosten einer Schädlingsbekämpfung.[22] Das LG Frankfurt a. M. nimmt eine nach § 651 f Abs. 1 zu ersetzende Mehraufwendung auch dann an, wenn der Reisende vor Reiseantritt zurücktritt, weil der Veranstalter das gebuchte Objekt nicht zur Verfügung stellen kann und der Reisende dann einen teureren Ersatzurlaub bucht.[23] Dies ist abzulehnen, weil derartige Aufwendungen als Kosten der Selbstabhilfe gemäß § 651 c Abs. 3 zu qualifizieren sind.[24] Der Schadenersatzanspruch des Reisenden kann wegen eines Mitverschuldens gemäß § 254 herabzusetzen sein. Dies hat die Rechtsprechung angenommen, wenn ein Reisender seine Jacke im Transferbus liegen lässt,[25] wenn ein Reisender nicht darauf achtet, dass seine Koffer aus dem Taxi ausgeladen werden,[26] wenn ein Reisender sein Gepäckstück zum Rücktransport in die Hotel-Lobby stellt, ohne es zu kennzeichnen,[27] oder wenn er die Datumsangaben auf dem Flugticket nicht mit der Reisebestätigung vergleicht und ihm dadurch Abweichungen entgehen.[28]

Der **Unterschied zwischen** dem über § 651 d auszugleichenden Vermögensverlust wegen eines **Minderwerts der Reise und einem Schaden** im Sinne des § 651 f Abs. 1 mag am Beispiel des Verlustes von Gepäck erläutert werden. Der Umstand, dass der Reisende den Urlaub ohne sein Gepäck verbringen muss, führt zu einem Mangel und berechtigt zur Minderung, auch wenn das Gepäck später wieder auftaucht. Bleibt das Gepäck endgültig verloren, kann der Reisende für den Vermögensverlust, der im Verlust seines Eigentums am Gepäck und in der Beeinträchtigung der Reise liegt, sowie für etwaige Ersatzbeschaf- 7

19 LG Hannover NJW-RR 1987, 496 (Taxi); OLG Düsseldorf NJW-RR, 1989, 1078; LG Berlin NJW-RR 1990, 1018 (Telefonkosten).

20 LG Frankfurt a. M. NJW-RR 1987, 175; LG Köln NJW-RR 1989, 565 (Flugkosten); OLG Düsseldorf NJW-RR 1998, 53 (Kosten des eigenen PKW: 0,52 DM je km).

21 AG Darmstadt RRa 1999, 201, 203; LG Frankfurt a. M. NJW-RR 1991, 690; vgl. auch LG Mönchengladbach NJW-RR 1986, 56.

22 OLG Köln NJW-RR 1993, 252.

23 NJW-RR 1987, 178.

24 Vgl. oben § 651 c Rn. 56 ff.

25 OLG Düsseldorf FVE ZivR 1985, Nr. 542.

26 LG Hannover RRa 1995, 146.

27 OLG Düsseldorf VuR 1991, 37 = NJW-RR 1991, 248.

28 LG Frankfurt a. M. NJW-RR 1994, 310.

fungen während des Urlaubs gemäß § 651 f Abs. 1 Schadenersatz verlangen (eventuell mit Beschränkungen der Höhe nach).[29]

8 Der Schadenersatzanspruch nach § 651 f Abs. 1 setzt das **Verschulden** des Reiseveranstalters voraus, was nach § 276 bedeutet, dass er die im Verkehr erforderliche Sorgfalt außer Acht gelassen hat. Das Verschulden von **Leistungsträgern** wird dem Reiseveranstalter grundsätzlich zugerechnet, weil sie seine **Erfüllungsgehilfen** sind, § 278. Hinsichtlich des Verschuldens gilt jedoch eine **Beweislastumkehr** zu Lasten des Reiseveranstalters. Sie ist durch das Umsetzungsgesetz zur EG-Pauschalreiserichtlinie von 1994 ausdrücklich in den Wortlaut der Vorschrift aufgenommen worden, galt jedoch aufgrund der sog. Nilschiffentscheidung des BGH aus dem Jahre 1987 bereits vorher kraft Richterrechts.[30] Es ging dabei um Gepäckverlust infolge eines Schiffsbrandes, dessen Ursachen nicht mehr aufzuklären waren.

9 Eine größere Rolle spielt die Beweislastumkehr bei **Erkrankungen infolge verdorbener Speisen.** Der Ausgangspunkt der Rechtsprechung besteht darin, dass der Reisende das Auftreten gleicher Krankheitssymptome bei einer Mehrzahl von Reisenden belegt. Dann muss der Reiseveranstalter beweisen, dass die Erkrankung gleichwohl nicht auf verdorbene Speisen zurückzuführen ist.[31] Jedoch überspannt die Rechtsprechung die Anforderungen an den Entlastungsbeweis des Reiseveranstalters keineswegs. So reicht z. B. der Hinweis, dass es bei einer bestimmten Fischsorte niemals mit völliger Sicherheit auszuschließen ist, dass nicht ein giftiges Exemplar in die Speisenzubereitung gelangt.[32]

10 Nach Art. 5 (2) der Pauschalreiserichtlinie darf der Reiseveranstalter **den Beweis mangelnden Verschuldens nur auf unvorhersehbare und nicht abwendbare Versäumnisse eines Dritten, auf höhere Gewalt und auf ein Verschulden des Verbrauchers stützen.**[33] Genau genommen hätte der Umsetzungsgesetzgeber diese beschränkten Entlastungsmöglichkeiten in den Wortlaut des § 651 f Abs. 1 aufnehmen müssen. Der Sache nach sind andere Entlastungsmöglichkeiten jedoch kaum vorstellbar. Im Wege richtlinienkonformer Rechtsanwendung ist der Reiseveranstalter zurückzuweisen, wenn er ausnahmsweise die Entlastung auf einen anderen als einen der drei genannten Gründe stützt.

11 Der **Reiseveranstalter** kann sich dann **entlasten**, wenn der Schaden aus der Sphäre des Reisenden oder eines Dritten stammt. Diese beiden Merkmale sind

29 Vgl. die Erläuterungen zu § 651 h Abs. 2.

30 BGHZ 100, 185 = NJW 1987, 1938 mit Anm. *Teichmann/Theis*, JZ 1987, 826 und Anm. *Tonner*, VuR 1987, 216; *Wolter*, NJW 1988, 396.

31 LG Hannover VuR 1987, 217.

32 Ciguatera-Entscheidung des LG Frankfurt a. M. RRa 1997, 145 mit Anm. *Tonner*, S. 171.

33 Vgl. zu dieser Vorschrift *Tonner*, Reiserecht in Europa, S. 271 ff.

nicht mit Sicherheit abzugrenzen, vor allem dann, wenn es sich um Unfälle handelt, die einerseits durch Unachtsamkeit des Reisenden, andererseits aber auch durch bauliche oder natürliche Gegebenheiten im Umfeld des Hotels verursacht sein können. Hierzu ist zur Abgrenzung zum »allgemeinen Lebensrisiko«[34] und zu den Grenzen der Verkehrssicherungspflicht[35] hinzuweisen. Der Reiseveranstalter kann ferner höhere Gewalt einwenden.[36]

Einige Gerichte haben früher auf das Erfordernis des Verschuldens verzichtet, **12**
wenn der **Leistungsträger** für den Bereich Unterkunft die Haftungstatbestände des **Vermieters** (§§ 537, 538) oder **Gastwirts** (§ 701) verwirklicht.[37] Der Reiseveranstalter soll dann nach den genannten Vorschriften analog haften, sich aber auf die Haftungsbeschränkungsmöglichkeiten des § 651 h berufen dürfen. Nach Einführung der Beweislastumkehr hinsichtlich des Verschuldens in § 651 f dürfte die analoge Gastwirtehaftung weitgehend überflüssig sein. In Rechtsprechung und Literatur wird sie durchweg abgelehnt.[38]

2. § 651 f Abs. 1 und andere Rechtsbehelfe

2.1. Abgrenzung zur positiven Vertragsverletzung

Die oben (Rn. 6) genannten Schäden werden in anderen Vertragstypen weit- **13**
gehend unter dem Gesichtspunkt der positiven Vertragsverletzung erfasst, vor allem Begleit- und Folgeschäden. Dies hat zur Folge, dass im Reiserecht der **Anwendungsbereich für positive Vertragsverletzung verhältnismäßig schmal** ist, was jedoch nicht bedeutet, dass es keine Fälle positiver Vertragsverletzung gibt. Die entscheidende Frage ist, ob es sich bei der jeweiligen Pflicht um eine **Hauptpflicht** – dann § 651 f Abs. 1 – oder eine **Nebenpflicht** – dann positive Vertragsverletzung – handelt.[39] Die Unterscheidung hat praktische Bedeutung, einmal wegen der unterschiedlichen Verjährungsfristen und zum anderen,

34 Oben § 651 c Rn. 28 ff.

35 Unten Rn. 21 ff.

36 Zur Erläuterung des Begriffs und der dazu ergangenen Rechtsprechung unten § 651 j Rn. 6 ff.

37 LG Frankfurt a. M. NJW 1983, 2263; LG Berlin (52. Zivilkammer) NJW 1985, 2425.

38 OLG München RRa 1999, 174; LG Berlin (13. Zivilkammer) NJW 1985, 144; LG Frankfurt a. M. RRa 1994, 157 = NJW-RR 1994, 1477 unter Aufgabe der früheren Rechtsprechung; AG Bad Homburg RRa 1993, 10; AG Neuwied RRa 1994, 157; AG Hamburg RRa 1995, 72; AG Kleve RRa 1996, 102; AG München RRa 1996, 204; AG Stuttgart RRa 1996, 255; *Führich*, Rn. 339; *Bidinger/Müller*, § 651 f Anm. 5; *Eckert*, S. 60; *Seyderhelm*, § 651 c Rn. 51; *Tempel*, RRa 1998, 19, 20.

39 Die Gleichsetzung von Hauptpflichten § 651 f Abs. 1 und von Nebenpflichten mit positiver Vertragsverletzung hat sich inzwischen durchgesetzt, *Führich*, Rn. 182, 331.

weil die Ein-Monatsfrist des § 651 g zwar Ansprüche aus § 651 f Abs. 1, aber nicht aus positiver Vertragsverletzung erfasst.

14 **Hauptpflichten** sind alle jene Pflichten, die nunmehr in der **InfVO** geregelt sind. Die InfVO selber enthält kein Sanktionsinstrumentarium für den Fall ihrer Verletzung. Es ist daher auf §651 f Abs. 1 zurückzugreifen, sofern dem Reisenden durch die Informationspflichtverletzung ein Schaden entstanden ist.[40]

15 Der BGH hat bereits zum bislang geltenden Recht **Hinweispflichten** als Hauptpflicht bezeichnet. In der **Visum-Entscheidung** aus dem Jahre 1985[41] hat er entschieden, dass der Reiseveranstalter den Kunden von sich aus über die Pass- und Visa-Vorschriften informieren muss, es sei denn, er erkennt unmissverständlich, dass der Reisende die notwendige Kenntnis bereits besitzt. Freizeichnungen für **Falschauskünfte** oder die Unterlassung gebotener Hinweise sind unzulässig. Falschauskünfte des Reisebüros sind dem Reiseveranstalter zuzurechnen.[42] Die Informationspflicht über Pass-, Visum- und gesundheitspolizeiliche Erfordernisse ergibt sich nunmehr aus § 2 InfVO.[43] Es darf dem Kunden daher nicht auferlegt werden, selbst für die Einhaltung dieser Erfordernisse zu sorgen.[44] Die Rechtsprechung hat auch einen Buchungsfehler unter § 651 f Abs. 1 subsumiert.[45] Ein Reisebüro, das die Anmietung eines Mietwagens in den USA vermittelt, muss den Reisenden darauf hinweisen, dass ein Mietwagen nur an Personen, die das 25. Lebensjahr erreicht haben, vermittelt wird.[46] Liegt der Wohnort des Reisenden von zwei möglichen Abflugorten gleich weit entfernt, muss dem Reisenden ungefragt der günstigere Flughafen genannt werden.[47]

16 Als bloße **Nebenpflicht** mit der Folge, dass positive Vertragsverletzung vorliegt, ist die Hinweispflicht des Reiseveranstalter vor Reiseantritt auf die **Einrichtung einer Baustelle** angesehen worden; wenn der Reiseveranstalter den Reisenden später unterrichtet, als es ihm bei eingehender Überwachung des Hotels möglich gewesen wäre, schuldet er Schadenersatz gemäß Abs. 2, falls der Reisende infolge der verspäteten Mitteilung keine Ersatzreise mehr buchen kann.[48]

40 So auch *Führich,* Rn. 331.
41 BGH NJW 1985, 1165; a. A. *Tempel*, NJW 1996, 1625, 1627.
42 LG Frankfurt a. M. RRa 2000, 25; vgl. auch *Dewenter,* S. 86 ff.
43 Vgl. oben § 2 InfVO Rn. 4 f. mit Rechtsprechungsbelegen.
44 LG Bamberg RRa 1998, 192.
45 LG Frankfurt a. M. NJW-RR 1986, 727.
46 AG München RRa 1997, 192.
47 AG Bad Homburg RRa 1997, 176.
48 LG Düsseldorf NJW-RR 1987, 176.

In der Literatur wird der Anwendungsbereich des § 651 f Abs. 1 ebenfalls weit gezogen und insbesondere abgelehnt, die von der Rechtsprechung zu § 635 entwickelte Unterscheidung zwischen Mangelschaden und Mangelfolgeschaden auf § 651 f Abs. 1 zu übertragen. Vielmehr umfasst § 651 f Abs. 1 nach richtiger Auffassung **sowohl Mangelschaden wie Mangelfolgeschaden.**[49] 17

Der Reiseveranstalter kann dem Problem der Unterscheidung zwischen Ansprüchen aus § 651 f Abs.1 und positiver Vertragsverletzung dadurch entgehen, dass er einheitlich **alle Ansprüche in AGB der Monatsfrist des § 651 g unterstellt**, obwohl § 651 g seinem Wortlaut nach für positive Vertragsverletzung nicht gilt. Eine solche Regelung enthält z. B. Ziffer 13 der Konditionenempfehlung des DRV.[50] Dies ist zulässig, da die Ausgestaltung der Ansprüche aus positiver Vertragsverletzung grundsätzlich dispositiv ist und eine Inhaltskontrolle dieser Ausgestaltung gemäß § 9 AGBG nicht strenger sein kann als § 651 g. 18

2.2. Abgrenzung zu »culpa in contrahendo«

Ansprüche aus »culpa in contrahendo« haben im Reiserecht **keine große praktische Bedeutung**. Ein Abgrenzungsproblem zu § 651 f Abs. 1 taucht nicht auf, da bei »culpa in contrahendo« kein Vertragsschluss vorliegt. Mangels direkten Kontakts zwischen Reiseveranstalter und Reisendem vor Reiseantritt hat culpa in contrahendo bislang eher theoretische Bedeutung. Auch als eine mögliche Sanktion für eine Verletzung der vorvertraglichen Informationspflichten nach der InfVO ist sie bislang nicht in Erscheinung getreten.[51] 19

2.3. Abgrenzung zu deliktischen Ansprüchen

Deliktische Ansprüche haben im Reiserecht bislang eine **nicht unbedeutende Rolle** gespielt, da sie im Gegensatz zu Ansprüchen aus § 651 f Abs. 1 nicht der Beschränkbarkeit gemäß § 651 h unterliegen. Der deliktische Anspruch kann im Reiserecht **generell nicht beschränkt** werden.[52] Dies hat vor allem bei **Körperschäden** eine erhebliche Rolle gespielt. Da Körperschäden seit der Umsetzung der EG-Pauschalreiserichtlinie auch im Vertragsrecht nicht mehr beschränkt werden dürfen, hat das Ausweichen auf Deliktsrecht jetzt nur noch im Hinblick auf den Schmerzensgeldanspruch praktische Bedeutung. Zwischen vertraglichen und deliktischen Ansprüchen besteht **Anspruchskonkurrenz**, d. h. sie 20

49 Soergel-*Eckert*, § 651 f Rn. 12; *Blaurock/Wagner*, JURA 1985, 169, 175; *Führich*, Rn. 340; *Bidinger/Müller*, § 651 f Anm. 3.

50 Für zulässig gehalten von LG Frankfurt a. M. NJW 1982, 1582.

51 Vgl. oben vor § 1 InfVO Rn. 16.

52 BGHZ 100, 157; 100, 185; 103, 298 – Balkonsturz.

können nebeneinander geltend gemacht werden. Für den deliktischen Anspruch gelten die kurzen Rüge- und Verjährungsfristen des § 651 g nicht. Ob sie vertraglich auf den deliktischen Anspruch erstreckt werden können, wird bislang lediglich vereinzelt bejaht.[53] Dabei muss zu dem nach der einmonatigen Anmeldefrist gemäß § 651 g Abs. 1 und der Verjährungsfrist nach § 651 g Abs. 2 unterschieden werden. M. E. besteht kein Grund, dem Reisenden die sich aus dem Deliktsrecht ergebenden Ansprüche über das Vertragsrecht wieder zu nehmen.[54]

21 Die maßgebliche Grundsatzentscheidung des BGH für die Anwendung des Deliktrechts im Reiserecht ist das bekannte **Balkonsturz-Urteil.**[55] Der BGH hat darin recht weitgehende **Verkehrssicherungspflichten** des Reiseveranstalters begründet. Eine deliktische Haftung kann freilich nicht auf Verkehrssicherungspflichten der **Leistungsträger** gestützt werden, da diese in der Regel **keine Verrichtungsgehilfen** gemäß § 831 sind und selbst dann, wenn sie es ausnahmsweise wären, der Reiseveranstalter sich meistens wird entlasten können. Vielmehr muss es sich um **eigene Verkehrssicherungspflichten des Reiseveranstalters** handeln. Im Balkonsturz-Fall war ein Reisender vom Balkon gestürzt, weil das Gitter lose war, und hatte sich dabei ernsthaft verletzt. Der BGH sah eine Pflicht des Reiseveranstalters verletzt, alle sicherheitsrelevanten Teile des Hotels regelmäßig zu überprüfen. Die Überwachung muss regelmäßig durch einen sachkundigen und pflichtbewussten Beauftragten erfolgen, wobei »eine solche Kontrolle zu Beginn jeder Saison allenfalls den Mindestanforderungen an die Verkehrssicherungspflicht genügt«. In einer weiteren Entscheidung hatte ein ägyptischer Bus wegen schadhafter Reifen und eines unerfahrenen Fahrers eine Unfall, bei dem Reisende getötet und verletzt wurden. Dem BGH zufolge hatte der Reiseveranstalter, vertreten durch den Reiseleiter, hier seine Pflicht zur Auswahl eines sicheren Busses und eines geeigneten Fahrers verletzt.[56] Der Reiseveranstalter muss sich schließlich darum kümmern, dass die zur Verfügung gestellten Pferde geeignet sind, wenn er im Prospekt im Rahmen eines Club-Urlaubs mit der Möglichkeit wirbt, einen Reitausflug zu buchen.[57]

22 Das Balkonsturz-Urteil ist heftig kritisiert worden,[58] was auf die folgende Rechtsprechung nicht ohne Einfluss geblieben ist. Die Rechtsprechung der Land- und

53 LG Frankfurt a. M. (21. Kammer) RRa 1998, 160 mit zustimmender Anm. *Bechhofer* und RRa 1999, 88 mit abl. Anm. *Tonner.*

54 A. A. *Führich,* Rn. 360.

55 BGHZ 103, 298 = NJW 1988, 1380; BGH Urt. vom 14. 12. 1999, X ZR 122/97.

56 OLG München 29. 1. 1988, 8 U 2885/87; vom BGH durch Nichtannahme bestätigt, Beschluss vom 16. 3. 1989, VII ZR 111/88. Beide Entscheidungen werden mitgeteilt von *Recken,* BB 1989, 1709.

57 BGH RRa 2000, 85 = NJW 2000, 1188 = LM § 651 a Nr. 9 mit Anm. *Tonner.*

58 Vgl. z. B. *Gerauer,* BB 1989, 1003.

Oberlandesgerichte sieht die **Verkehrssicherungspflicht** nämlich als durchaus **erfüllbar** an. In einer Entscheidung des LG Frankfurt a. M. ging es um einen **Busunfall in Georgien**, bei dem der Reiseveranstalter keinen Einfluss auf die Auswahl des Busses ausüben konnte und infolge dessen weder eine Haftung über § 831 noch über eine Verkehrssicherungspflicht des Reiseveranstalters eingriff.[59] Die Oberlandesgerichte Düsseldorf und Frankfurt a. M. sahen wiederholt die Verkehrssicherungspflichten des Reiseveranstalters als erfüllt an. Seine Haftung wurde verneint bei einer Verletzung einer Reisenden an der **Holzkante eines thailändischen Ausflugsbootes,**[60] bei einem Sturz von einem ungesicherten **Ein-Meter-Sockel** in einem überseeischen Urlaubsrestaurant,[61] beim Ausrutschen auf einer Wasserlache, die durch unter den Türspalt eingedrungenes Regenwasser entstanden war,[62] bei einer **nicht standfesten Theke**[63] und schließlich bei einem **Pferdekutschenunfall** in Ungarn.[64] Einige ähnliche Fälle gehören in die Kategorie »allgemeines Lebensrisiko«, so beim Sturz auf einer kurz zuvor gewischten Treppe,[65] beim Sturz auf Kacheln im Schwimmbad[66] und bei Verletzungen in einer Hoteleingangstür,[67] für eine Verletzung durch Kaffeeausschank in einem Plastikbecher, der den heißen Kaffee nicht genügend isolierte,[68] sowie schließlich bei Verletzungen infolge eines zusammenbrechenden Stuhles.[69]

23 Bei einem **unzureichend aufgehängten Wasserboiler** war die Verkehrssicherungspflicht dagegen verletzt,[70] ebenso bei einem unsicheren Verbindungsweg zwischen Haupt- und Nebengebäude.[71] Der Reiseveranstalter hat auch zu prüfen, ob ein Hotel über einen den örtlichen Verhältnissen entsprechenden Sicherheitsstandard für den Fall eines **Brandes** verfügt.[72] Der Reiseveranstalter soll bei einer **Wildwasserschwimmübung** haften, wenn sich der Lehrgangsleiter nicht davon überzeugt, dass die Teilnehmer gefahrlos ins Wasser springen können.[73]

59 NJW 1990, 520 = VuR 1990, 86.
60 OLG Düsseldorf VuR 1990, 153 = NJW-RR 1990, 825.
61 OLG Düsseldorf NJW-RR 1993, 315.
62 OLG Frankfurt a. M. NJW-RR 1990, 188.
63 OLG Düsseldorf VuR 1995, 135.
64 OLG Frankfurt a. M. NJW-RR 1993, 1329.
65 LG Bonn RRa 1996, 82.
66 LG München RRa 1996, 89.
67 LG Frankfurt a. M. RRa 1995, 84.
68 LG Frankfurt a. M. RRa 1994, 158.
69 LG Frankfurt a. M. RRa 2000, 22.
70 OLG Frankfurt a. M. VuR 1994, 87 = NJW-RR 1994, 560.
71 OLG Bamberg RRa 1997, 14.
72 OLG Köln NJW-RR 1992, 1185.
73 OLG München RRa 1995, 204 mit ablehnender Anm. *Führich*.

24 Dagegen muss der Reiseveranstalter keineswegs die Beachtung mitteleuropäischer Sicherheitsstandards in Übersee durchsetzen[74] und soll sich sogar auf die staatliche Kontrolle von Flugzeugen in Botswana verlassen können, was wohl zu weit geht.[75] Er muss auch ein fremdes Schiff nicht ständig kontrollieren[76].

3. Schadenersatz wegen nutzlos aufgewendeter Urlaubszeit

3.1. Voraussetzungen

25 Der Schadenersatzanspruch wegen vertaner Urlaubszeit, § 651 f Abs. 2, steht **neben den übrigen reiserechtlichen Ansprüchen.** Sofern die Voraussetzungen im Einzelnen gegeben sind, kann der Reisende einen Minderungsanspruch nach § 651 d wegen eines Mangels, einen Schadenersatzanspruch nach § 651 f Abs. 1, z. B. wegen eines verloren gegangenen Koffers, und den Schadenersatzanspruch nach § 651 f Abs. 2 **kumulieren.** Dabei sind jedoch etwaige Haftungshöchstgrenzen gemäß § 651 h zu beachten.

26 Der Anspruch wegen vertaner Urlaubszeit hat folgende **Voraussetzungen:**

Die Reise muss

(1) entweder vereitelt oder erheblich beeinträchtigt worden sein.

(2) Der Reisende muss Urlaubszeit nutzlos aufgewendet haben.

(3) Ferner ist zu beachten, dass die Ein-Monatsfrist des § 651 g für die Geltendmachung des Anspruchs auch für § 651 f gilt. Nach inzwischen h. M. muss der Reisende auch bereits **während des Urlaubs den Mangel angezeigt** haben.[77]

27 Der **Anwendungsbereich** des § 651 f Abs. 2 bezieht sich nur auf Pauschalreisen und sonstige Reisen, auf welche die §§ 651 a ff. analog angewendet werden, **nicht** jedoch auf **Reiseleistungen, die nicht unter §§ 651 a ff. fallen.** Dies ist für den reinen Luftbeförderungsvertrag inzwischen mehrfach anerkannt worden,[78] gilt aber auch für den Beherbergungsvertrag.[79]

74 So LG München RRa 1993, 25 für einen Geländewagen in Botswana.

75 LG Frankfurt a. M. (20. Kammer) RRa 1993, 32 mit Anm. *Schmid.*

76 AG Königsstein am Taunus RRa 1993, 46.

77 Vgl. oben Rn. 3.

78 OLG Düsseldorf VersR 1993, 892; LG Frankfurt a. M. TranspR 1990, 433; LG Berlin NJW-RR 1990, 636; LG Düsseldorf RRa 1995, 53; LG Frankfurt a. M. NJW-RR 1993, 1270; a. A. AG Offenburg RRa 1995, 91 mit ablehnender Anm. *Schmid,* S. 92.

79 Ebenso *Führich,* Rn. 346; a. A. AG Clausthal-Zellerfeld RRa 1997,134.

Verhältnismäßig unproblematisch ist das Tatbestandsmerkmal der **Vereitelung der Reise**. Vereitelt ist die Reise, wenn der Kunde sie entweder überhaupt nicht antreten konnte oder er sofort nach der Ankunft am Urlaubsort wieder nach Hause zurückkehren musste. Beispiele: Der Reiseveranstalter teilt vor Reiseantritt mit, die Reise sei nicht durchführbar; wegen eines Streiks oder wegen einer Insolvenz fällt der vorgesehene Hinflug ersatzlos aus; der Reisende muss am Zielort feststellen, dass für ihn nichts gebucht wurde, dass das Hotel durch ein Erdbeben zerstört ist.[80] 28

Grundsätzlich kommt der Anspruch nach § 651 f Abs. 2 wegen Vereitelung der Reise auch dann in Betracht, wenn die Reise gar nicht angetreten wurde, kann dann aber wegen des Erholungswertes des zu Hause verbrachten Urlaubs ganz oder teilweise entfallen (sog. **Balkonurlaub**). Dabei kommt es auf die Einzelumstände an. Die Rechtsprechung stellt darauf ab, ob der Balkonurlaub einen »**Resterholungswert**« hatte.[81] Der Resterholungswert muss aufgrund der konkreten Umstände des Einzelfalls ermittelt werden. Es kommt darauf an, welche Möglichkeiten der Reisende zur Urlaubsgestaltung zu Hause hatte. Dabei spielen laut BGH z. B. die Größe und Lage der Wohnung und die Jahreszeit eine Rolle. Für denjenigen (diejenige), der/die den Haushalt versorgen muss, ist der Resterholungswert geringer anzusetzen; es besteht keiner mehr, wenn der Urlaub die einzige Möglichkeit im Jahr für die Hausfrau hätte sein sollen, sich von der Betreuung eines behinderten Kindes zu erholen.[82] 29

Ein Resterholungswert kann auch dadurch zustande kommen, dass die erhebliche Beeinträchtigung nur für einen **Teil der Reisezeit** vorliegt. Bei einem für drei Wochen gebuchten Urlaub, in dem das gebuchte Hotel wegen Beschädigung durch ein Erdbeben nicht bezogen werden konnte, waren die Reisenden für eine Woche in einem besseren Hotel untergebracht, brachen aber dann die Reise ab, weil ihnen danach keine ordentliche Unterkunft mehr zur Verfügung gestellt werden konnte. Der BGH schätzte den »Resterholungswert« auf 50 % und sprach 50 % des Schadenersatzes gemäß § 651 f Abs. 2 zu.[83] 30

80 BGH JZ 1983, 203 (Erdbeben); OLG Düsseldorf NJW-RR 1989, 1078 (Überbuchung ohne Ersatzquartier); LG Düsseldorf NJW-RR 1987, 176 (keine Information über Großbaustelle), OLG Frankfurt a. M. RRa 1995, 224 (unzumutbare Ersatzunterkunft); LG Köln NJW-RR 1994, 741 (Ferienhaus abgesagt).

81 BGHZ 77, 116; BGH JZ 1983, 203; BGH NJW 1983, 35; OLG München NJW 1984, 132; LG Stuttgart NJW-RR 1986, 349; LG Frankfurt a. M. NJW-RR 1987, 368; NJW-RR 1991, 1203; ablehnend AG Hamburg NJW-RR 1989, 564. Die Anrechnung eines Resterholungswertes wird neuerdings von *Führich,* Rn. 349, abgelehnt.

82 BGHZ 77, 116.

83 BGH NJW 1983, 35.

31 Das LG Frankfurt am Main will den Resterholungswert pauschal mit einer **Quote von 50 %** berücksichtigen, wenn keine konkreten Umstände für eine andere Berechnung vorgetragen sind.[84] Das Tatbestandsmerkmal der erheblichen Beeinträchtigung ist so zu bestimmen wie im § 651 e.[85] Erhebliche Beeinträchtigungen sind z. B. ständiger Baulärm, Fehlen der Besichtigungen bei Besichtigungsreisen, fehlende Sportmöglichkeiten bei Sportreisen, Unterbringung in einer niedrigeren Hotelkategorie. Keine erheblichen Beeinträchtigungen sind z. B. gelegentliche Servicemängel oder vorübergehender Strom- oder Wasserausfall.

32 Die Gerichte sind dazu übergegangen, den Begriff der **erheblichen Beeinträchtigungen** zu quantifizieren. Eine erhebliche Beeinträchtigung ist dann anzunehmen, wenn die zugrunde liegenden Mängel zu einer Minderung von **50 %** führen. Diese von den Frankfurter Gerichten begonnene Rechtsprechung hat sich inzwischen durchgesetzt.[86] An dieser Rechtsprechung mag man zwar kritisieren, dass sie sich statt an der Qualität von Mängeln an deren Quantität orientiert, wobei die Festlegung der Quantität auch nicht ohne Bewertungen auskommt.[87] Es ist aber anzuerkennen, dass die Schematisierung zu einem Mindestmaß an Rechtssicherheit führt, welche die Begriffsumschreibungen in der Literatur nicht erreichen können. Die Beeinträchtigung muss kausal für den Schaden sein. Eine zweite Beeinträchtigung, die nicht vom Reiseveranstalter zu verantworten ist, soll den Schaden ab diesem Zeitpunkt entfallen lassen.[88]

33 Kombiniert man die Quoten für die zugrunde liegenden Mängel und für den Resterholungswert, kommt man **insgesamt zu einer schematischen Lösung** der Voraussetzungen für § 651 f Abs. 2: Der Anspruch wird zuerkannt, wenn die zugrunde liegenden Mängel zu einer Minderung von 50 % berechtigen. Dabei ist jedoch anerkannt, dass es ausreicht, wenn sich die 50 % auf einen Teil der

---

84 Seit NJW 1982, 2452; später NJW-RR 1988, 1451; NJW-RR 1991, 1203; vgl. auch Frankfurter Tabelle.

85 Siehe oben § 651 e Rn. 9 ff.

86 Begründet von OLG Frankfurt a. M. FVE ZivR 1984, Nr. 433 und 436; LG Frankfurt a. M. NJW 1984, 1762. Dem folgen OLG Düsseldorf NJW-RR 1986, 280, zurückhaltender jedoch NJW-RR 1989, 1078; RRa 1994, 205; OLG Stuttgart RRa 1994, 28; LG Hamburg RRa 1999, 238 (eine Quote von 49,52% wird nicht aufgerundet); LG Hannover NJW-RR 1986, 213; NJW-RR 1989, 633; NJW 1989, 1936; NJW-RR 1999, 1004; LG Mönchengladbach NJW-RR 1990, 317; LG Köln MDR 1991, 840; NJW-RR 1990, 189; NJW-RR 1992, 187; AG Kleve RRa 1996, 251; RRa 1997, 20. Auch das OLG Frankfurt a. M. (RRa 1995, 147; RRa 1998, 71) und das LG Frankfurt a. M. (NJW-RR 1990, 189; NJW-RR 1992, 187) haben ihre Rechtsprechung wiederholt bestätigt.

87 Beispiele: OLG Frankfurt a. M. RRa 1995, 224; OLG Frankfurt a. M. RRa 1998, 67, wo jeweils auf die Umstände des Einzelfalls abgestellt wird.

88 LG Frankfurt RRa 1999, 233 (21. Kammer) mit krit. Anm. *Tempel*, S. 235.

Reise beziehen, auch wenn die Reise insgesamt nicht in Höhe von 50 % gemindert werden kann. Ist beispielsweise bei einem durch eine Überbuchung veranlassten Umzug ein Reisetag völlig vertan, so kann für diesen Tag Schadenersatz gemäß § 651 f Abs. 2 verlangt werden, auch wenn die zugrunde liegende Minderung nicht 50 % des Gesamtreisepreises erreicht.[89] Der Anspruch wird jedoch wegen des Resterholungswertes zu Hause verbrachten Urlaubs halbiert, falls nicht konkrete Tatsachen vorgetragen werden, die eine abweichende Bewertung rechtfertigen.

Zu kritisieren ist jedoch an der Rechtsprechung, dass die »erhebliche Beeinträchtigung« bei § 651 f Abs. 2 anders bestimmt wird als bei § 651 e (dort 20 %, hier 50 %). Eine Vereinheitlichung wäre wünschenswert, wie sie z. B. das LG Hannover vornimmt, das in beiden Fällen von 50 % ausgeht. 50 % erscheint jedoch hier wie dort zu hoch, so dass eher einem älteren Vorschlag des Kammergerichts gefolgt werden sollte, das von **30 %** ausgeht.[90] 34

Nach der Rechtsprechung kann eine Reise auch teilweise beeinträchtigt sein mit der Folge, dass nur eine Quote des Schadenersatzanspruches nach § 651 f Abs. 2 gewährt wird. Dies kann einmal der Fall sein, wenn die »erhebliche Beeinträchtigung« nur während eines Teils der Reise vorliegt, wenn etwa der Reiseveranstalter oder die örtliche Reiseleitung die Beeinträchtigung abstellen kann. In diesem Fall ist der Schadenersatzanspruch auch auf der Basis des beeinträchtigten Zeitraums zu berechnen. Wie ausgeführt, ist es unerheblich, wenn die zugrunde liegende potenzielle Minderung nicht 50 % des Gesamtreisepreises erreicht. 35

3.2. Rechtsdogmatische Einordnung

Die Frage, ob § 651 f Abs. 2 einen materiellen oder einen immateriellen Schaden betrifft, war lange Zeit heftig umstritten. Heute geht man allgemein von einem **immateriellen Schadenersatzanspruch** aus. Der Hintergrund der Diskussion ist darin zu sehen, dass der Schadenersatz wegen nutzlos aufgewendeter Urlaubszeit bereits vor Inkrafttreten des § 651 f durch die Rechtsprechung geschaffen wurde. Maßgeblich ist hier das sog. Rumänien-Urteil des **BGH** aus dem Jahre **1975**.[91] Da das BGB immaterielle Schadenersatzansprüche nur in gesetzlich geregelten Ausnahmefällen kennt, das Werkvertragsrecht eine solche Ausnahme aber nicht enthält, musste der Schadenersatzanspruch wegen vertaner 36

89 LG Hannover NJW-RR 1999, 1004; NJW-RR 1990, 1019; *Führich*, Rn. 348.

90 KG MDR 1982, 317; zustimmend *Führich*, Rn. 348.

91 BGHZ 63, 68 = JZ 1975, 249 mit Anm. *Stoll*; zum Stellenwert des Urteils vgl. auch *Tonner*, AcP 189 (1989), 122, 125.

Urlaubszeit einen **Vermögensschaden** voraussetzen. Der geschädigte Reisende, so die Argumentation des BGH, hätte sich **hypothetisch unbezahlten Urlaub** für einen störungsfreien Urlaub nehmen müssen, der den gestörten Urlaub kompensiert; in dem dadurch entstehenden Verdienstausfall wurde der Vermögensschaden gesehen. Konsequenterweise konnte der Schadenersatz für vertane Urlaubszeit vor Inkrafttreten des Reisevertragsrechts nur für Erwerbstätige gewährt werden.

37 Nach Inkrafttreten des § 651 f schwenkten Rechtsprechung und Lehre zwar allmählich, aber letztlich doch konsequent auf die Annahme eines **immateriellen Schadenersatzanspruchs** um. Der **BGH** hat dies mit zwei Urteilen aus dem Jahre **1982** getan.[92] Maßgeblich waren dafür nicht nur rechtsdogmatische, sondern auch praktische Gründe, denn die Annahme eines immateriellen Schadens stellt die Rechtsprechung freier. Insbesondere muss der Anspruch nicht auf Erwerbstätige beschränkt werden.

38 Demgegenüber vertrat das LG Frankfurt a. M. noch für längere Zeit einen Vermögensschaden bei § 651 f Abs. 2.[93] Inzwischen gehen auch die LG Frankfurt a. M. und Hannover ausdrücklich von immateriellen Schaden aus.[94] Auch die übrige Rechtsprechung ist dem BGH gefolgt.[95]

39 So lange man von einem Vermögensschaden ausgegangen war, stellte sich die Frage, ob nicht auch bei anderen Vertragsarten, z. B. einem reinen Beförderungsvertrag, ein Schadenersatz wegen nutzlos aufgewendeter Urlaubszeit anzunehmen sei. Dies wird inzwischen mit dem Umschwenken auf den immateriellen Schadensbegriff nicht mehr angenommen.[96]

40 Auch die **Literatur** vertritt heute überwiegend den **immateriellen Schadensbegriff**.[97] Da die Diskussion sich inzwischen weitgehend beruhigt hat, ist es nicht erforderlich, die Gründe für das Pro und Kontra hier im Einzelnen noch einmal zu erörtern.[98] Bis zur 2. Auflage hatte sich der Verfasser noch für einen

---

92 NJW 1983, 35 und 218 = JZ 1983, 203 mit Anm. *Tonner*, S. 206.

93 NJW 1983, 1127; NJW 1985, 143.

94 LG Frankfurt a. M. NJW-RR 1989, 310; LG Hannover VuR 1989, 252 = NJW 1989, 633.

95 OLG Düsseldorf NJW-RR 1986, 1175; NJW-RR 1989, 1078; OLG Frankfurt a. M. NJW-RR 1988, 633; RRa 1995, 149; RRa 1998, 67; OLG München NJW 1984, 132; NJW-RR 1987, 748; AG Hamburg NJW- RR 1989, 564.

96 LG Berlin NJW-RR 1990, 636; LG Frankfurt a. M. VuR 1990, 268 = NJW-RR 1989, 1211; vgl. die weiteren Nachweise oben Fn. 69.

97 *Führich*, Rn. 351; *Bidinger/Müller*, § 651 f Anm. 10; *Seyderhelm*, § 651 f Rn. 45; *Eckert*, S. 127 ff.

98 Vgl. ausführlicher dazu 2. Auflage § 651 f Rn. 27 ff.

Vermögensschaden ausgesprochen. Auch er ist inzwischen zum immateriellen Schadensbegriff umgeschwenkt.[99]

3.3. Berechnung

Die BGH-Urteile zu Abs. 2 führen dazu, dass die **Berechnung** des Schadener- 41
satzanspruchs wegen nutzlos aufgewendeter Urlaubszeit auf Grund der höchstrichterlichen Rechtsprechung außerordentlich **unklar** ist. Der BGH gibt zwar einige Kriterien an, die jedoch ohne weitere Konkretisierung sich nicht zu einer rechenbaren Anspruchsbegründung zusammenfügen. Demgegenüber praktizieren die LG Frankfurt a. M. und Hannover seit 1988 bzw. 1989 eine schematische Berechnung[100], die den Bedürfnissen der Praxis offensichtlich wesentlich näher kommt als die weitgehend ignorierten Lösungsvorschläge der Literatur.[101]

Der BGH bezieht sich in dem Urteil vom 23. 9. 1982[102] zunächst auf seine bis- 42
herige Rechtsprechung, wonach Richtgröße für die Bemessung der mutmaßliche Aufwand für die Verschaffung zusätzlichen (Ersatz-)Urlaubs ist. Dem werden als zweites Kriterium die für die misslungene Reise aufgewandten Reisekosten hinzugestellt. Weitere Kriterien, z. B. die Schwere des Verschuldens des Reiseveranstalters, werden nicht genannt, jedoch bezieht sich der BGH ausdrücklich auf die Begründung des Rechtsausschusses des Bundestages, wonach »alle Umstände des Einzelfalles zu berücksichtigen sind«.[103] Daraus kann man schließen, dass auch die Heranziehung weiterer Kriterien mit dem Urteil vereinbar ist. Der BGH schweigt sich jedoch darüber aus, in welchem Verhältnis die beiden genannten Kriterien – fiktiver Lohnausfall bei Ersatzurlaub und Reisekosten – zu berücksichtigen sind. Er brauchte sich auch nicht dazu zu äußern, weil Reisepreis und Nettoeinkommen des Reisenden ungefähr gleich waren.

Das **LG Frankfurt am Main** ging bislang von einem Anspruch von **DM 100,–** 43
pro Tag aus.[104] Er wird jedoch **herabgesetzt, wenn die zugrunde liegende Minderung weniger als 100 % beträgt**, z. B. bei einer Minderung von 60 % auf DM 60,–. Da § 651 f Abs. 2 nach Auffassung des LG Frankfurt am Main erst ab einer Minderung von 50 % eingreift, ergeben sich dadurch Beträge zwischen DM 50,– und DM 100,– von denen gegebenenfalls noch ein **Resterholungswert abge-**

99 Zur Begründung vgl. MünchKomm-*Tonner*, § 651 f Rn. 44 ff.

100 LG Frankfurt a. M. VuR 1988, 324 = NJW-RR 1988, 1451; LG Hannover VuR 1989, 252 = NJW-RR 1989, 633.

101 Z. B. von *W. Müller*, S. 185 ff.; *Führich*, 1. Aufl., Rn. 358; Voraufl., Rn. 40.

102 NJW 1983, 35.

103 BT-Drucks. 8/2343 S. 11.

104 LG Frankfurt a. M. (24. Kammer) VuR 1988, 324 = NJW-RR 1988, 1451.

zogen wird.[105] Es werden alle Reisenden abhängig von Erwerbstätigkeit und Einkommen gleich behandelt; die Höhe des Anspruchs steht und fällt mit der zugrunde liegenden Minderung, die allerdings bei bestimmten Personengruppen unterschiedlich ausfallen kann.

44 Dem LG Frankfurt a. M. folgten auch andere Gerichte.[106] Die 24. Kammer des LG Frankfurt a. M. hat inzwischen den Grundbetrag im Hinblick auf die wirtschaftliche Entwicklung seit 1988 **von DM 100,– auf DM 130,– erhöht.**[107] Ob sich andere Gerichte dieser Heraufsetzung anschließen werden, bleibt abzuwarten.

45 Das LG Hannover kommt zum gleichen Ergebnis, allerdings mit anderer Berechnung. Es nimmt einen Grundbetrag von DM 50,– an, den es je nach dem Grad der Beeinträchtigung erhöht, wobei eine Obergrenze abgelehnt wird.[108] Andere Gerichte stellen auf Einkommen und Reisepreis und »**sonstige Umstände**« ab.[109] Die Oberlandesgerichte Düsseldorf und Frankfurt wollen Einkommen, Reisepreis, Aufwendungen für einen Ersatzurlaub und die Schwere des Verschuldens des Reiseveranstalters berücksichtigen.[110] Das OLG München wiederholt die Kriterien des BGH.[111] Einige ältere Urteile, wonach entweder nur die Reisekosten[112], nur das Einkommen[113] oder nur der Grad der Beeinträchtigung[114] zugrunde zu legen sind, dürften überholt sein.

46 Wegen der **immer noch uneinheitlichen Rechtsprechung** ist die Literatur weiterhin gefordert, Lösungsvorschläge vorzulegen. Der in der Vorauflage unterbreitete Vorschlag, Einkommen und Reisepreis zu mitteln[115] wird jedoch aufgegeben. Es besteht kein Grund, dem weniger verdienenden Reisenden einen geringeren Entschädigungsanspruch zuzusprechen. Außerdem entfallen

105 Vgl. oben Rn. 29 ff.

106 LG Köln RRa 1996, 226; AG Düsseldorf RRa 1997, 178 = NJW- RR 1998, 195 und RRa 1999, 175.

107 LG Frankfurt a. M. RRa 1998, 119, zustimmend *Tonner*, RRa 1998, 106.

108 LG Hannover (3. Kammer) VuR 1989, 252 = NJW-RR 1989, 633.

109 OLG München NJW-RR 1987, 748; OLG Celle OLGZ 1982, 476; OLG Frankfurt a. M. RRa 1995, 147; RRa 1998, 67; LG Hannover (11. Kammer) NJW-RR 1990, 1019; LG Berlin NJW-RR 1990, 1018; LG Stuttgart NJW-RR 1986, 349.

110 OLG Düsseldorf NJW-RR 1986, 1175 = VuR 1987, 27 mit Anm. *Tonner*; OLG Frankfurt a. M. NJW-RR 1988, 632; 7. 6. 1990, 16 U 114/89, zitiert bei LG Frankfurt a. M. (21. Kammer) VuR 1992, 235, 237; ihm folgend LG Frankfurt a. M. (21. Kammer) a. a. O., wobei ein Basissatz von DM 50,– angenommen wird.

111 NJW-RR 1987, 748.

112 AG Frankfurt a. M. NJW -RR 1986, 348; LG Braunschweig FVE ZivR 1983, Nr. 398.

113 LG Stuttgart NJW-RR 1986, 349; LG München FVE ZivR 1983, Nr. 380.

114 AG München FVE ZivR 1985, Nr. 561.

115 Vorauflage Rn. 40 ff.

Schwierigkeiten der Berechnung von Ansprüchen für nicht Berufstätige. Stattdessen überzeugt der jüngst von *Führich* vorgelegte Vorschlag, der nur noch auf **Reisepreis und Reisedauer** abstellt und die Entschädigung berechnet, indem er den Reisepreis durch die Anzahl der Reisetage dividiert und dieses Ergebnis mit der Anzahl der vertanen Urlaubstage multipliziert. Im Ergebnis spricht er dem Reisenden damit neben dem über den Minderungsanspruch zu leistenden Rückzahlungsanspruch einen weiteren Anspruch auf Zahlung des anteiligen Reisepreises zu und bewegt sich damit in der Nähe der punitive damages des US-amerikanischen Rechts.[116]

116 *Führich,* Rn. 352.

§ 651 g [Ausschlussfrist; Verjährung]

(1) [1]**Ansprüche nach den §§ 651 c bis 651 f hat der Reisende innerhalb eines Monats nach der vertraglich vorgesehenen Beendigung der Reise gegenüber dem Reiseveranstalter geltend zu machen. [2]Nach Ablauf der Frist kann der Reisende Ansprüche nur geltend machen, wenn er ohne Verschulden an der Einhaltung der Frist verhindert worden ist.**

(2) [1]**Ansprüche des Reisenden nach den §§ 651 c bis 651 f verjähren in sechs Monaten. [2]Die Verjährung beginnt mit dem Tage, an dem die Reise dem Vertrage nach enden sollte. [3]Hat der Reisende solche Ansprüche geltend gemacht, so ist die Verjährung bis zu dem Tage gehemmt, an dem der Reiseveranstalter die Ansprüche schriftlich zurückweist.**

Übersicht:

1. Die einmonatige Rügefrist, Abs. 1

1.1. Form und Fristberechnung

1 Ansprüche sind sehr schnell geltend zu machen, und zwar gemäß § 651 g Abs. 1 **innerhalb eines Monats nach Reiseende**. Die Frist des § 651 g gilt für Minderungsansprüche nach § 651 d, für Ansprüche gemäß § 651 e (Kosten der Selbsthilfe und Rückzahlungsansprüche bei abgebrochenem Urlaub)[1] und Schadenersatz gemäß § 651 f.[2] Auch Ansprüche aus § 651 j fallen unter die Frist. **Keine**

1 LG Frankfurt a. M. NJW 1985, 146.

2 BGH NJW 1985, 132.

Anwendung findet sie auf Ansprüche aus **positiver Vertragsverletzung** und auf **deliktische Ansprüche**. Ob sie auf diese Ansprüche durch AGB erweitert werden kann, ist streitig.[3]

Es genügt eine telefonische oder mündliche Geltendmachung. Der Reiseveranstalter darf in AGB **keine Schriftform** verlangen; entsprechende Klauseln sind nichtig.[4] Dies ergibt sich aus dem zwingenden Charakter des § 651 g, der ausdrücklich keine besondere Form vorsieht. Gleichwohl ist es aus Beweisgründen zweckmäßig, Ansprüche schriftlich geltend zu machen und zwar am besten per Einschreiben mit Rückschein, um im Zweifel das Zugangsdatum beim Reiseveranstalter nachweisen zu können. Der Reisende trägt die Beweislast für den Zugang, jedoch ist der Reiseveranstalter verpflichtet, den Zugang ordnungsgemäß zu dokumentieren, z. B. durch einen Eingangsstempel. Verletzt er diese Pflicht, dreht sich die Beweislast um.[5] Die Frist knüpft an das **vertraglich vorgesehene Reiseende** an. Dies gilt auch, wenn die Reise gar nicht angetreten wurde. Wird die Reise verspätet beendet, z. B. durch eine Verzögerung auf der Rückreise, gilt das tatsächliche Reiseende.[6] 2

Da die knappe Monatsfrist dazu führt, dass viele Ansprüche offenbar erst im letzten Augenblick geltend gemacht werden können, mussten sich einige Gerichte mit der Frage beschäftigen, ob der letzte Urlaubstag bei der Fristberechnung zählt oder nicht. Die überwiegende Meinung wendet zu Recht **§ 187 Abs. 1** auf diese Konstellation an, d. h. **der letzte Urlaubstag zählt nicht mit**, denn das Urlaubsende ist ein in den Lauf des Tages fallendes Ereignis i. S. des § 187 Abs. 1.[7] Die Frist beginnt daher an den dem Urlaubsende folgenden Tag um 0.00 Uhr und endet gemäß § 188 Abs. 2, 1. Alternative um 24.00 Uhr. Freilich ist für den Zugang § 130 zu beachten, was bedeutet, dass der **Zugang innerhalb der üblichen Geschäftszeit** erfolgen muss. Eine nach Ende der üblichen Geschäftszeit in den Briefkasten gelangende oder per Fax übermittelte Anspruchsanmeldung geht daher erst am nächsten Morgen zu.[8] Wenn das Frist- 3

3 Vgl. unten Rn. 18.

4 So auch BGH NJW 1984, 1752, sowie die einhellige Ansicht im Schrifttum, vgl. *Führich*, Rn. 368; *Bidinger/Müller*, § 651 g Anm. 6; *Seyderhelm*, § 651 g Rn. 31.

5 LG Frankfurt a. M. RRa 1994, 97.

6 LG Frankfurt a. M. NJW 1986, 594; AG Hamburg RRa 1994, 75; *Führich*, Rn. 362; *Seyderhelm*, § 651 g Rn. 26; *Tempel*, NJW 1987, 2841; a. A. LG Kleve RRa 1996, 146.

7 BGH NJW 1988, 488, 489; LG Frankfurt a. M. NJW 1986, 594; LG Hannover NJW-RR 1990, 572; OLG Karlsruhe NJW-RR 1991, 54; LG Hamburg RRa 1997, 60 = NJW-RR 1997, 502; *Führich*, Rn. 363; *Bidinger/Müller*, § 651 g Anm. 5; *Seyderhelm*, § 651 g Rn. 24.; a. A. zu Unrecht AG Düsseldorf NJW 1985, 980 und AG Hamburg RRa 1994, 58, die § 187 Abs. 2 mit der Folge anwenden, dass der letzte Urlaubstag mitzählt.

8 AG Frankfurt a. M. NJW-RR 1993, 1332: Faxeingang um 23.29 Uhr. Kritisch dazu *Bechhofer*, in: DGfR-Jahrbuch 1999 (2000), S. 91 ff.

ende auf einen gesetzlichen Feiertag, Samstag oder Sonntag fällt, endet die Frist gemäß § 193 erst mit Ablauf des nächsten Werktages.

4 Eine unmittelbare **Klageerhebung** soll nach überwiegender Auffassung zur **Fristwahrung nicht ausreichen.**[9] Dem kann nicht zugestimmt werden, sofern die Klagezustellung noch innerhalb der Monatsfrist erfolgt, da dann der Zweck des § 651 g gewahrt ist. Ergibt die Prüfung des Reiseveranstalters, dass die Mängel zu Recht geltend gemacht wurden, kann er im Prozess gemäß § 93 ZPO anerkennen, so dass ihn keine Kosten treffen.

1.2. Mindestinhalt

5 Der Reisende muss die Mängel **konkret und substantiiert** vortragen.[10] Dagegen ist eine korrekte juristische Bezeichnung des Anspruchs ebenso wenig erforderlich wie eine Bezifferung.[11] Es ist ausreichend, aber auch erforderlich, dass der Reisende die Mängel stichwortartig beschreibt.[12] Eine ausführliche Beschreibung der Mängel im Einzelnen ist dagegen nicht erforderlich.[13] Wichtig ist, dass dem Anspruchsschreiben zu entnehmen ist, dass der Reisende ein **Zahlungsverlangen** stellt. Dies ist entgegen der Ansicht einiger Gerichte[14] auch in einer Formulierung wie »Bitte um Stellungnahme« zu sehen. Eine Kündigung und Schecksperre soll ausreichen.[15]

1.3. Adressat der Rüge

6 Die Ansprüche sind **gegenüber dem Reiseveranstalter** geltend zu machen. Ein rechtlich nicht beratener Reisender wird häufig Beschwerden, die er am Urlaubsort oder nach Urlaubsende bei dem Reisebüro, bei dem er gebucht hat, vorgebracht hat, für ausreichend halten und erst nach Ablauf der Monatsfrist des § 651 g Abs. 1 Rechtsrat einholen. Es taucht dann die Frage auf, ob die Geltendmachung beim Reisebüro genügt.

9 AG Düsseldorf NJW 1986, 593; AG Bad Homburg RRa 1995, 49; *Tempel,* NJW 1987, 2841, 2845; *Führich,* Rn. 368.

10 Die bloße Ankündigung der Geltendmachung reicht nicht, LG Kleve RRa 1999, 160; AG Kleve RRa 1999, 194.

11 So auch *Führich,* Rn. 369, AG Düsseldorf RRa 1999, 175; a. A. allerdings einige Gerichte: LG Hannover MDR 1987, 671; AG Düsseldorf VersR 1987, 628; OLG Düsseldorf VuR 1991, 287; AG Stuttgart RRa 1995, 180.

12 LG Frankfurt a. M. NJW 1983, 527, 1129; *Tempel,* NJW 1987, 2846.

13 A. A. OLG Düsseldorf NJW 1985, 146.

14 OLG Düsseldorf VuR 1991, 287; AG Frankfurt a. M. VuR 1991, 117 mit kritischer Anm. *Tonner*; AG Kleve RRa 1996, 209.

15 LG Wuppertal RRa 2000, 30.

Grundsätzlich muss der **Reiseveranstalter** gemäß § 3 Abs. 2 lit. h InfVO den Reisenden auf die nach § 651 g einzuhaltende Frist **hinweisen** und die Stelle angeben, gegenüber der Ansprüche geltend zu machen sind. Unterlässt er diesen Hinweis und hält der Reisende die Frist nicht ein, so hat er sie **entschuldbar versäumt.**[16] Es kann also nicht mehr das früher diskutierte Problem auftauchen, ob der Reisende sich innerhalb der Frist an das Reisebüro halten kann, wenn der Reisevertrag zu dieser Frage keine Regelung enthielt,[17] da ohne AGB-Klausel ohnehin keine Fristversäumnis eintritt. 7

Es bleibt jedoch die Frage, ob der Reiseveranstalter, der in Erfüllung seiner Verpflichtung aus § 3 Abs. 2 lit. h InfVO die Stelle, an welche die Mängelanzeige gehen soll, benennt, dabei die Anzeige **ausschließlich an sich selbst** und nicht an das Reisebüro verlangen kann. Das LG Frankfurt a. M. hat in einer Entscheidung vor Erlass der InfVO eine derartige Klausel als **Verstoß gegen § 9 AGBG** beurteilt.[18] In Rechtsprechung und Literatur wird die Klausel jedoch teilweise für wirksam gehalten, insbesondere, weil der Reiseveranstalter zu einer Information über die Stelle, an die die Mängelanzeige zu richten ist, verpflichtet ist.[19] M. E. ist an der Rechtsprechung des LG Frankfurt a. M. festzuhalten, da der Reisende, dem das Reisebüro zunächst beim Abschluss des Reisevertrags als bevollmächtigter Vertreter entgegen trat, nicht damit rechnen muss, dass die Vertretungsmacht für weitere Fragen bei der Abwicklung des Vertrages eingeschränkt wird. Etwas anderes mag allenfalls dann gelten, wenn der Hinweis außerhalb der AGB drucktechnisch hervorgehoben erfolgt und nicht nur der Reiseveranstalter als zuständige Stelle für die Entgegennahme von Mängelanzeigen bezeichnet, sondern auch die Zuständigkeit des Reisebüros ausdrücklich ausgeschlossen wird. 8

1.4. Verhältnis zur Mängelanzeige im Urlaubsort

Grundsätzlich muss der Reisende die **Mängel am Urlaubsort** gemäß § 651 d 9
Abs. 2 **anzeigen und nach Urlaubsende** mit einer **weiteren Anzeige** gemäß § 651 g Abs. 1 seine Ansprüche geltend machen. Ob ausnahmsweise bereits in der Mängelanzeige vor Ort auch die Anzeige gemäß § 651 g Abs. 1 liegen kann

16 Vgl. unten Rn. 15 ff.

17 Die Vorauflage § 651 g Rn. 8 bejahte die Frage.

18 LG Frankfurt a. M. NJW-RR 1987, 745, 746 f. In anderen Entscheidungen, die eine Empfangszuständigkeit des Reisebüros bejahten, spielten entgegenstehende AGB keine Rolle, BGHZ 102, 80 = NJW 1988, 488; AG Düsseldorf RRa 1996, 243; AG Offenbach RRa 1996, 242.

19 LG Kleve RRa 1999,161 = NJW 1999, 1117; AG Stuttgart RRa 1999, 93; AG Bad Homburg RRa 2000, 29; *Führich,* Rn. 365; a. A. *Seyderhelm,* § 651 g Rn. 9; *Dewenter,* S. 146.

und ob bei der Anzeige gemäß § 651 g Abs. 1 auf die Anzeige vor Ort gemäß § 651 d Abs. 2 Bezug genommen werden kann, ist umstritten. Der BGH lässt in zwei Entscheidungen aus den Jahren 1984 und 1988 beides grundsätzlich zu, neuere instanzgerichtliche Entscheidungen halten zum Teil jedoch strikter am Erfordernis zweier unabhängiger Erklärungen fest.

10 Die **Funktion** der beiden Anzeigen ist unterschiedlich: Die Anzeige nach § 651 d Abs. 2 soll dem Reiseveranstalter Gelegenheit geben, die Mängel abzustellen, während die Anzeige nach § 651 g Abs. 1 den Reiseveranstalter darüber unterrichten soll, dass von ihm eine Zahlung wegen eines Gewährleistungsfalles erwartet wird. Gemäß einer **BGH**-Entscheidung von 1984 genügt es, wenn der Reisende **nach der Rückkehr** seine Ansprüche beim Reiseveranstalter **unter Hinweis auf die unterwegs erhobenen Rügen** geltend macht, ohne die Mängel nochmals im Einzelnen zu benennen.[20] Der BGH macht dabei keinen Unterschied, ob die Rüge am Urlaubsort nur mündlich vorgetragen wurde, oder ob ein Mängelprotokoll erstellt wurde. In dem so genannten Alaska-Fall hat der BGH entschieden, dass die **Anspruchanmeldung** nach § 651 g Abs. 1 **auch vom Urlaubsort aus** vorgenommen werden kann.[21] Allerdings muss für den Reiseveranstalter erkennbar sein, dass es sich nicht lediglich um eine Mängelanzeige gemäß § 651 d Abs. 2 handelt. Dazu ist zunächst erforderlich, dass die Erklärung in den Bereich des Reiseveranstalters gelangt, wozu die Übersendung an das selbstständige Reisebüro, bei dem die Reise gebucht wurde, ausreicht. Entscheidend ist, dass der Reisende eindeutig und vorbehaltlos unter Hinweis auf bestimmte Reisemängel dem Reiseveranstalter mitteilt, dass er nach der Rückkehr Ansprüche gegen ihn geltend machen werde. Diese Entscheidung balanciert zwar die Interessen von Reiseveranstalter und Reisenden gerecht aus, ist in der Praxis jedoch nicht einfach zu handhaben, denn der Reiseveranstalter muss im Zweifel davon ausgehen, dass ein Schreiben des Reisenden aus dem Urlaub bereits die Anmeldung von Ansprüchen gemäß § 651 g Abs. 1 bedeutet, während umgekehrt der Reisende im Zweifel nach der Rückkehr aus dem Urlaub seine Ansprüche noch einmal anmelden sollte.

11 Die **Instanzgerichte** folgen zwar teilweise dem BGH, stellen dabei jedoch **strenge Anforderungen** an die Voraussetzung, wonach der Reisende auf bestimmte Reisemängel hinweisen und dem Veranstalter mitteilen muss, dass er nach der Rückkehr Ansprüche geltend machen werde.[22] Andere Gerichte lassen

20 BGH NJW 1984, 1752.

21 BGHZ 102, 80 = NJW 1988, 488. Zustimmend Erman-*Seiler,* § 651 g Rn. 2; *Bidinger/Müller,* § 651 g Anm. 9; *Seyderhelm,* § 651 g Rn. 12; ablehnend *Führich,* Rn. 367.

22 LG Hamburg RRa 1999, 147; LG Frankfurt a. M. NJW 1984, 1688; NJW-RR 1987, 368, 369; NJW-RR 1987, 568, 569; RRa 1995, 170; AG Köln NJW-RR 1989, 1527; LG Stuttgart VuR 1991, 117 (förmliches Mängelprotokoll reicht); AG Kleve RRa 1996, 108 (Protokollver-

ein Zusammenfallen von Mängelanzeige vor Ort und Mängelanzeige nach Rückreise nicht zu.[23] Die Reiseleitung soll sich weigern dürfen, die Anspruchsanmeldung entgegen zu nehmen, falls dies in AGB so vorgesehen ist.[24]

Das LG Frankfurt a. M. lässt in ständiger Rechtsprechung eine **förmliche Mängelniederschrift** am Urlaubsort ausreichen, sofern sichergestellt ist, dass eine Durchschrift dieser Niederschrift **an die Zentrale des Veranstalters gelangt**.[25] Der Rechtsprechung des LG Frankfurt a. M. ist zuzustimmen. 12

Eigentlich sollte jede Anzeige des Reisenden aus dem Urlaubsort an den Reiseveranstalter für § 651 g Abs. 1 ausreichen. Wenn der Reiseveranstalter durch die Anzeige am Urlaubsort weiß, dass der Reisende Mängel für gegeben hält, muss er mit der Geltendmachung von Ansprüchen nach Urlaubsende rechnen, falls er den Mängeln nicht abgeholfen hat. Dass ein Teil der Reisenden Ansprüche nicht geltend macht, kann nicht dazu führen, denjenigen Reisenden, die auf ihren Ansprüchen beharren, eine doppelte Anzeigepflicht aufzuerlegen, mit der ein juristischer Laie nicht rechnet. Eine empirische Untersuchung hat zu Tage gebracht, dass 63 % der Beschwerdeführer bei einem Großveranstalter, die die Anmeldefrist versäumen, im Urlaub eine Mängelanzeige erstattet haben.[26] Der Reiseveranstalter ist durch die kurze Verjährungspflicht des § 651 g Abs. 2 hinreichend geschützt. 13

Die Gerichte hatten sich mit der Frage zu befassen, ob eine Mängelbeschreibung, die mit der Formulierung »**wir bitten um Stellungnahme**« eingeleitet oder abgeschlossen wird, als Anspruchsanmeldung anzusehen ist. Etliche Gerichte haben hierin keine Anspruchsanmeldung gesehen.[27] Diese Auffassung ist nicht richtig, denn es ist im Zweifel davon auszugehen, dass der Reisende nicht in eine mehr oder minder unverbindliche Diskussion über die Reise und ihre Folgen eintreten, sondern seine Rechte wahrnehmen will.[28] 14

---

merk notwendig); a. A. AG Kleve RRa 1998, 140 (Reiseleitung nicht Empfangsvertretung); AG Baden-Baden RRa 1995, 185.

23 OLG Düsseldorf NJW 1985, 148 mit ablehnender Anm. *Tempel*; OLG München NJW 1987, 2844; LG Kleve NJW-RR 1995, 316; LG Hannover NJW-RR 1987, 749; NJW-RR 1988, 1454; AG Düsseldorf MDR 1986, 145; RRa 1997, 151.

24 LG Kleve RRa 1999, 160.

25 Seit NJW 1983, 1127, 1129; zuletzt RRa 1995, 170; vgl. auch AG Kleve RRa 1996, 36; RRa 1996, 108; einschränkend zustimmend *Seyderhelm*, § 651 g Rn. 17; ablehnend LG Hannover NJW-RR 1987, 749; *Bidinger/Müller*, § 651 g Anm. 10; *Führich*, Rn. 366.

26 *Schlotmann*, S. 129.

27 OLG Düsseldorf VuR 1991, 287; ähnlich NJW-RR 1992, 1401; LG Hannover MDR 1987, 671; AG Frankfurt a. M. VuR 1991, 288; AG Düsseldorf MDR 1986, 317.

28 So im Ergebnis auch LG Frankfurt a. M. VuR 1992, 94 = NJW-RR 1991, 504.

1.5. Ausnahmen von der »Ein-Monatsfrist«

15 Versäumt der Reisende die Monatsfrist des § 651 g Abs. 1, führt das nicht zum Ausschluss seiner Ansprüche, wenn er **ohne Verschulden** an der Einhaltung der Frist **verhindert** war, § 651 g Abs. 1 Satz 2, oder wenn er andere als die im § 651 g Abs. 1 bezeichneten Ansprüche geltend macht.

16 Die Frage fehlenden Verschuldens des Reisenden ist vor allen Dingen für den Fall diskutiert worden, **dass der Reiseveranstalter auf die Monatsfrist nicht hingewiesen hat**, da von einem Laien die Kenntnis des § 651 g nicht erwartet werden kann. Die Frage ist inzwischen gesetzlich geklärt, da § 3 Abs. 2 lit. h InfVO die Frage eindeutig regelt und den Reiseveranstalter zum Hinweis auf die Rügefrist verpflichtet. Die Konditionenempfehlung des DRV enthielt den Hinweis bereits vorher.

17 **Andere Gründe** für eine schuldlose Fristversäumnis können sein: Fehlinformationen durch Reiseveranstalter, Reisebüro oder örtliche Reiseleitung,[29] längere schwerere Krankheit, postalische Verzögerungen. Das LG Frankfurt a. M. hat es als ausreichend angesehen, wenn der Reisende **glaubhaft macht**, das Anspruchsschreiben rechtzeitig **vor Ablauf der Monatsfrist abgesandt zu haben.**[30]

18 Die Monatsfrist betrifft **nur Ansprüche, die im Reiserecht selbst geregelt sind**, nicht dagegen solche, die sich aus Vorschriften außerhalb der §§ 651 a ff. ergeben. Dies betrifft Ansprüche aus positiver Vertragsverletzung, die jedoch nur eine geringe Rolle spielen, vor allem aber deliktische Ansprüche. Es ist unstreitig, dass deliktische Ansprüche jedenfalls nicht automatisch in den Anwendungsbereich des § 651 g Abs. 1 fallen.[31] **Ungeklärt** ist jedoch, **ob deliktische Ansprüche durch eine AGB-Klausel der Ein-Monatsfrist unterworfen werden können**.[32] M. E. gibt es keinen Grund, den durch eine Verkehrssicherungspflichtverletzung des Reiseveranstalters geschädigten Reisenden schlechter zu stellen als einen Dritten, der mit dem Reiseveranstalter nicht vertraglich verbunden ist. Es ist jedenfalls zulässig, die Frist auf sämtliche vertraglichen Ansprüche zu erstrecken.[33]

---

29 Soergel-*Eckert,* § 651 g Rn. 12; *Führich,* Rn. 371.

30 LG Frankfurt NJW 1987, 132 = VuR 1987, 35 mit zustimmender Anm. *Tonner,* S. 37.

31 BGHZ 103, 298; OLG München NJW-RR 1987, 493; OLG Köln NJW-RR 1992, 1185; LG Konstanz RRa 1994, 152; LG Düsseldorf RRa 1994, 115; LG Frankfurt a. M. RRa 1995, 84 (21. Kammer).

32 Dafür LG Frankfurt a. M. RRa 1998, 160 mit zust. Anm. *Bechhofer* und RRa 1999, 88 mit abl.. Anm. *Tonner* (beides 21. Kammer); *Führich,* Rn. 360; *Bechhofer,* § 651 g Anm. III 3; *ders.,* in: DGfR-Jahrbuch 1999 (2000), S. 91 ff.; dagegen *Seyderhelm,* § 651 g Rn. 7; *Bidinger/Müller,* § 651 g Anm. 3; *Kappus,* Rn. 116.

33 LG Frankfurt a. M. RRa 1999, 88.

1.6. Probleme der Vollmacht

In letzter Zeit mehren sich Urteile, bei denen die **Zurückweisung von Anspruchsanmeldungen** anwaltlich vertretener Reisender durch die Reiseveranstalter gebilligt wurde, weil den Anspruchsanmeldungen die **Bevollmächtigung nicht oder nicht im Original** beilag. Dies betraf sowohl Übermittlungen der Vollmacht per Fax als auch beglaubigte Kopien der Vollmachtsurkunde.[34] Begründet wird dies mit § 174, wonach ein einseitiges Rechtsgeschäft unwirksam ist, wenn der Bevollmächtigte eine Vollmachtsurkunde nicht vorlegt und der andere das Rechtsgeschäft aus diesem Grunde unverzüglich zurückweist. 19

Dieser Rechtsprechung ist entgegenzutreten. *Isermann* hat zutreffend darauf hingewiesen, dass die **Anzeige nach § 651 g Abs. 1 kein einseitiges Rechtsgeschäft im Sinne des § 174** ist, weil damit keine Rechtswirkung im Sinne einer Rechtsbegründung, Aufhebung von Rechten oder Rechtsänderungen herbeigeführt werde. Die geltend gemachten Gewährleistungsansprüche sind vielmehr bereits durch die mangelhaften Reiseleistungen entstanden; der Reisende leite vielmehr nur das Regulierungsverfahren ein.[35] 20

1.7. Geltendmachung bei Personenmehrheit

Die Anmeldung von Ansprüchen muss **durch den jeweiligen Vertragspartner** erfolgen. Reist eine **Familie** zusammen, so kommt lediglich **ein einziger Reisevertrag** zustande; die Ansprüche müssen daher durch das Familienmitglied vorgenommen werden, das den Vertrag abgeschlossen hat. Meldet ein anderes Familienmitglied die Ansprüche an, so muss es von dem vertragsabschließenden Familienmitglied dazu bevollmächtigt sein. 21

Bei einer **sonstigen Gruppenreise** kommen Reiseverträge mit jedem einzelnen Mitglied der Gruppe zustande, so dass jedes Mitglied der Gruppe zur Anspruchsanmeldung berechtigt ist. Die Mitglieder der Gruppe können sich dabei jedoch vertreten lassen, wobei eine konkludente Vollmacht ausreicht. Der Vertreter muss dabei nicht die Namen der Vertretenen angeben; es reicht, wenn diese sich für den Reiseveranstalter aus den Buchungsunterlagen ergeben.[36] 22

34 OLG Düsseldorf RRa 1999, 206; LG Düsseldorf NJW-RR 1992, 443; LG Kleve NJW-RR 1995, 316 und RRa 1999, 162 mit ablehn. Anm. *Hauffe*; AG Baden-Baden RRa 1995, 182; AG Kleve RRa 1996, 32, 105; AG Hamburg RRa 1996, 130; AG Syke RRa 1996, 155.

35 *Isermann*, MDR 1995, 224 = RRa 1995, 98, 100; zustimmend *Führich*, Rn. 370; Soergel-*Eckert*, § 651 g Rn. 7; ebenso OLG Karlsruhe NJW-RR 1991, 54; AG Freising RRa 2000, 6; *Tempel*, S. 570; *Seyderhelm*, § 651 g Rn. 30; *Bechhofer*, § 651 g Anm. VIII; *ders.*, in: DGfR-Jahrbuch 1999 (2000), S. 91.

36 Wie hier auch *Führich*, Rn. 370.

2. Verjährung, Abs. 2

2.1. Hemmung, Zurückweisung

23 Auch dann, wenn der Kunde seine Ansprüche rechtzeitig geltend gemacht hat, muss er noch eine zweite Frist beachten: Die Ansprüche **verjähren** gemäß § 651 g Abs. 2 **nach einem halben Jahr**, gerechnet vom Tag des vertraglich vereinbarten Reiseendes an. Damit der Reiseveranstalter jedoch nicht durch verzögerliche Bearbeitung Verjährung herbeiführen kann, sieht die Vorschrift vor, dass die Verjährung **gehemmt** ist, **bis der Reiseveranstalter die Ansprüche zurückweist.** Die Verjährungsfrist läuft also zwischen Geltendmachung der Ansprüche und Zurückweisung durch den Reiseveranstalter nicht. Auch aus diesem Grund sollten die Ansprüche des Reisenden per Einschreiben mit Rückschein geltend gemacht werden, um das Zugangsdatum beim Reiseveranstalter nachweisen zu können.

24 Die **Hemmung** der Verjährung **beginnt mit dem Zugang des Anspruchschreibens.** Dies bedeutet für aus dem Urlaub abgeschickte Anspruchsanmeldungen, dass die Verjährungsfrist erst gar nicht zu laufen beginnt, bis der Reiseveranstalter die Ansprüche zurückweist.[37] Lehnt man dagegen die zulässige Anspruchsanmeldung aus dem Urlaub ab (vgl. oben Rn. 9 ff., 11), beginnt die Verjährungsfrist auf jeden Fall zunächst zu laufen.

25 Wichtig ist, in welchen Maßnahmen des Reiseveranstalters eine **Zurückweisung** der Ansprüche des Reisenden zu sehen ist, die die Verjährungsfrist wieder in Gang setzt. Die Zurückweisung muss nicht begründet sein, sie muss aber eindeutig erkennen lassen, dass der Reiseveranstalter die geltend gemachten Ansprüche nicht freiwillig erfüllen will.[38] Sie muss so abgefasst sein, dass auch der rechtsunkundige Reisende aus ihr ersehen kann, dass der Reiseveranstalter damit eine **abschließende Entscheidung über die Ansprüche** treffen will.[39] Eine Zurückweisung liegt auch dann vor, wenn der Reiseveranstalter einen Teil der Ansprüche zurückweist, einen anderen Teil aber anerkennt.[40] Keine Zurückweisung liegt dagegen vor, wenn der Veranstalter dem Reisenden mitteilt, er habe die Angelegenheit an seine Versicherung weitergereicht.[41] Die Zurückweisung kann auch im Widerspruch zu einem Mahnbescheid des Reisenden zu sehen sein[42].

37 LG Frankfurt a. M. NJW 1985, 147 (Hemmung ab Zugang in der Zentrale des Reiseveranstalters); LG Stuttgart VuR 1991, 117.
38 BGHZ 88, 174 = NJW 1981, 2699.
39 LG Frankfurt a. M. NJW 1985, 147.
40 LG Stuttgart RRa 1994, 99.
41 LG Frankfurt a. M. NJW-RR 1994, 179; RRa 1995, 46.
42 BGHZ 88, 174.

Tritt der Reiseveranstalter nach einer ersten Zurückweisung in eine **neuerliche Prüfung** der Ansprüche ein, so ist die Verjährung ein **zweites Mal gehemmt.**[43] Das Weiterlaufen der Verjährung bedarf einer erneuten Zurückweisung. Es ist dem Reiseveranstalter daher verwehrt, durch eine schnelle Zurückweisung die Verjährungsfrist wieder in Gang zu setzen und dann bei etwaigen Insistieren des Reisenden durch verzögerliche Korrespondenz das Ende der Verjährungsfrist zu erreichen zu versuchen. Vielmehr kann der Reisende durch neuerliches Schreiben trotz Zurückweisung den Ablauf der Verjährung erneut hemmen. 26

2.2. Vergleichsangebote

Auch in einem **Kulanz- und Vergleichsangebot** des Reiseveranstalters **kann** 27
eine **Zurückweisung** zu sehen **sein**, wenn deutlich wird, dass das Vergleichsangebot verbindlich gemeint ist und der Veranstalter die Angelegenheit damit abschließen will.[44] Legte der Reiseveranstalter aus Kulanz einen **Gutschein** bei, so braucht der Reisende dies nicht als Geldwertersatz zu akzeptieren. Wenn der Reisende seine Ansprüche weiter verfolgen will, ist es allerdings zweckmäßig, den Gutschein zurück zu geben. Häufig verbinden Reiseveranstalter ein Vergleichsangebot mit der **Übersendung eines Schecks**. Löst der Reisende diesen Scheck ein, so hat er das **Vergleichsangebot** des Reiseveranstalters **angenommen** und kann keine weiteren Ansprüche geltend machen. Erstaunlicherweise müssen Gerichte auch anwaltlich vertretene Reisende immer wieder über diese Rechtsfolge belehren.[45]

2.3. Unterbrechung

Muss der Reisende die Verjährung unterbrechen, um seine Ansprüche nicht zu 28
verlieren, so ist er gemäß § 209 gezwungen, **Klage zu erheben** oder wenigstens dem Reiseveranstalter einen **Mahnbescheid** zustellen zu lassen. Befinden sich die Parteien zum Zeitpunkt des Verjährungsablaufs in Verhandlungen, so genügt es auch, wenn der Reiseveranstalter schriftlich vor Verjährungsablauf erklärt, er verzichte unwiderruflich auf die Einrede der Verjährung.

---

43 LG Frankfurt a. M. NJW-RR 1994, 179; AG Hamburg RRa 1998, 91; AG Bad Homburg RRa 1998, 136.

44 OLG Düsseldorf NJW-RR 1993, 635; OLG Celle NJW-RR 1996, 372; AG München RRa 1994, 33; AG Düsseldorf RRa 1995, 181; AG Bonn RRa 1996, 224; AG Königsstein RRa 1997, 154; AG Bad Homburg RRa 1998, 136; AG Charlottenburg RRa 2000, 9.

45 AG Baden-Baden RRa 1996, 55; AG Kleve RRa 1998, 72; AG Ludwigsburg RRa 1998, 115.

29 Hat der Reiseveranstalter vor Verjährungsablauf den Anspruch **anerkannt**, so hat er damit die Verjährung unterbrochen, § 208, so dass der Reisende auch nach Ablauf der ursprünglichen Verjährungsfrist Zahlung verlangen kann.

2.4. Andere Verjährungsfristen

30 Neben den vertraglichen kann der Reisende gegen den Reiseveranstalter noch **deliktische Ansprüche** wegen schuldhafter Verletzung seines Eigentums oder seiner Gesundheit gemäß § 823 geltend machen. Solche Ansprüche **verjähren nach § 852 in drei Jahren**. Vertragliche und deliktische Ansprüche stehen nach Auffassung der Rechtsprechung in echter **Anspruchskonkurrenz** zueinander, d. h. der Anspruchsberechtigte kann sich wahlweise auf vertragliche oder deliktische Ansprüche berufen. Es ist streitig, ob die Verjährung deliktischer Ansprüche durch AGB an die Frist des § 651 g Abs. 2 angepasst werden kann.[46] Jedenfalls im Anwendungsbereich der Konditionenempfehlung des DRV hat die Frage jedoch keine praktische Bedeutung, da die Konditionenempfehlung für deliktische Ansprüche eine dreijährige Verjährungsfrist vorsieht.

31 Bei einer **arglistigen Täuschung** kommt die 30-jährige Verjährungsfrist des § 195 zur Anwendung. Arglist wird man jedoch nur ausnahmsweise bejahen können, etwa wenn der Reiseveranstalter erhebliche Mängel verschweigt, bei deren Kenntnis der Reisende nicht gebucht hätte.[47]

32 Günstiger steht der Reisende, wenn er den Reiseveranstalter als **vertraglichen Luftfrachtführer** in Anspruch nehmen will. Dann greift nach Art. 29 WA eine zweijährige Ausschlussfrist ein.

46 Dafür Soergel-*Eckert*, § 651 g Rn. 6; *Führich*, Rn. 384; AG Bonn RRa 1996, 125; dagegen *Seyderhelm*, § 651 g Rn. 44. Zum Parallelproblem der Erstreckung der Ein-Monats-Frist des § 651 g Abs. 1 auf deliktische Ansprüche oben Rn. 18.

47 LG Frankfurt a. M. NJW-RR 1987, 495; VuR 1991, 115 = NJW-RR 1991, 317.

§ 651 h [Zulässige Haftungsbeschränkung]

(1) Der Reiseveranstalter kann durch Vereinbarung mit dem Reisenden seine Haftung für Schäden, die nicht Körperschäden sind, auf den dreifachen Reisepreis beschränken,

1) soweit ein Schaden des Reisenden weder vorsätzlich noch grob fahrlässig herbeigeführt wird, oder

2) soweit der Reiseveranstalter für einen dem Reisenden entstehenden Schaden allein wegen eines Verschuldens eines Leistungsträgers verantwortlich ist.

(2) Gelten für eine von einem Leistungsträger zu erbringende Reiseleistung internationale Übereinkommen oder auf solchen beruhende gesetzliche Vorschriften, nach denen ein Anspruch auf Schadenersatz nur unter bestimmten Voraussetzungen oder Beschränkungen entsteht oder geltend gemacht werden kann oder unter bestimmten Voraussetzungen ausgeschlossen ist, so kann sich auch der Reiseveranstalter gegenüber dem Reisenden hierauf berufen.

Übersicht:

1. Anwendungsbereich

§ 651 h ist als Ergänzung zu § 651 f zu verstehen. Die Vorschrift erlaubt dem **1**
Reiseveranstalter, den in § 651 f enthaltenen Schadenersatzanspruch der Höhe nach durch vertragliche Vereinbarung auf den **dreifachen Preis** zu beschränken, Abs. 1. Außerdem muss der Reiseveranstalter gegenüber dem Reisenden **nicht stärker haften als die Leistungsträger gemäß internationalen Übereinkom-**

men, Abs. 2. Zwar durchbricht § 651 h Abs. 1 das System des zwingenden Reisevertragsrechts.[1] Er bedeutete seinerzeit aber einen Kompromiss zwischen dem Interesse des Reisenden, jede Beschränkbarkeit des Schadenersatzanspruchs zu vermeiden, und der von den Gerichten sanktionierten Praxis der Reiseveranstalter vor Inkrafttreten der Vorschrift, in AGB eine Beschränkung der Haftung auf den einfachen Reisepreis zu statuieren.[2]

2 Die Vorschrift bezieht sich über § 651 f hinaus auch auf andere vertragliche Schadenersatzansprüche aus einem Reisevertrag, d. h. insbesondere auf **positive Vertragsverletzung**. Dagegen findet sie keine Anwendung auf Ansprüche wegen Selbstabhilfe gemäß § 651 c Abs. 3 und bei Ersatzansprüchen des Reisenden bei einer verletzten Rückbeförderungspflicht des Reiseveranstalter gemäß § 651 e Abs. 4.[3] Insbesondere erfasst sie **nicht deliktische Schadenersatzansprüche**.[4]

3 Die Vorschrift wurde seit ihrem Inkrafttreten im Jahre 1979 zweimal geändert, zunächst im Rahmen des so genannten zweiten Seerechtsänderungsgesetzes von 1986, wo der Gesetzgeber klarstellte, dass sich der Reiseveranstalter gemäß Abs. 2 sich nicht nur auf Haftungsbeschränkungen in internationalen Übereinkommen, sondern auch auf **Haftungsausschlüsse** berufen kann. Größere Bedeutung hatte die Umsetzung der EG-Pauschalreiserichtlinie im Jahre 1994, als die **Beschränkbarkeit auf den dreifachen Reisepreis** gemäß Abs. 1 **für Körperverletzungen aufgehoben** wurde. Dies hatte sich in der Vergangenheit vielfach als problematisch erwiesen und dazu geführt, dass auf deliktische Ansprüche ausgewichen wurde. Bei Körperverletzungen sind deliktische Ansprüche in Zukunft nur noch wegen der längeren Verjährungsfrist und wegen des Schmerzensgeldes, § 847, interessant. Bei Sachschäden hat sich die Haftungsbeschränkung auf den dreifachen Reisepreis in aller Regel als ausreichend erwiesen.

1 Vgl. die lebhafte Kritik bei seinem Inkrafttreten von *Bartl*, NJW 1979, 1384.

2 OLG Frankfurt a. M., NJW 1973, 472; OLG Bremen FVE ZivR 1972, Nr. 696; OLG Hamm NJW 1975, 1364.

3 BGHZ 100, 157 = NJW 1987, 1931; so auch *Führich*, Rn. 389; Soergel-*Eckert*, § 651 h Rn. 3; *Wolter*, NJW 1988, 396; *Seyderhelm*, § 651 h Rn. 5.

4 BGHZ 100, 157 = NJW 1987, 1931 unter allgemeiner Zustimmung der Literatur, vgl. nur *Führich*, Rn. 390.

2. Haftungsbeschränkung auf den dreifachen Reisepreis außer bei Körperschäden, Abs. 1

2.1. Haftungsbeschränkung für eigenes Verschulden, Abs. 1 Nr. 1

Nach § 651 h Abs. 1 Nr. 1 gilt die Haftungsbeschränkungsmöglichkeit **für den Reiseveranstalter selbst und für seine Erfüllungsgehilfen**, soweit sie nicht als Leistungsträger unter die spezielle Regelung des § 651 h Abs. 1 Nr. 2 fallen, nur dann, wenn der Schaden des Reisenden **weder vorsätzlich noch grob fahrlässig** herbeigeführt wird. Diese Regelung stimmt mit § 11 Nr. 7 AGBG überein. Erfüllungsgehilfen, die nicht Leistungsträger sind, sind außer den Bediensteten des Reiseveranstalters z. B. die Reiseleiter, auch wenn sie nicht Angestellte des Reiseveranstalters sind. Auch ein selbstständiges Reisebüro ist Erfüllungsgehilfe und kein Leistungsträger. Erbringt der Reiseveranstalter einzelne Reiseleistungen selbst (wenn z. B. ein Busunternehmer als Reiseveranstalter auftritt), so haftet er für diese Leistungen ebenfalls gemäß § 651 h Abs. 1 Nr. 1. 4

Die Haftungsbeschränkungsmöglichkeit gilt also nur für **einfache Fahrlässigkeit**. Sie muss mithin von der groben Fahrlässigkeit abgegrenzt werden, wozu die im Rahmen des § 276 entwickelten Formeln heranzuziehen sind, d. h. grobe Fahrlässigkeit liegt nur dann vor, wenn die im Verkehr erforderliche Sorgfalt in besonders schwerem Maße verletzt ist. 5

2.2. Haftungsbeschränkung für Leistungsträger, Abs. 1 Nr. 2

§ 651 h Abs. 1 Satz 2 bedeutet ein Privileg für den Reiseveranstalter, weil er seine Haftung **für den Leistungsträger** in jedem Fall, also **auch bei dessen Vorsatz und grober Fahrlässigkeit, beschränken** kann. Der Gesetzgeber führte zur Begründung an, der Reiseveranstalter habe keinen Einfluss auf den Leistungsträger[5]. Ob das empirisch richtig ist, mag dahinstehen (sicher ist es ein Unterschied, ob ein Großveranstalter in der Türkei Betten einkauft oder ein Kleinveranstalter bei einer Fluggesellschaft Plätze), aber es ist rechtssystematisch falsch. Für Erfüllungsgehilfen wird nicht gehaftet, weil man irgendwie Einfluss auf sie hat, sondern weil man sich ihrer zur Erfüllung eigener Verbindlichkeiten bedient. Ob der Leistungsträger ordentlich arbeitet, mag weder der Reiseveranstalter noch der Reisende beeinflussen können, aber da es sich um die Erfüllung der Verbindlichkeit des Reiseveranstalters handelt, trägt dieser auch das Risiko für den unbeeinflussbaren Leistungsträger. Das **Haftungsprivileg** des § 651 h Abs. 1 Satz 2 ist daher verfehlt. 6

5 BT-Drucks. 8/786, S. 32.

7 § 651 h Abs. 1 Satz 2 kommt **nicht zur Anwendung**, wenn ein **Eigenverschulden des Reiseveranstalters** vorliegt. Dies kann der Fall sein, wenn er den Leistungsträger nicht ordnungsgemäß ausgewählt und überwacht hat. So kann ein Reiseveranstalter sich nicht auf das Haftungsprivileg berufen, wenn Mängel eines Hotels allgemein bekannt sind, etwa durch gehäufte Reklamationen aus der letzten Saison oder durch kritische Presseberichte. Zu denken ist ferner z. B. an Lärmbelästigung, wenn der Reiseveranstalter versäumt hat, sich über die örtlichen Verhältnisse laufend zu erkundigen. Auch wenn eine Unterkunft wegen Überbuchung nicht vorliegt, ist dies dem Reiseveranstalter selbst vorzuwerfen, wenn er sich – in Kenntnis verbreiteter Überbuchungspraktiken – die Unterkunft nicht mehrfach hat bestätigen lassen.

8 Freilich wird der Reiseveranstalter häufig genug auch nachweisen können, dass er den Leistungsträger ordnungsgemäß ausgewählt und überwacht hat. In diesem Fall ist jedoch immer noch zu berücksichtigen, dass den Reiseveranstalter originäre **Verkehrssicherungspflichten** treffen, die vor allem sicherheitsrelevante Teile der Hoteleinrichtung betreffen.[6]

9 Nach h. M. sind Haftungsbeschränkungsklauseln außer nach § 651 h Abs. 1 Nr. 2 auch am Maßstab des **§ 9 AGBG** zu messen, nicht jedoch des § 11 Nr. 7 AGBG.[7] Die gleichzeitige Anwendung von § 11 Nr. 7 AGBG würde dazu führen, dass das Haftungsprivileg für Leistungsträger praktisch beseitigt würde, was nicht der Wille des Gesetzgebers gewesen sein kann. Vielmehr muss man davon ausgehen, dass § 651 h Abs. 1 Nr. 2 als jüngere und speziellere Norm den § 11 Nr. 7 verdrängt, auch wenn man die Vorschrift rechtspolitisch für verfehlt hält. Die zusätzliche Anwendungsmöglichkeit des § 9 AGBG dürfte kaum noch praktische Folgen haben, nachdem die Haftungsbeschränkungsmöglichkeit für Körperschäden entfallen ist. § 9 AGBG verlangt, dass typische Schäden abgedeckt sein müssen. Wie ausgeführt, erfasst die Haftungsbeschränkung auf den dreifachen Reisepreis die typischen Sachschäden.

---

6 Grundlegend dazu der Balkonsturzfall BGHZ 103, 298; vgl. im Einzelnen oben § 651 f Rn. 21 ff.

7 BGHZ 100, 157 = NJW 1987, 1931; BGHZ 119, 152 = NJW 1992, 3158; in der Literatur beispielsweise *Führich,* Rn. 391; Soergel-*Eckert,* § 651 h Rn. 4.

3. Haftungsbeschränkung aufgrund internationaler Übereinkommen für den Leistungsträger

3.1. Grundsatz

§ 651 h Abs. 2 sieht eine weitere Haftungsbeschränkung vor, die jedoch nicht wie Abs. 1 nur dann gilt, wenn sie vertraglich vereinbart ist, sondern kraft Gesetzes: Der Reiseveranstalter kann sich gegenüber dem Reisenden auf solche Haftungsbeschränkungen berufen, die sich aus einem **internationalen Übereinkommen oder einem dieses umsetzenden nationalen Gesetz** ergeben und für einen einzelnen Leistungsträger gelten. Die Vorschrift ist 1994 durch das Umsetzungsgesetz zur EG-Pauschalreiserichtlinie neu gefasst worden. Zuvor war die Haftungsbeschränkungsmöglichkeit weiter; sie galt für alle gesetzlichen Haftungsbeschränkungen zugunsten der Leistungsträger. 10

Dabei gelten folgende Voraussetzungen: Die Beschränkung muss für eine von einem **Leistungsträger** zu erbringende Reiseleistung gelten. Wie bei Abs. 1 Nr. 2 (oben Rn. 7 f.) kommt es darauf an, ob die Fehlerquelle nicht doch in der Sphäre des Reiseveranstalter selbst zu suchen ist, etwa durch unsorgfältige Auswahl oder Überwachung des Leistungsträger (vgl. oben Rn. 7, 8).[8] Nur wenn dies nicht der Fall ist, handelt es sich um eine von einem Leistungsträger zu erbringende Reiseleistung. 11

Der Reiseveranstalter kann sich **nicht nur auf Gesetze mit rein inländischem Anwendungsbereich nicht berufen, sondern auch nicht auf vertragliche Haftungsbeschränkungen**, etwa in den Vereinbarungen zwischen Reiseveranstalter und Leistungsträger. Ein Verzicht auf diese Einschränkung würde dem Reiseveranstalter allzu leicht die Möglichkeit eröffnen, sich seiner Schadenersatzpflicht nach § 651 f zu entziehen. Andererseits bedeutet die Regelung, dass der Reiseveranstalter bei einer vertraglichen Haftungsbeschränkung im Verhältnis Reiseveranstalter – Leistungsträger die Schadenersatzansprüche des Reisenden erfüllen muss, ohne Regress nehmen zu können. Große Tourismusunternehmen werden sich in der Regel Regressmöglichkeiten vorbehalten können, während kleine und mittelständische Unternehmen von ihnen auszugleichende Schäden unter Umständen nicht weiterreichen können. 12

Zu beachten ist schließlich, dass es **nicht zulässig** ist, **sich auf behördlich genehmigte Bedingungen zu berufen**. § 651 h erlaubt nur die Berufung auf gesetzliche Haftungsbeschränkungen in internationalen Übereinkommen. Dazu gehören nicht die Beförderungsbedingungen von Verkehrsunternehmen, auch wenn sie von einer Behörde genehmigt worden sind, wie dies etwa nach dem 13

8 So auch *Führich*, Rn. 397.

Personenbeförderungsgesetz oder dem Luftverkehrsgesetz erforderlich ist, und sich die Unternehmen im Eigentum des Staates befinden.

14 Haftungsbeschränkungen aufgrund internationaler Übereinkommen spielen vor allem bei der **Beförderung** eine Rolle. Hierbei ist danach zu differenzieren, um welche Art der Beförderung es sich handelt (Eisenbahn, Flugzeug, Bus) und ob die Beförderung im inländischen oder im grenzüberschreitenden Verkehr erfolgt. Diese Beschränkungen spielen bei Unfällen sowie bei Verlust von Gepäck und bei Verspätungen eine Rolle. Die wichtigsten Vorschriften dieser Art sind das Warschauer Abkommen für den Luftverkehr, die COTIF für den Eisenbahnverkehr und das Athener Abkommen, umgesetzt, allerdings mit höheren Haftungssummen, in der Anlage zu § 664 HGB, für den Schiffsverkehr. Die wichtigsten Regeln dieser Übereinkommen sind im Abschnitt Beförderungsvertrag dargestellt.

3.2. Luftbeförderung

15 Bei der Luftbeförderung haftet der Reiseveranstalter unter Umständen direkt als so genannter **vertraglicher Luftfrachtführer**, wenn auf die Luftbeförderung nicht nur das Warschauer Abkommen, sondern auch das **Zusatzabkommen von Guadalajara (ZAG)** anwendbar ist. Dies sieht das ZAG ausdrücklich vor.[9] Wenn der Reiseveranstalter vertraglicher Luftfrachtführer ist, **geht das WA in seinem Anwendungsbereich den reisevertraglichen Vorschriften des BGB vor**, d. h. der Reiseveranstalter kann insoweit nur gemäß dem WA, nicht aber gemäß den BGB-Vorschriften in Anspruch genommen werden. Auf § 651 h Abs. 2 kommt es insoweit nicht an.

16 Für den Reisenden hat diese Regelung den Vorteil, dass er nach seiner Wahl **entweder den Reiseveranstalter als vertraglichen oder die Fluggesellschaft als ausführenden Luftfrachtführer in Anspruch nehmen** kann. Jedoch muss abgegrenzt werden, wieweit der Anwendungsbereich des WA gilt und welche Rechtsbehelfe des BGB-Reisevertragsrechts er verdrängt. Dabei hat sich richtigerweise inzwischen die Auffassung durchgesetzt, dass das **WA nur den Schadenersatzanspruch nach § 651 f Abs. 1 verdrängt**, während alle anderen Ansprüche, also die Minderung und die Rechte gemäß §§ 651 c und 651 e sowie der Anspruch gemäß § 651 f Abs. 2 dem Reisenden auch dann erhalten bleiben, wenn der zugrunde liegende Mangel in der Beförderung liegt.[10] Bei **Unfällen** kommt daher ausschließlich das WA zur Anwendung. Zu differenzieren ist dagegen bei **Gepäckverlust**. Das WA regelt ausschließlich den Anspruch für end-

9 Vgl. unten Beförderungsvertrag Rn. 26.

10 Die Auffassung geht auf LG Hannover NJW 1985, 2903 zurück.

gültig verloren gegangenes Gepäck, nicht jedoch den Minderungsanspruch, den der Reisende hat, weil er den Urlaub teilweise oder ganz ohne sein Gepäck verbringen muss.[11] Zu beachten sind ferner die speziellen Fristvorschriften nach dem WA bei Gepäckverlust.[12] Die Ansprüche nach dem WA sind gesetzliche und keine vertraglichen Ansprüche, so dass sie ohne weiteres gegen die ausführende Fluggesellschaft geltend gemacht werden können.

Wenn das ZAG nicht zur Anwendung kommt – dies ist z. B. bei Flügen in die Türkei und in die Dominikanische Republik der Fall, so fern sie ihren Ausgangs- und Zielpunkt nicht in Deutschland haben[13] – wird der Reiseveranstalter auch nicht vertraglicher Luftfrachtführer. Es bleibt daher bei Ansprüchen gegen ihn gemäß § 651 f Abs. 1. Jedoch kann er sich auf § 651 h Abs. 2 berufen mit der Folge, dass er nur in Höhe des Haftungshöchstbetrages des Warschauer Abkommens in der jeweils anwendbaren Fassung haftet.[14] Damit wird auch der Grundsatz durchbrochen, dass bei Körperschäden grundsätzlich unbeschränkt gehaftet wird. 17

3.3. Gastwirtehaftung

Eine Haftungsbeschränkung, die auf einem internationalen Übereinkommen beruht, ist auch die **Gastwirtehaftung** nach §§ 701 ff. Der Hotelier haftet nach § 702 nur bis zum hundertfachen des Übernachtungspreises, mindestens bis zu DM 1.000,-, höchstens bis zu DM 6.000,– für eingebrachte Sachen, es sei denn, er handelte schuldhaft oder die Sachen waren ihm zur Aufbewahrung übergeben worden.[15] Die Vorschrift geht auf das so genannte **Pariser Übereinkommen vom 17. 12. 1962** zurück.[16] 18

11 Vgl. dazu oben Anhang zu § 651 c: Mängeltabelle Rn. 28 ff.

12 Vgl. unten Beförderungsvertrag Rn. 48 ff.

13 Vgl. die Regelung über Rundflüge, unten Beförderungsvertrag Rn. 19.

14 Vgl. im Einzelnen unten Beförderungsvertrag Rn. 44 ff.

15 Vgl. im Einzelnen unten Beherbergungsvertrag Rn. 18 ff.; dort sind auch die demnächst geltenden Euro-Beträge genannt.

16 BGBl. II 1966, 270.

§ 651 i [Rücktritt vor Reisebeginn]

(1) Vor Reisebeginn kann der Reisende jederzeit vom Vertrag zurücktreten.

(2) [1]Tritt der Reisende vom Vertrag zurück, so verliert der Reiseveranstalter den Anspruch auf den vereinbarten Reisepreis. [2]Er kann jedoch eine angemessene Entschädigung verlangen. [3]Die Höhe der Entschädigung bestimmt sich nach dem Reisepreis unter Abzug des Wertes der vom Reiseveranstalter ersparten Aufwendungen sowie dessen, was er durch anderweitige Verwendung der Reiseleistungen erwerben kann.

(3) Im Vertrage kann für jede Reiseart unter Berücksichtigung der gewöhnlich ersparten Aufwendungen und des durch anderweitige Verwendung der Reiseleistungen gewöhnlich möglichen Erwerbs ein Vomhundertsatz des Reisepreises als Entschädigung festgesetzt werden.

Übersicht:

1. Rücktrittsrecht des Reisenden, § 651 i Abs. 1

1 Keiner soll gezwungen werden, eine einmal gebuchte Reise gegen seinen Willen anzutreten. Das Gesetz verschafft dem Reisenden ein **jederzeitiges Rücktrittsrecht** bis zum Reiseantritt in § 651 i Abs. 1. Gründe für den Rücktritt braucht er nicht anzugeben, aber er muss Stornogebühren zahlen, § 651 i Abs. 2, 3. Die Rücktrittserklärung ist an **keine Form** gebunden, d. h. es reicht aus, wenn der Kunde gegenüber dem Reiseveranstalter oder der Buchungsstelle (also dem Reisebüro) mündlich oder telefonisch erklärt, er wolle die Reise annullieren. Der Reiseveranstalter darf nicht in AGB den Zugang der Rücktrittserklärung an seinem Firmensitz als maßgebliches Datum verlangen.[1] Die juristisch korrekte Be-

1 OLG München NJW-RR 1987, 493; LG München I VuR 1989, 34.

zeichnung als Rücktritt ist nicht erforderlich. Allerdings sollte der Reisende seinen Rücktritt zweckmäßigerweise schriftlich erklären, vor allem, um später das Datum nachweisen zu können, was bei der Berechnung der Stornogebühren von Bedeutung sein könnte.

Eine Klausel, die den Rücktritt von einem Formerfordernis abhängig machen 2 will, also etwa nur einen schriftlichen Rücktritt zulassen will, ist unzulässig.[2] Die Konditionenempfehlung des DRV nimmt auf diese Rechtslage Rücksicht und empfiehlt den Kunden lediglich die Schriftform.

Es ist streitig, ob ein **Nichtantritt der Reise ohne ausdrückliche Rücktrittserklärung** als stillschweigender Rücktritt zu werten ist. Einige Autoren verlangen 3 eine ausdrückliche Rücktrittserklärung mit der Folge, dass der Reisende bei einem Nichtantritt der Reise ohne Rücktrittserklärung den vollen Reisepreis bezahlen muss.[3] Dem kann nicht zugestimmt werden, vielmehr erklärt der Reisende durch sein Nichterscheinen konkludent seinen Rücktritt.[4] Es besteht kein Anlass, bei der Rücktrittserklärung nach § 651 i Abs. 1 anders als sonst im Recht der Willenserklärung eine konkludente Erklärung nicht zuzulassen. Die Interessen des Reiseveranstalters sind gewahrt, da er nicht anders gestellt ist, als wenn der Reisende am Tage des Reiseantritts zurücktreten würde. Allerdings muss der Reisende bei einem reinen Nichtantritt den höchstzulässigen Stornobetrag bezahlen.[5] Es liegt daher im Interesse des Reisenden, sich möglichst frühzeitig darüber schlüssig zu werden, ob er zurücktreten will, um die Stornogebühren niedrig zu halten.

Nach **§ 651 b** hat der Kunde das Recht, einen **Ersatzteilnehmer** zu stellen. In 4 diesem Fall muss er nur die durch die Teilnahme des Dritten entstehenden Mehrkosten, d. h. in der Regel Umbuchungskosten, tragen. Wenn die Stornogebühren sehr hoch sind, lohnt es sich, von diesem Recht Gebrauch zu machen und u. U. per Zeitungsanzeige einen Ersatzreisenden zu suchen.[6]

Tritt der Reisende nach Reiseantritt zurück, z. B. weil er oder ein naher An- 5 gehöriger erkrankt oder auch ohne nachvollziehbaren Grund, ist nach herrschender und zutreffender Ansicht **§ 651 i analog** anzuwenden.[7] In der Recht-

---

2 LG Berlin FVE ZivR 1981, Nr. 301.

3 *Führich*, Rn. 416; *Seyderhelm*, § 651 i Rn. 17; *Bidinger/Müller*, § 651 i Anm. 16; *Tempel*, S. 561.

4 So auch Soergel-*Eckert*, § 651 i Rn. 9.

5 Zur zulässigen Höhe vgl. unten Rn. 13 ff.

6 Im Einzelnen siehe die Erläuterungen zu § 651 b.

7 *Führich* Rn. 411; *Wolter*, AcP 183 (1983), 70; *Teichmann*, JZ 1979, 737; a. A. Soergel-*Eckert*, § 651 i Rn. 5.

sprechung wird diese Lösung vom LG Frankfurt a. M. abgelehnt, dass stattdessen dem Reisenden ein außerordentliches Kündigungsrecht einräumt.[8]

2. Konkrete Berechnung der Stornokosten, Abs. 2

6 Der Reisende kann nicht ohne finanzielle Folgen vom Vertrag zurücktreten, es sei denn, es liegt eine der unten 4. erörterten Ausnahmefälle vor. Das Gesetz spricht dem Reiseveranstalter eine »angemessene Entschädigung« zu, in der Praxis meist Stornogebühren genannt. Die Reiseveranstalter verwenden fast immer pauschalierte **Stornogebühren**. Doch auch wenn der Reiseveranstalter eine solche Pauschalierung nicht in seine AGB aufgenommen hat, oder sie sich als unzulässig erweist, stehen ihm Stornogebühren zu. § 651 i Abs. 2 schreibt ihre Berechnung vor: Es ist »der Reisepreis unter Abzug der vom Reiseveranstalter ersparten Aufwendungen, sowie dessen, was er durch anderweitige Verwendung der Reiseleistung erwerben kann«.

7 **Beispiele:**

(1) Die Reise ist trotzdem ausgebucht. Der Kunde muss nur Umbuchungskosten zahlen.[9]

(2) Die Reise ist nicht ausgebucht. Der Reiseveranstalter erhält vom Hotel und der Fluggesellschaft Gutschriften für die nicht in Anspruch genommenen Leistungen. Der Kunde muss den Reisepreis abzüglich dieser beiden Gutschriften bezahlen.

(3) Die Reise ist nicht ausgebucht. Der Reiseveranstalter erhält vom Hotel eine Gutschrift. Den Platz im Flugzeug kann er anderweitig nutzen. Die Rechnung für den Kunden sieht so aus:

Reisepreis	1.000,– DM
abzüglich Gutschrift des Hotels	400,– DM
abzüglich kalkulatorische Anteil des Fluges im Reisepreis	350,– DM
zu zahlen	250,– DM

8 Der Reiseveranstalter ist **verpflichtet, den nicht besetzten Platz anderweitig zu verwerten**. Unterlässt er dies, so muss er sich den – objektiv möglichen – Erwerb für eine anderweitige Verwendung der Reiseleistungen gleichwohl anrechnen lassen. So wird ein Reiseveranstalter kaum damit gehört werden können, ein Platz sei in der Hochsaison leer geblieben, wenn Reisen der fraglichen Art in der

8 NJW-RR 1986, 214.

9 Vgl. aber unten Rn. 19: Der Reiseveranstalter gibt stornokostenpflichtig Bettenkontingente zurück, die der Hotelier anderweitig nutzen kann.

Hochsaison normalerweise ausgebucht sind. Ist die Reise trotz des Rücktritts ausgebucht, so ist die Reiseleistung im Sinne des Gesetzes »anderweitig verwendet«, so dass der Reiseveranstalter nur noch Umbuchungskosten verlangen kann.[10]

3. Stornokostenpauschalierung, Abs. 3

Verwendet der Reiseveranstalter, wie regelmäßig, AGB mit pauschalierten Stor- 9
noklauseln, so muss er dabei § 651 i Abs. 3 beachten, wonach die Stornogebühr in einem **Prozentsatz des Reisepreises** auszudrücken und zu berücksichtigen ist, was der Reiseveranstalter sich **gewöhnlich erspart oder durch anderweitige Verwendung erwirbt**. Bei den Stornoklauseln tauchen drei Probleme auf:

- die Berechnungsmethode,
- die Höhe,
- die Anwendbarkeit von § 11 Nr. 5 AGBG.

3.1. Berechnungsmethode

Der Wortlaut von § 651 i Abs. 3 zwingt dazu, **Differenzierungen** der Storno- 10
klauseln zu verwenden. Diese Vorschrift geht auf ein Urteil des BGH von 1972 zurück,[11] das verlangte, dass sich die Stornogebühren an dem vom Reiseveranstalter bereits geleisteten Aufwand zu richten hätten. Schon vor diesem Urteil hatte es sich eingebürgert, Stornoklauseln **nach der Zeit der Dauer zwischen Rücktrittserklärung und Reisebeginn** zu differenzieren. Nicht differenzierende Klauseln sind unzulässig.[12]

Darüber hinaus setzte es sich durch, eine **Differenzierung nach der Beförde-** 11
rungsart zu verlangen. Das OLG Frankfurt a. M. hat eine Stornoklausel allein deswegen für unzulässig erklärt, weil eine solche Differenzierung fehlte, obwohl die Staffelung nach dem Rücktrittsdatum enthalten war.[13] Die Konditionenempfehlung des DRV hatte bereits vorher die Differenzierung nach Beförderungsarten aufgenommen. Allerdings enthält die Konditionenempfehlung selbst aus kartellrechtlichen Gründen keine konkreten Prozentsätze, sondern überlässt das Ausfüllen dem einzelnen Reiseveranstalter.

10 So auch Soergel-*Eckert,* § 651 i Rn. 13; *Führich,* Rn. 421; *Seyderhelm,* § 651 i Rn. 28.
11 BGHZ 60, 14.
12 Vgl. z. B. LG Frankfurt a. M. FVE ZivR 1981, Nr. 303.
13 NJW 1982, 2199, ebenso LG Hamburg RRa 1999, 217, 219 f.

12 M. E. überzeugt die Differenzierung nach Beförderungsarten nicht. Es ist nirgendwo betriebswirtschaftlich dargelegt und auch eher unwahrscheinlich, dass dem Reiseveranstalter gerade wegen der unterschiedlichen Beförderungsmittel unterschiedliche Kosten beim Rücktritt eines Kunden entstehen. Eher ist zu vermuten, dass die Marktmacht des einzelnen Reiseveranstalter und des einzelnen Leistungsträgers Einfluss darauf hat, ob dem Reiseveranstalter durch einen Kundenrücktritt Kosten entstehen oder ob er sie an die Leistungsträger weiterreichen kann.[14] Warum sollte man Stornoklauseln nicht nach Zielgebieten, nach der Saison oder nach einer Kombination dieser Merkmale differenzieren? Gerade die Beförderungsarten herauszunehmen, erscheint etwas willkürlich.[15]

3.2. Höhe der Stornokosten

13 Bis zu welcher **Höhe** Stornopauschalen zulässigerweise verlangt werden können, kann man **nicht mit absoluter Sicherheit** sagen. Sicher ist nur, dass der Bewertungsmaßstab des § 651 i Abs. 3 nicht nur eine Differenzierung verlangt, sondern sich auch auf die Höhe auswirkt. Stornoklauseln sind daher auch wegen ihrer Höhe von den Gerichten zu kontrollieren. Das BGH-Urteil von 1972[16] hat eine dämpfende Auswirkung auf die Höhe der Stornogebühren gehabt; im internationalen Vergleich sind sie in Deutschland verhältnismäßig niedrig.[17] Ihre Höhe ist im juristischen Schrifttum in jüngster Vergangenheit jedoch **heftig kritisiert** worden. *Führich* meint, sie seien angesichts der Vermarktung von Restkapazitäten im »last-minute-Geschäft« unangemessen hoch, und *Tempel* fordert eine gesetzliche Regelung ihrer Höhe.[18]

14 Als **Orientierungsmaßstab** mag die vom OLG Frankfurt a. M.[19] wegen der fehlenden Differenzierung, aber nicht wegen der Höhe und der zeitlichen Staffelung beanstandete Klausel gelten:

»Die pauschalierten Rücktrittsgebühren betragen je angemeldeten Teilnehmer

bis 30 Tage vor Beginn	4 %
ab 28–22 Tage vor Reisebeginn	8 %
ab 21–15 Tage vor Reisebeginn	25 %

14 Vgl. dazu *Papadopoulou*, Griechisches Reiserecht, Diss. Rostock 2000, Kap. 4.

15 Zu anderen Berechnungsmodellen, die jedoch die Praxis bislang nicht überzeugen konnten, vgl. MünchKomm-*Tonner*, § 651 i Rn. 12.

16 BGHZ 60, 14.

17 Vgl. *Tonner*, Reiserecht in Europa, S. 73 ff.

18 *Führich*, Rn. 425; *Tempel* RRa 1998, 19, 36.

19 NJW 1982, 2198. Im Anschluss an die Vorauflagen wird dieses Urteil auch von *Führich*, Rn. 425 und *Seyderhelm*, § 651 i Rn. 36 als Orientierungsmaßstab zitiert.

ab 14–7 Tage vor Reisebeginn 40 %
ab 6 Tage vor Reisebeginn 50 %«.[20]

15 Die Gerichte haben folgende Prozentsätze **akzeptiert**: 10 % bis 30 Tage vor Reisebeginn[21], 10 % 5 Wochen vor Reisebeginn[22] , 50 % 10 Tage vor Reiseantritt[23], 50 % ab 6 Tage vor Reisebeginn[24], 60 % bei Rücktritt 3 Tage vor Reiseantritt[25], 80 % bei Rücktritt 1 Tag vor Reisebeginn[26] und 80 % bei einem Ferienhausvertrag[27].

16 Für **unzulässig** gehalten wurden folgende Pauschalsätze: 100 % für eine sog. ABC-Flugreise (hier lag allerdings Werkvertragsrecht zu Grunde)[28], für eine Flugpauschalreise[29] und für eine Busrundreise bei Nichtantritt,[30] 35 % bis 40 Tage vor Reisebeginn, danach 50 % bei einem Ferienhausvertrag[31], 10 % bis 30 Tage vor Reisebeginn,[32] 25 % ab Vertragsabschluss bis vier Wochen vor Reisebeginn.[33]

3.3. Nachweis eines geringeren Schadens

17 Nach h. M. sind Stornopauschalen auch am Maßstab des **AGBG** zu messen.[34] Es geht dabei um § 11 Nr. 5 AGBG, d. h. um die Möglichkeit, für den Reisenden **nachzuweisen, dass ein geringerer Schaden** als der mit der Pauschale geltend gemachte **entstanden ist**. Die OLG Frankfurt a. M. und Hamburg[35] haben § 11 Nr. 5 AGBG neben § 651 i angewendet.

18 Die grundsätzliche Anwendbarkeit von § 11 Nr. 5 AGBG bedeutet, dass aus der Stornoklausel hervorgehen muss, dass der Kunde die Möglichkeit hat nachzu-

20 *Führich*, a. a. O. hält etwas höhere Werte für zulässige Obergrenzen.
21 LG Darmstadt VuR 1990, 82.
22 AG Königsstein RRa 1996, 32.
23 AG Hamburg FVE ZivR 1986, Nr. 595; LG Hannover NJW-RR 1987, 1979.
24 LG Frankfurt a. M. RRa 1995, 88; AG Leverkusen RRa 1996, 253 = NJW-RR 1997, 1204.
25 AG Würzburg FVE ZivR 1985, Nr. 550.
26 AG Stuttgart FVE ZivR 1985, Nr. 560.
27 AG Dorsten FVE ZivR 1982, Nr. 385.
28 BGH NJW 1985, 633.
29 OLG Celle RRa 1995, 52.
30 OLG Nürnberg RRa 1999, 239.
31 LG Düsseldorf VuR 1991, 111.
32 LG Frankfurt a. M. VuR 1988, 150.
33 LG Hamburg NJW 1999, 3128 = RRa 1999, 217.
34 *Bechhofer*, § 651 i Anm. IV 3 c; *Führich*, Rn. 426; *Bidinger/Müller*, § 651 i Anm. 26; *Seyderhelm*, § 651 i Rn. 39; *Ulmer/Brandner/Hensen*, Anh. §§ 9–11 Rn. 588; *Wolff/Horn/Lindacher*, § 9 Rn. R 70.
35 NJW 1982, 2198; NJW 1981, 2420; eben so LG Hamburg RRa 1999, 217, 219.

weisen, dem Reiseveranstalter sei ein geringerer als der mit der Pauschale verlangte Schaden entstanden. Der Reiseveranstalter muss den Kunden zwar nicht auf sein Recht hinweisen, einen niedrigeren Schaden als die Pauschale verlangen zu können, aber er darf die Klausel nicht so formulieren, dass der Eindruck entstehen kann, diese Nachweismöglichkeit bestehe nicht.[36] Die **Klausel** muss nach ihrem Wortlaut und erkennbaren Sinn **die Möglichkeit offen lassen**, im konkreten Fall **nachzuweisen, dass ein geringerer Schaden entstanden** ist.[37] Diese Möglichkeit besteht z. B. dann nicht, wenn die Pauschale » in jedem Fall« zu bezahlen sein soll.[38] Die Möglichkeit des Gegenbeweises ist vor allem dann von Bedeutung, wenn sehr hohe Stornogebühren verlangt werden. Der Kunde kann daher immer einwenden, die Reise sei trotz seines Rücktritts ausgebucht gewesen, und dem Reiseveranstalter sei kein höherer Schaden als die Umbuchungskosten entstanden.

19 Der **Gegenbeweis** ist für den Reisenden freilich **nicht immer einfach**. So genügt ein einfacher Anruf beim **Hotel** nicht, bei dem man feststellt, dass es **ausgebucht** ist. Nach der üblichen Praxis kann der Reiseveranstalter reservierte Kontingente einige Zeit vor den fraglichen Terminen an den Hotelier zurückgeben und diesem die Gelegenheit geben, sie anderweitig zu vermarkten. Es ist nicht von vornherein ausgeschlossen, dass er in diesem Fall gleichwohl Zahlungen an den Hotelier leistet. Umgekehrt kann bei einem **nicht ausgebuchten Hotel** nicht automatisch davon ausgegangen werden, dass der Reiseveranstalter Kosten wegen der nicht genutzten Unterbringungsmöglichkeit gehabt hat, denn vielfach sehen die Verträge zwischen Hotelier und Reiseveranstalter vor, dass nicht benötigte Kontingente kostenfrei zurückgegeben werden können. Bei einem ausgebuchten Hotel spricht der Beweis des ersten Anscheins dafür, dass dem Reiseveranstalter keine weiteren Kosten außer Umbuchungskosten entstanden sind. Es ist seine Sache vorzutragen, dass aufgrund der speziellen Vertragsgestaltungen mit dem Leistungsträger gleichwohl höhere Kosten entstanden sind.

3.4. Wahlrecht zwischen Pauschale und konkreter Berechnung

20 Gelegentlich enthalten AGB ein **Wahlrecht des Reiseveranstalters zwischen einer pauschalierten Stornogebühr und einer konkreten Schadensberechnung** – nicht so die Kondionenempfehlung des DRV. Die h. M. hält eine solche

36 BGH NJW 1985, 633 ; OLG Frankfurt a. M. NJW 1982, 2198; OLG Hamburg NJW 1981, 1420.

37 Für zulässig gehalten wurde »... können wir eine pauschalierte Entschädigung verlangen ...«, LG Hamburg RRa 1999, 217, 219.

38 BGH NJW 1982, 2316.

Klausel für zulässig.[39] Dem kann nicht gefolgt werden. Die Pauschale ist auf die durchschnittliche Schadenshöhe abgestellt. Der Reiseveranstalter wird sich auf sie jedoch nur dann berufen, wenn sie für ihn günstiger ist als die konkrete Schadensberechnung. Immer dann, wenn ihm ein über die Pauschale hinausgehender Schaden entstanden ist, wird er sich auf die konkrete Schadensberechnung stützen, so dass der Sinn der Pauschale, den durchschnittlichen Schaden zu erfassen, verfehlt wird. Um nicht auf Stornogebühren sitzen zu bleiben, die ihm seine Leistungsträger, insbesondere Fluggesellschaften, in Rechnung stellen, kann der Reiseveranstalter schließlich in seinen AGB auf die AGB seiner Leistungsträger Bezug nehmen (etwa: Ergänzend zu unserem AGB gelten die AGB unserer Vertragsunternehmen). Jedoch ist erforderlich, die AGB der Leistungsträger wirksam in den Vertrag zwischen Reiseveranstalter und Kunden einzubeziehen. Dazu müssen § 2 AGBG und die InfVO beachtet werden, d. h., es reicht nicht die bloße Bezugnahme, sondern es muss für den Reisenden auch die Möglichkeit einer zumutbaren Kenntnisnahme bestehen und die AGB müssen dem Reisenden vor Vertragsschluss zur Verfügung stehen.

4. Andere Rücktrittsrechte

In bestimmten, allerdings seltenen Fällen, kann der Reisende auch vor Antritt der Reise zurücktreten, ohne Stornogebühren zahlen zu müssen. Stornoklauseln, die den Eindruck erwecken, solche Möglichkeiten gäbe es nicht, sind auch aus diesem Grund rechtswidrig. 21

Der Reisende kann zurücktreten, wenn der Reiseveranstalter in **Verzug** gerät, sofern er ihm zuvor gemäß § 326 eine Nachfrist gesetzt hat, verbunden mit der Androhung, nach Ablauf der Frist die Leistung abzulehnen. Wie alle Rechtsbehelfe des Allgemeinen Leistungsstörungsrechts hat auch dieser nur geringe Bedeutung, da normale Verspätungen ein Mangel sind und höchstens zur Minderung berechtigen.[40] Allenfalls eine Verzögerung des Reisebeginns von mehreren Tagen führt zur Anwendung der Verzugsvorschriften. 22

Der Reisende kann zurücktreten, wenn eine wesentliche Erschwerung der Reise durch **höhere Gewalt** droht, § 651 j. Insbesondere wenn der Reisende wegen terroristischer Anschläge Abstand von der Reise nehmen möchte, ist es schwie- 23

39 OLG München NJW-RR 1987, 493; *Führich,* Rn. 423; *Bidinger/Müller,* § 651 i Anm. 23; *Seyderhelm,* § 651 i Rn. 34.

40 Vgl. oben Anhang zu § 651 c: Mängeltabelle Rn. 1 ff.

rig zu beurteilen, ob er gemäß § 651 j stornokostenfrei zurücktreten kann oder nur gemäß § 651 i mit der Folge, Stornogebühren bezahlen zu müssen.[41]

24 Der Reisende kann ferner gemäß § 651 e bereits vor Reiseantritt zurücktreten, wenn sich ein **erheblicher Reisemangel** zeigt, dem der Reiseveranstalter nicht abhelfen kann oder will. Dies ist dann der Fall, wenn der Reiseveranstalter den Reisenden darüber informiert, dass zwischen Buchung und Reiseantritt ein Mangel am Zielort aufgetreten sei, z. B. versprochene Sporteinrichtungen nicht zur Verfügung stünden oder eine Baustelle neben dem Hotel eröffnet wurde. Mit einem derartigen Schreiben gibt der Reiseveranstalter zu erkennen, dass er den beschriebenen Mangel nicht abhelfen kann oder will, so dass der Reisende nicht darauf verwiesen werden kann, bei Eintreffen am Urlaubsort zunächst ein Abhilfeverlangen gemäß § 651 c zu stellen. Der vorzeitige Rücktritt ist jedoch nur dann möglich, wenn die Mängel erheblich sind, was nicht immer einfach zu beurteilen ist.[42]

25 Führen die Mängel nicht zu einer erheblichen Beeinträchtigung, so bleibt der Reisende zwar an den Vertrag gebunden, kann aber gemäß § 651 d mindern. Eine Anzeige vor Ort gemäß § 651 d Abs. 2 bedarf es in diesem Fall nicht, da dem Reiseveranstalter die Mängel bekannt sind und er ihnen offensichtlich auch nicht abhelfen kann. Der Reisende sollte sich jedoch gleichwohl sein Minderungsrecht sogleich vor Reiseantritt schriftlich gegenüber dem Reiseveranstalter vorbehalten, um dem Eindruck vorzubeugen, er habe durch die kommentarlose Entgegennahme der Mängelliste stillschweigend in eine Änderung der Leistungsbeschreibung eingewilligt.

26 Schließlich hat der Reisende ein kostenfreies Rücktrittsrecht gemäß § 651 a Abs. 4 bei einer **wesentlichen Preiserhöhung** oder einer **wesentlichen Leistungsänderung.**[43]

27 Um sich vor Stornogebühren zu schützen, wird der Reisende zu prüfen haben, ob er eine **Reiserücktrittsversicherung** abschließt. Allerdings sind trotz Versicherung Fallgestaltungen denkbar, bei denen der Reisende finanzielle Verluste erleidet, denn

- die Versicherung zahlt nur bei den im Vertrag angegebenen Rücktrittsgründen. Das sind in der Regel Tod, schwere Krankheit, Impfunverträglichkeiten und Schwangerschaft des/der Reisenden und seiner/ihrer nahen Angehörigen.

41 Vgl. unten § 651 j Rn. 5.

42 Vgl. oben § 651 e Rn. 9 ff.

43 Vgl. oben § 651 a Rn. 75 ff.

- Die Versicherung kommt in der Regel nicht für den vom Reiseveranstalter nicht erstatteten Reisepreis auf, wenn der Reisende nach Reiseantritt die Reise abbricht.
- Außerdem besteht u. U. eine Selbstbeteiligung des Reisenden.

5. Umbuchung

Da der Reisende grundsätzlich stets ein Rücktrittsrecht hat, muss er sich auf eine Umbuchung nicht einlassen, wenn er diese nicht will. Insbesondere kann ihm ein etwa bestehendes Recht auf einen kostenfreien Rücktritt mit der Folge, dass bereits geleistete Zahlungen zurückzuerstatten sind, nicht dadurch genommen werden, dass ihm der Reiseveranstalter eine Umbuchung nahe legt. Jedoch wird der Reisende häufig selbst ein Interesse an einer Umbuchung haben, sei es, dass ihm nur der kostenpflichtige Rücktritt nach § 651 i zusteht, sei es – und dies dürfte der häufigste Grund sein – dass er seinen Urlaub nur zeitlich oder örtlich verschieben will oder aus in seiner Person liegenden Gründen muss. 28

Das **Gesetz regelt die Umbuchung nicht**. Die dogmatische Frage, ob in einer Umbuchung eine einvernehmliche Vertragsaufhebung verbunden mit dem Abschluss eines neuen Vertrages oder lediglich eine Auswechslung des Leistungsinhalts des ursprünglichen Vertrages zu sehen ist, kann auf sich beruhen, da sie keine praktischen Auswirkungen hat. Der Reisende muss jedenfalls **keine Stornogebühren** bezahlen. Die Konditionenempfehlung des DRV sieht vor, dass der Reisende bis zu einem bestimmten Zeitpunkt vor Reiseantritt, der nach Reiseart differenzierend festgelegt ist, ein »**Umbuchungsentgelt**« bezahlen soll, Ziffer 5. 2. Wenn dieses sich im Rahmen des Üblichen (etwa DM 20,– bis 50,–) hält, ist dagegen rechtlich nichts einzuwenden. 29

Umbuchungswünsche nach dem genannten Zeitpunkt sollen laut der Empfehlung nur nach einem **Rücktritt** zu den Bedingungen gemäß Ziffer 5.1., d. h. bei Zahlung der Stornopauschale, und **bei gleichzeitiger Neuanmeldung** »durchgeführt« werden; eine Ausnahme ist nur für Umbuchungswünsche mit geringfügigen Kosten vorgesehen. Früher wurden Klauseln verwendet, wonach eine Umbuchung (nach Ablauf bestimmter Fristen) als Rücktritt mit nachfolgender Neuanmeldung behandelt werden sollte. Solche Klauseln sind unter dem Aspekt einer Fiktion der Erklärung des Kunden wegen Verstoßes gegen § 10 Nr. 5 AGBG überwiegend als unwirksam angesehen worden.[44] Die Neufassung kann nicht mehr beanstandet werden, weil hinreichend klar zum Ausdruck kommt, dass 30

44 BGH NJW 1992, 3158; OLG Frankfurt a. M. NJW 1982, 2198, 2199 ff.; OLG Hamburg NJW 1985, 303.

der Reiseveranstalter eine Vertragsänderung oder eine Vertragsaufhebung ohne Stornokostenfolge ausdrücklich ablehnt.[45] Jedoch muss der Kunde auch wirklich den Rücktritt erklären und sich neu anmelden. Kann seinem Verhalten dagegen eine Rücktrittserklärung nicht entnommen werden, so kann der Reiseveranstalter auch keine Rücktrittspauschale verlangen; es kommt dann nur ein Umbuchungsentgelt in Betracht.[46]

45 So auch *Führich*, Rn. 429.

46 Vgl. auch *Ulmer/Brandner/Hensen*, Anh. §§ 9–11 AGBG Rn. 589; *Seyderhelm*, § 651 i Rn. 11.

§ 651 j [Kündigung wegen höherer Gewalt]

(1) **Wird die Reise infolge bei Vertragsabschluss nicht voraussehbarer höherer Gewalt erheblich erschwert, gefährdet oder beeinträchtigt, so können sowohl der Reiseveranstalter als auch der Reisende den Vertrag allein nach Maßgabe dieser Vorschrift kündigen.**

(2) **[1]Wird der Vertrag nach Absatz 1 gekündigt, so finden die Vorschriften des § 651 e Abs. 3 Sätze 1 und 2, Abs. 4 Satz 1 Anwendung. [2]Die Mehrkosten für die Rückbeförderung sind von den Parteien je zur Hälfte zu tragen. [3]Im übrigen fallen die Mehrkosten dem Reisenden zur Last.**

Übersicht:

1. Anwendungsbereich

Die Vorschrift gewährt beiden Vertragsparteien ein **Lösungsrecht bei höherer** 1
Gewalt, sofern diese zu einer erheblichen Erschwerung, Gefährdung oder Beeinträchtigung der Reise führt.

§ 651 j wird allgemein als gesetzlich geregelter Fall des **Wegfalls der Geschäfts-** 2
grundlage angesehen.[1] Die Vorschrift bedeutet zwar einerseits ein **kostenloses Rücktrittsrecht**, führt aber andererseits zu abweichenden Abwicklungsvorschriften im Vergleich zur Kündigung wegen eines erheblichen Mangels gemäß § 651 e. Weil Reiseländer immer wieder Ziel von **terroristischen Anschlägen** werden, wobei der Wirtschaftsfaktor Tourismus instrumentiert wird, um Druck auf die jeweiligen Regierungen auszuüben, hat die Vorschrift nicht nur bei **Naturkatastrophen**, sondern auch bei politischen Unruhen eine nicht unerheb-

1 Vgl. etwa Soergel-*Eckert,* § 651 j Rn. 3; *Bidinger/Müller,* § 651 j Anm. 1; *Führich,* Rn. 433.

liche praktische Bedeutung. Reiseveranstalter versuchen der schwierigen Entscheidung, ob die Voraussetzungen des § 651 j vorliegen, häufig dadurch auszuweichen, dass sie den Reisenden eine Umbuchung auf ein anderes Reiseland anbieten. Dies mag vielfach im Interesse der Reisenden sein, jedoch muss sich der Reisende darauf nicht einlassen, wenn er tatsächlich gemäß § 651 j kündigen kann.

3 Seit 1994, dem Zeitpunkt der Umsetzung der EG-Pauschalreiserichtlinie, stellt § 651 j Abs. 1 ausdrücklich klar, dass die Vorschrift in ihrem Anwendungsbereich **dem Rücktrittsrecht nach § 651 e vorgeht**. Der Reisende kann sich also nicht auf die für ihn günstigere Kündigungsmöglichkeit nach § 651 e berufen, wenn höhere Gewalt vorliegt, auch wenn durch die höhere Gewalt ein Mangel verursacht wurde, so dass die Voraussetzungen für das Kündigungsrecht nach § 651 e eigentlich vorliegen würden. Der Gesetzgeber begründete dies unter Rückgriff auf die h. M. in der Literatur damit, dass sonst kaum noch ein Anwendungsbereich für § 651 j übrig bleiben würde, da höhere Gewalt fast immer mit einem Mangel zusammenfallen dürfte. Er korrigierte damit gleichzeitig die Rechtsprechung des BGH, die von einer Anspruchskonkurrenz der Ansprüche aus § 651 e und § 651 j ausging[2] und daran trotz lebhafter Kritik aus der Literatur auch festhielt.[3]

4 Das Vorliegen höherer Gewalt **schließt dagegen nicht das Minderungsrecht gemäß § 651 d aus** und zwar weder dann, wenn keiner der Vertragsparteien den Vertrag gemäß § 651 j gekündigt hat, noch dann, wenn für Mängel bis zum Zeitpunkt der Kündigung eine Minderung verlangt wird.[4] Da die Vorschrift für die Abwicklung des gekündigten Vertrags auf § 651 e verweist, ist genau genommen bei der nach dieser Vorschrift zu zahlenden Entschädigung für die erbrachten Leistungen der Minderwert zu berücksichtigen. Es ist jedoch zu bedenken, dass die Rechtsprechung durch höhere Gewalt verursachte Mängel vielfach als zum »allgemeinen Lebensrisiko« des Reisenden gehörend betrachten wird.[5]

5 Das **Rücktrittsrecht aus § 651 i Abs. 1** steht neben dem Kündigungsrecht gemäß § 651 j Abs. 1. Im Zweifel wird eine Kündigungserklärung des Reisenden jedoch so auszulegen sein, dass er eine Kündigung gemäß § 651 j Abs. 1 meint, da die Rechtsfolgen für ihn günstiger sind. Aus diesem Grunde darf eine Kündi-

---

2 BGHZ 85, 50 – Mauritius.

3 BGH NJW-RR 1990, 1334 – Gilbert = VuR 1990, 329 (Ls.) mit Anm. *Recken.*

4 Unzutreffend ist die gegenteilige Ansicht von LG Hamburg RRa 1997, 114 mit abl. Anm. *Tonner*; AG Kleve RRa 2000, 7. Wie hier *Führich,* Rn. 437 a; Soergel-*Eckert,* § 651 j Rn. 2; *Tempel,* NJW 1997, 621, 623.

5 Vgl. *Führich,* Rn. 437 a; zum »allgemeinen Lebensrisiko« oben § 651 c Rn. 28 ff.

gungserklärung, die auf höhere Gewalt gestützt ist, auch nicht in eine Kündigung gemäß § 651 i Abs. 1 umgedeutet werden, wenn die Voraussetzungen der höheren Gewalt nicht gegeben sind, da dem Reisenden nicht unterstellt werden kann, dass er im Zweifel auch gegen Zahlung von Stornogebühren von der Reise Abstand nehmen wollte.

2. Voraussetzungen der Kündigung wegen höherer Gewalt

2.1. Allgemeines

Das Kündigungsrecht nach § 651 j **steht beiden Parteien zu.** Es setzt zunächst 6
das Vorliegen »höherer Gewalt« voraus. »**Höhere Gewalt**« ist nach der **Definition** des Reichsgerichts, die noch der heutigen Rechtsauffassung zugrunde liegt, ein **außergewöhnliches Ereignis, das unverschuldet von außerhalb des Betriebskreises hereinbricht und unter den gegebenen Umständen auch durch äußerste, nach Lage der Sache vom Betroffenen zu erwartende Sorgfalt nicht verhindert werden kann.**[6] Die **EG-Pauschalreiserichtlinie** verwendet eine abweichende, **weitere Definition** von höherer Gewalt. Danach handelt es sich um »ungewöhnliche und unvorhersehbare Ereignisse, auf die derjenige, der sich auf höhere Gewalt beruft, keinen Einfluss hat und deren Folgen trotz Anwendung der gebotenen Sorgfalt nicht hätten vermieden werden können; hierzu zählt jedoch nicht die Überbuchung«, Art. 4 Abs. 6. Der Unterschied zwischen den beiden Definitionen besteht vor allem darin, dass die EG-Pauschalreiserichtlinie, die sich am französischen Begriff der höheren Gewalt orientiert, Ereignisse, die ihre Ursache innerhalb der Betriebssphäre haben, einschließt. Das wirkt sich vor allem bei der Beurteilung des Streiks aus (unten Rn. 9 f.). Auch Art. 4 Abs. 6 unterliegt jedoch dem Minimalstandardprinzip, d. h. eine verbraucherfreundlichere Variante des Begriffs kann weiterhin verwendet werden. Der engere Begriff des deutschen Rechts wirkt sich verbraucherfreundlich aus, da durch den dadurch gezogenen engeren Anwendungsbereich des § 651 j die verbraucherfreundlichere Kündigungsmöglichkeit gemäß § 651 e weniger stark eingeschränkt wird. Es ist daher EG-rechtlich nicht erforderlich, die Definition der höheren Gewalt aus der Pauschalreiserichtlinie zu Grunde zu legen, vielmehr **kann der Begriff in dem bisher verstandenen Sinne weiter verwendet werden.**[7] Dies hat auch den Vorteil, dass der Begriff der höheren Gewalt im deutschen Recht weiterhin einheitlich verwendet werden kann, allerdings den Nachteil, dass das Reiserecht in den Mitgliedstaaten der EU unterschiedliche Defini-

6 RGZ 101, 95; ständige Rechtsprechung.
7 So auch *Führich,* Rn. 438.

tionen verwenden kann. Diese Definition umfasst nicht die plötzliche Schließung eines Hotels wegen Renovierungsarbeiten.[8]

7 Neben dem Merkmal der nicht voraussehbaren höheren Gewalt ist das Kündigungsrecht an die weitere Voraussetzung geknüpft, dass die Reise erheblich erschwert, gefährdet oder gar beeinträchtigt wird. Diese Begriffe sind schwer voneinander abzugrenzen, worauf es aber letztlich auch nicht ankommt. **Erschwerung und Gefährdung** der Reise führen nicht zu einer Abweichung von der versprochenen Leistung. In dem einen Fall (Erschwerung) lässt sich der Reisezweck zwar noch herbeiführen, die Vertragserfüllung ist aber infolge der höheren Gewalt nur unter Übernahme nicht zumutbarer Belastungen möglich. In dem anderen Fall (Gefährdung) ist die Vertragserfüllung an sich ohne weiteres möglich, die höhere Gewalt (z. B. terroristische Aktionen in den Nachbarregionen) ist aber so nahe gerückt, dass die Reise unmittelbar bedroht und dadurch mit schweren, nicht zumutbaren Risiken belastet ist. Bei einer **Beeinträchtigung** kommt es zu einer Veränderung des Leistungsinhalts. Das Merkmal der Beeinträchtigung ist also das Gleiche wie in § 651 e Abs. 1 Satz 1; die fehlende Bezugnahme auf einen Mangel ist ohne Belang.[9]

8 Bei der Frage, ob eine Gefährdung oder Beeinträchtigung vorliegt, ist auf den **Zeitpunkt der Kündigung** abzustellen. Das kann dazu führen, dass eine Kündigung wegen einer Gefährdung zulässig ist, die sich später nicht oder jedenfalls nicht zum Zeitpunkt der Reise realisiert.[10] Umgekehrt kann eine allzu vorsorgliche Kündigung unzulässig sein, auch wenn sich aus einer späteren Warte herausstellt, dass doch eine Gefährdung vorliegt.[11]

2.2. Streik

9 Es ist umstritten, ob Streik höhere Gewalt darstellt. Hier wirkt sich der Unterschied zwischen der Definition von höherer Gewalt gemäß der EG-Pauschalreiserichtlinie und gemäß der traditionellen Auffassung im deutschen Recht aus. Da die Definition der **Richtlinie** auch höhere Gewalt einschließt, die aus dem Betriebskreis desjenigen stammt, der sich auf höhere Gewalt beruft, ist **Streik** nach dieser Definition **stets höhere Gewalt**, es sei denn, der Streik wurde vom Arbeitgeber geradezu provoziert.

10 Legt man dagegen die traditionelle **Auffassung des deutschen Rechts** zugrunde, so ist zu differenzieren. Streik ist dann **keine höhere Gewalt**, wenn er bei einem

---

8 So aber AG Hamburg RRa 1999, 157 mit krit. Anm. *Teichmann/Schröder*.

9 Vgl. oben § 651 e Rn. 9 ff.

10 LG Frankfurt a. M. VuR 1991, 364 = NJW-RR 1991, 1205.

11 AG München RRa 1993, 9.

Leistungsträger stattfindet, weil er dann seine Ursache innerhalb der Sphäre desjenigen, der sich auf die höhere Gewalt beruft, hat. Dies gilt beispielsweise für den Streik des Personals bei einer Fluggesellschaft oder für Hotelbedienstete. Ein **Streik bei einem Dritten** führt dagegen zu **höherer Gewalt**, beispielsweise von Fluglotsen, Grenzbeamten oder auch bei einem politischen Streik.[12] Wie ausgeführt kann diese differenzierte Auffassung trotz der EG-Pauschalreiserichtlinie weiter zugrunde gelegt werden.

2.3. Politische Unruhen und terroristische Anschläge

Politische Unruhen und terroristische Anschläge können grundsätzlich ein Rücktrittsrecht nach § 651 j begründen. Dabei ist zu beachten, dass die höhere Gewalt zum Zeitpunkt der Kündigung vorliegen muss und dass sie zu einer Gefährdung der Reise führen muss. 11

Da die höhere Gewalt nach ihrer Begriffsdefinition »unerwartet« auftreten muss, darf sie **nicht bereits bei der Buchung** vorgelegen haben. Wer eine Reise in ein Land bucht, in dem bereits zum Zeitpunkt des Vertragsschlusses politische Unruhen herrschten, kann sich nicht zwischen Buchung und Reiseantritt plötzlich eines anderen besinnen und die Reise nach § 651 j kündigen. Unkenntnis des Reisenden über die Lage in dem von ihm ausgesuchten Reiseland geht insoweit zu seinen Lasten. Bis hierhin ist die Rechtslage klar. 12

Schwieriger ist jedoch zu beurteilen, wann eine **Gefährdung** vorliegt. Die **Gerichte** sind hier **eher zögerlich**, jedoch sind die Entscheidungen im Einzelfall kaum vorherzusagen. So wurde der Bürgerkrieg in Sri Lanka als höhere Gewalt eingestuft;[13] nachdem er jedoch schon einige Zeit andauerte, war er nicht mehr »nicht vorhersehbar«.[14] Die Unruhen in China im Sommer 1989 waren höhere Gewalt; deswegen durfte ein Reisender im Juli 1989 eine für den Oktober gebuchte Reise kündigen,[15] jedoch konnte sich ein Reiseveranstalter, der seinerseits nach § 651 j kündigen wollte, nicht auf die Vorschrift berufen, nachdem er zuvor nicht vor der erkennbar kritischen Lage gewarnt hatte.[16] Wegen des Golfkrieges durfte ein Veranstalter sich anlässlich der Kündigung einer Ägyptenreise vor Reiseantritt auf § 651 j berufen,[17] ein anderer Veranstalter durfte aus diesem 13

12 Diese Differenzierung wird inzwischen allgemein vertreten, vgl. etwa Soergel-*Eckert*, § 651 j Rn. 7; *Bidinger/Müller*, § 651 j Anm. 4; *Führich*, Rn. 440.

13 LG Frankfurt a. M. VuR 1991, 174 = NJW-RR 1991, 691.

14 OLG Düsseldorf NJW-RR 1990, 573; ähnlich AG Stuttgart Bad Cannstatt RRa 1995, 144 (Ägypten).

15 LG Frankfurt a. M. VuR 1991, 364 = NJW-RR 1991, 1205.

16 LG Frankfurt a. M. NJW-RR 1991, 314.

17 AG Stuttgart Bad Cannstatt NJW-RR 1992, 312.

Grunde jedoch eine Türkeireise nicht abbrechen.[18] Auch Terroranschläge in der Türkei berechtigen nicht zur Stornierung einer Türkeireise wegen höherer Gewalt.[19] Wegen vereinzelter Ausschreitungen in Ägypten soll eine Kündigung im November 1992 unzulässig gewesen sein.[20] Nach dem Anschlag von Luxor und nach der Verhaftung des PKK-Führers Öczalan in der Türkei sind Gerichtsentscheidungen nicht bekannt geworden. Es dürfte aber eindeutig sein, dass zumindest nach dem Anschlag von Luxor Kündigungen von Ägyptenreisen gemäß § 651 j zulässig gewesen waren.[21]

14 Verbindliche Auskünfte, die dem Reiseveranstalter oder dem Reisenden die Entscheidung abnehmen, ob die zugrunde liegenden Fakten die Voraussetzung für höhere Gewalt erfüllen, gibt es nicht. Die **Warnhinweise des Auswärtigen Amtes** sind dafür allenfalls ein Indiz. Jedenfalls kann ein fehlender Warnhinweis kein Grund dafür sein, höhere Gewalt von vorn herein abzulehnen. Ein auf Pressemeldungen gestützter substantiierter Vortrag muss ausreichen. Es muss dabei aber deutlich werden, dass die Gefährdung aller Voraussicht nach bis zum Reiseantritt anhält.

2.4. Umweltbeeinträchtigungen

15 Die Atomreaktorkatastrophe von **Tschernobyl** führte zu einer BGH-Entscheidung, in der die Absage einer Pragreise unmittelbar nach dem Unglück wegen höherer Gewalt für zulässig gehalten wurde, obwohl aus Prag keinerlei Messwerte vorlagen.[22] Instanzgerichte ließen die Kündigung von Reisen nach Ungarn,[23] Polen[24] und Schweden[25] zu. Eine **Algenpest** begründet **keine höhere Gewalt.**[26]

---

18 OLG Köln NJW-RR 1992, 1017.

19 AG Charlottenburg NJW-RR 1994, 312 = RRa 1994, 85; AG Frankfurt a. M. RRa 1995, 88; AG Stuttgart RRa 1995, 103; AG Düsseldorf RRa 1995, 122; AG Essen RRa 1995, 181; LG Frankfurt a. M. NJW-RR 1995, 883.

20 AG München RRa 1993, 9; AG Ludwigsburg RRa 1994, 43 = NJW-RR 1994, 56.

21 So auch *Führich,* Rn. 443.

22 BGHZ 109, 124 = NJW 1990, 572 = VuR 1990, 81 (Ls) mit Anm. *Tonner.*

23 AG Ansbach NJW-RR 1987, 497.

24 AG Rendsburg NJW-RR 1987, 1080.

25 LG Freiburg NJW-RR 1988, 953.

26 LG Frankfurt a. M. NJW-RR 1990, 761; vgl. oben § 651 c Rn. 33.

3. Rechtsfolgen der Kündigung wegen höherer Gewalt

3.1. Kündigung vor Reiseantritt

Die Kündigung gemäß § 651 j kann sowohl **vor wie nach Reiseantritt** ausgesprochen werden. Eine Kündigung vor Reiseantritt führt grundsätzlich zu einem Anspruch auf Rückzahlung aller bisher geleisteten Zahlungen. Genau genommen handelt es sich hier um einen Rücktritt und nicht um eine Kündigung. 16

In einer Sondersituation hat der BGH die Rechtsfolgen des § 651 j Abs. 2 über § 242 im **Tschernobyl-Urteil** korrigiert.[27] Nach dem Unglück von Tschernobyl war eine Klassenreise nach Prag storniert worden; der Busunternehmer, der die Reise komplett organisiert hatte, musste an das Hotel in Prag Stornogebühren bezahlen. Weil die Kündigung bereits vor Reiseantritt erfolgte, hätte der Reiseveranstalter eigentlich keine Ansprüche, denn er hatte noch keine Reiseleistung erbracht, für die er bei einer Kündigung wegen höherer Gewalt nach § 651 j Abs. 2 in Verbindung mit § 651 i Abs. 3 hätte Ersatz verlangen können. **Nach § 242 teilte der BGH** gleichwohl die beim Reiseveranstalter bereits angefallenen Kosten, nämlich **die Stornokosten, auf die Parteien auf**. 17

In der Literatur widerfuhr diesem Urteil zum Teil **harte Kritik.**[28] Es ist zwar richtig, dass der BGH von der vom Gesetz vorgezeichneten Lösung zu Lasten des Reisenden abweicht, doch erschließt er sich damit den Weg für eine differenziertere Verteilung von Umweltrisiken.[29] Man sollte das Urteil nicht so sehr verallgemeinern und nicht daraus schließen, dass Aufwendungen des Reiseveranstalters vor Reiseantritt bei der Kündigung wegen höherer Gewalt grundsätzlich zur Hälfte auf den Reisenden abgewälzt werden können. Dazu ist dieser Fall zu speziell. Außerdem mag eine Rolle gespielt haben, dass »Reisender« das Land Baden-Württemberg war und »Reiseveranstalter« ein kleines Busunternehmen. 18

3.2. Kündigung während der Reise

Der Reiseveranstalter muss auch bei einer Kündigung nach § 651 j die durch die Aufhebung des Vertrages notwendigen Maßnahmen treffen, insbesondere den Reisenden **zurück befördern**, § 651 e Abs. 4 Satz 1. Allerdings ist beim Rücktritt wegen höherer Gewalt die Verteilung der **Mehrkosten** anders geregelt. Mehrkosten entstehen z. B. dadurch, dass der **Rücktransport** statt mit dem vorgese- 19

27 BGHZ 109, 224 = NJW 1990, 572 = VuR 1990, 81 (Ls.) mit Anm. *Tonner.*

28 *Teichmann*, JZ 1990, 436; *Tempel*, NJW 1990, 821; *Führich*, Rn. 446; Soergel-*Eckert*, § 651 j Rn. 13.

29 *Tonner*, VuR 1990, 81.

henen Charterflugzeug per Linienflug erfolgt. In den Fällen höherer Gewalt ist es auch möglich, dass der Reiseveranstalter zwecks Evakuierung eines ganzen Urlaubsgebietes besondere Maßnahmen trifft, z. B. zusätzliche Flugzeuge chartert. Die Mehrkosten werden gemäß § 651 j Abs. 2 Satz 2 zwischen den Parteien **geteilt**. Beispiel: Der Reiseveranstalter verschafft dem Reisenden einen Rückflug per Linie, der ihn DM 600,– kostet. In der Kalkulation des Reisepreises war der Rückflug per Charter mit DM 300,– veranschlagt. Der Reiseveranstalter kann vom Reisenden die Hälfte des Unterschiedsbetrages, also DM 150,– verlangen.[30] Nun ist aber auch denkbar, dass der Reisende gemäß § 651 j kündigt und der Reiseveranstalter daraufhin nicht seiner Rückbeförderungspflicht nachkommt. Beispielsweise bricht in einem Urlaubsgebiet ein Vulkan aus; der nächste Flughafen, über den der Touristikverkehr abgewickelt wird, ist aber noch betriebsbereit. Wäre der Reiseveranstalter in der Lage, den Reisenden per Charter zurückzubefördern und muss der Reisende wegen der Untätigkeit des Reiseveranstalters ein Linienflugzeug nehmen, so kann der Reisende vom Reiseveranstalter aus dem Gesichtspunkt der positiven Vertragsverletzung die gesamten Mehrkosten verlangen.

20 **Andere Mehrkosten** als die bei der Rückbeförderung entstehenden hat der **Reisende** gemäß § 651 j Abs. 2 Satz 3 **allein** zu tragen. Gemeint sind vor allem Kosten, die dadurch entstehen, dass der Reisende länger als vorgesehen am Urlaubsort bleiben muss.[31] Dies ist vor allem dann der Fall, wenn die **Rückreise** infolge der höheren Gewalt **nicht möglich** ist, z. B. unpassierbare Straßen oder gesperrte Grenzen.[32] Muss der Reisende jedoch durch ein Versäumnis des Reiseveranstalters länger am Urlaubsort verweilen, so ist es auch denkbar, dass der Reiseveranstalter sich an den Mehrkosten des verlängerten Aufenthaltes beteiligen muss. Er ist z. B. verpflichtet, zusätzliche Flugzeuge zu chartern, um den Abtransport aller Reisenden aus einem gefährdeten Gebiet durchzuführen. Bei einer Sperrung der Flughäfen wird er versuchen müssen, die Reisenden mit anderen Verkehrsmitteln zurück zu befördern oder zum nächsten offenen Flughafen zu bringen. Versäumt er diese oder andere ihm zumutbare Maßnahmen, so muss der Reiseveranstalter wegen positiver Vertragsverletzung die Mehrkosten ab dem Zeitpunkt übernehmen, zu dem die Rückbeförderung möglich gewesen wäre.

---

30 Nach *Seyderhelm*, § 651 j Rn. 29, spielen die Mehrkosten keine große praktische Rolle, weil die Reiseveranstalter regelmäßig nicht gewillt sind, den kalkulatorischen Beförderungskostenanteil im Reisepreis offen zu legen.

31 Vgl. Bericht des Rechtsausschusses, BT-Drucks. 8/2343, S. 13.

32 Nach *Führich*, Rn. 447, entfällt dann gemäß § 242 die Rückbeförderungspflicht.

Schließlich treffen den Reiseveranstalter Informationspflichten, wenn er früher als der Reisende von einer drohenden höheren Gewalt erfährt.[33] Bringt er den Reisenden in Kenntnis einer Gefährdung in ein Urlaubsgebiet, so schuldet er ihm Schadenersatz, der teils auf § 651 f, teils auf positive Vertragsverletzung gestützt wird. 21

33 OLG Köln NJW-RR 1992, 1014; LG Frankfurt a. M. NJW-RR 1991, 695; *Führich*, Rn. 446; Soergel-*Eckert*, § 651 j Rn. 2; *Tempel*, NJW 1997, 621, 624.

§ 651 k [Rückerstattungspflicht bei Zahlungsunfähigkeit oder Konkurs]

(1) [1]Der Reiseveranstalter hat sicherzustellen, dass dem Reisenden erstattet werden

1) der gezahlte Reisepreis, soweit Reiseleistungen infolge Zahlungsunfähigkeit oder Konkurses des Reiseveranstalters ausfallen, und

2) notwendige Aufwendungen, die dem Reisenden infolge Zahlungsunfähigkeit oder Konkurses des Reiseveranstalters für die Rückreise entstehen.

[2]Die Verpflichtungen nach Satz 1 kann der Reiseveranstalter nur erfüllen

1) durch eine Versicherung bei einem im Geltungsbereich dieses Gesetzes zum Geschäftsbetrieb befugten Versicherungsunternehmen oder

2) durch ein Zahlungsversprechen eines im Geltungsbereich dieses Gesetzes zum Geschäftsbetrieb befugten Kreditinstituts.

(2) [1]Der Versicherer oder das Kreditinstitut kann seine Haftung für die von ihm in einem Jahr insgesamt nach diesem Gesetz zu erstattenden Beträge jeweils für das erste Jahr nach dem 31. Oktober 1994 auf siebzig, für das zweite Jahr auf einhundert, für das dritte Jahr auf einhundertfünfzig und für die darauf folgende Zeit auf zweihundert Millionen Deutsche Mark begrenzen. [2]Übersteigen die in einem Jahr von einem Versicherer oder einem Kreditinstitut insgesamt nach diesem Gesetz zu erstattenden Beträge die in Satz 1 genannten Höchstbeträge, so verringern sich die einzelnen Erstattungsansprüche in dem Verhältnis, in dem ihr Gesamtbetrag zum Höchstbetrag steht.

(3) Zur Erfüllung seiner Verpflichtung nach Absatz 1 hat der Reiseveranstalter dem Reisenden einen unmittelbaren Anspruch gegen den Versicherer oder das Kreditinstitut zu verschaffen und durch Übergabe einer von diesem Unternehmen ausgestellten Bestätigung (Sicherungsschein) nachzuweisen.

(4) Der Reiseveranstalter darf Zahlungen des Reisenden auf den Reisepreis vor der Beendigung der Reise nur fordern oder annehmen, wenn er dem Reisenden einen Sicherungsschein übergeben hat.

(5) Hat im Zeitpunkt des Vertragsschlusses der Reiseveranstalter seine Hauptniederlassung in einem anderen Mitgliedstaat der Europäischen Gemeinschaften oder in einem anderen Vertragsstaat des Abkommens über den Europäischen Wirtschaftsraum, so genügt der Reiseveranstalter seiner Verpflichtung nach Absatz 1 auch dann, wenn er dem Reisenden Sicherheit in Übereinstimmung mit den Vorschriften des anderen Staates leistet und diese den Anforderungen nach Absatz 1 Satz 1 entspricht; Absatz 4 gilt mit der Maßgabe, dass dem Reisenden die Sicherheitsleistung nachgewiesen werden muss.

(6) Die Absätze 1 bis 5 gelten nicht, wenn

1) der Reiseveranstalter nur gelegentlich und außerhalb seiner gewerblichen Tätigkeit Reisen veranstaltet,

2) die Reise nicht länger als 24 Stunden dauert, keine Übernachtung einschließt und der Reisepreis einhundertfünfzig Deutsche Mark nicht übersteigt,

3) der Reiseveranstalter eine juristische Person des öffentlichen Rechts ist.

Übersicht:

1. Die abzusichernden Risiken

Die deutsche Umsetzungsgesetzgebung zu der von der EG-Pauschalreise-Richtlinie geforderten Insolvenzabsicherung findet sich in der umfangreichen Vorschrift des § 651 k. § 651 k Abs. 1 S. 1 regelt die abzusichernden Risiken. Im Ergebnis gibt es keine Differenzen zu dem umzusetzendem Art. 7 der Richtlinie, jedoch ist die Umsetzungsvorschrift etwas genauer. Abzusichern ist zunächst die **Erstattung der vom Reisenden gezahlten Beträge**, § 651 k Abs. 1 S. 1 Nr. 1. Dies umfasst auch die **Anzahlung**, was der EuGH im Dillenkofer-Urteil klargestellt hat.[1] Der deutsche Gesetzgeber hat daraufhin § 651 k Abs. 4 dahingehend 1

1 EuGH Urt. vom 8. 10. 1996, Slg. 1996, I-4845 – Dillenkofer.

geändert, dass ein Sicherungsschein bereits für die Anzahlung auszuhändigen ist.[2] Tritt der Konkurs oder die Zahlungsunfähigkeit während der Reise ein, muss der Reisepreis erstattet werden, soweit Reiseleistungen ausgefallen sind. Für die Berechnung kann man sich an § 651 e orientieren.[3]

2 Zu erstatten sind außerdem die **Aufwendungen für die Rückreise**, § 651 k Abs. 1 S. 1 Nr. 2. Der deutsche Umsetzungsgesetzgeber begrenzt diese Aufwendungen ausdrücklich auf die »**notwendigen**« **Aufwendungen**,[4] wogegen nichts einzuwenden ist. Der Reisende muss also umgehend die Rückreise antreten und muss sich um den nächstmöglichen Rückflug bemühen. Dabei wird man ihm allerdings ein gewissen Ermessen einräumen müssen, denn es kann u. U. billiger werden, noch einige Tage auf einen preiswerten Rückflug zu warten anstatt sofort mit einem teuren Flug zurückzureisen. Man kann allerdings nicht erwarten, dass er genau durchkalkuliert, welche Art der Rückreise die preiswerteste ist. Die notwendige Wartezeit im Hotel, die der Reisende gegebenenfalls vor Ort (noch einmal) bezahlen muss, ist von den notwendigen Aufwendungen für die Rückreise umfasst.[5]

3 Das Gesetz verpflichtet den Insolvenzversicherer zu **keinen organisatorischen Hilfestellungen für den Verbraucher**, so dass dieser dem Wortlaut des Gesetzes zufolge verpflichtet ist, die notwendigen Vorkehrungen selbst zu treffen. Er hat lediglich nach der Rückkehr einen Zahlungsanspruch gegen den Insolvenzabsicherer. In der Literatur wird gelegentlich die Auffassung vertreten, dass die Richtlinie die Organisation der Rückreise durch den Insolvenzversicherer verlange.[6]

2. Die Sicherungsinstrumente

4 § 651 k Abs. 1 S. 2 ist der Kern der Vorschrift: er regelt die Sicherungsinstrumente. Art. 7 der Richtlinie überlässt dem Umsetzungsgesetzgeber, wie die Insolvenzabsicherung erfolgen soll. Der deutsche Gesetzgeber stellt den Reiseveranstalter hinsichtlich der Wahl der Sicherungsmittel relativ frei. Entgegen ersten Überlegungen gibt es keine Zwangsmitgliedschaft in einer bestimmten Garantieeinrichtung. Allerdings kann die Sicherheit nur durch eine **Versicherung oder** eine **Bankbürgschaft** erbracht werden. Darin besteht jedoch keine unzulässige Einengung, denn andere Sicherungsmittel sind praktisch kaum denkbar.

2 2. Gesetz zur Änderung des Rechtspflege-Änderungsgesetzes vom 20. 12. 1996, I I, S. 2090.

3 Vgl. *Führich*, Rn. 458; *Seyderhelm*, § 651 k Rn. 10; MünchKomm-*Tonner*, § 651 k Rn. 7.

4 Vgl. dazu *Führich*, Rn. 459; *Seyderhelm*, § 651 k Rn. 11 ff.

5 EuGH Urt. vom 14. 5. 1998, Slg. 1998, I-2949 – Karthago = EuZW 1998, 440; dazu *Schlotmann*, DZWir 1998, 344.

6 *Hagel*, S. 10, 235.

Damit kommen auch die Vorschriften zur Anwendung, welche die Tätigkeit einer Versicherung bzw. einer Bank regeln (VAG bzw. KWG).

5 Der Gesetzgeber folgte damit einem privatwirtschaftlichen Modell, das den **Wettbewerb** verschiedener Anbieter der Dienstleistung »Insolvenzabsicherung« zulässt. Das Gegenstück, die Absicherung durch nur einen Fonds, der durch Zwangsmitgliedschaft geprägt ist, hielt er aus EG-rechtlichen Gründen für unzulässig.[7] In der Tat würde die Zwangsmitgliedschaft in nur einer Sicherungseinrichtung zwar wohl nicht gegen EG-Wettbewerbsrecht, aber gegen die Dienstleistungsfreiheit verstoßen.[8]

3. Höchstbeträge

6 Nach § 651 k Abs. 2 kann der Versicherer oder das Kreditinstitut seine Haftung auf **200 Millionen DM** im Jahr begrenzen. Übersteigen die in einem Jahr zu leistenden Zahlungen diesen Betrag, so sind die einzelnen Zahlungen anteilig zu kürzen. Die Höchstbetrags-Regelung **verstößt gegen Art. 7 der EG-Pauschalreise-Richtlinie,**[9] denn diese verlangt die volle Entschädigung des Reisenden, was auch der EuGH unterstrichen hat,[10] womit jede Form eines Haftungshöchstbetrags nicht vereinbar ist, denn es gibt keine Methoden, einen »Super-GAU« auszurechnen.[11]

7 Der Gesetzgeber hat die Regelung mit dem Argument verteidigt, Versicherungen ohne Leistungsbegrenzung seien nicht rückversicherbar.[12] Das ist jedoch nicht richtig, denn grundsätzlich sind auch unbegrenzte Haftungen versicherbar. Zuzugeben ist allerdings, dass dies zu einer unverhältnismäßigen Verteuerung der letztlich auf den Reisenden abgewälzten Versicherungsprämien führt. Auch die in anderen EU-Mitgliedstaaten bereits bestehenden Insolvenzsicherungssysteme kommen ohne Haftungsbegrenzung regelmäßig nicht aus.[13]

---

7 Vgl. dazu *Solveen,* in: *Solveen/Tonner,* S. 76 ff.

8 Ausführlich dazu *Tonner,* in: *Grabitz/Hilf,* Bd. II, A 12, Art. 7 Rn. 30 ff.

9 So auch *Führich,* Rn. 462 (»erhebliche Bedenken«); *Seyderhelm,* § 651 k Rn. 19; *Hagel,* S. 117; den Gesetzgeber verteidigend *Bechhofer,* § 651 k Anm. III; Soergel-*Eckert,* § 651 k Rn. 12.

10 EuGH Urt. vom 8. 10. 1996, Slg. 1996, I-4845 – Dillenkofer.

11 So im Ergebnis auch *Führich,* VersR 1995, 1138, 1141.

12 BT-Drucks. 12/5354 S. 12. *Eckert,* S. 250, meint, der Gesetzgeber habe mit dieser Lösung den Belangen der Tourismuswirtschaft Rechnung getragen. Daran ist zu kritisieren, dass diese Berücksichtigung nicht die effektive Umsetzung des Art. 7 Pauschalreise-Richtlinie in Frage stellen durfte.

13 *Tonner,* Reiserecht in Europa, S. 146 ff.

8 Freilich hat der Betrag von DM 200 Millionen bislang **noch nicht zu Problemen** geführt.[14] Seit Inkrafttreten der Regelung konnten eine Reihe von Insolvenzen unspektakulär abgewickelt werden. Im Gegensatz dazu hatte die **österreichische Regelung** in der Reisebüro-Sicherungsverordnung das Ergebnis, dass die Verbraucher im Arena-Konkurs nicht vollständig entschädigt wurden. Dies führte zu einem **Staatshaftungsverfahren** vor dem EuGH, in dem die Republik Östereich zu Schadenersatz verurteilt wurde.[15] Der EuGH hat in diesem Urteil noch einmal nachdrücklich unterstrichen, dass die Pauschalreise-Richtlinie keine Haftungsbeschränkung zulässt. Die Mitgliedstaaten können dagegen nicht einwenden, dass die Umsetzung mit Schwierigkeiten verbunden sei.

9 Die 200 Millionen DM nach § 651 k Abs. 2 **dürften für den Insolvenzfall eines Großveranstalters nicht ausreichen.** Zwar wird zu Recht eingewendet, dass die Großveranstalter bereits durch Bankbürgschaften gegenüber ihrem jeweiligen Insolvenzversicherer abgesichert sind, so dass eine »Unterversicherung nur bei einem äußerst ungewöhnlichen wirtschaftlichen Verlauf in der Reisebranche praktisch überhaupt denkbar« ist.[16] Eine gesetzliche Regelung muss jedoch auch in einer unerwarteten wirtschaftlichen Lage Bestand haben, und außerdem können auch die addierten Umsätze mehrerer mittelgroßer Unternehmen zu Problemen führen.

10 Ausländische Regelungen beschränken die Haftung des Insolvenzversicherers regelmäßig auf einen Vomhundertsatz des Vorjahresumsatzes. Dieser liegt bei mindestens 5%, zum Teil aber auch deutlich darüber, in Großbritannien z. B. bei 25 %.[17] Unterstellt man 5 % als angemessen, so würden die 200 Millionen DM nach § 651 k Abs. 2 eine adäquate Absicherung für einen bei einem einzelnen Versicherer abgesicherten Jahresumsatz von 4 Milliarden DM bedeuten. Der Jahresumsatz der Branche wird aber auf über 35 Milliarden DM geschätzt.[18] Angesichts dessen, dass nur wenige Insolvenzversicherer auf dem Markt tätig sind, ist die Regelung des Gesetzes mehr als nur ein Schönheitsfehler.

11 Der Gesetzgeber beabsichtigt, im Zuge der Umstellung von DM-Beträgen im BGB auf Euro die Haftung geringfügig auf 110 Millionen Euro anzuheben.[19] Dies reicht nicht aus. Die im deutschen Gesetzgebungsverfahren von Verbraucherseite ins Spiel gebrachte **500-Millionen-Grenze** wäre also **wesentlich rea-**

14 Zum Zustandekommen des Betrags MünchKomm-*Tonner,* § 651 k Rn. 19.

15 EuGH Urt. vom 15. 6. 1999, Slg. 1999, I-nnv. – Rechberger = EuZW 1999, 468 mit Anm. *Tonner* = RRa 1999, 227, vgl. unten Rn. 27.

16 *Schlotmann,* DZWir 1998, 299, 302.

17 Vgl. *Brown,* in: DGfR-Jahrbuch 1998 (1999) S. 37 ff.

18 FVW 1999, Beilage zu Nr. 30.

19 Im Zuge der Umsetzung der Fernabsatz-Richtlinie, BT-Drucks. 14/2658.

listischer gewesen. Wenn der Gesetzgeber sich schon nicht entschließen kann, auf jede Höchstbetragsregelung zu verzichten, sollte er wenigstens die 500 Millionen DM einführen.

4. Sicherungsschein

Nach § 651 k Abs. 3 hat der Reiseveranstalter dem Reisenden einen unmittelbaren Anspruch gegen den Sicherungsgeber zu verschaffen und dies durch Übergabe eines Sicherungsscheins nachzuweisen. Der Grundgedanke des Sicherungsscheins ist zu begrüßen, weil sich aus der Vorschrift eine einfache Faustregel ergibt: **Keine Zahlung ohne Aushändigung eines Sicherungsscheins.** 12

Nach überwiegender Ansicht ist der Vertrag zwischen dem Reiseveranstalter und dem Sicherungsgeber deshalb ein **Vertrag zugunsten Dritter**, nämlich des Reisenden,[20] nach einer anderen Ansicht dagegen ein **Garantievertrag.**[21] Die Ansicht, es handele sich um einen Vertrag zugunsten Dritter, wirkt sich nicht notwendigerweise stets zugunsten des Reisenden aus. Gemäß § 334 kann nämlich der Sicherungsgeber Einwendungen, die er gegenüber dem Reiseveranstalter hat, auch dem Reisenden entgegenhalten.[22] Dazu gehören auch versicherungsrechtliche Obliegenheiten des Reiseveranstalters sowie der Einwand, er habe seine Prämien nicht gezahlt (§§ 6, 16 ff., 38 VVG). Mängel im Versicherungsvertrag wirken sich also zulasten des Reisenden aus, für den in diesem Fall der von Art. 7 der EG-Pauschalreise-Richtlinie vorgeschriebene Schutz nicht verwirklicht wird.[23] Eine richtlinienkonforme Umsetzung des Art. 7 setzt daher voraus, dass Einwendungen gemäß § 334 nicht geltend gemacht werden können. Das Problem wird mit dem Vorschlag von *Tempel*, den Vertrag zwischen Reiseveranstalter und Sicherungsgeber als Garantievertrag aufzufassen, vermieden.[24] Einen Vertrag zu Gunsten Dritter anzunehmen, erscheint jedoch auch vertretbar, da man den Parteien unterstellen kann, dass sie einen den gesetzlichen Sicherungszweck erfüllenden Vertrag abschließen wollen und somit der Insolvenzversicherer zumindest konkludent auf Einwendungen verzichten will. 13

---

20 MünchKomm-*Tonner*, § 651 k Rn. 25; *Bidinger/Müller*, § 651 k Anm. 3; *Führich*, RRa 1996, 119, 123 f.; *ders.*, Rn. 463; *Seyderhelm*, § 651 k Rn. 24.

21 *Tempel*, RRa 1998, 19, 30.

22 *Seyderhelm*, § 651 k Rn. 24 hält Einwendungen nach § 334 für ausgeschlossen.

23 LG München I RRa 1998, 213: Der Reiseveranstalter hätte dadurch, dass er keine Sicherungsscheine aushändigte, entgegen den AVB KTV keine Verbindung zwischen dem Versicherungsvertrag und dem Reisevertrag hergestellt; anders LG Aachen NJW-RR 1999, 1005: Erstattungsanspruch, obwohl das Reisebüro den Reisepreis nicht an den insolventen Reiseveranstalter weiter geleitet hatte.

24 *Tempel*, RRa 1998, 19, 30.

Auch bei sonstigen Pflichtversicherungen wirken sich Mängel im Deckungsverhältnis nicht zu Lasten des Geschädigten aus, § 3 Ziff. 4 PflVersG. Doch auch dann, wenn man den Sicherungsvertrag als Garantievertrag qualifiziert, bleibt der Reisende **schutzlos, wenn ein Sicherungsvertrag überhaupt nicht abgeschlossen wurde.**[25] Bei der Kfz-Haftpflichtversicherung springt in diesem Fall der Entschädigungsfonds nach §§ 12 ff. PflVersG ein.[26]

14 Unklar ist, ob der Sicherungsschein einen rechtlich zwingenden **Mindestinhalt** haben muss. Das Gesetz schweigt zu dieser Frage. *Führich* hat eine lange Liste vorgelegt, was seiner Meinung nach im Sicherungsschein aufgeführt sein muss. Danach sind zu dokumentieren:

- die Verpflichtungserklärung der Versicherung oder Bank,
- Name und Anschrift des Sicherungsgebers und des Veranstalters,
- eine fortlaufende Nummerierung,
- die erstattungsfähigen Leistungen,
- die gesetzlich zulässige Haftungsbeschränkung,
- notwendige Informationen zur Abwicklung des Sicherungsfalls,
- die zeitliche Geltungsdauer und
- ein Hinweis auf den gesetzlichen Forderungsübergang von Ansprüchen des Reisenden gegen den Veranstalter (§ 774), soweit Leistungen erbracht wurden.[27]

15 Die Einzelheiten dieser Liste finden jedoch im Gesetz keine Stütze. Die Ausführungen von Führich sind lediglich **Zweckmäßigkeitsüberlegungen**. Gleichwohl ist der Inhalt des Sicherungsscheins nicht rechtlich beliebig. Man wird sagen können, dass der Reisende dem Sicherungsschein alle Angaben entnehmen können muss, die erforderlich sind, um zu wissen, gegen wen er unter welchen Voraussetzungen welche Ansprüche geltend machen kann, d. h. Name und Adresse des Versicherers, Angabe des Versicherungsfalles »Zahlungsunfähigkeit« und Bezeichnung der Insolvenzschäden, deren Erstattung verlangt werden kann, also verlorene Anzahlungen und zusätzliche Rückreisekosten. Andernfalls erfüllt der Sicherungsschein den ihm vom Gesetz beigemessenen Zweck nicht. Es spricht einiges dafür, dass sich der Gesetzgeber des Sicherungsscheines noch einmal annehmen muss.[28]

25 MünchKomm-*Tonner*, § 651 k Rn. 26.
26 Zu dessen Übertragbarkeit auf die Insolvenzabsicherung *Tonner*, EuZW 1999, 395.
27 *Führich*, RRa 1996, 119, 122.
28 Vgl. auch *Führich*, RRa 1999, 83.

5. Anzahlung

Nach § 651 k Abs. 4 muss der Sicherungsschein bereits bei der Anzahlung ausgehändigt werden. Diese Fassung hat das Gesetz erst nach dem Dillenkofer-Urteil des Europäischen Gerichtshofs erhalten.[29] Nach der ursprünglichen Fassung von 1994 war für die Anzahlung kein Sicherungsschein erforderlich. Jedoch war die Höhe der Anzahlung auf 10% des Reisepreises, höchstens DM 500, begrenzt. Der **Europäische Gerichtshof** hat ausdrücklich klargestellt, dass auch die **Anzahlung von der Insolvenzabsicherungspflicht umfasst** ist. Man konnte dies bereits der ursprünglichen Fassung des Gesetzes entnehmen,[30] jedoch ist die Klarstellung durch den deutschen Gesetzgeber zu begrüßen. 16

Einige Reiseveranstalter haben die Gelegenheit zum Anlass genommen, die von ihnen verlangten **Anzahlungen** auf deutlich **über 10%** zu erhöhen. Damit wird eine erhebliche Liquiditätsverbesserung zulasten der Verbraucher erreicht, die **nicht zu rechtfertigen** ist. Die Begrenzung der Anzahlung ergab sich nämlich nicht nur aus § 651 k Abs. 4 a. F., sondern auch aus dem Vorauskasse-Urteil des Bundesgerichtshofs.[31] Zwar hat das Gericht die Anzahlung in erster Linie wegen des vom Reisenden zu tragenden Insolvenzrisiko begrenzt – diese Erwägung ist nun durch die Einfügung des § 651 k überholt[32] –, aber abgesehen davon ist auch der Gerechtigkeitsgehalt des § 320, das Zug-um-Zug-Prinzip, ein tragender Gedanke des Vorauskasse-Urteil.[33] Es ist daher weiterhin zu beachten. Anzahlungsklauseln, die mehr als 10% vorsehen, verstoßen gegen § 9 AGBG und können von den klagebefugten Verbänden gemäß § 13 AGBG abgemahnt werden. 17

6. Reiseveranstalter aus anderen EU-Mitgliedstaaten

Zweck des EU-Binnenmarktes ist es, dass Reiseveranstalter auch auf den Märkten anderer Mitgliedstaaten als dem Markt ihres Herkunftslandes anbieten. Dies kann durch die Gründung eines **Tochterunternehmens** oder den **Aufkauf** eines bereits vorhandenen Unternehmens geschehen. Dann gilt nichts besonderes; das Tochterunternehmen ist ein Unternehmen des Staates, in dem es selbst seinen Sitz hat und muss den Vorschriften des entsprechenden Mitgliedstaats 18

29 EuGH Urt. vom 8. 10. 1996, Slg. 1996, I-4845 – Dillenkofer.

30 *Seyderhelm*, § 651 k Rn. 27; Vorauflage, § 651 k Rn. 21. Bedenken, die Anzahlung nicht in die Absicherung einzubeziehen, bei *Eckert*, S. 251; *Führich*, Rn. 466.

31 Oben § 651 a Rn. 55 ff.

32 Vgl. *Tonner*, in: *Solveen/Tonner*, S. 51 ff.

33 *Seyderhelm*, § 651 k Rn. 32; Soergel-*Eckert*, § 651 k Rn. 16; i. E. auch *Bidinger/Müller*, § 651 k Anm. 8; a. A. *Führich*, Rn. 467; *Hagel*, S. 165.

einschließlich der mitgliedstaatlichen Ausprägung der Insolvenzsicherung genügen.

19 Die **Dienstleistungsfreiheit** gemäß Art. 49 EG-Vertrag berechtigt die Unternehmen jedoch auch, ohne Zwischenschaltung eines Tochterunternehmens in einem anderen Mitgliedstaat tätig zu werden. In diesem Fall genügt die Absicherung in ihrem Herkunftsland. Dies stellt § 651 k Abs. 5 ausdrücklich klar. Mehr als klarstellende Bedeutung hat die Vorschrift allerdings nicht, denn das Gleiche ergibt sich bereits aus dem vom Europäischen Gerichtshof zur Dienstleistungsfreiheit entwickelten so genannten **Herkunftslandprinzip.**[34] Danach kann eine Dienstleistung, die den Vorschriften im Herkunftsland des Dienstleistungserbringers entspricht, innerhalb der gesamten EU erbracht werden. Allerdings gilt dies nicht uneingeschränkt: Die Mitgliedstaaten können dem Dienstleistungserbringer ihre so genannten Allgemeininteressen entgegenhalten, zu denen u. a. der Verbraucherschutz gehört. Die Allgemeininteressen dürfen freilich nicht der Verschleierung protektionistischer Maßnahmen dienen. Sie stehen deswegen unter einer Verhältnismäßigkeitskontrolle des Europäischen Gerichtshofs.

20 § 651 k Abs. 5 verlangt allerdings zu Recht, dass die Insolvenzabsicherung im Herkunftsland den **von § 651 k Abs. 1 beschriebenen Schutzumfang** hat. Dies ist die Wahrnehmung legitimer **Allgemeininteressen** im Sinne der Rechtsprechung des Europäischen Gerichtshofs. Die Vorschrift ist auch nicht unverhältnismäßig, denn § 651 k Abs. 1 geht nicht über den Mindeststandard des Art. 7 EG-Pauschalreise-Richtlinie hinaus. Es kann – und muss – also überprüft werden, ob die Insolvenzabsicherung des anderen Mitgliedstaats Art. 7 genügt.[35]

21 Da der Markt für Pauschalreisen mehr über Aufkäufe realisiert wird als durch grenzüberschreitendes Anbieten von Pauschalreisen, kommt der Vorschrift Bedeutung vor allem in grenznahen Regionen vor, etwa wenn **dänische Ferienhausanbieter** in Norddeutschland oder **Schweizer Unternehmen** in Süddeutschland auftauchen. Beides führt jedoch zu speziellen Problemen: Die dänischen Ferienhausanbieter sind nämlich nach ihrem Selbstverständnis und in Übereinstimmung mit dem dänischen Recht keine Reiseveranstalter, sondern lediglich Vermittler für Mietverträge mit den Eigentümern der Ferienhäuser. Das dänische Recht ist insoweit richtlinienkonform, denn die analoge Anwendung von Reiserecht auf den Ferienhausvertrag[36] ist eine deutsche Besonderheit und wird von der EG-Pauschalreise-Richtlinie nicht verlangt. Da die betroffenen Unterneh-

---

34 Von der Groeben/Thiesing/Ehlermann(-*Troberg*), EU-/EG-Vertrag Kommentar, 5. Aufl. 1997 Art. 59 Rn. 17 ff.; aus der Rechtsprechung zuletzt EuGH Urt. vom 10. 5. 1995, Slg. 1995, I-1141 – Alpine Investments = EuZW 1995, 404 mit Anm. *Reich.*

35 Zu Einzelheiten vgl. *Tonner*, in: *Stauder* (Hrsg.), S. 23 ff.

36 Oben § 651 a Rn. 46 ff.

men jedoch freiwillig dem deutschen Recht genügende Sicherungsscheine ausgeben, ist das Problem derzeit nur akademischer Natur. Allerdings sind bei Ferienhausverträgen gemäß Art. 16 EuGVÜ die Gerichte am Ort des Ferienhauses zuständig, wenn nicht beide Parteien ihren (Wohn-)sitz im Inland haben.[37]

Die **Schweiz** ist, EG-rechtlich gesehen, ein **Drittland**, da sie nicht nur nicht 22
Mitglied der Europäischen Union, sondern nicht einmal des EWR ist. § 651 k Abs. 5 findet daher keine Anwendung, und die betroffenen Unternehmen müssen sich gemäß den deutschen Vorschriften versichern.

7. Freistellungen von der Absicherungspflicht

§ 651 k Abs. 6 schränkt den Anwendungsbereich der Insolvenzabsicherungs- 23
pflicht auf das nach der Richtlinie maximal Mögliche ein. Ausgenommen sind zunächst Veranstalter, die **sowohl Gelegenheitsveranstalter** sind **als auch außerhalb ihrer gewerblichen Tätigkeit** handeln; § 651 k Abs. 6 Nr. 1. »Gelegentlich« wird in den Gesetzesmaterialien als bis zu zweimal im Jahr definiert.[38] Ein Reisebüro muss sich auch bei einer nur gelegentlichen Veranstaltung absichern. Das Gleiche gilt auch für Sportvereine und Jugendwohlfahrtorganisationen. Nach Nr. 2 gilt die Insolvenzabsicherungspflicht nicht bei **Tagesreisen** (definiert als nicht länger als 24 Stunden, ohne Übernachtung und unter DM 150) sowie nach Nr. 3 schließlich bei Reiseveranstaltern, die eine **Person des öffentlichen Rechts** sind.

8. Staatshaftung wegen verspäteter oder unzureichender Umsetzung der EG-Pauschalreiserichtlinie

Für die Zeit ab dem Ende der Umsetzungsfrist der EG-Pauschalreiserichtlinie 24
bis zum Inkrafttreten des neuen § 651 k, d. h. vom 1. 1. 1993 bis zum 31. 10. 1994 bestand eine Haftung der Bundesrepublik Deutschland für die nach der Richtlinie gebotene aber im nationalen Recht seinerzeit noch nicht vorhandene Insolvenzsicherung. Infolge einer Veranstalterinsolvenz im Sommer 1993 kam es zu einer einschlägigen Entscheidung des EuGH.[39] Der EuGH bestätigte mit

37 EuGH Urt. vom 22. 1. 2000, Slg. 2000, I-nnv. – Dansommer = RRa 2000, im Erscheinen mit Anm. *Schulze.*

38 BT-Drucks. 12/5453, S. 13.

39 Urteil vom 8. 10. 1996 – Dillenkofer NJW 1996, 31,41 = EuZW 1996, 654 = VuR 1996, 396 mit Anm. *Tonner* = RRa 1996, 236 (Ls.) mit Anm. *Huff*, S. 217; ferner *Micklitz*, RRa 1996, 238; *Reich*, EuZW 1996, 709; *Streinz/Leible*, ZIP 1996, 1931.

dieser Entscheidung seine Rechtsprechung, wonach ein **Mitgliedstaat haftet, wenn die Umsetzungsfrist einer Richtlinie verstrichen ist**, sofern (1) das durch die Richtlinie vorgeschriebene Ziel die Verleihung von Rechten an Einzelne beinhaltet, (2) der Inhalt dieser Rechte aufgrund der Richtlinie bestimmt werden kann und (3) zwischen dem Verstoß gegen die dem Mitgliedstaat auferlegte Verpflichtung und dem den Geschädigten entstandenen Schaden ein kausaler Zusammenhang besteht.[40] Der EuGH verlangt für eine Staatshaftung eine **hinreichend qualifizierten Verstoß** des Mitgliedstaates gegen das Gemeinschaftsrecht, der dann gegeben ist, wenn der Mitgliedstaat bei der Rechtsetzung die Grenzen, die der Ausübung seiner Befugnisse gesetzt sind, offenkundig und erheblich überschreitet. Wenn keine Maßnahmen zur Umsetzung einer Richtlinie innerhalb des dafür vorgesehenen Zeitraums ergriffen werden, liegt ein solcher qualifizierter Verstoß vor.

25 Das hinreichend bestimmte Recht an Einzelne wird in der zugrunde liegenden Vorschrift des Artikel 7 der Pauschalreiserichtlinie gesehen. Die Umsetzungsverpflichtung sei nicht durch die Vorauskasse-Rechtsprechung des BGH[41] erfüllt, da bei der Aushändigung »werthaltiger« Reisedokumente der Verbraucher das Insolvenzrisiko der Leistungsträger zu tragen habe. Wenn Reisende entgegen dem Vorauskasseurteil höhere Anzahlungen geleistet hätten, begründet dies kein Mitverschulden. Die Anzahlung muss von der Insolvenzabsicherung umfasst sein.

26 Nach Abschluss des Verfahrens hat die Bundesrepublik Deutschland an die betroffenen Reisenden Entschädigungen in Höhe von 11 Millionen DM geleistet.[42]

27 In einer Entscheidung vom Juni 1999 hat der EuGH die genannten Grundsätze auch auf den Fall einer **unzureichenden Richtlinienumsetzung** übertragen.[43] Es ging dabei um die österreichische Reisebürosicherungsverordnung, die zwar von dem betroffenen Reiseveranstalter und seinem Insolvenzabsicherer beachtet worden war, aber dazu führte, dass die Reisenden nur eine Quote ihres Schadens ausgezahlt erhielten. Der EuGH wiederholte die Grundsätze des Dillenkofer-Urteils und betonte, dass die Mitgliedstaaten verpflichtet sind, für eine vollständige Entschädigung zu sorgen und dass sie insbesondere eine »**Erfolgspflicht**« bei der Umsetzung der Richtlinienvorschrift trifft. Dabei auftauchende praktische Schwierigkeiten können sie nicht entlasten. Vor dem Hintergrund dieses Urteils ist auch in Deutschland zu überlegen, ob nicht weitergehende

40 Vgl. zu den Einzelheiten *Tonner*, in: *Solveen/Tonner*, S. 31 ff.

41 BGHZ 100, 157, vgl. oben § 651 a Rn. 55 ff.

42 *Stöhr*, NJW 1999, 1063.

43 EuGH Urt. vom 15. 6. 1999, Slg. 1999, I-nnv. – Rechberger = EuZW 1999, 468 mit Anm. *Tonner* = RRa 1999, 227.

gesetzliche Maßnahmen zu einer wirksamen Umsetzung des Artikel 7 der EG-Pauschalreiserichtlinie geboten sind. Der Verfasser hat dazu an andere Stelle die Einrichtung eines Feuerwehr-Fonds vorgeschlagen.[44]

44 *Tonner*, EuZW 1999, 395; dafür auch *S. Fischer*, RRa 1999, 5.

§ 651 l [Abweichende Vereinbarungen]

Von den Vorschriften der §§ 651 a–651 k kann nicht zum Nachteil des Reisenden abgewichen werden.

1 Normalerweise sind die Vorschriften des Bürgerlichen Rechts dispositiv, d. h. die Parteien können von ihnen abweichen. **Zwingendes Recht** ist die Ausnahme und bedarf der ausdrücklichen Anordnung im Gesetz. § 651 l (bis zum Umsetzungsgesetz der EG-Pauschalreiserichtlinie § 651 k) ist eine solche Anordnung. Der Gesetzgeber hat das Prinzip der Vertragsfreiheit eingeschränkt, weil er einen Machtausgleich vornehmen wollte: Vertragsfreiheit bedeutet, dass der ökonomisch überlegene Vertragspartner seine Bedingungen durchsetzen kann; der formalen Vertragsfreiheit entspricht keine materielle Komponente; die Vertragsfreiheit besteht nur zu Gunsten der überlegenen Seite. Die Unterlegenheit findet sich typischerweise auf Seiten des Verbrauchers.

2 Aus dieser Zielsetzung folgt, dass die §§ 651 a ff. genau genommen nicht zwingend, sondern nur **halb zwingend** sind. Es kommt lediglich darauf an, die unterlegene Seite, also den Reisenden, zu schützen. Es sind nur Abweichungen zu seinen Lasten verboten, Abweichungen zu Lasten des Reiseveranstalters dagegen durchaus erlaubt. Der Reiseveranstalter darf dem Reisenden etwa großzügigere Fristen zur Geltendmachung seiner Rechte als die in § 651 g genannten oder zusätzliche Gewährleistungsrechte einräumen. Die gesetzliche Regelung hat die Funktion, derartige Abweichungen nicht zu verbieten und den Schutzzweck des zwingenden Charakters der Vorschriften herauszustellen: Der Reisende als typischerweise unterlegener Vertragspartner soll geschützt werden, nicht der Reiseveranstalter.

3 § 651 l enthält nach allgemeiner Ansicht ein **Umgehungsverbot**,[1] d. h. es sind AGB unwirksam, die durch §§ 651 a ff. verbotene Vertragsgestaltungen auf anderen Wegen zu erreichen versuchen.

4 Mit § 651 l ebenfalls nicht vereinbar ist eine **Gesamtabwägung von Reise-AGB**, die zwar einzelne Verstöße gegen die §§ 651 a ff. enthält, dafür aber den Reisenden Rechte gewährt, die von den §§ 651 a ff. nicht verlangt werden. Vielmehr muss jede AGB-Klausel für sich dem Gesetz entsprechen.[2]

1 Vgl. *Führich*, Rn. 480.

2 So auch *Führich*, Rn. 483; Soergel-*Eckert*, § 651 l Rn. 3.

Bei Unwirksamkeit einer Klausel kommt **§ 139** zum Zuge, d. h. der Vertrag bleibt im Übrigen erhalten, so weit es dem Willen der Parteien entspricht, was im Allgemeinen der Fall sein wird.[3] An die Stelle der unwirksamen Klausel tritt die gesetzliche Regelung. 5

Der zwingende Charakter der Reisevertragsvorschriften führt auch dazu, dass der Reisende nicht auf seine Rechte verzichten kann. **Verzichtsklauseln** in Vereinbarungen am Urlaubsort sind daher **unzulässig**, auch wenn dem Reisenden zum Ausgleich für gerügte Mängel eine Abfindungssumme, eine zusätzliche kostenlose Leistung (Mietwagen) oder eine höhere Hotelkategorie eingeräumt wird.[4] Es ist nichts dagegen einzuwenden, wenn Reiseveranstalter durch derartige Maßnahmen Probleme bereits am Urlaubsort zu lösen versuchen und dadurch die Zufriedenheit des Reisenden wieder hergestellt wird. Jedoch darf dabei nicht der Eindruck erweckt werden, dass der Reisende dadurch auf die Geltendmachung von Ansprüchen nach Reiseende wirksam verzichtet hat. 6

3 So auch *Führich*, Rn. 482; Soergel-*Eckert*, § 651 l Rn. 4.

4 H. M., LG Frankfurt a. M. NJW 1983, 233; NJW 1984, 1762; NJW 1986, 539; OLG Düsseldorf NJW-RR 1992, 245; LG Kleve NJW-RR 1992, 1525; Jauernig-*Teichmann*, § 651 l Rn. 1; *Seyderhelm*, § 651 l Rn. 10 ff. *Führich*, Rn. 484; anders nur AG Frankfurt a. M. RRa 2000, 9 mit ablehnender Anm. *Tonner*.

Individualreiserecht

I. Der Beherbergungsvertrag

Übersicht:

1. Rechtsnatur

Der Beherbergungsvertrag wird nach den Regeln des BGB abgewickelt. Er ist im BGB jedoch nicht als **eigenständiger Vertragstyp** geregelt, wird aber auf Grund der Vertragstypenfreiheit des BGB als eigener Vertragstyp anerkannt.[1] Beherbergung setzt einen **gewissen Service** voraus, die bloße Vermietung von Räumen genügt daher nicht.[2] Der Beherbergungsvertrag beinhaltet damit neben der Bereitstellung des Wohnraums auch die Versorgung mit Nahrungsmitteln und weiteren Serviceleistungen wie den Wäschewechsel. 1

Der Beherbergungsvertrag ist ein so genannter **typengemischter Vertrag**, der sich neben dem mietvertraglichen Element der Wohnraumbereitstellung aus werk- und dienstvertraglichen Bestandteilen zusammensetzt.[3] Der **Kern** des Rechtsverhältnisses liegt allerdings nach allgemeiner Ansicht in der **Miete**.[4] Da ein Hotelzimmer nur zur vorübergehenden Benutzung überlassen wird, greifen die Vorschriften des sozialen Mietrechts, insbesondere die Kündigungsschutzvorschriften, nicht ein. 2

AGB spielen beim Beherbergungsvertrag eine relativ geringe Rolle. Es gibt zwar auf den Beherbergungsvertrag zugeschnittene AGB, namentlich diejenigen des Deutschen Hotel- und Gaststättenverbandes (DEHOGA) und neuerdings die Konditionenempfehlung des IHA-Hotelverband Deutschland e. V.[5] Da sie jedoch gemäß § 2 AGBG nur dann wirksam in den Vertrag einbezogen werden 3

---

1 Vgl. etwa Staudinger-*Mayer-Maly*, Einleitung zum BT des Schuldrechts (Band 2) Rn. 10.

2 Jauernig-*Vollkommer*, § 701 Anm. 2 a; Soergel-*Kummer*, vor § 535 Rn. 56.

3 MünchKomm-*Thode*, § 305 Rn. 44; Soergel-*Kummer*, vor § 535 Rn. 55; Erman-*Schopp*, vor § 535 Rn. 11.

4 BGH NJW 1996, 1449; BGHZ 63, 33, 336 f; BGHZ 71, 175, 177.

5 BAnz. Nr. 141 vom 31. 7. 1996, S. 8679.

können, wenn die Möglichkeit der Kenntnisnahme besteht, gelten sie beispielsweise bei **telefonischer Buchung** regelmäßig nicht.

2. Vertragsschluss

4 Der Beherbergungsvertrag kommt **formfrei** zustande, d. h. es gelten die §§ 145 ff. Eine schriftliche Zimmerbestellung muss innerhalb angemessener Zeit angenommen werden, § 147 Abs. 2. Bei Postübermittlung dürfte eine Woche angemessen sein, bei Übermittlung per Fax oder über Internet vier Tage.[6] Während dieser Frist ist der **Kunde an seinen Antrag gebunden**. Der Hotelier kann das Angebot nur so annehmen, wie es gemacht wurde. Nimmt er es mit Änderungen an, so gilt dies als Ablehnung, verbunden mit einem neuen Angebot, das der Kunde annehmen kann, aber nicht muss, § 150 Abs. 2. Dies gilt auch und gerade dann, wenn der Annahmeerklärung erstmals AGB beigefügt werden. Diese werden im Zweifel nicht Vertragsbestandteil.

5 Bei einer **telefonischen Zimmerbestellung** kommt der Vertrag im Zweifel sofort zustande. Schickt der Hotelier eine Bestätigung, der AGB beigefügt sind, so werden diese nicht Vertragsbestandteil. Eine Ausnahme gilt nur dann, wenn der Hotelier während der telefonischen Bestellung sich die Bestätigung mit Übersendung der AGB vorbehalten hat.

3. Zahlung bei Nichtbenutzung der Unterkunft

6 Bestellt der Kunde das reservierte Zimmer ab und nimmt der Hotelier die **Abbestellung** kommentarlos entgegen, ist hierin eine einvernehmliche Aufhebung des Beherbergungsvertrages zu sehen mit der Folge, dass der Kunde nichts zu zahlen braucht. Der Hotelier ist dazu aber nicht verpflichtet.

7 Der Hotelier kann auf Vertragserfüllung bzw. **Schadenersatz** bestehen. Dann muss der Kunde den vereinbarten Preis abzüglich der ersparten Aufwendungen des Hoteliers bezahlen. Die Gerichte haben als **ersparte Aufwendungen** folgende Sätze angenommen: 10 % bei Übernachtung mit Frühstück,[7] 30 % bei Halbpension[8] und 40 % bei Vollpension.[9] Der Deutsche Hotel- und Gaststätten-

6 So AG Frankfurt a. M. NJW-RR 1998, 47 für Übermittlung per Telex.

7 OLG Frankfurt FVE ZivR 1984 Nr. 434; OLG Düsseldorf NJW-RR 1991, 1143; OLG Köln NJW-RR 1992, 443.

8 AG Wuppertal ZMR 1976, 146.

9 AG Überlingen FVE ZivR 1983, Nr. 420.

verband empfiehlt seinen Mitgliedern, als ersparten Aufwand bei reiner Übernachtung 20 %, bei Übernachtung mit Verpflegung 40 % anzusetzen, so dass der Gast 80 bzw. 60 % zahlen muss. Diese Sätze können als allgemeine Richtschnur gelten.

Der Hotelier bleibt aber verpflichtet, sich um eine **anderweitige Vermietung der Unterkunft** zu bemühen. Gelingt ihm das, ist ihm kein Schaden entstanden, so dass er auch nichts von dem abbestellenden Kunden verlangen kann.[10] In Zeiten, in denen Hotels normalerweise ausgebucht sind, z. B. während einer Messe oder während der Hochsaison in einem Urlaubsgebiet, ist davon auszugehen, dass das Zimmer anderweitig vermietet werden kann. Der Hotelier wird, falls er dennoch Schadenersatz verlangt, besondere Umstände dartun müssen, warum ihm dies ausnahmsweise nicht gelungen ist.[11] **8**

Bestellt der Gast die Unterkunft nicht ab und nimmt sie gleichwohl nicht in Anspruch, so treffen ihn die gleichen, soeben dargestellten Schadenersatzpflichten. Da der Hotelier das Zimmer bis zuletzt frei halten muss, kann er es nicht anderweitig vermieten, so dass er auf jeden Fall Anspruch auf die Quote von 80 bzw. 60 % des vereinbarten Preises hat. Es empfiehlt sich also, nicht mehr benötigte reservierte Zimmer abzubestellen. **9**

Der Kunde wird von der Zahlung des Entgelts nicht dadurch befreit, dass er das bestellte Zimmer nicht benutzen kann. Grundsätzlich trägt im Mietrecht der Mieter das **Verwendungsrisiko.**[12] Diese Regel wird durch § 552 BGB jedoch modifiziert. Danach muss der Mieter den Mietzins nur dann bezahlen, wenn er durch einen in seiner Person liegenden Grund an der Ausübung des Gebrauchs gehindert wird. Umgekehrt formuliert: Bei Ursachen in der Person des Vermieters oder bei objektiven Umständen muss der Mieter den Mietzins nicht bezahlen.[13] § 552 stellt allerdings nicht auf ein Verschulden des Mieters ab, vielmehr muss er den Mietzins bereits dann bezahlen, wenn der Hinderungsgrund in seinem Risikobereich liegt. Dazu zählen etwa Krankheit oder eine Änderung der Reisepläne, auch wenn sie durch Dritte verursacht sind. Zu den objektiven Hinderungsgründen, die weder in den Risikobereich des Mieters noch des Vermieters fallen und in Folge dessen den Mieter von der Mietzinszahlung befreien, gehört **höhere Gewalt** wie Naturkatastrophen oder ein Bür- **10**

10 Nach OLG Köln NJW-RR 1992, 443 ist der Gast für die anderweitige Vermietung beweispflichtig.

11 A. A. OLG Frankfurt FVE ZivR 1984, Nr. 434, demzufolge es keine allgemeine Vermutung gäbe, in den ersten drei Tagen einer Messe könne in Frankfurt jedes Hotel ausgebucht sein.

12 Staudinger(-*Emmerich*), vor § 537 Rn. 36.

13 RGZ 147, 304; BGHZ 38, 295.

gerkrieg.[14] Kein objektiver Hinderungsgrund, sondern Bestandteil des Verwendungsrisikos des Mieters sind **Witterungseinflüsse**, so z. B., wenn Wintersport nicht möglich ist.[15]

11 Bei höherer Gewalt greift § 552 nicht ein. Ist das Hotel wegen **Erdbeben- oder Lawinengefahr** nicht mehr sicher, kann der Gast wegen Gesundheitsgefährung gemäß § 544 fristlos kündigen. Wenn die Leistung jedoch noch erbracht werden kann, der Gast sie aber nicht entgegen nehmen kann, etwa weil die **Zufahrtsstraßen aus Witterungsgründen nicht passierbar** sind, steht dem Gast gegebenenfalls ein Kündigungsrecht wegen Wegfall der Geschäftsgrundlage zu.[16] Ein Kündigungsrecht aus § 242, bei dem der Rechtsgedanke des § 651 j Abs. 1 heran gezogen wird,[17] ist abzulehnen.

4. Ansprüche bei einem Mangel

12 Auch bei einem Beherbergungsvertrag kann der Kunde wegen eines Mangels mindern. Das **Minderungsrecht** ergibt sich aus der mietrechtlichen Vorschrift des § 537. Was ein Mangel ist, kann aus den die Unterkunft betreffenden Teilen der Auflistung im Anhang zu § 651 c entnommen werden, ebenso Anhaltspunkte für die Minderungsquoten. Als Mängel wird man ansehen können zu kleine Räume, fehlende oder nicht funktionierende Einrichtungsgegenstände, mangelnde Sauberkeit, gravierende Servicemängel.[18] Als Richtschnur für die **Zimmermindestgröße** sind 8 m^2 für ein Einzelzimmer anzusehen.[19] Kann wegen **Lawinengefahr** kein Wintersport ausgeübt werden, wird man wohl nicht von einem Mangel ausgehen können, sofern die Unterkunft selbst nicht gefährdet ist.

13 Bei einer mietrechtlichen Minderung gibt es keine Fristvorschriften wie im § 651 g. Allerdings gibt es auch hier eine (§ 651 d Abs. 2 entsprechende) **Anzeigepflicht** des Kunden in § 545. Danach kann der Mieter keine Minderung geltend machen, wenn der Vermieter infolge der unterlassenen Anzeige keine Abhilfe schaffen kann. Dies gilt nicht, wenn der Vermieter den Mangel kennt.

14 Nach § 538 kann der Gast darüber hinaus einen **Schadenersatzanspruch** haben, beispielsweise wenn er einen Gesundheitsschaden erlitten hat. Dieser Anspruch

14 So auch *Führich*, Rn. 884.
15 Vgl. Staudinger-*Emmerich*, § 552 Rn. 16 mit Rechsprechungsnachweisen.
16 Zur Begründung im Einzelnen *Tonner/Krause*, NJW 2000, demnächst.
17 So AG Herne-Wanne NJW 1999, 3495, mit krit. Anm. *Führich*, RRa 2000, 38.
18 Vgl. auch *Führich*, Rn. 906.
19 Vgl. BGH NJW 1976, 796, allerdings für die Unterkünfte ausländischer Arbeitnehmer.

setzt kein Verschulden voraus, wenn der Mangel schon bei Abschluss des Vertrages vorhanden war. Entsteht der Mangel allerdings erst nach Vertragsschluss, haftet der Gastwirt nur, wenn ihm Verschulden vorzuwerfen ist. Neben dem Anspruch aus § 538 kann der Gast auch einen Anspruch auf die deliktischen Vorschriften der §§ 823 ff. stützen. Dies hat den Vorteil, dass ihm auch ein Schmerzensgeldanspruch gemäß § 847 zusteht. In Betracht kommen hier vor allem die zahlreichen Verkehrssicherungspflichten, die der Betrieb eines Hotels mit sich bringt.[20]

Ein **ordentliches Kündigungsrecht** steht weder dem Gast noch dem Gastwirt zu, da der Beherbergungsvertrag fest über die vereinbarte Zeit abgeschlossen ist. Zieht der Gast gleichwohl vorzeitig aus, schuldet er Schadenersatz nach den Grundsätzen bei Nichtbenutzung der Unterkunft. 15

Dagegen haben beide Seiten eine Reihe **außerordentlicher Kündigungsrechte**. Der Gast kann fristlos kündigen, wenn der Gastwirt ihm nicht den vertragsmäßigen Gebrauch gewährt, § 542. Der Gast muss dem Gastwirt vorher eine kurze Frist zur Abhilfe setzen. Ferner kann der Gast gemäß § 554 a kündigen, wenn der Gastwirt seine Vertragspflichten derart verletzt, dass dem Gast der weitere Aufenthalt nicht mehr zumutbar ist. Schließlich kann der Gast gemäß § 544 fristlos wegen **Gesundheitsgefährdung** kündigen. Dies ist der Fall, wenn die Unterkunft in einem konkret von Lawinen gefährdeten Gebiet steht, nicht jedoch, wenn lediglich die Skipiste von Lawinen gefährdet ist. 16

Der Gastwirt kann gemäß § 553 bei **vertragswidrigem Gebrauch** des Zimmers außerordentlich kündigen. Er muss zuvor den Gast abmahnen. Ferner steht auch ihm das Kündigungsrecht gemäß § 554 a zu. 17

5. Haftung des Gastwirtes

Für die Haftung des Gastwirtes enthält das BGB in den §§ 701 ff. eine Spezialregelung, die auf einem **internationalen Übereinkommen** vom 17. 12. 1962 beruht. Der Gastwirt **haftet** danach auch **ohne Verschulden** für Verlust, Zerstörung oder Beschädigung der vom Gast eingebrachten Sachen, § 701. Die Haftung gilt allerdings nur für Übernachtungsgäste. Sie gilt nicht bei höherer Gewalt, § 701 Abs. 3, und erstreckt sich nicht auf Fahrzeuge und darin befindliche Gegenstände, § 701 Abs. 4. 18

20 Vgl. BGH NJW 1988, 1588 (Türen, hinter denen sich eine Kellertreppe befindet); BGH VersR 1967, 801 (ungesicherter Kellerschacht neben Hotel); BGH NJW 1991, 121 (glatter Parkettboden); BGH NJW 1987, 2671 (Streupflicht).

19 Die Haftung ist **der** Höhe **nach beschränkt**, und zwar auf das hundertfache des Übernachtungspreises pro Tag, wobei sie mindestens DM 1.000,– (demnächst: 600 Euro) und höchstens DM 6.000,– (demnächst: 3.500 Euro) beträgt, bei Geld höchstens DM 1.500,– (demnächst: 800 Euro).[21] Reisen mehrere Personen zusammen, so gelten die Haftungshöchstsummen für jede Person einzeln, auch bei Ehepaaren.[22] Der Gastwirt ist verpflichtet, Geld und Wertsachen zur Aufbewahrung anzunehmen, § 702 Abs. 3. Für diese Sachen – auch dann , wenn er sie hätte aufbewahren müssen, es aber nicht getan hat – haftet er unbeschränkt.

20 Der Wirt haftet grundsätzlich **unbeschränkt**, wenn er **schuldhaft** handelt, § 702 Abs. 1 Nr. 1. Nur für diesen letzteren Fall kann er sich für den Betrag, der über der Haftungshöchstsumme liegt, von der Haftung frei zeichnen, aber nur für einfache Fahrlässigkeit, § 702 a.

21 Der Gast muss den Verlust, die Beschädigung oder Zerstörung der eingebrachten Sachen sofort **anzeigen**, § 703.

21 Die Umstellung auf Euro wird durch das Gesetz über Fernabsatzverträge und andere Fragen des Vertragsrechts sowie zur Umstellung von Vorschriften auf Euro erfolgen, BT-Drucks. 14/2658.

22 BGHZ 63, 65.

II. Der Beförderungsvertrag

Übersicht:

Vorbemerkung

Der Beförderungsvertrag ist ein **Werkvertrag** im Sinne der §§ 631 ff. BGB. Jedoch hilft diese unbestrittene Klassifizierung zur Lösung von Einzelfragen nicht weiter, da auf eine Vielzahl von gesetzlichen Spezialregelungen zurückgegriffen werden muss. Für jede der einzelnen Transportarten – Bahnverkehr, Luftverkehr, Seeverkehr – gibt es eigene Gesetze, die ihrerseits jeweils keine abschließende Regelung des einzelnen Beförderungsvertragstyps darstellen, sondern ihren Schwerpunkt bei den für den Reisenden allerdings besonders wichtigen **Haftungsfragen** haben. Ergänzend muss daher auf die allgemeinen Vorschriften des BGB zurückgegriffen werden, und es besteht ein erheblicher Spielraum für Allgemeine Geschäftsbedingungen. Dies gilt insbesondere für den Luftverkehr, während der Eisenbahnverkehr spezialgesetzlich nahezu abschließend geregelt ist. 1

Die Rechtslage wird dadurch noch komplizierter, dass regelmäßig für die **Inlandsbeförderung** und die **grenzüberschreitende Beförderung unterschiedliche Vorschriften** gelten. Der internationale Verkehr ist durchweg durch inter- 2 nationale Abkommen geregelt, die Gesetzescharakter haben. Besonders unübersichtlich ist die Situation im Luftverkehr, da das grundlegende **Warschauer Abkommen** (WA) als reformbedürftig gilt und demnächst durch das **Montrealer Abkommen** abgelöst wird. Es ist schon heute durch zahlreiche Regelungen überlagert, die dem Reisenden einen höheren Haftungsstandard gewähren. Im Folgenden werden daher die inländische und die grenzüberschreitende Beförderung getrennt dargestellt. Beim Eisenbahnverkehr wird von einer inländischen Beförderung als Regelfall ausgegangen und die Besonderheiten für die grenzüberschreitende Eisenbahnfahrt im Anschluss daran dargestellt. Beim Luftverkehr wird umgekehrt verfahren: Es werden zunächst ausführlich die Regeln über den internationalen Luftverkehr dargestellt und im Anschluss daran kurz die Besonderheiten für einen Inlandsflug.

1. Die Bahnreise

3 Das Recht der Eisenbahnen ist spezialgesetzlich geregelt. Die wichtigsten Gesetze für den Verbraucher sind die **Eisenbahnverkehrsordnung (EVO)** für Fragen des Beförderungsvertrags und das **Haftpflichtgesetz** für Fragen der Haftung bei Unfällen. Die Ermächtigungsgrundlage für die EVO befindet sich seit dem Eisenbahnneuordnungsgesetz von 1993 in § 26 Abs. 1 **Allgemeines Eisenbahngesetz (AEG)**.

4 Die EVO und das Haftpflichtgesetz stellen den Reisenden teils besser, teils schlechter als er nach allgemeinem Recht (BGB) stünde. Da es sich um Gesetze handelt, kommt eine Kontrolle durch das AGBG nicht in Betracht. Dagegen findet das **AGBG** (mit gewissen Einschränkungen, die sich vor allem im öffentlichen Personennahverkehr auswirken, vgl. § 23 AGBG) Anwendung auf die Beförderungsbedingungen, auch wenn sie durch die Verkehrsbehörde genehmigt sind. Allerdings ist es hier nicht möglich, auf – zweifellos vorhandene – Rechtsprobleme von Beförderungsbedingungen einzugehen.

1.1. Vertragsschluss, Fahrpreiserstattung

5 Der Vertragsschluss richtet sich nach den allgemeinen Vorschriften der §§ 145 ff. BGB. Der **Kontrahierungszwang** nach § 453 HGB und § 2 EVO wurde durch das Eisenbahnneuordnungsgesetz 1993 **aufgehoben**. Der Reisende muss gemäß § 9 EVO im Besitz eines **Fahrausweises** sein oder, falls ein Fahrausweis nicht erworben werden konnte, sich unaufgefordert beim Kontrollpersonal melden. Nach § 12 EVO ist ein **erhöhter Fahrpreis** zu entrichten, wenn sich der Reisende keine gültige Fahrkarte beschafft hat oder diese nicht vorweisen kann. Der er-

höhte Fahrpreis beträgt das Doppelte des Fahrpreises für die zurückgelegte Strecke, mindestens jedoch DM 60,–. Falls der Reisende später nachweisen kann, dass er einen gültigen Fahrausweis besaß, wird der erhöhte Fahrpreis auf DM 10,– reduziert.

Der Reisende kann bei Nichtantritt der Reise die **Rückerstattung des Fahrpreises** verlangen, § 18 EVO. Die Gründe für die Nichtbenutzung der Fahrkarte sind gleichgültig.[1] Die Fahrkarte ist binnen eines halben Jahres zur Erstattung einzureichen, § 18 Abs. 7. Diese Frist ist eine Ausschlussfrist.[2] Gemäß § 18 Abs. 4 EVO wird ein **Bearbeitungsentgelt** abgezogen. Bei von der Bahn zu vertretenden Umständen unterbleibt der Abzug (Ausführungsbestimmungen 3 Abs. 2 zu § 17 EVO). Gemäß den Tarifbedingungen wird der Fahrpreis auch dann ungekürzt zurückgezahlt, wenn der Erstattungsantrag vor dem ersten Geltungstag der Fahrkarte gestellt wird. Bricht der Reisende die Reise unterwegs ab (Beispiel: Er tritt die Rückreise nicht an, obwohl er eine Rückfahrkarte hat.), so muss er sich dies auf dem Unterwegsbahnhof, wo er die Reise abbricht, bestätigen lassen. Bei verloren gegangenen Fahrausweisen hat der Reisende keinen Erstattungsanspruch, § 18 Abs. 5 EVO. 6

1.2. Haftung bei Verspätung oder Ausfall

§ 17 EVO **schließt jede Haftung** für Verspätung oder Ausfall eines Zuges **aus.** 7
Diese ungerechtfertigte Privilegierung des Eisenbahnunternehmens gegenüber den Verzugsregeln nach dem BGB wurde bedauerlicherweise auch durch das Eisenbahnneuordnungsgesetz von 1993 nicht beseitigt. In der Literatur werden freilich Zweifel geäußert, ob § 17 EVO mit der EG-Richtlinie über missbräuchliche Klauseln vereinbar sei. Die Autoren empfehlen, im Wege der richtlinienkonformen Auslegung § 17 EVO nicht auf Verbraucherverträge anzuwenden.[3]

Der Kunde hat jedoch einen Anspruch, ohne Zuzahlung falls erforderlich auf 8
Umwegstrecken oder mit höherwertigen Zügen **weiter oder notfalls zurück befördert** zu werden, nicht jedoch mit Schlaf- und Liegewagen (Ziffer 4 Ausführungsbestimmungen zu § 17 EVO). Stattdessen kann er auch auf die Weiterfahrt verzichten und den Fahrpreis ohne Abzug innerhalb von 6 Monaten zurück verlangen (Ziffer 1 a Ausführungsbestimmungen zu § 17 EVO). In diesem Fall muss er sich jedoch den Sachverhalt auf dem Bahnhof, auf dem er auf die Weiterfahrt verzichtet, bescheinigen lassen (Ziffer 2 Ausführungsbestimmungen zu § 17 EVO).

1 *Finger*, Eisenbahn-Verkehrsordnung, Kommentar, § 18 Anm. 1 a.
2 *Finger*, § 18 Anm. 2 a.
3 *Butters/Rott*, VuR 1999, 107, 116; *Staudinger*, NJW 1999, 3664; *ders.*, RRa 2000, 19.

1.3. Haftung bei Unfällen

9 Für die Haftung der Eisenbahn bei Unfällen gibt es ein Spezialgesetz, das **Haftpflichtgesetz**. Danach haftet die Eisenbahn auch dann, wenn sie kein Verschulden trifft. Es besteht eine reine **Gefährdungshaftung**. Der Unfall muss sich **beim Betrieb der Eisenbahn** ereignet haben. Nach einer Definition des BGH liegt ein Betriebsunfall vor, wenn ein unmittelbarer äußerer – örtlicher oder zeitlicher – Zusammenhang zwischen Unfall und einem bestimmten Betriebsvorgang oder einer bestimmten Betriebseinrichtung der Bahn besteht.[4] Deswegen fallen auch **Unfälle auf Bahnhöfen** unter das Haftpflichtgesetz. Es ist nicht erforderlich, dass der Geschädigte bereits eine Fahrkarte hatte, also Vertragspartner der Bahn war. Auch unbeteiligte Dritte können sich auf das Haftpflichtgesetz berufen.

10 Der Anspruch ist lediglich bei **höherer Gewalt** ausgeschlossen, etwa wenn Betriebsfremde Gegenstände gegen den Zug werfen,[5] oder bei Naturkatastrophen.[6] Die Bahn muss beweisen, ob höhere Gewalt vorlag.[7] Ein Mitverschulden muss sich der Geschädigte gemäß § 254 BGB zurechnen lassen.

11 Die Schadenersatzpflicht bei **Tötung oder Körperverletzung** ist unbegrenzt, jedoch werden Geldrenten auf jährlich DM 30.000,– je getöteter oder verletzter Person begrenzt, § 9 Haftpflichtgesetz. Für **Sachschäden** ist die Haftung auf DM 100.000,– je Unfall begrenzt, § 10 Abs. 1 Haftpflichtgesetz.

12 Neben den genannten spezialgesetzlichen Vorschriften sind auch die allgemeinen Vorschriften (§§ 823 ff. BGB) anwendbar. Das ist vor allem von Bedeutung, wenn der Geschädigte ein **Schmerzensgeld** verlangen will oder ein über die Grenzen des § 10 Haftpflichtgesetz hinaus gehender Schaden entstanden ist. Das Haftpflichtgesetz sieht Schmerzensgeld nicht vor. Kann der Geschädigte der Eisenbahn aber Verschulden an dem Unfall nachweisen (Voraussetzung für § 823 BGB), so kann er gemäß § 847 BGB Schmerzensgeld verlangen.

1.4. Haftung für Gepäck

13 Die Eisenbahn haftet **ohne** Verschulden für den Verlust oder die Beschädigung von **aufgegebenem Gepäck**, § 31 i. V. m. § 82 EVO. Ein Gepäckstück gilt als verloren, wenn es bis eine Woche nach Abforderung nicht aufzufinden ist, § 32 EVO. Der Schadenersatz beträgt höchstens DM 1.600,– je Gepäckstück, wobei der Schaden nachzuweisen ist, § 31 Abs. 2 EVO. Bei grober Fahrlässigkeit

4 BGHZ 1, 17, 19.
5 BGH NJW 1987, 2445.
6 RGZ 101, 94 (Schneesturm).
7 OLG München VersR 1992, 62.

seitens der Eisenbahn verdoppelt sich der Höchstbetrag, bei Vorsatz haftet die Eisenbahn unbegrenzt. Darüber hinaus kann der Reisende Schadenersatz wegen eines durch die Überschreitung der Lieferfrist verursachten Schadens verlangen. Dieser Schadenersatz ist auf DM 20,– je Gepäckstück und Tag begrenzt und kann höchstens für eine Woche geltend gemacht werden, § 33 Abs. 1 EVO. Der Reisende muss auch hier nachweisen, dass ihm ein Schaden entstanden ist.

Wird das **Gepäck später wieder aufgefunden**, so ist der Reisende zu benachrichtigen, § 32 Abs. 2. Er kann die Auslieferung des Gepäcks verlangen, muss es aber nicht. Eine etwa erhaltene Entschädigung muss er dann zurückzahlen, allerdings abzüglich der ihm verbleibenden Entschädigungsansprüche wegen Überschreitung der Lieferfrist. 14

Die beschriebene Haftung der Eisenbahn nach der EVO gilt jedoch nur für aufgegebenes Reisegepäck, nicht für **mitgeführtes Handgepäck**. Für Letzteres greift lediglich die allgemeine Haftung nach BGB (§§ 823 ff.) ein, die jedoch Verschulden seitens der Eisenbahn voraussetzt. Dies wird jedoch in der Regel fehlen, z. B. bei einem Diebstahl, wenn der Reisende vorübergehend seinen Platz verlassen hat. 15

1.5. Grenzüberschreitende Bahnreisen

Für den internationalen Eisenbahnverkehr gilt nicht das Haftpflichtgesetz, sondern das **COTIF** mit einem Anhang, den so genannten ER/CIV. Dieses Abkommen enthält etwas **andere Haftungshöchstgrenzen**. Sie betragen bei Personenschäden 70.000 Rechnungseinheiten, das sind etwa DM 45.000,–, bei aufgegebenem Reisegepäck für nachgewiesene Schäden 34 Rechnungseinheiten je fehlendem Kilogramm, bei nicht nachgewiesenen Schäden 10 Rechnungseinheiten. 16

Ansprüche sind gegen die Bahn geltend zu machen, auf deren Linie sich der Unfall ereignet hat. Ansprüche aus dem Beförderungsvertrag können auch gegen die Abgangsbahn oder die Bestimmungsbahn geltend gemacht werden, d. h., dass etwa bei einem verloren gegangenen Gepäckstück auf der Strecke Frankfurt a. M.–Paris nicht nachgewiesen werden muss, ob der Verlust im deutschen oder französischen Streckenteil entstanden ist. 17

2. Die Flugreise

Auch der Luftbeförderungsvertrag ist ein **Werkvertrag** gemäß § 631 ff. BGB. Die zahlreichen Spezialgesetze regeln zwar die wichtigsten Einzelfragen, jedoch nicht den Vertragstyp als solchen. Es kommen internationale Abkommen, eu- 18 roparechtliche und nationale Vorschriften sowie schließlich Allgemeine Geschäftsbedingungen zur Anwendung.

19 Das »Grundgesetz« für die internationale Luftbeförderung ist das **Warschauer Abkommen** von 1929. Es kommt immer dann zur Anwendung, wenn sowohl der Abflugort wie der Zielort in einem **Vertragsstaat** liegen. Dies gilt auch für alle im Folgenden genannten Abkommen, so dass, wie bei internationalen Abkommen üblich, zunächst geprüft werden muss, ob das betreffende Abkommen von beiden in Betracht kommenden Staaten ratifiziert wurde. Ein Hin- und Rückflug gelten als **Rundflug**, bei dem Zielort das Ziel des Rückflugs ist, so dass es bei in Deutschland beginnenden und endenden »Rundflügen« allein auf die von Deutschland ratifizierten Abkommensfassungen ankommt.[8] Da das WA in der Ursprungsfassung heute als äußerst rigide empfundene **Haftungsbeschränkungen** enthielt, wurden nach dem Zweiten Weltkrieg durch das so genannte Haager Protokoll die Haftungssummen deutlich heraufgesetzt.[9] Heute ist das Warschauer Abkommen (als WA/HP) in den meisten Fällen in der Fassung des Haager Protokolls anwendbar, jedoch keineswegs in allen Fällen.

20 Auch die Haftungshöchstbeträge des WA/HP gelten seit langem als nicht mehr ausreichend. Versuche Anfang der 70er-Jahre, sie hinaufzusetzen, scheiterten; das Abkommen von Guatemala wurde nicht im erforderlichen Umfang ratifiziert. Stattdessen setzten Fluggesellschaften oder Gruppen von Fluggesellschaften mehr oder weniger freiwillig die Haftung hinauf, angestoßen vor allem durch die Praxis der USA, Landeerlaubnisse an einen verbesserten Haftungsstandard zu knüpfen. Die bedeutendste dieser privaten Vereinbarungen ist das so genannte **Intercarrier Agreement** der IATA von 1995, das die Mitglieder der IATA verpflichtet, verbesserte Haftungsstandards in ihre Beförderungsbedingungen aufzunehmen.[10]

21 Auch die Europäische Union nahm sich des Themas an und verpflichtete die Fluggesellschaften mit Sitz innerhalb der EU durch die **VO 2027/97**, die im Oktober 1998 in Kraft trat, die Haftung anzuheben.[11] Die VO 2027/97 gilt auch für reine Inlandsflüge. Inzwischen ist eine grundlegende Revision des Warschauer Abkommens im Rahmen der ICAO vorgenommen worden. Doch auch nach Zeichnung des neuen Montrealer Abkommen im Mai 1999[12] werden noch

8 Giemulla/Schmid-*Giemulla*, Art. 1 Rn. 7.

9 Vgl. zur Entwicklung vom WA in der ursprünglichen Fassung bis heute *Müller-Rostin/Schmid*, in: FS Guldimann, 1997, S. 169 ff.

10 *Müller-Rostin*, TranspR 1996, 5 ff.

11 Dazu *Giemulla/Schmid*, NZV 1998, 227; *Tonner*, RRa 1998, 211.

12 Abgedruckt in TranspR 1999, 315 ff. sowie DGfR-Jahrbuch 1999 (2000) S. 143 ff. Zu den Änderungen *Müller-Rostin*, TranspR 1999, 291; *Schmid*, RRa 1999, 131; *ders.*, in DGfR-Jahrbuch 1999 (2000) S. 105.

Jahre vergehen, bis es in Kraft treten kann,[13] so dass weiterhin jeweils geprüft werden muss, welche der genannten Regelungen (WA/HP, Intercarrier Agreement, VO 2027/97) zur Anwendung kommt. Allerdings sind die Unterschiede im Wesentlichen nur bei den Haftungsgrenzen von Bedeutung, also bei Unfällen mit katastrophalem Ausmaß.

Für den **Inlandsflugverkehr** gilt das **Luftverkehrsgesetz**. Da allerdings die **VO 2027/97** für sich in Anspruch nimmt, auch Inlandsflüge zu regeln, verdrängt sie in Zukunft auf Grund des Vorrangs des Europäischen Rechts hinsichtlich der Haftungsvorschriften das Luftverkehrsgesetz. 22

Gesetzlich nicht geregelte Fragen können durch Allgemeine Geschäftsbedingungen ausgefüllt werden. Die wichtigsten sind die **IATA-Bedingungen**, welche die Fluggesellschaften in ihre Allgemeinen Beförderungsbedingungen übernehmen können. Dabei handelt es sich um AGB, die dem AGBG unterliegen. Der Verbraucherschutzverein hat in der Vergangenheit die IATA-Bedingungen in der von der Deutschen Lufthansa verwendeten Form mit der Verbandsklage gemäß § 13 AGBG angegriffen und erreicht, dass der BGH eine Reihe von Klauseln für unzulässig erklärte.[14] 23

Gesetzliche Vorschriften über **Preise** oder Genehmigungsvorbehalte gibt es nach Abschluss der Deregulierung des Luftverkehrs in der Europäischen Union nicht mehr. Deswegen verlieren auch Versuche, die offiziellen Preise zu unterlaufen, beispielsweise durch Weichwährungstickets oder durch Scheinarrangements eines Aufenthalts am Zielort, immer mehr an Bedeutung.[15] Linienfluggesellschaften können ihre Preise allein an den Marktverhältnissen ausrichten, und Charterfluggesellschaften sind heute nicht mehr gehindert, ihre Sitzplätze direkt an Reisende zu verkaufen. 24

Die folgenden Ausführungen beziehen sich auf den normalen Linienflug, bei dem die Fluggesellschaft und der Passagier einen **Luftbeförderungsvertrag** abschließen. Die Vorschriften sind auch dann anwendbar, wenn ein Linienflug im Rahmen einer **Pauschalreise** erbracht wird. Normalerweise wird jedoch der Passagier bei einem Charterflug nicht Vertragspartner der Fluggesellschaft. Vielmehr wird der Vertrag zwischen dem Reiseveranstalter und der Charterfluggesellschaft abgeschlossen, und der Passagier hat die Stellung des Begünstigten aus einem **Vertrag zugunsten Dritter** gemäß § 328 BGB. Er hat daher die im Folgenden erörterten Rechte gegen die Fluggesellschaft nicht, sofern diese eine ver- 25

---

13 Zu optimistisch wohl *Schmid*, RRa 1999, 131.

14 BGHZ 86, 284 = NJW 1983, 1322.

15 Weichwährungstickets spielen allerdings wegen der von den IATA benutzten Umrechnungsregeln noch eine gewisse Bedeutung.

tragliche Beziehung mit der Fluggesellschaft voraussetzen, sondern ist auf reiserechtliche Ansprüche gegen den Reiseveranstalter angewiesen. Dagegen kann er sich auf die haftungsrechtlichen Vorschriften berufen, insbesondere auf die bei Gepäckverlust oder bei Unfällen geltenden Regeln.

26 Nach deutschem Recht befindet sich der **Reiseveranstalter** in der Stellung eines so genannten **vertraglichen Luftfrachtführers**, die Fluggesellschaft ist ausführender Luftfrachtführer. Sie haften dem Reisenden als Gesamtschuldner. Im internationalen Verkehr gilt dies nur, wenn das so genannte Zusatzabkommen von Guadalajara (ZAG) zur Anwendung kommt, nach dem ebenfalls der Reiseveranstalter vertraglicher Luftfrachtführer wird.[16] Gilt dies nicht, kann der Reisende nur entweder reisevertragliche Ansprüche gegen den Reiseveranstalter oder haftungsrechtliche Ansprüche gegen die Fluggesellschaft geltend machen.

27 Eine **Fluggesellschaft** kann auch selbst zum **Reiseveranstalter** werden, wenn sie ihre Flüge mit einem Landprogramm kombiniert (Hotelaufenthalt, Mietwagen). Die für diesen Fall in den IATA-Bestimmungen enthaltene Vermittlerklausel ist vom BGH für unzulässig erklärt worden. Bei Stop-over-Programmen müssen daher Sicherungsscheine gemäß § 651 k Abs. 3 ausgegeben werden.[17]

2.1. Stornierung durch den Reisenden, Flugausfall, Überbuchung

2.1.1. Stornierung durch den Reisenden

28 Ein **Rücktrittsrecht** durch den Reisenden und etwa fällige Stornogebühren sind spezialgesetzlich nirgendwo geregelt. Nach deutschem Recht kommt § 649 zur Anwendung, wonach der Reisende den Vertrag zwar kündigen kann, aber die Vergütung bezahlen muss. Die Fluggesellschaft muss sich lediglich die **ersparten Aufwendungen** anrechnen lassen. Da die Vorschrift dispositiv ist, sind Stornogebühren grundsätzlich zulässig. Sie müssen sich allerdings im Rahmen von § 11 Nr. 5 AGBG halten, d. h. sie dürfen den nach dem gewöhnlichen Lauf der Dinge zu erwartenden Schaden nicht übersteigen und dürfen dem Flugpassagier nicht den Nachweis abschneiden, es sei kein oder ein wesentlich niedrigerer Schaden entstanden. Daraus ist zu schließen, dass dem Passagier stets der Nachweis offen bleiben muss, der Flug sei trotz seines Rücktritts voll ausgebucht gewesen und infolgedessen kein Schaden entstanden. Umgekehrt erspart die Fluggesellschaft bei nicht ausgebuchtem Flug nur relativ geringe Aufwendungen, so dass eine Stornopauschale von 90 % gerechtfertigt erscheint.

---

16 Vgl. dazu *Schmid*, Charterflug, S. 6 ff.

17 LG Frankfurt a. M. RRa 1995, 168.

Nach den **IATA-Bestimmungen** können in bestimmten Fällen Erstattungsgebühren verlangt werden. In der Praxis werden jedoch bei Zahlung des **Volltarifs Stornierungen kostenfrei** vorgenommen. Bei **Sondertarifen** werden dagegen häufig hohe **Bearbeitungsgebühren** einbehalten, **oder** es wird ein **Rücktritt** für eine bestimmte Zeit vor Reisebeginn gänzlich **ausgeschlossen**. Derartige Bestimmungen dürfen die Wertung des § 649 BGB nicht außer Acht lassen, wonach dem Reisenden grundsätzlich ein Rücktrittsrecht zusteht und bei der gleichwohl zu zahlenden Vergütung die Ersparnisse der Fluggesellschaft zu berücksichtigen sind. Der Gerechtigkeitsgehalt dieser Vorschrift ist über § 9 AGBG zu berücksichtigen. Der Verfall des vollen Flugpreises ist daher **nicht haltbar**.[18] 29

2.1.2. Ausfall eines Fluges

Mangels spezialgesetzlicher Regeln gelten die Vorschriften des **allgemeinen Leistungsstörungsrechts des BGB**. Da die Flugbeförderung ein Fixgeschäft ist, führt ein ausgefallener Flug zur Unmöglichkeit. Wenn keine der beiden Vertragsparteien die Ursache für den Flugausfall zu vertreten hat, greift § 323 ein, wonach beide Vertragsparteien von ihren Leistungen frei sind. Dies ist etwa der Fall bei höherer Gewalt. Hat dagegen die Fluggesellschaft den Ausfall zu vertreten, so schuldet sie gemäß § 325 Schadenersatz. Dies gilt etwa bei einem Ausfall aus technischen Gründen. 30

Die Höhe des Schadens kann allerdings Anlass zu Streitigkeiten geben. Es ist unbestritten, dass der Reisende einen **Ersatzflug** nehmen darf. Die Rechtsprechung hatte sich damit zu befassen, dass eine Gruppe von Reisenden ein Ersatzflugzeug charterte. Die damit verbundenen Kosten sind nur in engen Ausnahmefällen als ersatzfähig angesehen worden.[19] 31

Eine Einschränkung des Anspruchs aus § 325 in AGB ist nur beschränkt möglich. In dem erwähnten Verfahren wegen der IATA-Bedingungen hat die Deutsche Lufthansa für folgende Klauseln eine Unterlassungserklärung abgegeben: 32

- eine Haftungsbeschränkung bei Streichung eines Fluges, Durchführung in erheblicher Abweichung vom Flugplan, Einsatz anderen Fluggerätes oder Vorbehaltung einer anderen Reiseklasse,
- eine Haftungsbeschränkung, falls bei ordnungsgemäßer Buchung kein Reiseplatz zur Verfügung gestellt werden kann,

18 BGH NJW 1985, 633, erklärte 100% bei »no-show« bei einer seinerzeitigen ABC-Flugreise für unzulässig.

19 OLG Frankfurt RRa 1997, 161: Parlamentarierdelegation, die sonst einen Empfang beim Bürgermeister von Kaliningrad versäumt hätte.

- eine Haftungsbeschränkung, wenn der Fluggast nicht reisen kann, weil der Flug abgesagt oder verschoben wird oder sich verspätet oder eine im Flugschein vorgesehene Zwischenlandung entfällt oder weil ein vorher bestellter Sitzplatz nicht zur Verfügung gestellt wird oder weil ein anderer Flugzeugtyp eingesetzt wird.

Der BGH hat der Deutschen Lufthansa darüber hinaus verboten, Art. X Ziffer 2 der IATA-Bestimmungen zu verwenden, wonach die Lufthansa ohne Ankündigung einen Flug absagen, beenden, umleiten oder verschieben darf und dann nur beschränkt haftet.[20]

2.1.3. Überbuchung

33 Die Kehrseite der kulanten Stornierungspraxis gegenüber Geschäftsreisenden sind Überbuchungen. Weil erfahrungsgemäß 10 % der gebuchten Flugreisen nicht angetreten werden – so genannten **No-shows** –, nehmen die Fluggesellschaften in diesem Umfang Überbuchungen vor, so dass es immer wieder vorkommen kann, dass eine Flugreise trotz gebuchten Platzes nicht angetreten werden kann.

34 Das Problem wird auf drei Ebenen geregelt:

- einer speziellen europäischen Verordnung, der VO 295/91,
- ergänzenden nationalen gesetzlichen Regelungen,
- und schließlich Allgemeinen Geschäftsbedingungen.

35 Die **VO 295/91** gilt für alle **Flüge ab einem Flughafen im Gebiet eines Mitgliedstaates**, also auch für Fluggesellschaften, die ihren Sitz nicht in der EU haben. Sie gilt nur für Linienflüge, **nicht für Charterflüge**. Die Fluggesellschaften müssen Auswahlregeln festlegen, nach denen sie bei einer Überbuchung verfahren wollen, Art. 3. Der Fluggast hat ein Wahlrecht zwischen der vollständigen Erstattung des Flugpreises, der schnellstmöglichen Beförderung zum Endziel oder einer späteren Beförderung zu einem ihm gelegenen Zeitpunkt, Art. 4 Abs. 1.

36 Auf jeden Fall steht dem Fluggast eine **Mindestausgleichsleistung** in Höhe von 150 ECU bei Flügen bis zu 3.500 km und von 300 ECU bei längeren Flügen zu. Erreicht der Fluggast auf Grund der Ersatzbeförderung ein Ziel nicht mehr als zwei bzw. vier Stunden später, werden diese Beträge halbiert. Außerdem muss die Fluggesellschaft für die Kosten eines Telefongesprächs oder Fernschreibens

20 BGHZ 86, 284 = NJW 1983, 1322.

oder Fax aufkommen, für angemessene Mahlzeiten sorgen und eine eventuell notwendige Übernachtung regeln.

Aus der Bezeichnung als Mindestausgleichsleistungen ist zu folgern, dass ein **weitergehender Schadenersatzanspruch nach nationalem Recht** möglich ist, die Mindestausgleichsleistung aber auf die Schadenersatzleistung angerechnet werden muss.[21] Anspruchsgrundlage für weitergehende Schäden ist nach deutschem Recht § 325 BGB. Ein derartiger Schaden kann beispielsweise ein teurer Ersatzflug sein. 37

Da die VO 295/91 **zwingendes Recht** darstellt, können AGB nur den darüber hinaus bestehenden Schadenersatzanspruch nach § 325 BGB modifizieren. Eine Haftungsbeschränkung kommt aber auch insoweit nicht in Betracht, da die Überbuchungen bewusst vorgenommen werden und die Fluggesellschaft zumindest grob fahrlässig, wenn nicht vorsätzlich handelt. Für diesen Fall verbietet § 11 Nr. 8 jedoch eine Beschränkung des Schadenersatzes.[22] 38

Derzeit wird eine **Neufassung** der Verordnung diskutiert. Dabei geht es um eine Anhebung der Mindestausgleichsleistungen und um eine Erstreckung der Verordnung auf Charterflüge. 39

2.2. Haftung bei Verspätung

Für die internationale Luftbeförderung enthält das **Warschauer Abkommen** eine Spezialregelung in **Art. 19**. Danach muss die Fluggesellschaft den Verspätungsschaden ersetzen. Die Vorschrift verdrängt in ihrem Anwendungsbereich das BGB, so dass ein Verspätungsschaden nicht auf § 286 gestützt werden kann und der Reisende auch nicht gemäß § 326 BGB vorgehen kann. Auch ein Anspruch aus § 651 f Abs. 2 BGB kommt nicht in Betracht.[23] Die Vorschrift ist ferner gemäß Art. 23 WA **zwingend**, so dass entgegenstehende Allgemeine Geschäftsbedingungen unzulässig sind. Die IATA-Bestimmungen enthalten eine Klausel, wonach Verkehrszeiten »nicht garantiert« werden und nicht Bestandteil des Beförderungsvertrags sein sollen. Diese Klausel verstößt nicht nur gegen Art. 19 WA, sondern auch gegen § 11 Nr. 8 AGBG.[24] 40

Die Haftung nach Artikel 19 ist **verschuldensunabhängig**. Jedoch entfällt nach Art. 20 WA die Ersatzpflicht, wenn die Fluggesellschaft beweisen kann, dass sie 41

21 Herrschende Meinung, vgl. *Führich,* Rn. 762 b mit Nachweisen in Fn. 134.

22 So zutreffend *Führich,* Rn. 762.

23 AG Baden-Baden RRa 1999, 151 = TranspR 1999, 402; AG Ludwigsburg RRa 2000, 32.

24 Aus diesem Grunde hat sie der BGH für unzulässig erklärt, BGHZ 86, 284 = NJW 1983, 1322.

alle erforderlichen Maßnahmen zur Verhütung des Schadens getroffen hat. Der Sache nach hat man damit eine Verschuldenshaftung mit Umkehr der Beweislast hinsichtlich des Verschuldens. Die Rechtsprechung ist relativ strikt. So entfällt das Verschulden weder durch eine aufwendige Asylantenkontrolle durch den Bundesgrenzschutz noch durch einen Streik.[25]

42 Die Verspätung ist **von der Unmöglichkeit abzugrenzen**. Es wird vorgeschlagen, dann Unmöglichkeit anzunehmen und nicht mehr Verspätung, wenn der Flug sich um mehr als die vorgesehene Flugzeit verzögert.[26] Nach verbreiteter Auffassung ist Art. 19 nur anzuwenden für Verspätungen, die sich aus **luftfahrttypischen Gründen** ergeben, nicht jedoch bei technischen Defekten, wie etwa Triebwerksschäden oder Schäden in der Elektronik.[27]

43 Die Haftung ist gemäß Art. 22 Abs. 1 WA auf 250.000 Goldfranken begrenzt. Das sind 53.500,– DM.[28]

2.3. Haftung bei Unfällen

44 Im Prinzip gilt im Luftverkehr eine **Kausalhaftung**, die aber durch eine **Entlastungsmöglichkeit** für die Fluggesellschaft und Höchstbeträge relativiert wird. Für internationale Flüge steht der Grundsatz der Kausalhaftung in Art. 17 WA und die Entlastungsmöglichkeit für die Fluggesellschaft bei fehlendem Verschulden in Art. 20 WA. Der Unfall muss sich **an Bord eines Flugzeugs** ereignet haben, wozu auch das Ein- und Aussteigen gehört. Die h. M. vertritt einen weiten Unfallbegriff.[29] Auch die Haftung nach Art. 17 soll nur bei **luftfahrttypischen Unfällen** zur Anwendung kommen. Die Gerichte grenzen deswegen Unfälle in der Kabine, die nicht mit dem Flugbetrieb in Verbindung stehen, aus der Haftung nach dem WA aus, z. B. das Stolpern über eine Teppichleiste oder allergische Reaktionen nach dem behördlich vorgeschriebenen Versprühen von Infektionsmitteln.[30] Wenn **Kabinengepäck** herunterfällt, ist dies allerdings regelmäßig luftfahrttypisch.[31]

25 LG Frankfurt a. M. NJW-RR 1991 955, LG Frankfurt a. M. ZLW 1988, 91.

26 *Führich*, Rn. 764. Unmöglichkeit nahm man an bei Verzögerung um 2 bzw. 1 Tag, LG Frankfurt a. M. MDR 1984, 580, OLG Frankfurt a. M. MDR 1989, 165, LG Berlin ZLW 1982, 84, OLG Frankfurt a. M. RRa 1997, 161, OLG Frankfurt a. M. RRa 1997, 161.

27 OLG Düsseldorf RRa 1997, 84; OLG Frankfurt a. M. RRa 1997, 161; LG Bonn RRa 1998, 121 mit zustimmender Anm. *Ruhwedel*, S. 124.

28 Zur Umrechnung im Einzelnen unten 2.3.

29 Vgl. Giemulla/Schmid-*Schmid*, Art. 17 Rn. 6 ff. *Schmid* selbst vertritt eine enge Auslegung, Rn. 8 ff.

30 AG Frankfurt a. M. TranspR 1992, 30; LG Frankfurt a. M. TranspR 1991, 443; OLG Frankfurt a. M. RRa 1997, 139.

31 Vgl. *Kehrberger*, in: FS Guldimann, 1997, S. 129 ff.

Die **Haftung** ist gemäß Art. 22 WA auf 250.000 Goldfranken je getötete oder verletzte Person **begrenzt**. Die Umrechnung der Goldfranken erfolgt auf Grund der 4. Umrechnungsverordnung des Bundesministers der Justiz.[32] Danach sind 100 Goldfranken DM 21,40; 250.000 Goldfranken mithin DM 53.500,–. Vorübergehend wurde versucht, die unzureichende Haftungsbegrenzung dadurch zu vermeiden, dass man die Umrechnungsverordnung für nicht anwendbar erklärte.[33] Dieser Weg ist jedoch nicht mehr gangbar, nachdem der BGH ausdrücklich die Gültigkeit der Verordnung bestätigt hat.[34] Dem folgt die überwiegende Rechtsprechung und das Schrifttum.[35] **45**

Die Haftungsbegrenzungen des WA spielen dann keine Rolle, wenn Fluggesellschaften freiwillig oder auf Grund von Vereinbarungen bessere Haftungsstandards akzeptieren oder gesetzliche Vorschriften dies erfordern. Die wichtigsten dieser Vereinbarung bzw. Vorschriften sind das **Intercarrier Agreement** und die **VO 2027/97** der EU. Inhaltlich gehen beide in die gleiche Richtung: Jede Haftungsbegrenzung für Tod oder Körperverletzungen wird aufgehoben. Die Haftung ist eine reine Kausalhaftung; erst ab einen Schadensbetrag von 100.000 SZR wird der Fluggesellschaft die Möglichkeit eingeräumt, fehlendes Verschulden nachzuweisen. Die VO 2027/97 verpflichtet die Fluggesellschaft darüber hinaus, **angemessene Vorschüsse** an die Geschädigten zu zahlen, im Todesfalle mindestens 15.000 SZR. **46**

Formal können weder das Intercarrier Agreement noch die VO 2027/97 das Warschauer Abkommen verdrängen. Beide Regelungen verpflichten deswegen auch lediglich nur die Fluggesellschaften, entsprechende Haftungsregelungen in ihre Beförderungsbedingungen aufzunehmen. Für die IATA-Fluggesellschaften und für die in der Europäischen Union beheimateten Fluggesellschaften ist damit ein angemessener Haftungsstandard erreicht. Im Übrigen bleibt auf eine rasche Ratifizierung des Montrealer Abkommens zu hoffen. Nicht-EU-Fluggesellschaften, die Flüge nach, aus oder innerhalb der EU durchführen, müssen ihre Fluggäste darauf hinweisen, falls ihre Haftungsregeln nicht der VO 2027/97 entsprechen. **47**

2.4. Haftung für Gepäck

Bei internationalen Flügen ist zu unterscheiden zwischen aufgegebenem und mitgeführtem Gepäck (**Obhutsgepäck** bzw. **Handgepäck**). Das WA enthält eine **48**

32 BGBl. 1973 I 1815; Rechtsgrundlage: Durchführungsgesetz zum WA von 1933.
33 LG München NJW 1984, 2767.
34 BGHZ 100, 340 = NJW 1987, 1939.
35 Nachweise bei *Führich*, Rn. 222.

Haftung nur für aufgegebenes Gepäck in Art. 18. Wie bei Unfällen besteht eine reine Kausalhaftung, jedoch kann sich die Fluggesellschaft gemäß Art. 20 entlasten. Die **Haftungshöchstsumme** je aufgegebenem Kilogramm Reisegepäck beträgt gemäß Art. 22 WA 250 Goldfranken (DM 53,50) so dass bei den üblichen 20 kg Freigepäckgrenzen ein Haftungsbetrag von DM 1.070,– erreicht wird. Versuche, diese Haftungsgrenzen anzuheben, haben in der Vergangenheit nicht zum Erfolg geführt, so dass auf die Revision des Warschauer Abkommens zu warten sein wird.

49 Bei **Handgepäck** (Obhutsgepäck) ist die Haftung gemäß Art. 22 Abs. 3 WA auf 5.000 Goldfranken (DM 1.070,–) begrenzt.

50 Die Haftung für **Obhutsgepäck** greift nur dann ein, wenn sich das Gepäck auf dem Flughafen oder an Bord des Flugzeuges und in der Obhut der Fluggesellschaft befindet, also vom check-in bis zur Entgegennahme am Gepäckband.[36] Nach Art. 26 Abs. 2 WA bestehen bestimmte **Fristen**: Bei Beschädigung von Reisegepäck muss innerhalb von sieben Tagen eine Anzeige erfolgen, im Falle einer Verspätung innerhalb von 21 Tagen. Bei Verlust gibt es keine Frist.[37]

2.5. Besonderheiten bei Inlandsflügen

51 Das »Grundgesetz« für den Inlandsflugverkehr war das **Luftverkehrsgesetz**. Es regelt den Luftbeförderungsvertrag jedoch nicht vollständig, sondern enthält im Haftungsbereich einige Spezialregeln, die die BGB-Vorschriften überlagern.

52 Im Bereich des Rücktritts des Reisenden, des Ausfalls eines Fluges, der Überbuchung oder der Verspätung enthält das Luftverkehrsgesetz keine eigenen Regeln. Es bleibt daher bei den allgemeinen Vorschriften des BGB, die bereits oben dargestellt wurden: § 649 bei **Rücktritt** des Reisenden, §§ 323, 325 bei **Ausfall des Fluges** und §§ 284 ff. und 326 bei **Verspätung**. Die VO 295/91 gilt auch bei **Überbuchungen** im Inlandsverkehr.

53 Bei **Unfällen** ist das LuftVG heute durch die **VO 2027/97** verdrängt, die auch für Inlandsflüge gilt. Gleichwohl soll das System des LuftVG kurz dargestellt werden. Nach § 44 LuftVG besteht zunächst eine reine Kausalhaftung. Allerdings kann sich die Fluggesellschaft von ihrer Haftung entlasten, wenn sie nachweist, dass sie alle erforderlichen Maßnahmen zur Verhütung des Schadens ergriffen hat, § 45 LuftVG. Das LuftVG enthält allerdings höhere Haftungsbeträge, nämlich DM 320.000,– je getöteter oder verletzter Person, § 46. Ein höherer Schaden kann auch nach BGB nicht geltend gemacht werden, es sei denn bei Vorsatz oder

36 Im Einzelnen ist hier vieles streitig, vgl. Giemulla/Schmid-*Müller-Rostin,* Art. 18 Rn. 18 ff.
37 Vgl. Giemulla/Schmid-*Ehlers,* Art. 26 Rn. 22.

grober Fahrlässigkeit seitens der Fluggesellschaft, § 48 LuftVG. Die Deutsche Lufthansa verzichtet auf die Geltendmachung des Entlastungsbeweises gemäß § 45 LuftVG und will nur dann nicht haften, wenn der Unfall ein unabwendbares Ereignis ist.

Auch die Haftung für **Gepäck** ist eine Kausalhaftung, eingeschränkt um eine Entlastungsmöglichkeit. Dies gilt sowohl für Obhutsgepäck wie für Handgepäck. Die Haftung ist gemäß § 46 Abs. 2 LuftVG auf DM 67,50 je kg aufgegebenes Reisegepäck beschränkt und auf DM 1.350,– für Gegenstände, die der Fluggast an sich trägt oder mit sich führt. **54**

3. Schiffsreisen

Auch die Beförderung mit dem Schiff ist ein **Werkvertrag** im Sinne der §§ 631 ff. BGB. Spezialregeln betreffen die Haftung, nicht jedoch den Vertragstyp als solchen. Spezielle Haftungsvorschriften wurden durch das so genannte 2. Seerechtsänderungsgesetz von 1986 geschaffen, und zwar für Seereisen durch Einfügung einer Anlage zu § 664 HGB und für Binnenschiffsreisen durch eine Änderung des Binnenschifffahrtgesetzes. **55**

Die **Anlage zu § 664 HGB** geht auf das so genannte **Athener Übereinkommen** von 1974 über die Haftung bei der Beförderung von Reisenden und ihrem Gepäck zurück. Der Gesetzgeber hat das Athener Übereinkommen allerdings nicht exakt übernommen, sondern höhere Haftungsbeträge in die Anlage zu § 664 HGB eingestellt. **56**

Der Anwendungsbereich der Anlage zu § 664 HGB ist abzugrenzen von **Pauschalreisen** und der Beförderung mit **Eisenbahnfähren**. Für Pauschalreisen gelten die §§ 651 a ff. BGB, für die Beförderung mit Eisenbahnfähren das Eisenbahnrecht. Sämtliche **Kreuzfahrten** gelten als Pauschalreisen, so dass als Regelungsgegenstand der Anlage zu § 664 HGB im Wesentlichen nur **Fährpassagen** bleiben. **57**

Fragen des **Vertragsschlusses**, des **Rücktrittsrechts** des Reisenden, des **Ausfalls** oder der **Verspätung** von Schiffsfahrten haben keine spezialgesetzliche Regelung erfahren. Sie richten sich infolgedessen nach den allgemeinen Vorschriften des BGB (§§145 ff., 649, 323/325 und 284 ff./326).[38] **58**

Die Anlage zu § 664 HGB enthält spezielle **Haftungsregelungen für Unfälle**, die den Tod des Reisenden oder Körperverletzungen zur Folge haben, und für **Ge-** **59**

38 Vgl. die Erläuterungen oben bei der Luftbeförderung.

päckverlust und -beschädigung.[39] Es muss sich um einen so genannten **Seeschaden** handeln, d. h. das Schadensereignis muss während der Beförderung eintreten. Dazu zählt auch der Ver- bzw. Entladevorgang, nicht jedoch die Wartezeit an einem Kai.

60 Die Haftung ist zwar gem. Art. 2 Abs. 1 als Verschuldenshaftung ausgestaltet, jedoch tritt in den meisten Fällen gemäß Art. 2 Abs. 3 eine **Beweislastumkehr** ein, nämlich dann, wenn das Schadensereignis durch Schiffbruch, Zusammenstoß, Strandung, Explosion, Feuer oder durch Mängel des Schiffes entstanden ist. Bei Gepäckverlust oder -beschädigung besteht die Beweislastumkehr stets. Der Anspruch ist gegen den Beförderer geltend zu machen, wobei das Gesetz ähnlich wie im Luftfahrtrecht zwischen vertraglichem und ausführendem Beförderer unterscheidet.

61 Es gilt eine **Haftungsbeschränkung**, und zwar auf DM 320.000,– bei Körperverletzungen oder dem Tod des Reisenden je getötetem oder verletztem Passagier, Art. 5 der Anlage, auf 4.000,– DM für in die Kabine mitgenommenes Gepäck, Art. 6 Abs. 1 und – für Autofähren wichtig – auf DM 16.000,– für **Fahrzeuge**, Art. 6 Abs. 2. Die Haftung für das Fahrzeug schließt das im Fahrzeug belassene Gepäck mit ein. Für **Wertsachen**, die dem Beförderer in Obhut gegeben werden, beträgt der Haftungshöchstbetrag DM 6.000,-. Ansonsten besteht für Wertsachen keine Haftung.[40]

62 Durch ein weiteres Übereinkommen, das Übereinkommen über die Beschränkung der Haftung für Seeforderungen (**Londoner Übereinkommen**) ist die **Gesamthaftung** des Beförderers für alle aus einem Unfall resultierenden Ansprüche **beschränkbar.**[41] Sie beträgt 46.666 SZR multipliziert mit der zugelassenen Anzahl von Reisenden, höchstens jedoch 25 Mio. SZR, was einem Betrag von 56, 25 Mio. DM entspricht. Bei einem Unfall mit mehr als 175 Geschädigten wird daher der auf den einzelnen Geschädigten entfallene Haftungshöchstbetrag anteilig gekürzt. Für die Durchführung der Kürzung gibt es eine spezielle seerechtliche Verteilungsordnung.[42]

63 Für die **Binnenschifffahrt** besteht noch eine Regelungslücke, da Deutschland bislang das so genannte Straßburger Abkommen nicht ratifiziert hat, das ein Haftungssystem entsprechend dem Warschauer Abkommen einführen würde. Stattdessen gilt § 4 Binnenschifffahrtsgesetz, der im Prinzip eine Verschuldenshaftung statuiert, also über §§ 823 ff. BGB nicht hinausgeht, und lediglich dann

39 Vgl. *Koch/Willingmann*, NZV 1999, 23.
40 LG München I RRa 1996, 78.
41 BGBl. 1986 II S. 786.
42 BGBl. 1986 I S. 1130.

eine verschuldensunabhängige Haftung gewährt, wenn der Unfall durch den Schiffseigner herbeigeführt wurde. In diesem Fall ist die Haftung auf Schiff und Fracht beschränkt.

Dies gilt wiederum nicht für Tod und Körperverletzungen, § 4 a Binnenschifffahrtsgesetz. Stattdessen gilt eine **Haftungshöchstbetragsregelung**, nach der die Haftung für alle Schäden aus einem Unfall auf DM 150.000,– multipliziert mit der Zahl der Reisenden, die das Schiff befördern darf, höchstens jedoch auf 30 Mio. DM beschränkt ist. 64

4. Busreisen

Busreisen sind häufig Bestandteil einer **Pauschalreise**, so dass die §§ 651 a ff. anzuwenden sind. Dies ist bereits dann der Fall, wenn die Busfahrt mit einer nicht ganz nebensächlichen weiteren Leistung verbunden ist, z. B. einer Mahlzeit. Erst recht gilt dies für eine in den Preis eingeschlossene Übernachtung. Nicht ausreichend ist jedoch ein Halt zwecks Gelegenheit der Einnahme einer Mahlzeit oder der Besichtigung einer Sehenswürdigkeit. Reine Busbeförderungsverträge, auf die nicht das Pauschalreiserecht anwendbar ist, liegen daher nur beim Transport von einem Ort zum anderen vor. Allerdings kann auch eine **Rundfahrt** Gegenstand eines reinen Busbeförderungsvertrags sein. 65

Wie alle übrigen Beförderungsverträge, so ist auch der Busbeförderungsvertrag ein **Werkvertrag** gemäß §§ 631 ff. BGB. Im Gegensatz zu den anderen Beförderungsverträgen gibt es jedoch keine speziellen Vorschriften, die ihn gegenüber der sich aus dem BGB ergebenden Rechtslage modifizieren. Zwar gibt es eine Verordnung über die Allgemeinen Beförderungsbedingungen für den Straßenbahn- und O-Busverkehr sowie den Linienverkehr mit Kraftfahrzeugen[43], jedoch berühren diese die wesentlichen Rechte und Pflichten der Parteien aus dem Beförderungsvertrag nicht wesentlich. 66

Bei **grenzüberschreitenden Fahrten** ist zunächst festzustellen, welches Recht anwendbar ist. Nach Art. 27 EGBGB können die Parteien dies grundsätzlich selbst festlegen, d. h. der Busunternehmer kann in seiner AGB eine Rechtswahlklausel aufnehmen. Ist dies unterblieben, so gilt nach Art. 28 EGBGB das Recht am Ort der charakteristischen Leistung. Man geht davon aus, dass dies der Ort der Hauptniederlassung des Unternehmers ist, so dass bei einem deutschen Busunternehmer auch bei einer Auslandsfahrt deutsches Recht anzuwenden 67

43 BGBl. I S. 230.

ist, bei einem ausländischen Busunternehmer jedoch auch für den deutschen Streckenteil das Recht am Ort seiner Hauptniederlassung.

68 Für den **Vertragsschluss**, den **Rücktritt** des Reisenden, den **Ausfall** der Busfahrt oder eine **Verspätung** gelten die allgemeinen Vorschriften des BGB, wie sie bereits in den vorhergegangenen Teilen dargestellt wurden (§§ 145 ff., 649, 323/325, 284 ff./326).

69 Sagt der Busunternehmer die Reise ab, so schuldet er Schadenersatz gemäß § 325 BGB, sofern er die **Absage** zu vertreten hat. Der Reisende kann beispielsweise die Kosten einer Ersatzfahrt als Schadenersatz geltend machen. Lediglich bei **höherer Gewalt** werden beide Vertragsparteien von ihrer Leistungspflicht frei, § 323.

70 In den AGB dürfen **Rücktrittsvorbehalte** nur dann verwendet werden, wenn der Busunternehmer dafür einen sachlich gerechtfertigten und im Vertrag angegebenen Grund hat, § 10 Nr. 3 AGBG. Es dürfen daher grundsätzlich **Mindestteilnehmerklauseln** verwendet werden, die jedoch hinreichend konkret gefasst sein müssen. Der Busunternehmer muss daher bei Vertragsschluss mitteilen, ab welcher Teilnehmerzahl er die Reise durchzuführen gedenkt. Die weiteren Anforderungen an eine Mindestteilnehmerklausel, die sich aus § 1 Abs. 1 Buchstabe g InfVO ergeben, müssen bei einer reinen Busbeförderung jedoch nicht beachtet werden, da die InfVO nur für Pauschalreisen gilt.

Anhang

I. Pauschalreiserecht
1. Richtlinie 90/314/EWG des Rates vom 13. 6. 1990 über Pauschalreisen
2. §§ 651 a–651 l BGB
3. Verordnung über die Informationspflichten von Reiseveranstaltern
4. AGB-Gesetz
5. Konditionenempfehlung des Deutschen Reisebüro-Verbandes
6. Frankfurter Tabelle zur Reisepreisminderung

II. Beherbergungsrecht
§§ 701–704 BGB

III. Beförderungsrecht
1. Warschauer Abkommen
2. VO 2027/97
3. VO 265/91
4. Zweites Seerechtsänderungsgesetz

IV. Reiseversicherungsrecht
1. Reiserücktrittskosten-Versicherung
2. Reisegepäck-Versicherung

I. Pauschalreiserecht

1. EG-Richtlinie 90/314/EWG des Rates vom 13. 6. 1990 über Pauschalreisen
(ABl. EG Nr. L 158 v. 23. 6. 1990, S. 59 ff.)

Der Rat der Europäischen Gemeinschaften – gestützt auf den Vertrag zur Gründung der Europäischen Wirtschaftsgemeinschaft, insbesondere auf Artikel 100 a,

auf Vorschlag der Kommission,[1]
in Zusammenarbeit mit dem Europäischen Parlament,[2]
nach Stellungnahme des Wirtschafts- und Sozialausschusses,[3]
in Erwägung nachstehender Gründe:

Eines der Hauptziele der Gemeinschaft ist die Vollendung des Binnenmarktes, in dem der Fremdenverkehrssektor einen wichtigen Teil ausmacht.

Die Rechtsvorschriften der einzelnen Mitgliedstaaten über Pauschalreisen weisen zahlreiche Unterschiede auf, und die einzelstaatlichen Praktiken auf diesem Gebiet sind sehr unterschiedlich. Dies führt zu Hindernissen für den freien Dienstleistungsverkehr auf dem Gebiet der Pauschalreisen und zu Verzerrungen des Wettbewerbs zwischen den in den verschiedenen Mitgliedstaaten ansässigen Unternehmen des Reisegewerbes.

Gemeinsame Regeln für Pauschalreisen werden zur Beseitigung dieser Hindernisse und somit zur Verwirklichung eines gemeinsamen Dienstleistungsmarktes beitragen. Die in einem Mitgliedstaat ansässigen Unternehmen des Reisegewerbes werden ihre Dienstleistungen infolgedessen in anderen Mitgliedstaaten anbieten können, und die Verbraucher in der Gemeinschaft erhalten die Möglichkeit, in sämtlichen Mitgliedstaaten Pauschalreisen zu vergleichbaren Bedingungen zu buchen.

Unter Nr. 36 lit. b des Anhangs zu der Entschließung des Rates vom 19. 5.1981 betreffend ein zweites Programm der Europäischen Wirtschaftsgemeinschaft für eine Politik zum Schutz und zur Unterrichtung der Verbraucher[4] wird die Kommission aufgefordert, Untersuchungen insbesondere über den Fremdenverkehr durchzuführen und gegebenenfalls geeignete Vorschläge zu unterbreiten; dabei soll sie deren Bedeutung für den Verbraucherschutz sowie die Auswirkungen auf Unterschiede zwischen den Rechtsvorschriften der Mitgliedstaaten auf das ordnungsgemäße Funktionieren des Gemeinsamen Marktes berücksichtigen.

In der Entschließung vom 10. 4. 1984 zu einer Fremdenverkehrspolitik der Gemeinschaft[5] befürwortet der Rat die Initiative der Kommission, auf die Bedeutung des Fremdenverkehrs hinzuweisen, und nimmt Kenntnis von den ersten Überlegungen der Kommission zu einer Fremdenverkehrspolitik der Gemeinschaft.

---

1 ABl. EG Nr. C 96.v. 12. 4. 1988, S. 5.
2 ABl. EG Nr. C 69 v. 20. 3. 1989, S. 120, und ABl. EG Nr. C 149 v. 18. 6. 1990.
3 ABl. EG Nr. C 102 v. 24.4. 1989, S. 27.
4 ABl. EG Nr. C 165 v. 23. 6. 1981, S. 24.
5 ABl. EG Nr. C 115 v. 30. 4. 1984, S. 1.

Die Mitteilung der Kommission an den Rat »Neuer Impuls für die Politik zum Schutz der Verbraucher«, die durch eine Entschließung des Rates vom 6. 5. 1986[6] angenommen wurde, nennt in Absatz 37 unter den von der Kommission vorgeschlagenen Maßnahmen die Harmonisierung der Rechtsvorschriften für Pauschalreisen.

Dem Fremdenverkehr kommt eine ständig wachsende Bedeutung im Wirtschaftsleben der Mitgliedstaaten zu. Pauschalreisen bilden einen wichtigen Teil des Fremdenverkehrs. Dieser Zweig des Reisegewerbes in den Mitgliedstaaten würde zu stärkerem Wachstum und erhöhter Produktivität angeregt, wenn es ein Minimum an gemeinsamen Regeln gäbe, um diesen Wirtschaftszweig auf Gemeinschaftsebene zu strukturieren. Dies würde nicht nur den Bürgern der Gemeinschaft zugute kommen, die aufgrund dieser Regeln organisierte Pauschalreisen buchen, sondern würde auch Reisende aus Drittländern anziehen, denen die Vorteile aus garantierten Mindestleistungen bei Pauschalreisen ein Anreiz wären.

Die Vorschriften über den Verbraucherschutz weisen in den Mitgliedstaaten Unterschiede auf, die die Verbraucher eines Mitgliedstaates davon abhalten, Pauschalreisen in einem anderen Mitgliedstaat zu buchen.

Dies ist für die Verbraucher ein besonders starker Hinderungsgrund, Pauschalreisen außerhalb ihres eigenen Mitgliedstaates zu buchen, und beeinflusst ihre Entscheidung in diesem Falle mehr als bei dem Erwerb anderer Dienstleistungen, da die besonderen Merkmale der bei einer Pauschalreise zu erbringenden Dienstleistungen im Allgemeinen die vorherige Zahlung größerer Geldbeträge voraussetzen und die Dienstleistungen in einem anderen Staat als dem bewirkt werden, in dem der Verbraucher seinen Wohnsitz hat.

Der in dieser Richtlinie vorgesehene Schutz gilt auch für den Verbraucher, der einen Pauschalvertrag durch Abtretung erworben hat oder Mitglied einer Gruppe ist, für die eine andere Person einen Pauschalreisevertrag abgeschlossen hat.

Reiseveranstalter und/oder Reisevermittler müssen verpflichtet sein sicherzustellen, dass die Beschreibungen der von ihnen veranstalteten oder angebotenen Pauschalreisen keine irreführenden Angaben enthalten und dass dem Verbraucher in dem ihm zur Verfügung gestellten Reiseprospekt klare und genaue Informationen erteilt werden. Der Verbraucher muss eine Abschrift der für die Pauschalreise geltenden Vertragsbedingungen erhalten. Zu diesem Zweck sollte vorgeschrieben werden, dass alle Vertragsbedingungen schriftlich oder in einer anderen, dem Verbraucher verständlichen und zugänglichen Form festgehalten und ihm in Abschrift ausgehändigt werden.

Dem Verbraucher ist unter bestimmten Umständen die Möglichkeit einzuräumen, eine von ihm gebuchte Pauschalreise auf einen Dritten zu übertragen.

Die vertraglich festgelegten Preise dürfen grundsätzlich nicht geändert werden, es sei denn, die Möglichkeit einer Preiserhöhung oder -senkung ist im Vertrag ausdrücklich vorgesehen. Diese Möglichkeit ist jedoch an gewisse Bedingungen zu knüpfen.

Der Verbraucher muss unter bestimmten Umständen die Möglichkeit haben, von einer gebuchten Pauschalreise vor ihrem Antritt zurückzutreten.

Es ist klar festzulegen, welche Ansprüche der Verbraucher geltend machen kann, falls der Reiseveranstalter die Pauschalreise vor dem vereinbarten Abreisetermin storniert. Falls dem Verbraucher nach Antritt einer Pauschalreise ein erheblicher Teil der vertraglich vereinbarten

6 ABl. EG Nr. C 118 v. 7. 3. 1986, S. 28

Leistungen nicht erbracht wird oder falls der Reiseveranstalter feststellt, dass er einen bedeutenden Teil dieser Leistungen nicht erbringen kann, muss er dem Verbraucher gegenüber bestimmte Verpflichtungen haben.

Der Veranstalter und/oder Vermittler, der Vertragspartei ist, hat gegenüber dem Verbraucher die Haftung für die ordnungsgemäße Erfüllung der sich aus dem Vertrag ergebenden Verpflichtungen zu übernehmen. Ferner haben der Veranstalter und/oder der Vermittler die Haftung für Schäden zu übernehmen, die dem Verbraucher aus der Nichterfüllung oder der mangelhaften Erfüllung des Vertrages entstehen, es sei denn, dass die bei der Ausführung des Vertrages festgestellten Mängel weder auf einem Verschulden ihrerseits noch auf einem Verschulden eines anderen Dienstleistungsträgers beruhen.

Wenn der Veranstalter und/oder der Vermittler die Nichterfüllung oder die mangelhafte Erfüllung von Leistungen, die Bestandteil der Pauschalreise sind, zu vertreten hat, sollte die Haftung gemäß den internationalen Übereinkommen über diese Leistungen beschränkt werden können, insbesondere gemäß dem Warschauer Übereinkommen von 1929 über den internationalen Luftverkehr, dem Berner Übereinkommen von 1961 über den Eisenbahnfrachtverkehr, dem Athener Übereinkommen von 1974 über den Seeverkehr und dem Pariser Übereinkommen von 1962 über die Haftung der Gastwirte. Bei anderen Schäden als Körperschäden sollte es auch möglich sein, die Haftung im Pauschalreisevertrag zu beschränken, allerdings nicht in unangemessener Weise.

Es sind Maßnahmen zur Unterrichtung des Verbrauchers und zur Regelung von Beanstandungen vorzusehen.

Sowohl dem Verbraucher als auch der Pauschalreisebranche wäre damit gedient, wenn der Reiseveranstalter und/oder -vermittler verpflichtet wäre, Sicherheiten für den Fall der Zahlungsunfähigkeit oder des Konkurses nachzuweisen.

Die Mitgliedstaaten sollten die Möglichkeit haben, für den Bereich der Pauschalreisen strengere Vorschriften zum Schutz der Verbraucher zu erlassen oder beizubehalten – **hat folgende Richtlinie erlassen:**

Art. 1.

Zweck dieser Richtlinie ist die Angleichung der Rechts- und Verwaltungsvorschriften der Mitgliedstaaten über Pauschalreisen (einschließlich Pauschalurlaubsreisen und Pauschalrundreisen), die in der Gemeinschaft verkauft oder zum Kauf angeboten werden.

Art. 2.

Im Sinne dieser Richtlinie bedeutet:

1. *Pauschalreise:* die im Voraus festgelegte Verbindung von mindestens zwei der folgenden Dienstleistungen, die zu einem Gesamtpreis verkauft oder zum Verkauf angeboten wird, wenn diese Leistung länger als 24 Stunden dauert oder eine Übernachtung einschließt:

a) Beförderung,

b) Unterbringung,

c) andere touristische Dienstleistungen, die nicht Nebenleistungen von Beförderung oder Unterbringung sind und einen beträchtlichen Teil der Gesamtleistung ausmachen.

Auch bei getrennter Berechnung einzelner Leistungen, die im Rahmen ein und derselben Pauschalreise erbracht werden, bleibt der Veranstalter oder Vermittler den Verpflichtungen nach dieser Richtlinie unterworfen.

2. *Veranstalter:* die Person, die nicht nur gelegentlich Pauschalreisen organisiert und sie direkt oder über einen Vermittler verkauft oder zum Verkauf anbietet.
3. *Vermittler:* die Person, welche die vom Veranstalter zusammengestellte Pauschalreise verkauft oder zum Verkauf anbietet.
4. *Verbraucher:* die Person, welche die Pauschalreise bucht oder zu buchen sich verpflichtet (»der Hauptkontrahent«), oder jede Person, in deren Namen der Hauptkontrahent sich zur Buchung der Pauschalreise verpflichtet (»die übrigen Begünstigten), oder jede Person, der der Hauptkontrahent oder einer der übrigen Begünstigten die Pauschalreise abtritt (»der Erwerber«).
5. *Vertrag:* die Vereinbarung, die den Verbraucher an den Veranstalter und/oder Vermittler bindet.

Art. 3.

(1) Die dem Verbraucher vom Veranstalter oder Vermittler gegebenen Beschreibungen einer Pauschalreise, ihr Preis und die übrigen Vertragsbedingungen dürfen keine irreführenden Angaben enthalten.

(2) Wenn dem Verbraucher ein Prospekt zur Verfügung gestellt wird, muss dieser deutlich lesbare, klare und genaue Angaben zum Preis und – soweit von Bedeutung – zu folgendem enthalten:
a) Bestimmungsort; Transportmittel, ihre Merkmale und Klasse;
b) Art, Lage, Kategorie oder Komfort und Hauptmerkmale der Unterbringung sowie ihre Zulassung und touristische Einstufung gemäß den Vorschriften des Gastmitgliedstaates;
c) Mahlzeiten;
d) Reiseroute;
e) allgemeine Angaben über Pass- und Visumserfordernisse für Staatsangehörige des bzw. der betreffenden Mitgliedstaaten und gesundheitspolizeiliche Formalitäten, die für die Reise und den Aufenthalt erforderlich sind;
f) absoluter Betrag oder Prozentsatz des Preises, der als Anzahlung zu leisten ist, und Zeitplan für die Zahlung des Restbetrages;
g) Hinweis darauf, ob für das Zustandekommen der Pauschalreise eine Mindestteilnehmerzahl erforderlich ist, und – wenn ja – Angabe, bis wann dem Verbraucher spätestens mitgeteilt wird, ob die Reise storniert wird.

Die in dem Prospekt enthaltenen Angaben binden den Veranstalter bzw. den Vermittler, es sei denn, Änderungen sind

- dem Verbraucher vor Abschluss des Vertrages klar mitgeteilt worden; im Prospekt ist ausdrücklich darauf hinzuweisen;
- später zwischen den Vertragsparteien vereinbart worden.

Art. 4.

(1)
a) Der Veranstalter und/oder der Vermittler unterrichtet den Verbraucher vor Vertragsabschluss schriftlich oder in einer anderen geeigneten Form allgemein über die Pass- und

Visumserfordernisse für Staatsangehörige des bzw. der betreffenden Mitgliedstaaten, insbesondere über die Fristen für die Erlangung dieser Dokumente sowie über gesundheitspolizeiliche Formalitäten, die für die Reise und den Aufenthalt erforderlich sind.

b) Der Veranstalter und/oder der Vermittler teilt dem Verbraucher schriftlich oder in einer anderen geeigneten Form rechtzeitig vor Beginn der Reise Folgendes mit:
   i) Uhrzeiten und Orte von Zwischenstationen und Anschlussverbindungen; Angabe des vom Reisenden einzunehmenden Platzes, z. B. Kabine oder Schlafkoje auf einem Schiff oder Schlafwagen- oder Liegewagenabteil im Zug;
   ii) Name, Anschrift und Telefonnummer der örtlichen Vertretung des Veranstalters und/oder des Vermittlers oder – wenn nicht vorhanden – der örtlichen Stellen, die dem Verbraucher bei Schwierigkeiten Hilfe leisten können.
   Falls solche Vertretungen oder Stellen nicht bestehen, sind dem Verbraucher auf jeden Fall eine Notrufnummer oder sonstige Angaben mitzuteilen, mit deren Hilfe er mit dem Veranstalter und/oder dem Vermittler Verbindung aufnehmen kann;
   iii) bei Auslandsreisen und -aufenthalten Minderjähriger Angaben darüber, wie eine unmittelbare Verbindung zu dem Kind oder dem an seinem Aufenthaltsort Verantwortlichen hergestellt werden kann;
   iv) Angaben über den möglichen Abschluss einer Reiserücktrittsversicherung oder einer Versicherung zur Deckung der Rückführungskosten bei Unfall oder Krankheit.

(2) Die Mitgliedstaaten stellen sicher, dass im Vertrag folgende Grundsätze beachtet werden:

a) Je nach der Natur der Pauschalreise umfasst der Vertrag mindestens die im Anhang dieser Richtlinie aufgeführten Bedingungen.

b) Alle Bedingungen des Vertrages werden schriftlich oder in einer anderen dem Verbraucher verständlichen und zugänglichen Form festgelegt und sind ihm vor Vertragsabschluss zu übermitteln; er erhält eine Abschrift des Vertrages.

c) Die Bestimmungen unter lit. b) dürfen Buchungen und Vertragsabschlüssen, die zu einem späteren Zeitpunkt oder »im letzten Augenblick« erfolgen, nicht entgegenstehen.

(3) Ist der Verbraucher daran gehindert, die Pauschalreise anzutreten, so kann er – nachdem er den Veranstalter oder Vermittler binnen einer vertretbaren Frist vor dem Abreisetermin hiervon unterrichtet hat – seine Buchung auf eine Person übertragen, die alle an die Teilnahme geknüpften Bedingungen erfüllt. Die Person, die ihre Pauschalreise überträgt, und der Erwerber sind gesamtschuldnerisch gegenüber dem Veranstalter oder Vermittler, der Vertragspartei ist, zur Zahlung des noch unbeglichenen Betrages sowie der gegebenenfalls durch diese Übertragung entstehenden Mehrkosten verpflichtet.

(4)

a) Die vertraglich festgelegten Preise dürfen nicht geändert werden, es sei denn, dass der Vertrag die Möglichkeit einer Preiserhöhung oder -senkung ausdrücklich vorsieht und genaue Angaben zur Berechnung des neuen Preises enthält, bei der ausschließlich nachstehenden Änderungen Rechnung getragen werden darf: Änderungen

- der Beförderungskosten, darunter auch der Treibstoffkosten;
- der Abgaben für bestimmte Leistungen, wie Landegebühren, Ein- oder Ausschiffungsgebühren in Häfen und entsprechende Gebühren auf Flughäfen;
- der für die betreffende Pauschalreise geltenden Wechselkurse.

b) Der im Vertrag genannte Preis darf ab dem zwanzigsten Tag vor dem vereinbarten Abreisetermin nicht mehr erhöht werden.

(5) Sieht sich der Veranstalter vor der Abreise gezwungen, an einem der wesentlichen Bestandteile des Vertrages, zu denen auch der Preis gehört, eine erhebliche Änderung vorzuneh-

men, so muss er dies dem Verbraucher so bald wie möglich mitteilen, um ihm die Möglichkeit zu geben, entsprechende Entscheidungen zu treffen, insbesondere die Möglichkeit,

- vom Vertrag ohne Verpflichtung zur Zahlung einer Vertragsstrafe zurückzutreten oder
- eine Zusatzklausel zum Vertrag zu akzeptieren, die die vorgenommenen Änderungen und ihre Auswirkungen auf den Preis angibt.

Der Verbraucher unterrichtet den Veranstalter oder den Vermittler so bald wie möglich über seine Entscheidung.

(6) Wenn der Verbraucher gemäß Absatz 5 vom Vertrag zurücktritt oder wenn der Veranstalter – gleich aus welchem Grund, ausgenommen Verschulden des Verbrauchers – die Reise vor dem vereinbarten Abreisetag storniert, hat der Verbraucher folgende Ansprüche:

a) Teilnahme an einer gleichwertigen oder höherwertigen anderen Pauschalreise, wenn der Veranstalter und/oder Vermittler in der Lage ist, ihm eine solche anzubieten. Ist die angebotene Pauschalreise von geringerer Qualität, so erstattet der Veranstalter dem Verbraucher den Preisunterschied; oder
b) schnellstmögliche Erstattung aller von ihm aufgrund des Vertrages gezahlten Beträge.

In diesen Fällen hat der Verbraucher gegebenenfalls Anspruch auf Entschädigung wegen Nichterfüllung des Vertrages, die gemäß den Rechtsvorschriften des betreffenden Mitgliedstaates vom Veranstalter oder Vermittler geleistet wird, es sei denn,

i) die Stornierung erfolgt, weil die Anzahl der Personen, die die Pauschalreise gebucht haben, nicht die geforderte Mindestteilnehmerzahl erreicht, und dem Verbraucher die Stornierung innerhalb der in der Beschreibung der Pauschalreise angegebenen Frist schriftlich mitgeteilt wurde oder
ii) die Stornierung erfolgt aufgrund höherer Gewalt, d. h. aufgrund ungewöhnlicher und unvorhersehbarer Ereignisse, auf die derjenige, der sich auf höhere Gewalt beruft, keinen Einfluss hat und deren Folgen trotz Anwendung der gebotenen Sorgfalt nicht hätten vermieden werden können; hierzu zählt jedoch nicht die Überbuchung.

(7) Wird nach der Abreise ein erheblicher Teil der vertraglich vereinbarten Leistungen nicht erbracht oder stellt der Veranstalter fest, dass er nicht in der Lage sein wird, einen erheblichen Teil der vorgesehenen Leistungen zu erbringen, so trifft der Veranstalter – ohne Preisaufschlag für den Verbraucher – angemessene andere Vorkehrungen, damit die Pauschalreise weiter durchgeführt werden kann, und zahlt dem Verbraucher gegebenenfalls eine Entschädigung, deren Höhe dem Unterschied zwischen dem Preis der vorgesehenen und der erbrachten Dienstleistungen entspricht.

Falls solche Vorkehrungen nicht getroffen werden können oder vom Verbraucher aus triftigen Gründen nicht akzeptiert werden, sorgt der Veranstalter – ohne Preisaufschlag für den Verbraucher – gegebenenfalls für eine gleichwertige Beförderungsmöglichkeit, mit der der Verbraucher zum Ort der Abreise oder an einen anderen mit ihm vereinbarten Ort zurückkehren kann, und entschädigt gegebenenfalls den Verbraucher.

Art. 5.

(1) Die Mitgliedstaaten treffen die erforderlichen Maßnahmen, damit der Veranstalter und/oder Vermittler, der Vertragspartei ist, gegenüber dem Verbraucher die Haftung für die ordnungsgemäße Erfüllung der vertraglichen Verpflichtungen unabhängig davon übernimmt, ob er selbst oder andere Dienstleistungsträger diese Verpflichtungen zu erfüllen

haben, wobei das Recht des Veranstalters und/oder Vermittlers, gegen andere Dienstleistungsträger Rückgriff zu nehmen, unberührt bleibt.

(2) Die Mitgliedstaaten treffen hinsichtlich der Schäden, die dem Verbraucher aus der Nichterfüllung oder einer mangelhaften Erfüllung des Vertrages entstehen, die erforderlichen Maßnahmen, damit der Veranstalter und/oder der Vermittler die Haftung übernimmt, es sei denn, dass die Nichterfüllung oder die mangelhafte Erfüllung weder auf ein Verschulden des Veranstalters und/oder Vermittlers noch auf ein Verschulden eines anderen Dienstleistungsträgers zurückzuführen ist, weil

- die festgestellten Versäumnisse bei der Erfüllung des Vertrages dem Verbraucher zuzurechnen sind;
- diese unvorhersehbaren oder nicht abwendbaren Versäumnisse einem Dritten zuzurechnen sind, der an der Bewirkung der vertraglich vereinbarten Leistung nicht beteiligt ist;
- diese Versäumnisse auf höhere Gewalt entsprechend der Definition in Art. 4 VI Unter-Abs. 2 Nr. ii) oder auf ein Ereignis zurückzuführen sind, das der Veranstalter und/oder der Vermittler bzw. der Leistungsträger trotz aller gebotenen Sorgfalt nicht vorhersehen oder abwenden konnte.

In allen Fällen des zweiten und dritten Gedankenstrichs von Unterabsatz 1 muss sich der Veranstalter und/oder Vermittler, der Vertragspartei ist, darum bemühen, dem Verbraucher bei Schwierigkeiten Hilfe zu leisten.

Bei Schäden aufgrund der Nichterfüllung oder einer mangelhaften Erfüllung der nach dem Vertrag geschuldeten Leistungen können die Mitgliedstaaten zulassen, dass die Entschädigung gemäß den internationalen Übereinkommen über diese Leistungen beschränkt wird. Bei Schäden, die nicht Körperschäden sind und auf der Nichterfüllung oder einer mangelhaften Erfüllung der nach dem Vertrag geschuldeten Leistungen beruhen, können die Mitgliedstaaten zulassen, dass die Entschädigung vertraglich eingeschränkt wird. Diese Einschränkung darf nicht ungemessen sein.

(3) Unbeschadet des Abs. 2 UnterAbs. 4 darf von den Bestimmungen der Abs. 1 und 2 nicht durch eine Vertragsklausel abgewichen werden.

(4) Der Verbraucher muss jeden Mangel bei der Erfüllung des Vertrages, den er an Ort und Stelle feststellt, so bald wie möglich schriftlich oder in einer anderen geeigneten Form dem betreffenden Leistungsträger sowie dem Veranstalter und/oder dem Vermittler mitteilen. Auf diese Verpflichtung muss im Vertrag klar und deutlich hingewiesen werden.

Art. 6.

Im Fall einer Beanstandung bemüht sich der Veranstalter und/oder der Vermittler oder – wenn vorhanden – sein örtlicher Vertreter nach Kräften um geeignete Lösungen.

Art. 7.

Der Veranstalter und/oder Vermittler, der Vertragspartei ist, weist nach, dass im Fall der Zahlungsunfähigkeit oder des Konkurses die Erstattung gezahlter Beträge und die Rückreise des Verbrauchers sichergestellt sind.

Art. 8.

Die Mitgliedstaaten können in dem unter diese Richtlinie fallenden Bereich strengere Vorschriften zum Schutze des Verbrauchers erlassen oder aufrechterhalten.

Art. 9.

(1) Die Mitgliedstaaten treffen die erforderlichen Maßnahmen, um dieser Richtlinie spätestens am 31. 12. 1992 nachzukommen. Sie unterrichten die Kommission unverzüglich davon.

(2) Die Mitgliedstaaten übermitteln der Kommission den Wortlaut der wesentlichen innerstaatlichen Rechtsvorschriften, die sie in dem unter diese Richtlinie fallenden Bereich erlassen. Die Kommission übermittelt diese den übrigen Mitgliedstaaten.

Art. 10.

Diese Richtlinie ist an die Mitgliedstaaten gerichtet.

Anhang

Erforderliche Angaben im Vertrag, sofern sie auf die jeweilige Pauschalreise zutreffen:

a) Bestimmungsort(e) und, soweit mehrere Aufenthalte vorgesehen sind, die einzelnen Zeiträume und deren Termine.
b) Transportmittel, ihre Merkmale und Klasse; Tag und Zeit sowie Ort der Abreise und Rückkehr.
c) Schließt die Pauschalreise eine Unterbringung ein, Angaben über Lage, Kategorie oder Komfort und Hauptmerkmale der Unterbringung, ihre Zulassung und touristische Einstufung gemäß den Vorschriften des Gastmitgliedstaates, Anzahl der inbegriffenen Mahlzeiten.
d) Hinweis darauf, ob für das Zustandekommen der Pauschalreise eine Mindestteilnehmerzahl erforderlich ist, und – wenn ja – Angabe, bis wann dem Verbraucher spätestens mitgeteilt wird, ob die Reise storniert wird.
e) Reiseroute.
f) Besuche, Ausflüge oder sonstige im vereinbarten Gesamtpreis der Pauschalreise inbegriffene Leistungen.
g) Name und Anschrift des Veranstalters, des Vermittlers und gegebenenfalls des Versicherers.
h) Preis der Pauschalreise sowie Hinweise auf eine etwaige Preisänderung gem. Art. 4 Abs. 4 und Hinweise auf etwaige Abgaben für bestimmte Leistungen (Landegebühren, Ein- oder Ausschiffungsgebühren in Häfen und entsprechende Gebühren auf Flughäfen, Aufenthaltsgebühren), sofern diese nicht im Preis der Pauschalreise inbegriffen sind.
i) Zeitplan für die Zahlung des Preises sowie Zahlungsmodalitäten.
j) Alle Sonderwünsche, die der Verbraucher dem Veranstalter oder dem Vermittler bei der Buchung mitgeteilt hat und die beide Parteien akzeptiert haben.
k) Die Fristen, innerhalb derer der Verbraucher etwaige Beanstandungen wegen Nichterfüllung oder mangelhafter Erfüllung des Vertrages erheben muss.

2. Bürgerliches Gesetzbuch (Auszug) §§ 651 a–651 l

II. Reisevertrag

§ 651 a [Reisevertrag] (1) Durch den Reisevertrag wird der Reiseveranstalter verpflichtet, dem Reisenden eine Gesamtheit von Reiseleistungen (Reise) zu erbringen. Der Reisende ist verpflichtet, dem Reiseveranstalter den vereinbarten Reisepreis zu zahlen.

(2) Die Erklärung, nur Verträge mit den Personen zu vermitteln, welche die einzelnen Reiseleistungen ausführen sollen (Leistungsträger), bleibt unberücksichtigt, wenn nach den sonstigen Umständen der Anschein begründet wird, dass der Erklärende vertraglich vorgesehene Reiseleistungen in eigener Verantwortung erbringt.

(3) Der Reiseveranstalter kann den Reisepreis nur erhöhen, wenn dies mit genauen Angaben zur Berechnung des neuen Preises im Vertrag vorgesehen ist und damit einer Erhöhung der Beförderungskosten, der Abgaben für bestimmte Leistungen, wie Hafen- oder Flughafengebühren, oder einer Änderung der für die betreffende Reise geltenden Wechselkurse Rechnung getragen wird. Eine Preiserhöhung, die ab dem zwanzigsten Tag vor dem vereinbarten Abreisetermin verlangt wird, ist unwirksam. § 11 Nr. 1 des Gesetzes zur Regelung des Rechts der Allgemeinen Geschäftsbedingungen bleibt unberührt.

(4) Der Reiseveranstalter hat eine Änderung des Reisepreises nach Absatz 3, eine zulässige Änderung einer wesentlichen Reiseleistung oder eine zulässige Absage der Reise dem Reisenden unverzüglich nach Kenntnis von dem Änderungs- oder Absagegrund zu erklären. Im Falle einer Erhöhung des Reisepreises um mehr als fünf vom Hundert oder einer erheblichen Änderung einer wesentlichen Reiseleistung kann der Reisende vom Vertrag zurücktreten. Er kann stattdessen, ebenso wie bei einer Absage der Reise durch den Reiseveranstalter, die Teilnahme an einer mindestens gleichwertigen anderen Reise verlangen, wenn der Reiseveranstalter in der Lage ist, eine solche Reise ohne Mehrpreis für den Reisenden aus seinem Angebot anzubieten. Der Reisende hat diese Rechte unverzüglich nach der Erklärung durch den Reiseveranstalter diesem gegenüber geltend zu machen.

(5) Das Bundesministerium der Justiz wird ermächtigt, im Einvernehmen mit dem Bundesministerium für Wirtschaft durch Rechtsverordnung zum Schutz der Verbraucher bei Reisen Festsetzungen zu treffen, durch die sichergestellt wird, dass die Beschreibungen von Reisen keine irreführenden, sondern klare und genaue Angaben enthalten und dass der Reiseveranstalter dem Verbraucher die notwendigen Informationen erteilt. Zu diesem Zweck kann insbesondere bestimmt werden, welche Angaben in einem vom Veranstalter herausgegebenen Prospekt und in dem Reisevertrag enthalten sein müssen sowie welche Informationen der Reiseveranstalter dem Reisenden vor dem Vertragsabschluss und vor dem Antritt der Reise geben muss.

§ 651 b [Vertragsübernahme] (1) Bis zum Reisebeginn kann der Reisende verlangen, dass statt seiner ein Dritter in die Rechte und Pflichten aus dem Reisevertrag eintritt. Der Reiseveranstalter kann dem Eintritt des Dritten widersprechen, wenn dieser den besonderen Reiseerfordernissen nicht genügt oder seiner Teilnahme gesetzliche Vorschriften oder behördliche Anordnungen entgegenstehen.

(2) Tritt ein Dritter in den Vertrag ein, so haften er und der Reisende dem Reiseveranstalter als Gesamtschuldner für den Reisepreis und die durch den Eintritt des Dritten entstehenden Mehrkosten.

§ 651 c [Abhilfe] (1) Der Reiseveranstalter ist verpflichtet, die Reise so zu erbringen, dass sie die zugesicherten Eigenschaften hat und nicht mit Fehlern behaftet ist, die den Wert oder die Tauglichkeit zu dem gewöhnlichen oder nach dem Vertrage vorausgesetzten Nutzen aufheben oder mindern.

(2) Ist die Reise nicht von dieser Beschaffenheit, so kann der Reisende Abhilfe verlangen. Der Reiseveranstalter kann die Abhilfe verweigern, wenn sie einen unverhältnismäßigen Aufwand erfordert.

(3) Leistet der Reiseveranstalter nicht innerhalb einer vom Reisenden bestimmten angemessenen Frist Abhilfe, so kann der Reisende selbst Abhilfe schaffen und Ersatz der erforderlichen Aufwendungen verlangen. Der Bestimmung einer Frist bedarf es nicht, wenn die Abhilfe von dem Reiseveranstalter verweigert wird oder wenn die sofortige Abhilfe durch ein besonderes Interesse des Reisenden geboten wird.

§ 651 d [Minderung] (1) Ist die Reise im Sinne des § 651 c Abs. 1 mangelhaft, so mindert sich für die Dauer des Mangels der Reisepreis nach Maßgabe des § 472.

(2) Die Minderung tritt nicht ein, soweit es der Reisende schuldhaft unterlässt, den Mangel anzuzeigen.

§ 651 e [Kündigung wegen Mangels] (1) Wird die Reise infolge eines Mangels der in § 651 c bezeichneten Art erheblich beeinträchtigt, so kann der Reisende den Vertrag kündigen. Dasselbe gilt, wenn ihm die Reise infolge eines solchen Mangels aus wichtigem, dem Reiseveranstalter erkennbaren Grund nicht zuzumuten ist.

(2) Die Kündigung ist erst zulässig, wenn der Reiseveranstalter eine ihm vom Reisenden bestimmte angemessene Frist hat verstreichen lassen, ohne Abhilfe zu leisten. Der Bestimmung einer Frist bedarf es nicht, wenn die Abhilfe unmöglich ist oder vom Reiseveranstalter verweigert wird oder wenn die sofortige Kündigung des Vertrages durch ein besonderes Interesse des Reisenden gerechtfertigt wird.

(3) Wird der Vertrag gekündigt, so verliert der Reiseveranstalter den Anspruch auf den vereinbarten Reisepreis. Er kann jedoch für die bereits erbrachten oder zur Beendigung der Reise noch zu erbringenden Reiseleistungen eine nach § 471 zu bemessende Entschädigung verlangen. Dies gilt nicht, soweit diese Leistungen infolge der Aufhebung des Vertrags für den Reisenden kein Interesse haben.

(3) Der Reiseveranstalter ist verpflichtet, die infolge der Aufhebung des Vertrags notwendigen Maßnahmen zu treffen, insbesondere, falls der Vertrag die Rückbeförderung umfasste, den Reisenden zurückzubefördern. Die Mehrkosten fallen dem Reiseveranstalter zur Last.

§ 651 f [Schadenersatz] (1) Der Reisende kann unbeschadet der Minderung oder der Kündigung Schadenersatz wegen Nichterfüllung verlangen, es sei denn, der Mangel der Reise beruht auf einem Umstand, den der Reiseveranstalter nicht zu vertreten hat.

(2) Wird die Reise vereitelt oder erheblich beeinträchtigt, so kann der Reisende auch wegen nutzlos aufgewendeter Urlaubszeit eine angemessene Entschädigung in Geld verlangen.

§ 651 g [Ausschlussfrist; Verjährung] (1) Ansprüche nach den §§ 651 e bis 651 f hat der Reisende innerhalb eines Monats nach der vertraglich vorgesehenen Beendigung der Reise gegenüber dem Reiseveranstalter geltend zu machen. Nach Ablauf der Frist kann der Reisende Ansprüche nur geltend machen, wenn er ohne Verschulden an der Einhaltung der Frist verhindert worden ist.

(2) Ansprüche des Reisenden nach den §§ 651 c bis 651 f verjähren in sechs Monaten. Die Verjährung beginnt mit dem Tage, an dem die Reise dem Vertrag nach enden sollte. Hat der Reisende solche Ansprüche geltend gemacht, so ist die Verjährung bis zu dem Tage gehemmt, an dem der Reiseveranstalter die Ansprüche schriftlich zurückweist,

§ 651 h [Zulässige Haftungsbeschränkung] (1) Der Reiseveranstalter kann durch Vereinbarung mit dem Reisenden seine Haftung für Schäden, die nicht Körperschäden sind, auf den dreifachen Reisepreis beschränken,

1. soweit ein Schaden des Reisenden weder vorsätzlich noch grob fahrlässig herbeigeführt wird, oder
2. soweit der Reiseveranstalter für einen dem Reisenden entstehenden Schaden allein wegen eines Verschuldens eines Leistungsträgers verantwortlich ist.

(2) Gelten für eine von einem Leistungsträger zu erbringende Reiseleistung internationale Übereinkommen oder auf solchen beruhende gesetzliche Vorschriften, nach denen ein Anspruch auf Schadenersatz nur unter bestimmten Voraussetzungen oder Beschränkungen entsteht oder geltend gemacht werden kann oder unter bestimmten Voraussetzungen ausgeschlossen ist, so kann sich auch der Reiseveranstalter gegenüber dem Reisenden hierauf berufen.

§ 651 i [Rücktritt vor Reisebeginn] (1) Vor Reisebeginn kann der Reisende jederzeit vom Vertrag zurücktreten.

(2) Tritt der Reisende vom Vertrag zurück, so verliert der Reiseveranstalter den Anspruch auf den vereinbarten Reisepreis. Er kann jedoch eine angemessene Entschädigung verlangen. Die Höhe der Entschädigung bestimmt sich nach dem Reisepreis unter Abzug des Wertes der vom Reiseveranstalter ersparten Aufwendungen sowie dessen, was er durch anderweitige Verwendung der Reiseleistungen erwerben kann.

(3) Im Vertrage kann für jede Reiseart unter Berücksichtigung der gewöhnlich ersparten Aufwendungen und des durch anderweitige Verwendung der Reiseleistungen gewöhnlich möglichen Erwerbs ein Vomhundertsatz des Reisepreises als Entschädigung festgesetzt werden.

§ 651 j [Kündigung wegen höherer Gewalt] (1) Wird die Reise infolge bei Vertragsabschluss nicht voraussehbarer höherer Gewalt erheblich erschwert, gefährdet oder beeinträchtigt, so können sowohl der Reiseveranstalter als auch der Reisende den Vertrag allein nach Maßgabe dieser Vorschrift kündigen.

(2) Wird der Vertrag nach Absatz 1 gekündigt, so finden die Vorschriften des § 651 e Abs. 3 Sätze 1 und 2, Abs. 4 Satz 1 Anwendung. Die Mehrkosten für die Rückbeförderung sind von den Parteien je zur Hälfte zu tragen. Im Übrigen fallen die Mehrkosten dem Reisenden zur Last.

§ 651 k [Sicherstellung. Zahlung] (1) Der Reiseveranstalter hat sicherzustellen, dass dem Reisenden erstattet werden

1. der gezahlte Reisepreis, soweit Reiseleistungen infolge Zahlungsunfähigkeit oder Konkurses des Reiseveranstalters ausfallen, und
2. notwendige Aufwendungen, die dem Reisenden infolge Zahlungsunfähigkeit oder Konkurses des Reiseveranstalters für die Rückreise entstehen.

Die Verpflichtungen nach Satz 1 kann der Reiseveranstalter nur erfüllen

1. durch eine Versicherung bei einem im Geltungsbereich dieses Gesetzes zum Geschäftsbetrieb befugten Versicherungsunternehmen oder
2. durch ein Zahlungsversprechen eines im Geltungsbereich dieses Gesetzes zum Geschäftsbetrieb befugten Kreditinstituts.

(2) Der Versicherer oder das Kreditinstitut kann seine Haftung für die von ihm in einem Jahr insgesamt nach diesem Gesetz zu erstattenden Beträge jeweils für das erste Jahr nach dem 31. Oktober 1994 auf siebzig, für das zweite Jahr auf einhundert, für das dritte

Jahr auf einhundertfünfzig und für die darauf folgende Zeit auf zweihundert Millionen Deutsche Mark begrenzen. Übersteigen die in einem Jahr von einem Versicherer oder einem Kreditinstitut insgesamt nach diesem Gesetz zu erstattenden Beträge die in Satz 1 genannten Höchstbeträge, so verringern sich die einzelnen Erstattungsansprüche in dem Verhältnis, in dem ihr Gesamtbetrag zum Höchstbetrag steht.

(3) Zur Erfüllung seiner Verpflichtung nach Absatz 1 hat der Reiseveranstalter dem Reisenden einen unmittelbaren Anspruch gegen den Versicherer oder das Kreditinstitut zu verschaffen und durch Übergabe einer von diesem Unternehmen ausgestellten Bestätigung (Sicherungsschein) nachzuweisen.

(4) Der Reiseveranstalter darf Zahlungen des Reisenden auf den Reisepreis vor der Beendigung der Reise nur fordern oder annehmen, wenn er dem Reisenden einen Sicherungsschein übergeben hat.

(5) Hat im Zeitpunkt des Vertragsschlusses der Reiseveranstalter seine Hauptniederlassung in einem anderen Mitgliedstaat der Europäischen Gemeinschaften oder in einem anderen Vertragsstaat des Abkommens über den Europäischen Wirtschaftsraum, so genügt der Reiseveranstalter seiner Verpflichtung nach Absatz 1 auch dann, wenn er dem Reisenden Sicherheit in Übereinstimmung mit den Vorschriften des anderen Staates leistet und diese den Anforderungen nach Absatz 1 Satz 1 entspricht; Absatz 4 gilt mit der Maßgabe, dass dem Reisenden die Sicherheitsleistung nachgewiesen werden muss.

(6) Die Absätze 1 bis 5 gelten nicht, wenn

1. der Reiseveranstalter nur gelegentlich und außerhalb seiner gewerblichen Tätigkeit Reisen veranstaltet,
2. die Reise nicht länger als 24 Stunden dauert, keine Übernachtung einschließt und der Reisepreis einhundertfünfzig Deutsche Mark nicht übersteigt,
3. der Reiseveranstalter eine juristische Person des öffentlichen Rechts ist.

§ 651 l [Keine Abweichung zum Nachteil der Reisenden] Von den Vorschriften der §§ 651 a bis 651 k kann nicht zum Nachteil des Reisenden abgewichen werden.

3. Verordnung über die Informationspflichten von Reiseveranstaltern (InfVO)

Vom 14. November 1994 (BGBl. I S. 3436)

§ 1

(1) Stellt der Reiseveranstalter über die von ihm veranstalteten Reisen einen Prospekt zur Verfügung, so muss dieser deutlich lesbare, klare und genaue Angaben enthalten über den Reisepreis, die Höhe einer zu leistenden Anzahlung, die Fälligkeit des Restbetrages und außerdem, soweit für die Reise von Bedeutung, über folgende Merkmale der Reise:

a) Bestimmungsort;
b) Transportmittel (Merkmale und Klasse);
c) Unterbringung (Art, Lage, Kategorie oder Komfort und Hauptmerkmale sowie – soweit vorhanden – ihre Zulassung und touristische Einstufung);
d) Mahlzeiten;
e) Reiseroute;
f) Pass- und Visumerfordernisse für Angehörige des Mitgliedstaates, in dem die Reise angeboten wird, sowie über gesundheitspolizeiliche Formalitäten, die für die Reise und den Aufenthalt erforderlich sind;
g) eine für die Durchführung der Reise erforderliche Mindestteilnehmerzahl sowie die Angabe, bis zu welchem Zeitpunkt vor dem vertraglich vereinbarten Reisebeginn dem Reisenden die Erklärung spätestens zugegangen sein muss, dass die Teilnehmerzahl nicht erreicht und die Reise nicht durchgeführt wird.

Die in dem Prospekt enthaltenen Angaben sind für den Reiseveranstalter bindend. Er kann jedoch vor Vertragsschluss eine Änderung erklären, soweit er dies in dem Prospekt vorbehalten hat. Der Reiseveranstalter und der Reisende können vom Prospekt abweichende Leistungen vereinbaren.

(2) Absatz 1 gilt entsprechend, soweit Angaben über die veranstalteten Reisen in einem von dem Reiseveranstalter zur Verfügung gestellten Bild- und Tonträger enthalten sind.

§ 2

Der Reiseveranstalter ist verpflichtet, den Reisenden, bevor dieser seine auf den Vertragsschluss gerichtete Willenserklärung (Buchung) abgibt, zu unterrichten über

1. Pass- und Visumerfordernisse, insbesondere über die Fristen zur Erlangung dieser Dokumente. Diese Verpflichtung bezieht sich auf die Erfordernisse für Angehörige des Mitgliedstaates, in dem die Reise angeboten wird,
2. gesundheitspolizeiliche Formalitäten, soweit diese Angaben nicht bereits in einem von dem Reiseveranstalter herausgegebenen und dem Reisenden zur Verfügung gestellten Prospekt enthalten und inzwischen keine Änderungen eingetreten sind.

§ 3

(1) Der Reiseveranstalter hat dem Reisenden bei oder unverzüglich nach Vertragsschluss eine Urkunde über den Reisevertrag (Reisebestätigung) auszuhändigen.

(2) Die Reisebestätigung muss, sofern nach der Art der Reise von Bedeutung, außer den in § 1 Abs. 1 genannten Angaben über Reisepreis und Zahlungsmodalitäten sowie über die Merkmale der Reise nach § 1 Abs. 1 Buchstabe b, c, d, e und g folgende Angaben enthalten:

a) endgültiger Bestimmungsort oder, wenn die Reise mehrere Aufenthalte umfasst, die einzelnen Bestimmungsorte sowie die einzelnen Zeiträume und deren Termine;
b) Tag, voraussichtliche Zeit und Ort der Abreise und Rückkehr;
c) Besuche, Ausflüge und sonstige im Reisepreis inbegriffene Leistungen;
d) Hinweise auf etwa vorbehaltene Preisänderungen sowie deren Bestimmungsfaktoren (§ 651 a Abs. 3 des Bürgerlichen Gesetzbuchs) und auf nicht im Reisepreis enthaltene Abgaben;
e) vereinbarte Sonderwünsche des Reisenden;
f) Name und Anschrift des Reiseveranstalters;
g) über die Obliegenheit des Reisenden, dem Reiseveranstalter einen aufgetretenen Mangel anzuzeigen, sowie darüber, dass vor der Kündigung des Reisevertrages (§ 651 e des Bürgerlichen Gesetzbuchs) dem Reiseveranstalter eine angemessene Frist zur Abhilfeleistung zu setzen ist, wenn nicht die Abhilfe unmöglich ist oder vom Reiseveranstalter verweigert wird oder wenn die sofortige Kündigung des Vertrages durch ein besonderes Interesse des Reisenden gerechtfertigt wird;
h) über die nach § 651 g des Bürgerlichen Gesetzbuchs einzuhaltenden Fristen, unter namentlicher Angabe der Stelle, gegenüber der Ansprüche geltend zu machen sind; über den möglichen Abschluss einer Reiserücktrittskostenversicherung oder einer Versicherung zur Deckung der Rückführungskosten bei Unfall oder Krankheit unter Angabe von Namen und Anschrift des Versicherers.

(3) Legt der Reiseveranstalter dem Vertrag Allgemeine Geschäftsbedingungen zugrunde, müssen diese dem Reisenden vor Vertragsschluss vollständig übermittelt werden.

(4) Der Reiseveranstalter kann seine Verpflichtungen nach den Absätzen 2 und 3 auch dadurch erfüllen, dass er auf die in einem von ihm herausgegebenen und dem Reisenden zur Verfügung gestellten Prospekt enthaltenen Angaben verweist, die den Anforderungen nach den Absätzen 2 und 3 entsprechen. In jedem Fall hat die Reisebestätigung den Reisepreis und die Zahlungsmodalitäten anzugeben.

(5) Die Absätze 1 bis 4 gelten nicht, wenn die Buchungserklärung des Reisenden weniger als 7 Werktage vor Reisebeginn abgegeben wird. Der Reisende ist jedoch spätestens bei Antritt der Reise über die in Absatz 2 Buchstabe g bezeichnete Obliegenheit und die in Absatz 2 Buchstabe h bezeichneten Angaben zu unterrichten.

§ 4

(1) Der Reiseveranstalter hat den Reisenden rechtzeitig vor Beginn der Reise zu unterrichten

a) über Abfahrts- und Ankunftszeiten, Orte von Zwischenstationen und die dort zu erreichenden Anschlussverbindungen;
b) wenn der Reisende bei der Beförderung einen bestimmten Platz einzunehmen hat, über diesen Platz;
c) über Name, Anschrift und Telefonnummer der örtlichen Vertretung des Reiseveranstalters oder – wenn nicht vorhanden – der örtlichen Stellen, die dem Reisenden bei Schwierigkeiten Hilfe leisten können; wenn auch solche Stellen nicht bestehen, sind dem Reisenden

eine Notrufnummer und sonstige Angaben mitzuteilen, mit deren Hilfe er mit dem Veranstalter Verbindung aufnehmen kann.

Bei Auslandsreisen Minderjähriger ist die bei der Buchung angegebene Person darüber zu unterrichten, wie eine unmittelbare Verbindung zu dem Kind oder dem an dessen Aufenthaltsort Verantwortlichen hergestellt werden kann.

(2) Eine besondere Mitteilung nach Absatz 1 ist nicht erforderlich, soweit die jeweilige Angabe bereits in einem dem Reisenden zur Verfügung gestellten Prospekt oder der Reisebestätigung enthalten ist und inzwischen keine Änderungen eingetreten sind.

§ 5

Diese Verordnung gilt nicht für Reiseveranstalter, die nur gelegentlich und außerhalb ihrer gewerblichen Tätigkeit Pauschalreisen veranstalten.

§ 6

Diese Verordnung tritt am Tage nach der Verkündung in Kraft.

4. Gesetz zur Regelung des Rechts der Allgemeinen Geschäftsbedingungen (AGB-Gesetz) (Auszug)

vom 9. Dezember 1976 (BGBl I 3317)

§ 2 [Einbeziehung in den Vertrag]

(1) Allgemeine Geschäftsbedingungen werden nur dann Bestandteil eines Vertrages, wenn der Verwender bei Vertragsabschluss

1. die andere Vertragspartei ausdrücklich oder, wenn ein ausdrücklicher Hinweis wegen der Art des Vertragsabschlusses nur unter unverhältnismäßigen Schwierigkeiten möglich ist, durch deutlich sichtbaren Aushang am Ort des Vertragsabschlusses auf sie hinweist und
2. der anderen Vertragspartei die Möglichkeit verschafft, in zumutbarer Weise von ihrem Inhalt Kenntnis zu nehmen, und wenn die andere Vertragspartei mit ihrer Geltung einverstanden ist.

(2) Die Vertragsparteien können für eine bestimmte Art von Rechtsgeschäften die Geltung bestimmter Allgemeiner Geschäftsbedingungen unter Beachtung der in Absatz 1 bezeichneten Erfordernisse im Voraus vereinbaren.

§ 9 [Generalklausel]

(1) Bestimmungen in Allgemeinen Geschäftsbedingungen sind unwirksam, wenn sie den Vertragspartner des Verwenders entgegen den Geboten von Treu und Glauben unangemessen benachteiligen.

(2) Eine unangemessene Benachteiligung ist im Zweifel anzunehmen, wenn eine Bestimmung

1. mit wesentlichen Grundgedanken der gesetzlichen Regelung, von der abgewichen wird, nicht zu vereinbaren ist, oder
2. wesentliche Rechte und Pflichten, die sich aus der Natur des Vertrages ergeben, so einschränkt, dass die Erreichung des Vertragszwecks gefährdet ist.

§ 10 [Klauselverbote mit Wertungsmöglichkeit]

In Allgemeinen Geschäftsbedingungen ist insbesondere unwirksam

1. (Annahme- und Leistungsfrist) eine Bestimmung, durch die sich der Verwender unangemessen lange oder nicht hinreichend bestimmte Fristen für die Annahme oder Ablehnung eines Angebots oder die Erbringung einer Leistung vorbehält;
2. (Nachfrist) eine Bestimmung, durch die sich der Verwender für die von ihm zu bewirkende Leistung entgegen § 326 Abs. 1 des Bürgerlichen Gesetzbuches eine unangemessen lange oder nicht hinreichend bestimmte Nachfrist vorbehält;
3. (Rücktrittsvorbehalt) die Vereinbarung eines Rechts des Verwenders, sich ohne sachlich gerechtfertigten und im Vertrag angegebenen Grund von seiner Leistungspflicht zu lösen; dies gilt nicht für Dauerschuldverhältnisse;
4. (Änderungsvorbehalt) die Vereinbarung eines Rechts des Verwenders, die versprochene Leistung zu ändern oder von ihr abzuweichen, wenn nicht die Vereinbarung der Änderung

oder Abweichung unter Berücksichtigung der Interessen des Verwenders für den anderen Vertragsteil zumutbar ist;

5. (Fingierte Erklärungen) eine Bestimmung, wonach eine Erklärung des Vertragspartners des Verwenders bei Vornahme oder Unterlassung einer bestimmten Handlung als von ihm abgegeben oder nicht abgegeben gilt, es sei denn, dass
   a) dem Vertragspartner eine angemessene Frist zur Abgabe einer ausdrücklichen Erklärung eingeräumt ist und
   b) der Verwender sich verpflichtet, den Vertragspartner bei Beginn der Frist auf die vorgesehene Bedeutung seines Verhaltens besonders hinzuweisen;
6. (Fiktion des Zugangs) eine Bestimmung, die vorsieht, dass eine Erklärung des Verwenders von besonderer Bedeutung dem anderen Vertragsteil als zugegangen gilt;
7. (Abwicklung von Verträgen) eine Bestimmung, nach der der Verwender für den Fall, dass eine Vertragspartei vom Vertrage zurücktritt oder den Vertrag kündigt,
   a) eine unangemessen hohe Vergütung für die Nutzung oder den Gebrauch einer Sache oder eines Rechts oder für erbrachte Leistungen oder
   b) einen unangemessenen hohen Ersatz von Aufwendungen verlangen kann.

§ 11 [Klauselverbote ohne Wertungsmöglichkeit]

In Allgemeinen Geschäftsbedingungen ist unwirksam

1. (Kurzfristige Preiserhöhung) eine Bestimmung, welche die Erhöhung des Entgelts für Waren oder Leistungen vorsieht, die innerhalb von vier Monaten nach Vertragsabschluss geliefert oder erbracht werden sollen; dies gilt nicht bei Waren oder Leistungen, die im Rahmen von Dauerschuldverhältnissen geliefert oder erbracht werden;
2. (Leistungsverweigerungsrechte)
   a) eine Bestimmung, durch die das Leistungsverweigerungsrecht, das dem Vertragspartner des Verwenders nach § 320 des Bürgerlichen Gesetzbuchs zusteht, ausgeschlossen oder eingeschränkt wird, oder
   b) ein dem Vertragspartner des Verwenders zustehendes Zurückbehaltungsrecht, soweit es auf demselben Vertragsverhältnis beruht, ausgeschlossen oder eingeschränkt, insbesondere von der Anerkennung von Mängeln durch den Verwender abhängig gemacht wird;
3. (Aufrechnungsverbot) eine Bestimmung, durch die dem Vertragspartner des Verwenders die Befugnis genommen wird, mit einer unbestrittenen oder rechtskräftig festgestellten Forderung aufzurechnen;
4. (Mahnung, Fristsetzung) eine Bestimmung, durch die der Verwender von der gesetzlichen Obliegenheit freigestellt wird, den anderen Vertragsteil zu mahnen oder ihm eine Nachfrist zu setzen;
5. (Pauschalierung von Schadenersatzansprüchen) die Vereinbarung eines pauschalierten Anspruchs des Verwenders auf Schadenersatz oder Ersatz einer Wertminderung, wenn
   a) die Pauschale den in den geregelten Fällen nach dem gewöhnlichen Lauf der Dinge zu erwartenden Schaden oder die gewöhnlich eintretende Wertminderung übersteigt, oder
   b) dem anderen Vertragsteil der Nachweis abgeschnitten wird, ein Schaden oder eine Wertminderung sei überhaupt nicht entstanden oder wesentlich niedriger als die Pauschale;
6. (Vertragsstrafe) eine Bestimmung, durch die dem Verwender für den Fall der Nichtabnahme oder verspäteten Abnahme der Leistung, des Zahlungsverzugs oder für den Fall,

dass der andere Vertragsteil sich vom Vertrag löst, Zahlung einer Vertragsstrafe versprochen wird;

7. (Haftung bei grobem Verschulden) ein Ausschluss oder eine Begrenzung der Haftung für einen Schaden, der auf einer grob fahrlässigen Vertragsverletzung des Verwenders oder auf einer vorsätzlichen oder grob fahrlässigen Vertragsverletzung eines gesetzlichen Vertreters oder Erfüllungsgehilfen des Verwenders beruht; dies gilt auch für Schäden aus der Verletzung von Pflichten bei den Vertragsverhandlungen;
8. (Verzug, Unmöglichkeit) eine Bestimmung, durch die für den Fall des Leistungsverzugs des Verwenders oder der von ihm zu vertretenden Unmöglichkeit der Leistung
   a) das Recht des anderen Vertragsteils, sich vom Vertrag zu lösen, ausgeschlossen oder eingeschränkt oder
   b) das Recht des anderen Vertragsteils, Schadenersatz zu verlangen, ausgeschlossen oder entgegen Nummer 7 eingeschränkt wird;
9. (Teilverzug, Teilunmöglichkeit) eine Bestimmung, die für den Fall des teilweisen Leistungsverzugs des Verwenders oder bei von ihm zu vertretender teilweiser Unmöglichkeit der Leistung das Recht der anderen Vertragspartei ausschließt, Schadenersatz wegen Nichterfüllung der ganzen Verbindlichkeit zu verlangen oder von dem ganzen Vertrag zurückzutreten, wenn die teilweise Erfüllung des Vertrages für ihn kein Interesse hat;
10. (Gewährleistung) eine Bestimmung, durch die bei Verträgen über Lieferungen neu hergestellter Sachen und Leistungen
    a) (Ausschluss und Verweisung auf Dritte) die Gewährleistungsansprüche gegen den Verwender einschließlich etwaiger Nachbesserungs- und Ersatzlieferungsansprüche insgesamt oder bezüglich einzelner Teile ausgeschlossen, auf die Einräumung von Ansprüchen gegen Dritte beschränkt oder von der vorherigen gerichtlichen Inanspruchnahme Dritter abhängig gemacht werden;
    b) (Beschränkung auf Nachbesserung) die Gewährleistungsansprüche gegen den Verwender insgesamt oder bezüglich einzelner Teile auf ein Recht auf Nachbesserung oder Ersatzlieferung beschränkt werden, sofern dem anderen Vertragsteil nicht ausdrücklich das Recht vorbehalten wird, bei Fehlschlagen der Nachbesserung oder Ersatzlieferung, Herabsetzung der Vergütung oder, wenn nicht eine Bauleistung Gegenstand der Gewährleistung ist, nach seiner Wahl Rückgängigmachung des Vertrags zu verlangen;
    c) (Aufwendung bei Nachbesserung) die Verpflichtung des gewährleistungspflichtigen Verwenders ausgeschlossen oder beschränkt wird, die Aufwendungen zu tragen, die zum Zweck der Nachbesserung erforderlich werden, insbesondere Transport-, Wege-, Arbeits- und Materialkosten;
    d) (Vorenthalten der Mängelbeseitigung) der Verwender die Beseitigung eines Mangels oder die Ersatzlieferung einer mangelfreien Sache von der vorherigen Zahlung des vollständigen Entgelts oder eines unter Berücksichtigung des Mangels unverhältnismäßig hohen Teils des Entgelts abhängig macht;
    e) (Ausschlussfrist für Mängelanzeige) der Verwender dem anderen Vertragsteil für die Anzeige nicht offensichtlicher Mängel eine Ausschlussfrist setzt, die kürzer ist als die Verjährungsfrist für den gesetzlichen Gewährleistungsanspruch;
    f) (Verkürzung von Gewährleistungsfristen) die gesetzlichen Gewährleistungsfristen verkürzt werden;
11. (Haftung für zugesicherte Eigenschaften) eine Bestimmung, durch die durch einen Kauf-, Werk- oder Werklieferungsvertrag Schadenersatzansprüche gegen den Verwender nach den §§ 463, 480 Abs. 2, § 635 des Bürgerlichen Gesetzbuchs wegen Fehlens zugesicherter Eigenschaften ausgeschlossen oder eingeschränkt werden;

12. (Laufzeit bei Dauerschuldverhältnissen) bei einem Vertragsverhältnis, das die regelmäßige Lieferung von Waren oder die regelmäßige Erbringung von Dienst- oder Werkleistungen durch den Verwender zum Gegenstand hat,
    a) eine den anderen Vertragsteil länger als zwei Jahre bindende Laufzeit des Vertrags,
    b) eine den anderen Vertragsteil bindende stillschweigende Verlängerung des Vertragsverhältnisses um jeweils mehr als ein Jahr oder
    c) zu Lasten des anderen Vertragsteils eine längere Kündigungsfrist als drei Monate vor Ablauf der zunächst vorgesehenen oder stillschweigend verlängerten Vertragsdauer;
13. (Wechsel des Vertragspartners) eine Bestimmung, wonach bei Kauf-, Dienst- oder Werkverträgen ein Dritter an Stelle des Verwenders in die sich aus dem Vertrag ergebenden Rechte und Pflichten eintritt oder eintreten kann, es sei denn, in der Bestimmung wird
    a) der Dritte namentlich bezeichnet, oder
    b) dem anderen Vertragsteil das Recht eingeräumt, sich vom Vertrag zu lösen;
14. (Haftung des Abschlussvertreters) eine Bestimmung, durch die der Verwender einem Vertreter, der den Vertrag für den anderen Vertragsteil abschließt,
    a) ohne hierauf gerichtete ausdrückliche und gesonderte Erklärung eine eigene Haftung oder Einstandspflicht oder
    b) im Falle vollmachtsloser Vertretung eine über § 179 des Bürgerlichen Gesetzbuchs hinausgehende Haftung auferlegt;
15. (Beweislast) eine Bestimmung, durch die der Verwender die Beweislast zum Nachteil des anderen Vertragsteils ändert, insbesondere, indem er
    a) diesem die Beweislast für Umstände auferlegt, die im Verantwortungsbereich des Verwenders liegen,
    b) den anderen Vertragsteil bestimmte Tatsachen bestätigen lässt. Buchstabe »b« gilt nicht für gesondert unterschriebene Empfangsbekenntnisse;
16. (Form von Anzeigen und Erklärungen) eine Bestimmung, durch die Anzeigen oder Erklärungen, die dem Verwender oder einem Dritten gegenüber abzugeben sind, an eine strengere Form als die Schriftform oder an besondere Zugangserfordernisse gebunden werden.

5. Konditionenempfehlung des Deutschen Reisebüro-Verbandes

BAnZ 1994 Nr. 37 vom 30. 6. 1994, ergänzt in BAnZ 1997 Nr. 57 vom 28. 8. 1998

Allgemeine Geschäftsbedingungen für Reiseverträge

Der Deutsche Reisebüro-Verband e. V. als Bundesverband Deutscher Reisebüros und Reiseveranstalter empfiehlt die nachstehenden »Allgemeinen Reisebedingungen« unverbindlich. Es bleibt daher den Verbandsmitgliedern und ihren Vertragspartnern unbenommen, abweichende Geschäftsbedingungen zu verwenden. Diese nachstehenden unverbindlichen »Allgemeinen Reisebedingungen« gelten für Verträge, die die Erbringung einer Gesamtheit von Reiseleistungen (Reise) im Sinne der §§ 651 a ff. des Bürgerlichen Gesetzbuches durch einen Reiseveranstalter zum Gegenstand haben.

Die Bestimmungen sind Rahmenbestimmungen, die von den einzelnen Veranstaltern je nach den verschiedenen Reisearten und organisatorischen Gegebenheiten ausgefüllt werden.

1. Abschluss des Reisevertrages

Mit der Anmeldung bietet der Kunde dem Reiseveranstalter den Abschluss eines Reisevertrages verbindlich an.

Die Anmeldung kann schriftlich, mündlich oder fernmündlich vorgenommen werden. Sie erfolgt durch den Anmelder auch für alle in der Anmeldung mitaufgeführten Teilnehmer, für deren Vertragsverpflichtung der Anmelder wie für seine eigenen Verpflichtungen einsteht, sofern er eine entsprechende gesonderte Verpflichtung durch ausdrückliche und gesonderte Erklärung übernommen hat.

Der Vertrag kommt mit der Annahme durch den Reiseveranstalter zustande. Die Annahme bedarf keiner bestimmten Form. Bei oder unverzüglich nach Vertragsschluss wird der Reiseveranstalter dem Kunden die Reisebestätigung aushändigen.

Weicht der Inhalt der Reisebestätigung vom Inhalt der Anmeldung ab, so liegt ein neues Angebot des Reiseveranstalters vor, an das er für die Dauer von 10 Tagen gebunden ist. Der Vertrag kommt auf der Grundlage dieses neuen Angebots zustande, wenn der Reisende innerhalb der Bindungsfrist dem Reiseveranstalter die Annahme erklärt.

2. Bezahlung

Zahlungen auf den Reisepreis vor der Reise dürfen nur gegen Aushändigung des Sicherungsscheines im Sinne von § 651 k Abs.3 BGB erfolgen. Mit Vertragsschluss kann eine Anzahlung gefordert werden. Weitere Zahlungen werden zu den vereinbarten Terminen, die Restzahlung spätestens bei Aushändigung oder Zugang der Reiseunterlagen fällig, sofern die Reise nicht mehr aus den in Ziffer 7 b) oder 7 c) genannten Gründen abgesagt werden kann.

Dauert die Reise nicht länger als 24 Stunden, schließt sie keine Übernachtung ein und übersteigt der Reisepreis DM 150,00 nicht, so darf der volle Reisepreis auch ohne Aushändigung eines Sicherungsscheines verlangt werden.

3. Leistungen

Welche Leistungen vertraglich vereinbart sind, ergibt sich aus den Leistungsbeschreibungen im Prospekt und aus den hierauf bezugnehmenden Angaben in der Reisebestätigung.

Die in dem Prospekt enthaltenen Angaben sind für den Reiseveranstalter bindend. Der Reiseveranstalter behält sich jedoch ausdrücklich vor, aus sachlich berechtigten, erheblichen und nicht vorhersehbaren Gründen vor Vertragsschluss eine Änderung der Prospektangaben zu erklären, über die der Reisende vor Buchung selbstverständlich informiert wird.

4. Leistungs- und Preisänderungen

Änderungen oder Abweichungen einzelner Reiseleistungen von dem vereinbarten Inhalt des Reisevertrages, die nach Vertragsschluss notwendig werden und die vom Reiseveranstalter nicht wider Treu und Glauben herbeigeführt wurden, sind nur gestattet, soweit die Änderungen oder Abweichungen nicht erheblich sind und den Gesamtzuschnitt der gebuchten Reise nicht beeinträchtigen.

Eventuelle Gewährleistungsansprüche bleiben unberührt, soweit die geänderten Leistungen mit Mängeln behaftet sind.

Der Reiseveranstalter ist verpflichtet, den Kunden über Leistungsänderungen oder -abweichungen unverzüglich in Kenntnis zu setzen. Gegebenenfalls wird er dem Kunden eine kostenlose Umbuchung oder einen kostenlosen Rücktritt anbieten.

Der Reiseveranstalter behält sich vor, die ausgeschriebenen und mit der Buchung bestätigten Preise im Falle der Erhöhung der Beförderungskosten oder der Abgaben für bestimmte Leistungen, wie Hafen- oder Flughafengebühren oder einer Änderung der für die betreffende Reise geltenden Wechselkurse, in dem Umfang zu ändern, wie sich deren Erhöhung pro Person bzw. pro Sitzplatz auf den Reisepreis auswirkt, sofern zwischen Vertragsschluss und dem vereinbarten Reisetermin mehr als 4 Monate liegen.

Im Fall einer nachträglichen Änderung des Reisepreises oder einer Änderung einer wesentlichen Reiseleistung hat der Reiseveranstalter den Reisenden unverzüglich, spätestens jedoch 21 Tage vor Reiseantritt, davon in Kenntnis zu setzen. Preiserhöhungen nach diesem Zeitpunkt sind nicht zulässig. Bei Preiserhöhungen um mehr als 5 % oder im Fall einer erheblichen Änderung einer wesentlichen Reiseleistung ist der Reisende berechtigt, ohne Gebühren vom Reisevertrag zurückzutreten oder die Teilnahme an einer mindestens gleichwertigen Reise zu verlangen, wenn der Reiseveranstalter in der Lage ist, eine solche Reise ohne Mehrpreis für den Reisenden aus seinem Angebot anzubieten.

Der Reisende hat diese Rechte unverzüglich nach der Erklärung des Reiseveranstalters über die Preiserhöhung bzw. Änderung der Reiseleistung diesem gegenüber geltend zu machen.

5. Rücktritt durch den Kunden, Umbuchungen, Ersatzpersonen

5.1 Der Kunde kann jederzeit vor Reisebeginn von der Reise zurücktreten. Maßgeblich ist der Zugang der Rücktrittserklärung beim Reiseveranstalter. Dem Kunden wird empfohlen, den Rücktritt schriftlich zu erklären.

Tritt der Kunde vom Reisevertrag zurück oder tritt er die Reise nicht an, so kann der Reiseveranstalter Ersatz für die getroffenen Reisevorkehrungen und für seine Aufwendungen verlangen. Bei der Berechnung des Ersatzes sind gewöhnlich ersparte Aufwendungen und gewöhnlich mögliche anderweitige Verwendungen der Reiseleistungen zu berücksichtigen.

Der Reiseveranstalter kann diesen Ersatzanspruch unter Berücksichtigung der nachstehenden Gliederung nach der Nähe des Zeitpunktes des Rücktritts zum vertraglich vereinbarten Reisebeginn in einem prozentualen Verhältnis zum Reisepreis pauschalieren:

I. Flugpauschalreisen mit Bedarfsluftverkehrsgesellschaften (Charter)

Bis 30.Tag vor Reiseantritt
Ab 29. bis 22.Tag vor Reiseantritt
Ab 21. bis 15.Tag vor Reiseantritt
Ab 14. bis 7. Tag vor Reiseantritt
Ab 6. Tag vor Reiseantritt

II. ABC, APEX u. ä.

Bei ABC-Flügen, APEX-Flügen, BULK- o. ä. Flügen aufgrund behördlich genehmigter Sondertarife, die ständigen Veränderungen unterliegen, sind entsprechend den in diesen Reisebedingungen festgelegten Grundsätzen die jeweils geltenden tariflichen Fristen festzusetzen.

III. Flugpauschalreisen mit Linienfluggesellschaften

1. Einzel-IT
Bis 30. Tag vor Reiseantritt
Ab 29. bis 15. Tag vor Reiseantritt
Ab 14. Tag vor Reiseantritt

2. Gruppen-IT
Bis 95. Tag vor Reiseantritt
Ab 94. bis 45. Tag vor Reiseantritt
Ab 44. bis 22. Tag vor Reiseantritt
Ab 21. bis 15.Tag vor Reiseantritt
Ab 14. bis 7.Tag vor Reiseantritt
Ab 6.Tag vor Reiseantritt

IV. Schiff

Bis 50. Tag vor Reiseantritt
Ab 49. bis 35. Tag vor Reiseantritt
Ab 34. bis 22. Tag vor Reiseantritt
Ab 21. bis 15. Tag vor Reiseantritt
Ab 14. Tag vor Reiseantritt

V. Omnibus

Ab 22. Tag vor Reiseantritt
Ab 21. bis 15. Tag vor Reiseantritt
Ab 14. bis 7. Tag vor Reiseantritt
Ab 6. Tag vor Reiseantritt

VI. Bahn

Bis 30.Tag vor Reiseantritt
Ab 29. bis 15. Tag vor Reiseantritt
Ab 14. Tag vor Reiseantritt

VII. Ferienwohnungen

Bis 45. Tag vor Reiseantritt
Ab 44. bis 30. Tag vor Reiseantritt
Ab 29. Tag vor Reiseantritt

VIII. Andere Reisearten

Die in den Ziffern I bis VII nicht genannten Reisearten werden hinsichtlich der Rücktrittsfolgen entsprechend den in diesen Reisebedingungen entwickelten Grundsätzen behandelt.

5.2 Werden auf Wunsch des Kunden nach der Buchung der Reise für einen Termin, der innerhalb des zeitlichen Geltungsbereiches der Reiseausschreibung liegt, Änderungen hinsichtlich des Reisetermins, des Reiseziels, des Ortes des Reiseantritts, der Unterkunft oder der Beförderungsart vorgenommen (Umbuchung), kann der Reiseveranstalter bei Einhaltung der nachstehenden Fristen ein Umbuchungsentgelt pro Reisenden erheben.

I. Bei Flugpauschalreisen mit Bedarfsverkehrsgesellschaften (Charter)

Bis 29. Tag vor Reiseantritt

II. Bei Flugpauschalreisen mit Linienfluggesellschaften

1. Bei Einzel-IT	Bis 30. Tag vor Reiseantritt
2. Bei Gruppen-IT	Bis 95. Tag vor Reiseantritt

III. Bei Schiffsreisen

Bis 50. Tag vor Reiseantritt

IV. Bei Omnibusreisen

Bis 22. Tag vor Reiseantritt

V. Bei Bahnreisen

Bis 30. Tag vor Reiseantritt

VI. Bei Ferienwohnungen

Bis 45. Tag vor Reiseantritt

Umbuchungswünsche des Kunden, die nach Ablauf der Fristen erfolgen, können, sofern ihre Durchführung überhaupt möglich ist, nur nach Rücktritt vom Reisevertrag zu Bedingungen gemäß Ziff. 5.1. und gleichzeitiger Neuanmeldung durchgeführt werden. Dies gilt nicht bei Umbuchungswünschen, die nur geringfügige Kosten verursachen.

5.3 Bis zum Reisebeginn kann der Reisende verlangen, dass statt seiner ein Dritter in die Rechte und Pflichten aus dem Reisevertrag eintritt. Der Reiseveranstalter kann dem Eintritt des Dritten widersprechen, wenn dieser den besonderen Reiseerfordernissen nicht genügt oder seiner Teilnahme gesetzliche Vorschriften oder behördliche Anordnungen entgegenstehen. Tritt ein Dritter in den Vertrag ein, so haften er und der Reisende dem Reiseveranstalter als Gesamtschuldner für den Reisepreis und die durch den Eintritt des Dritten entstehenden Mehrkosten.

5.4 Im Falle eines Rücktritts kann der Reiseveranstalter vom Kunden die tatsächlich entstandenen Mehrkosten verlangen.

6. Nicht in Anspruch genommene Leistung

Nimmt der Reisende einzelne Reiseleistungen infolge vorzeitiger Rückreise oder aus sonstigen zwingenden Gründen nicht in Anspruch, so wird sich der Reiseveranstalter bei den Leistungsträgern um Erstattung der ersparten Aufwendungen bemühen. Diese Verpflichtung entfällt, wenn es sich um völlig unerhebliche Leistungen handelt oder wenn einer Erstattung gesetzliche oder behördliche Bestimmungen entgegenstehen.

7. Rücktritt und Kündigung durch den Reiseveranstalter

Der Reiseveranstalter kann in folgenden Fällen vor Antritt der Reise vom Reisevertrag zurücktreten oder nach Antritt der Reise den Reisevertrag kündigen:

a) Ohne Einhaltung einer Frist
Wenn der Reisende die Durchführung der Reise ungeachtet einer Abmahnung des Reiseveranstalters nachhaltig stört oder wenn er sich in solchem Maße vertragswidrig verhält, dass die sofortige Aufhebung des Vertrages gerechtfertigt ist. Kündigt der Reiseveranstalter, so behält er den Anspruch auf den Reisepreis; er muss sich jedoch den Wert der ersparten Aufwendungen sowie diejenigen Vorteile anrechnen lassen, die er aus einer anderweitigen Verwendung der nicht in Anspruch genommenen Leistung erlangt, einschließlich der ihm von den Leistungsträgern gutgebrachten Beträge.

b) Bis 2 Wochen vor Reiseantritt
Bei Nichterreichen einer ausgeschriebenen oder behördlich festgelegten Mindestteilnehmerzahl, wenn in der Reiseausschreibung für die entsprechende Reise auf eine Mindestteilnehmerzahl hingewiesen wird. In jedem Fall ist der Reiseveranstalter verpflichtet, den Kunden unverzüglich nach Eintritt der Voraussetzung für die Nichtdurchführung der Reise hiervon in Kenntnis zu setzen und ihm die Rücktrittserklärung unverzüglich zuzuleiten. Der Kunde erhält den eingezahlten Reisepreis unverzüglich zurück.

Sollte bereits zu einem früheren Zeitpunkt ersichtlich sein, dass die Mindestteilnehmerzahl nicht erreicht werden kann, hat der Reiseveranstalter den Kunden davon zu unterrichten.

c) Bis 4 Wochen vor Reiseantritt
Wenn die Durchführung der Reise nach Ausschöpfung aller Möglichkeiten für den Reiseveranstalter deshalb nicht zumutbar ist, weil das Buchungsaufkommen für diese Reise so gering ist, dass die dem Reiseveranstalter im Falle der Durchführung der Reise entstehenden Kosten eine Überschreitung der wirtschaftlichen Opfergrenze, bezogen auf diese Reise, bedeuten würde. Ein Rücktrittsrecht des Reiseveranstalter besteht jedoch nur, wenn er die dazu führenden Umstände nicht zu vertreten hat (z. B. kein Kalkulationsfehler) und wenn er die zu seinem Rücktritt führenden Umstände nachweist und wenn er dem Reisenden ein vergleichbares Ersatzangebot unterbreitet hat. Wird die Reise aus diesem Grund abgesagt, so erhält der Kunde den eingezahlten Reisepreis unverzüglich zurück. Zusätzlich wird ihm sein Buchungsaufwand pauschal erstattet, sofern er von einem Ersatzangebot des Reiseveranstalter keinen Gebrauch macht.

8. Aufhebung des Vertrages wegen außergewöhnlicher Umstände

Wird die Reise infolge bei Vertragsschluss nicht voraussehbarer höherer Gewalt erheblich erschwert, gefährdet oder beeinträchtigt, so können sowohl der Reiseveranstalter als auch der Reisende den Vertrag kündigen. Wird der Vertrag gekündigt, so kann der Reiseveranstalter für die bereits erbrachten oder zur Beendigung der Reise noch zu erbringenden Reiseleistungen eine angemessene Entschädigung verlangen. Weiterhin ist der Reiseveranstalter verpflichtet, die notwendigen Maßnahmen zu treffen, insbesondere, falls der Vertrag die Rückbeförderung umfasst, den Reisenden zurückzubefördern. Die Mehrkosten für die Rückbeförderung sind von den Parteien je zur Hälfte zu tragen. Im Übrigen fallen die Mehrkosten dem Reisenden zur Last.

9. Haftung des Reiseveranstalters

9.1 Der Reiseveranstalter haftet im Rahmen der Sorgfaltspflicht eines ordentlichen Kaufmanns für:

1. die gewissenhafte Reisevorbereitung;
2. die sorgfältige Auswahl und die Überwachung des Leistungsträgers;
3. die Richtigkeit der Beschreibung aller in den Katalogen angegebenen Reiseleistungen, sofern der Reiseveranstalter nicht gemäß Ziff. 3 vor Vertragsschluss eine Änderung der Prospektangaben erklärt hat;
4. die ordnungsgemäße Erbringung der vereinbarten Reiseleistungen.

9.2 Der Reiseveranstalter haftet für ein Verschulden der mit der Leistungserbringung betrauten Person.

9.3 Wird im Rahmen einer Reise oder zusätzlich zu dieser eine Beförderung im Linienverkehr erbracht und dem Reisenden hierfür ein entsprechender Beförderungsausweis ausgestellt, so erbringt der Reiseveranstalter insoweit Fremdleistungen, sofern er in der Reiseausschreibung und in der Reisebestätigung ausdrücklich darauf hinweist. Er haftet daher nicht für die Erbringung der Beförderungsleistung selbst. Eine etwaige Haftung regelt sich in diesem Fall nach den Beförderungsbestimmungen dieser Unternehmen, auf die der Reisende ausführlich hinzuweisen ist und die ihm auf Wunsch zugänglich zu machen sind.

10. Gewährleistung

A) Abhilfe
Wird die Reise nicht vertragsmäßig erbracht, so kann der Reisende Abhilfe verlangen. Der Reiseveranstalter kann die Abhilfe verweigern, wenn sie einen unverhältnismäßigen Aufwand erfordert.

Der Reiseveranstalter kann auch in der Weise Abhilfe schaffen, dass er eine gleichwertige Ersatzleistung erbringt. Der Reiseveranstalter kann die Abhilfe verweigern, wenn sie einen unverhältnismäßigen Aufwand erfordert.

B) Minderung des Reisepreises
Für die Dauer einer nicht vertragsgemäßen Erbringung der Reise kann der Reisende eine entsprechende Herabsetzung des Reisepreises verlangen (Minderung). Der Reisepreis ist in dem Verhältnis herabzusetzen, in welchem zur Zeit des Verkaufs der Wert der Reise in mangelfreiem Zustand zu dem wirklichen Wert gestanden haben würde. Die Minderung tritt nicht ein, soweit es der Reisende schuldhaft unterlässt, den Mangel anzuzeigen.

C) Kündigung des Vertrages
Wird eine Reise infolge eines Mangels erheblich beeinträchtigt und leistet der Reiseveranstalter innerhalb einer angemessenen Frist keine Abhilfe, so kann der Reisende im Rahmen der gesetzlichen Bestimmungen den Reisevertrag – in seinem eigenen Interesse und aus Beweissiche-

rungsgründen zweckmäßig durch schriftliche Erklärung – kündigen. Dasselbe gilt, wenn dem Reisenden die Reise infolge eines Mangels aus wichtigem, dem Reiseveranstalter erkennbaren Grund nicht zuzumuten ist. Der Bestimmung einer Frist für die Abhilfe bedarf es nur dann nicht, wenn Abhilfe unmöglich ist oder vom Reiseveranstalter verweigert wird oder wenn die sofortige Kündigung des Vertrages durch ein besonderes Interesse des Reisenden gerechtfertigt wird.

Er schuldet dem Reiseveranstalter den auf die in Anspruch genommenen Leistungen entfallenen Teil des Reisepreises, sofern diese Leistungen für ihn von Interesse waren.

D) Schadenersatz
Der Reisende kann unbeschadet der Minderung oder der Kündigung Schadenersatz wegen Nichterfüllung verlangen, es sei denn, der Mangel der Reise beruht auf einem Umstand, den der Reiseveranstalter nicht zu vertreten hat.

11. Beschränkung der Haftung

11.1 Die vertragliche Haftung des Reiseveranstalter für Schäden, die nicht Körperschäden sind, ist auf den dreifachen Reisepreis beschränkt,

1. soweit ein Schaden des Reisenden weder vorsätzlich noch grob fahrlässig herbeigeführt wird oder
2. soweit der Reiseveranstalter für einen dem Reisenden entstehenden Schaden allein wegen eines Verschuldens eines Leistungsträgers verantwortlich ist.

11.2 Für alle Schadenersatzansprüche des Kunden gegen den Reiseveranstalter aus unerlaubter Handlung, die nicht auf Vorsatz oder grober Fahrlässigkeit beruhen, haftet der Reiseveranstalter bei Personenschäden bis 150.000,– DM je Kunde und Reise. Die Haftungsbeschränkung für Sachschäden beträgt je Kunde und Reise 8.000,– DM. Liegt der Reisepreis über 2.666,– DM, ist die Haftung auf die Höhe des dreifachen Reisepreises beschränkt. Dem Kunden wird in diesem Zusammenhang im eigenen Interesse der Abschluss einer Reiseunfall- und Reisegepäckversicherung empfohlen.

11.3 Der Reiseveranstalter haftet nicht für Leistungsstörungen im Zusammenhang mit Leistungen, die als Fremdleistungen lediglich vermittelt werden (z. B. Sportveranstaltungen, Theaterbesuche, Ausstellungen usw.) und die in der Reiseausschreibung ausdrücklich als Fremdleistungen gekennzeichnet werden.

11.4 Ein Schadenersatzanspruch gegen den Reiseveranstalter ist insoweit beschränkt oder ausgeschlossen, als aufgrund internationaler Übereinkommen oder auf solchen beruhenden gesetzlichen Vorschriften, die auf die von einem Leistungsträger zu erbringenden Leistungen anzuwenden sind, ein Anspruch auf Schadenersatz gegen den Leistungsträger nur unter bestimmten Voraussetzungen oder Beschränkungen geltend gemacht werden kann oder unter bestimmten Voraussetzungen ausgeschlossen ist.

11.5 Kommt dem Reiseveranstalter die Stellung eines vertraglichen Luftfrachtführers zu, so regelt sich die Haftung nach den Bestimmungen des Luftverkehrsgesetzes in Verbindung mit den internationalen Abkommen von Warschau, Den Haag, Guadalajara und der Montrealer Vereinbarung (nur für Flüge nach USA und Kanada). Diese Abkommen beschränken in der Regel die Haftung des Luftfrachtführers für Tod oder Körperverletzung sowie für Verluste und Beschädigungen von Gepäck. Sofern der Reiseveranstalter in anderen Fällen Leistungsträger ist, haftet er nach den für diese geltenden Bestimmungen.

11.6 Kommt dem Reiseveranstalter bei Schiffsreisen die Stellung eines vertraglichen Reeders zu, so regelt sich die Haftung auch nach den Bestimmungen des Handelsgesetzbuches und des Binnenschifffahrtgesetzes.

12. Mitwirkungspflicht

Der Reisende ist verpflichtet, bei aufgetretenen Leistungsstörungen im Rahmen der gesetzlichen Bestimmungen mitzuwirken, eventuelle Schäden zu vermeiden oder gering zu halten.

Der Reisende ist insbesondere verpflichtet, seine Beanstandungen unverzüglich der örtlichen Reiseleitung zur Kenntnis zu geben. Diese ist beauftragt, für Abhilfe zu sorgen, sofern dies möglich ist. Unterlässt es der Reisende schuldhaft, einen Mangel anzuzeigen, so tritt ein Anspruch auf Minderung nicht ein.

13. Ausschluss von Ansprüchen und Verjährung

Ansprüche wegen nicht vertragsgemäßer Erbringung der Reise hat der Reisende innerhalb eines Monats nach vertraglich vorgesehener Beendigung der Reise gegenüber dem Reiseveranstalter geltend zu machen. Nach Ablauf der Frist kann der Reisende Ansprüche geltend machen, wenn er ohne Verschulden an der Einhaltung der Frist verhindert worden ist.

14. Pass-, Visa- und Gesundheitsvorschriften

Der Reiseveranstalter steht dafür ein, Staatsangehörige des Staates, in dem die Reise angeboten wird, über Bestimmungen von Pass-, Visa- und Gesundheitsvorschriften sowie deren eventuelle Änderungen vor Reiseantritt zu unterrichten. Für Angehörige anderer Staaten gibt das zuständige Konsulat Auskunft.

Der Reiseveranstalter haftet nicht für die rechtzeitige Erteilung und den Zugang notwendiger Visa durch die jeweilige diplomatische Vertretung, wenn der Reisende den Reiseveranstalter mit der Besorgung beauftragt hat, es sei denn, dass der Reiseveranstalter die Verzögerung zu vertreten hat.

Der Reisende ist für die Einhaltung aller für die Durchführung der Reise wichtigen Vorschriften selbst verantwortlich. Alle Nachteile, insbesondere die Zahlung von Rücktrittskosten, die aus der Nichtbefolgung dieser Vorschriften erwachsen, gehen zu seinen Lasten, ausgenommen wenn sie durch eine schuldhafte Falsch- oder Nichtinformation des Reiseveranstalters bedingt sind.

15. Unwirksamkeit einzelner Bestimmungen

Die Unwirksamkeit einzelner Bestimmungen des Reisevertrages hat nicht die Unwirksamkeit des gesamten Reisevertrages zur Folge.

16. Gerichtsstand

Der Reisende kann den Reiseveranstalter nur an dessen Sitz verklagen.

Für Klagen des Reiseveranstalters gegen den Reisenden ist der Wohnsitz des Reisenden maßgebend, es sei denn, die Klage richtet sich gegen Vollkaufleute oder Personen, die nach Abschluss des Vertrages ihren Wohnsitz oder gewöhnlichen Aufenthaltsort ins Ausland verlegt haben, oder deren Wohnsitz oder gewöhnlicher Aufenthalt im Zeitpunkt der Klageerhebung nicht bekannt ist. In diesen Fällen ist der Sitz des Reiseveranstalters maßgebend.

6. Frankfurter Tabelle zur Reisepreisminderung der 24. Zivilkammer des LG Frankfurt (veröffentlicht in NJW 1985, 113)

Art der Leistung	Mängelposition	Prozentsatz	Bemerkungen
I. Unterkunft	1 Abweichungen von dem gebuchten Objekt	10–25	je nach Entfernung
	2 Abweichende örtliche Lage (Strandentfernung)	5–15	
	3 Abweichende Art der Unterbringung im gebuchten Hotel (Hotel statt Bungalow, abweichendes Stockwerk)	5–10	
	4 Abweichende Art der Zimmer		
	a) DZ statt EZ	20	
	b) DreibettZ statt EZ	25	Entscheidend ist, ob Personen der gleichen Buchung oder unbekannte Reisende zusammen gelegt werden
	c) DreibettZ statt DZ	20–25	
	d) VierbettZ statt DZ	20–30	
	5 Mängel in der Ausstattung des Zimmers		
	a) zu kleine Fläche	5–10	
	b) fehlender Balkon	5–10	bei Zusage/ je nach Jahreszeit
	c) fehlender Meerblick	5–10	bei Zusage
	d) fehlendes (eigenes) Bad/WC	15–25	bei Buchung
	e) fehlendes (eigenes) WC	15	
	f) fehlende (eigene) Dusche	10	bei Buchung
	g) fehlende Klimaanlage	10–20	bei Zusage/je nach Jahreszeit bei Zusage
	h) fehlendes Radio/TV	5	
	i) zu geringes Mobiliar	5–15	
	k) Schäden (Risse, Feuchtigkeit etc.)	10–50	
	l) Ungeziefer	10–50	
	6 Ausfall von Versorgungseinrichtungen		
	a) Toilette	15	
	b) Bad/Warmwasserboiler	15	
	c) Stromausfall/Gasausfall	10–20	
	d) Wasser	10	
	e) Klimaanlage	10–20	je nach Jahreszeit
	f) Fahrstuhl	5–10	je nach Stockwerk

Art der Leistung	Mängelposition	Prozentsatz	Bemerkungen
	7 Service a) vollkommener Ausfall b) schlechte Reinigung c) ungenügender Wäschewechsel (Bettwäsche, Handtücher)	 25 10–20 5–10	
	8 Beeinträchtigungen a) Lärm am Tage b) Lärm in der Nacht c) Gerüche	 5–25 10–40 5–15	
	9 Fehlen der (zugesagten) Kureinrichtungen (Thermalbad, Massagen)	20–40	je nach Art der Projektzusage (z. B. »Kururlaub«)
II. Verpflegung	1. Vollkommener Ausfall	50	
	2 Inhaltliche Mängel a) Eintöniger Speisezettel b) Nicht genügend warme Speisen c) Verdorbene (ungenießbare) Speisen	 5 10 20–30	
	3 Service a) Selbstbedienung (statt Kellner) b) lange Wartezeiten c) Essen in Schichten d) Verschmutzte Tische e) Verschmutztes Geschirr, Besteck	 10–15 5–15 10 5–15 10–15	
	4 Fehlende Klimaanlage im Speisesaal	5–10	bei Zusage
III. Sonstiges	1 Fehlender oder verschmutzter Swimmingpool	10–20	bei Zusage
	2. Fehlendes Hallenbad a) bei vorhandenem Swimmingpool b) bei nicht vorhandenem Swimmingpool	 10 20	bei Zusage soweit nach Jahreszeit benutzbar
	3 Fehlende Sauna	5	bei Zusage
	4 Fehlender Tennisplatz	5–10	bei Zusage
	5 Fehlendes Minigolf	3–5	bei Zusage
	6 Fehlende Segelschule, Surfschule, Tauchschule	5–10	bei Zusage

Art der Leistung	Mängelposition	Prozentsatz	Bemerkungen
	7 Fehlende Möglichkeit zum Reiten	5–10	bei Zusage
	8 Fehlende Kinderbetreuung	5–10	bei Zusage
	9 Unmöglichkeit des Badens im Meer	10–20	je nach Prospektbeschreibung und zumutbarer Ausweichmöglichkeit
	10 Verschmutzter Strand	10–20	
	11 Fehlende Strandliegen, Sonnenschirme	5–10	bei Zusage
	12 Fehlende Snack- oder Strandbar	0–5	je nach Ersatzmöglichkeit
	13 Fehlender FKK-Strand	10–20	bei Zusage
	14 Fehlendes Restaurant oder Supermarkt a) bei Hotelverpflegung b) bei Selbstverpflegung	 0–5 10–20	bei Zusage/je nach Ausweichmöglichkeit
	15 Fehlende Vergnügungseinrichtungen (Disco, Nightclub, Kino, Animateure)	5–15	bei Zusage
	16 Fehlende Boutique oder Ladenstraße	0–5	je nach Ausweichmöglichkeit
	17 Ausfall von Landausflügen bei Kreuzfahrten	20–30	des anteiligen Reisepreises je Tag des Landausflugs
	18 Fehlende Reiseleitung a) bloße Organisation b) bei Besichtigungsreisen c) bei Studienreisen mit wissenschaftlicher Führung	 0–5 10–20 20–30	 bei Zusage
	19 Zeitverlust durch notwendigen Umzug a) im gleichen Hotel b) in anderes Hotel		anteiliger Reisepreis für ½ Tag 1 Tag
IV. Transport	1 Zeitlich verschobener Abflug über 4 Stunden hinaus	5	des anteiligen Reisepreises für einen Tag für jede weitere Stunde

Art der Leistung	Mängelposition	Prozentsatz	Bemerkungen
	2 Ausstattungsmängel a) Niedrigere Klasse b) Erhebliche Abweichung vom normalen Standard	 10–15 5–10	
	3 Service a) Verpflegung b) Fehlen der in der Flugklasse üblichen Unterhaltung (Radio, Film, etc.)	 5 5	
	4 Auswechslung des Transportmittels		Der auf die Transportverzögerung entfallende anteilige Reisepreis
	5 Fehlender Transfer vom Flugplatz (Bahnhof) zum Hotel		Kosten des Ersatztransportmittels

Erläuterungen zur Tabelle

1. Geringfügige Beeinträchtigungen bleiben außer Betracht.

2. Die Höhe des Prozentsatzes richtet sich bei Rahmensätzen nach der Intensität der Beeinträchtigung. Diese ist in der Regel unabhängig von den Eigenschaften des einzelnen Reisenden (Alter, Geschlecht, besondere Empfindlichkeit, besondere Unempfindlichkeit). Ausnahmen:
   a) Bei besonderen Eigenschaften oder Gebrechen eines Reisenden, die dem Reiseveranstalter bei Buchung bekannt waren, kann bei besonders erheblicher Beeinträchtigung der einzelne Tabellensatz und der Höchstprozentsatz um 50 % erhöht werden.
   b) Bei Mängeln der Gruppe III unterbleibt eine Minderung, wenn eine Beeinträchtigung für den Reisenden offenkundig oder nachweisbar nicht gegeben war.

3. Der Prozentsatz wird grundsätzlich vom Gesamtpreis (also einschließlich Transportkosten) erhoben.
   a) Soweit Beeinträchtigungen während der Reisedauer nur zeitweilig auftreten, wird für die Minderung der auf die entsprechende Zeit umgelegte Gesamtreisepreis der Minderung zugrunde gelegt. Gleiches gilt, wenn die Gewährleistung des Reiseveranstalters wegen schuldhaft unterlassener Anzeige des Mangels (§ 651 d II BGB) oder wegen Nichtannahme eines zumutbaren Ersatzangebots entfällt.
   b) In Ausnahmefällen (kleinere Mängel bis höchstens 10 %) kann der Prozentsatz dem (anteiligen) Aufenthaltspreis entnommen werden, wenn durch die Mängel der Gesamtzuschnitt der Reise nicht wesentlich verändert worden ist.
   c) Bei zusammengesetzten Reisen (z. B. Rundreise mit anschließendem Erholungsaufenthalt), von denen mindestens ein Reiseteil getrennt gebucht werden kann, ist die Minderung in der Regel aus dem Preis für den Reiseteil zu berechnen, auf den die Mängel entfallen. Ziff. 3, b und Ziff. 5 bleiben unberührt.

4. Bei Vorliegen mehrerer Mängelpositionen werden die Prozentsätze addiert.

   a) Ist Gegenstand des Vertrages die Leistung von Unterkunft und Vollpension, so dürfen folgende Gesamtprozentsätze innerhalb einer Leistungsgruppe nicht überschritten werden:

Gruppe I	(Unterkunft)	50 %
Gruppe II	(Verpflegung)	50 %
Gruppe III	(Sonstiges)	30 %
Gruppe IV	(Transport)	20 %

   b) Ist Gegenstand des Vertrages die Leistung von Unterkunft und Halbpension, so erhöhen sich die Tabellensätze der Gruppe I (mit Ausnahme von Position I/1) um ¼ = 25 % und vermindern sich die Tabellensätze der Gruppe II um ¼ = 25 %. Dabei dürfen folgende Gesamtprozentsätze innerhalb einer Leistungsgruppe nicht überschritten werden:

Gruppe I	(Unterkunft)	62,5 %
Gruppe II	(Verpflegung)	37,5 %
Gruppe III	(Sonstiges)	30 %
Gruppe IV	(Transport)	20%

   c) Ist Gegenstand des Vertrages die Leistung von Unterkunft mit Frühstück, so erhöhen sich die Tabellensätze der Gruppe I (mit Ausnahme der Position I/1) um $^{2}/_{3}$ = 66,6 %. Dabei dürfen folgende Gesamtprozentsätze innerhalb einer Leistungsgruppe nicht überschritten werden:

Gruppe I	(Unterkunft)	83,3 %
Gruppe II	(Verpflegung)	16,7 %
Gruppe III	(Sonstiges)	30 %
Gruppe IV	(Transport)	20 %

   d) Ist Gegenstand des Vertrages nur die Leistung von Unterkunft (ohne Verpflegung), so erhöhen sich die Tabellensätze der Gruppe I (mit Ausnahme von Position I/1) um 100 %; im Einzelfall kann der Gesamtprozentsatz der Gruppe I bis 100% gehen. Für die Gruppe III verbleibt es beim Gesamtprozentsatz von 30 %, für die Gruppe IV beim Gesamtprozentsatz von 20 %.

5. Ist die Reise in ihrer Gesamtheit durch Mängel einzelner Reiseleistungen oder durch Pflichtverletzungen des Reiseveranstalters schuldhaft erheblich beeinträchtigt worden, so kann dem Reisenden über die Minderungssätze der Tabelle nach Ziff. 2 und über die in Ziff. 3 a, vorgesehene Begrenzung auf den betroffenen Zeitraum hinaus der Reisepreis ganz oder teilweise als nutzlose Aufwendung gemäß § 651 f II BGB erstattet werden.

6.

   a) Eine Kündigung nach § 651 e I 651 BGB kommt in der Regel nur in Betracht, wenn Mängel mit einem Gesamtgewicht von mindestens 20 % vorliegen. Hierbei ist bei einer Kündigung nach Fristsetzung (§ 651 e II S. 1 BGB) auf die nicht fristgerecht behobenen Mängel, bei einer sofortigen Kündigung (§ 651 e II S. 2 BGB) auf die bei Abgabe der Kündigungserklärung vorliegenden Mängel abzustellen.

b) Ein Schadenersatzanspruch nach § 651 f II BGB in Form der Kosten für einen Ersatzurlaub kommt in der Regel nur in Betracht, wenn – nicht fristgerecht behobene – Mängel mit einem Gesamtgewicht von mindestens 50 % vorliegen.

c) Eine Reiseleistung ist ohne Interesse für den Reisenden i. S. des § 651 e III S. 3 BGB, wenn – nicht fristgerecht behobene – Mängel im Gesamtgewicht von mindestens 50 % vorgelegen haben.

d) Im Rahmen dieser Ziff. 6 a-c bleiben die in Ziff. 4 b–d vorgesehene Erhöhung und Verminderung der Prozentsätze außer Betracht.

Ergänzungen zu den Erläuterungen (Stand 1. 1. 1994)*

1. Die Frankfurter Tabelle zur Reisepreisminderung[1] ist in der Folgezeit hinsichtlich der Prozentsätze nicht geändert worden. Dies beruhte auf dem Umstand, dass – im Gegensatz zu den zahlreichen Unterhaltstabellen – die Prozentsätze der Tabelle ohne weiteres die Änderung der Geld- und Preisverhältnisse berücksichtigen.

2. Die *24. Zivilkammer* des LG *Frankfurt,* die die Tabelle entwickelt und seither in ständiger Rechtsprechung angewandt hat, sah auch keinen Anlass, die Tabelle durch Aufnahme weiterer Mängelpositionen fort zu entwickeln, obwohl gelegentlich typische Situationen von häufig auftretenden Mängeln zur Entscheidung anstanden. Sie hat in diesen Fällen sich bei der Bemessung der Minderung an ähnliche Positionen der Tabelle angelehnt, zumal die Tabellenwerte nur Richtsätze[2] enthalten. In atypischen Fällen hat sie die Minderung – wie andere Gerichte auch – nach den Umständen des Einzelfalles berechnet, hierbei aber die in Nr. 4 der Erläuterungen genannten Höchstgrenzen eingehalten.[3]

3. Dagegen hat die *24. Zivilkammer* in den nachfolgenden Fällen die *Erläuterungen* der Tabelle[4] abgeändert bzw. ergänzt.

a) Erläuterung 3. Der Grundsatz: »Der Prozentsatz wird grundsätzlich von dem Gesamtreisepreis (also einschließlich Transportkosten) erhoben« gilt nach wie vor.[5] Es sind aber zusätzlich zu den in 3 a) + b) erwähnten Fällen folgende Ausnahmen zugelassen worden:

(1) Etwaige von dem Reisenden gezahlte Versicherungsbeiträge sind von dem Gesamtreisepreis abzuziehen, da der Reisende hierfür eine von dem Pauschalreisevertrag abweichende Versicherungsleistung erhält.[6]

---

* *Tempel,* NJW 1994, 1639 f.

1 NJW 1985, 113.

2 Beispiele: NJW-RR 1990, 571 (Verlust von Reisegepäck); NJW-RR 1990, 1017 (Teilausfälle bei einer Besichtigungreise); NJW-RR 1991, 316 (mangelhafter Flugkomfort); NJW-RR 1991, 630 (Verlängerung der Reise durch verspäteten Rückflug).

3 Beispiele: NJW 1989, 2397 (behinderter Rollstuhlfahrer); NJW-RR 1989, 1399 (Ferienfahrschule); NJW-RR 1990, 761; 1990, 1210 (Sprachreisen); NJW-RR 1990, 1211 (erzwungenes Umsteigen einer schwerbehinderten Flugreisenden).

4 NJW 1985, 115.

5 Hierzu *Tempel,* NJW 1985, 99.

6 NJW-RR 1992, 51.

(2) Etwaige Zuschläge für Flugbeförderungen erster Klasse bleiben außer Ansatz.[7] Gleiches gilt sinngemäß für sonstige Zuschläge betreffend einen zusätzlichen Komfort.

(3) Kosten für zusätzliche Zwischenübernachtungen bei der An- und Abreise bleiben ebenfalls außer Ansatz.[8] Dieser Ausnahmefall ist aber durch Nr. 3 b bereits gedeckt.

b) *Erläuterung 3 c.* Bei zusammengesetzten Reisen ist in Abweichung von der bisherigen Fassung die *Kammer* dazu übergegangen, von dem Gesamtreisepreis auszugehen und diesen auf die einzelnen Reiseteile umzulegen.[9] Dies bedeutet im Ergebnis, dass die Transportkosten (Flug etc.), die meist in der Vergütung für *einen* Reiseteil voll erfasst sind, anteilig auf die Reiseteile umgelegt werden, also vermieden wird, dass sie bei einem Reiseteil voll, bei dem anderen Reiseteil (z. B. anschließende Erholungs-Verlängerungswoche nach einer Rundreise) überhaupt nicht zu Buche schlagen.[10]

c) *Erläuterung 5.* Die Erstattung des Reisepreises als nutzlose Aufwendung hat die *24. Zivilkammer* nicht mehr auf § 651 f II, sondern auf § 651 f I gestützt.[11] Dieser Wechsel in der Anspruchsgrundlage war notwendig geworden, nachdem die *Kammer* im Grundsatzurteil vom 19. 9. 1988[12] die Entschädigung nach § 651 f II BGB als *immateriellen* Ausgleich eingestuft hatte. Notwendige Folge ist, dass nunmehr auch Beeinträchtigungen unter 50% je nach Intensität zu einer teilweisen Erstattung des Reisepreises führen können und bei Erreichen der 50%-Grenze eine zusätzliche Entschädigung nach § 651 f II BGB in Betracht kommt.[13]

d) *Erläuterung 6 e.* Ebenso wie bei der Erläuterung 5[14] ist der Anspruch auf Ersatz der Kosten für eine Ersatzreise nunmehr auf § 651 f I BGB zu stützen, da es sich um den Ersatz für einen *materiellen* Schaden handelt. Damit gilt die bei § 651 f II BGB gezogene Grenze von 50% nicht mehr. Allerdings wird man auch bei § 651 f I BGB einen Ersatzurlaub nur dann für notwendig halten können, wenn der Urlaub erheblich beeinträchtigt worden ist. Ein Grundsatzurteil der *Kammer,* wann dies der Fall ist und ob hierbei auf einen bestimmten Prozentsatz der Mängel abzustellen ist, steht noch aus.[15] Über die Berechnung des Anspruchs auf Erstattung der Kosten der Ersatzreise enthält die Erläuterung erst recht keine Angaben.[16]

4. Unter Beachtung der vorangegangenen Ausführungen müssten die Erläuterungen der Tabelle unter Nrn. 3, 5, 6 b wie folgt lauten:

---

7 NJW-RR 1992, 890.

8 NJW-RR 1993, 952.

9 NJW-RR 1992, 115.

10 Vgl. hierzu *Tempel,* NJW 1985, 100, re. Sp.

11 NJW-RR 1989, 1213.

12 NJW-RR 1988, 1451.

13 NJW-RR 1992, 823; 1993, 1330; a. A. hier *OLG Düsseldorf,* NJW-RR 1991, 55.

14 Siehe oben c).

15 Es spricht aber viel dafür, auch hier die zu § 651 f II bisher praktizierte Grenze von 50% zumindest als Regelsatz zu übernehmen.

16 So müssten wohl auf die Kosten der Ersatzreise die aufgrund der mangelhaften Reise erstatteten Minderungsbeträge und der nach § 651 f I BGB erstattete nutzlose Reisepreis (s. o. im Text unter 3 c) angerechnet werden, so dass nur der überschießende Differenzbetrag als Ausgleich in Betracht kommt.

3. Der Prozentsatz wird grundsätzlich vom Gesamtreisepreis (also einschließlich Transportkosten) erhoben. Dabei werden die vom Reisenden gezahlten Beiträge für Versicherungen und Zuschläge für erhöhten Flugkomfort abgezogen.

a) unverändert.

b) unverändert.

c) Bei zusammengesetzten Reisen (z. B. Rundreise mit anschließendem Hotelaufenthalt) ist die Minderung aus dem Gesamtreisepreis zu berechnen. Soweit einzelne Reiseteile betroffen sind, ist Nr. 3 a) entsprechend anzuwenden.

5. Ist die Reise in ihrer Gesamtheit durch Mängel einzelner Reiseleistungen oder durch Pflichtverletzungen des Reiseveranstalters schuldhaft erheblich beeinträchtigt worden, so kann dem Reisenden über die Minderungssätze der Tabelle nach Nr. 2 und über die in Nr. 3 a) vorgesehene Begrenzung auf den betroffenen Zeitraum hinaus der Reisepreis ganz oder teilweise als nutzlose Aufwendung nach § 651 f I BGB erstattet werden.

6. a) unverändert.

b) Ein Schadenersatzanspruch nach § 651 f I BGB in Form der Kosten für einen Ersatzurlaub kommt in der Regel nur in Betracht, wenn – nicht fristgerecht behobene – erhebliche Mängel die Reise derart beeinträchtigt haben, dass eine Ersatzreise für den Reisenden notwendig ist.

II. Beherbergungsrecht

1. Bürgerliches Gesetzbuch (Auszug) §§ 701–704 Einbringung von Sachen bei Gastwirten

§ 701 [Haftung des Gastwirts] (1) Ein Gastwirt, der gewerbsmäßig Fremde zur Beherbergung aufnimmt, hat den Schaden zu ersetzen, der durch den Verlust, die Zerstörung oder die Beschädigung von Sachen entsteht, die ein im Betrieb dieses Gewerbes aufgenommener Gast eingebracht hat.

(2) Als eingebracht gelten

1. Sachen, welche in der Zeit, in der der Gast zur Beherbergung aufgenommen ist, in die Gastwirtschaft oder an einen von dem Gastwirt oder dessen Leuten angewiesenen oder von dem Gastwirt allgemein hierzu bestimmten Ort außerhalb der Gastwirtschaft gebracht oder sonst außerhalb der Gastwirtschaft von dem Gastwirt oder dessen Leuten in Obhut genommen sind;
2. Sachen, welche innerhalb einer angemessenen Frist vor oder nach der Zeit, in der der Gast zur Beherbergung aufgenommen war, von dem Gastwirt oder seinen Leuten in Obhut genommen sind.

Im Falle einer Anweisung oder einer Übernahme der Obhut durch Leute des Gastwirts gilt dies jedoch nur, wenn sie dazu bestellt oder nach den Umständen als dazu bestellt anzusehen waren.

(3) Die Ersatzpflicht tritt nicht ein, wenn der Verlust, die Zerstörung oder die Beschädigung von dem Gast, einem Begleiter des Gastes oder einer Person, die der Gast bei sich aufgenommen hat, oder durch die Beschaffenheit der Sachen oder durch höhere Gewalt verursacht wird.

(4) Die Ersatzpflicht erstreckt sich nicht auf Fahrzeuge, auf Sachen, die in einem Fahrzeug belassen worden sind, und auf lebende Tiere.

§ 702 [Haftungsbegrenzung – Wertsachen] (1) Der Gastwirt haftet auf Grund des § 701 nur bis zu einem Betrage, der dem Hundertfachen des Beherbergungspreises für einen Tag entspricht, jedoch mindestens bis zu dem Betrage von eintausend Deutsche Mark und höchstens bis zu dem Betrage von sechstausend Deutsche Mark; für Geld, Wertpapiere und Kostbarkeiten tritt an die Stelle von sechstausend Deutsche Mark der Betrag von eintausendfünfhundert Deutsche Mark.

(2) Die Haftung des Gastwirts ist unbeschränkt,

1. wenn der Verlust, die Zerstörung oder die Beschädigung von ihm oder seinen Leuten verschuldet ist;
2. wenn es sich um eingebrachte Sachen handelt, die er zur Aufbewahrung übernommen oder deren Übernahme zur Aufbewahrung er entgegen der Vorschrift des Absatzes 3 abgelehnt hat.

(3) Der Gastwirt ist verpflichtet, Geld, Wertpapiere, Kostbarkeiten und andere Wertsachen zur Aufbewahrung zu übernehmen, es sei denn, dass sie im Hinblick auf die Größe oder den Rang

der Gastwirtschaft von übermäßigem Wert oder Umfang oder dass sie gefährlich sind. Er kann verlangen, dass sie in einem verschlossenen oder versiegelten Behältnis übergeben werden.

§ 702 a [Haftungserlass] (1) Die Haftung des Gastwirts kann im Voraus nur erlassen werden, soweit sie den nach § 702 Abs. 1 maßgeblichen Höchstbetrag übersteigt. Auch insoweit kann sie nicht erlassen werden für den Fall, dass der Verlust, die Zerstörung oder die Beschädigung von dem Gastwirt oder von Leuten des Gastwirts vorsätzlich oder grob fahrlässig verursacht wird oder dass es sich um Sachen handelt, deren Übernahme zur Aufbewahrung der Gastwirt entgegen der Vorschrift des § 702 Abs. 3 abgelehnt hat.

(2) Der Erlass ist nur wirksam, wenn die Erklärung des Gastes schriftlich erteilt ist und wenn sie keine anderen Bestimmungen enthält.

§ 703 [Erlöschen des Ersatzanspruchs] Der dem Gast auf Grund der §§ 701, 702 zustehende Anspruch erlischt, wenn nicht der Gast unverzüglich, nachdem er von dem Verlust, der Zerstörung oder der Beschädigung Kenntnis erlangt hat, dem Gastwirt Anzeige macht. Dies gilt nicht, wenn die Sachen von dem Gastwirt zur Aufbewahrung übernommen waren oder wenn der Verlust, die Zerstörung oder die Beschädigung von ihm oder seinen Leuten verschuldet ist.

§ 704 [Pfandrecht des Gastwirts] Der Gastwirt hat für seine Forderungen für Wohnung und andere dem Gaste zur Befriedigung seiner Bedürfnisse gewährte Leistungen, mit Einschluss der Auslagen, ein Pfandrecht an den eingebrachten Sachen des Gastes. Die für das Pfandrecht des Vermieters geltenden Vorschriften des § 559 Satz 3 und der §§ 560 bis 563 finden entsprechende Anwendung.

III. Beförderungsrecht

1. Warschauer Abkommen vom 12. Oktober 1929 in der Fassung des Haager Protokolls vom 28. September 1955 (BGBl. 1959 II, 292) (Auszug)

Art. 17

Der Luftfrachtführer hat den Schaden zu ersetzen, der dadurch entsteht, dass ein Reisender getötet, körperlich verletzt oder sonst gesundheitlich geschädigt wird, wenn der Unfall, durch den der Schaden verursacht wurde, sich an Bord des Luftfahrzeuges oder beim Ein- oder Aussteigen ereignet hat.

Art. 18

(1) Der Luftfrachtführer hat den Schaden zu ersetzen, der durch Zerstörung, Verlust oder Beschädigung von aufgegebenem Reisegepäck oder von Gütern entsteht, wenn das Ereignis, durch das der Schaden verursacht wurde, während der Luftbeförderung eingetreten ist.

(2) Der Ausdruck »Luftbeförderung« im Sinne des vorstehenden Absatzes umfasst den Zeitraum, während dessen das Reisegepäck oder die Güter sich auf einem Flughafen, an Bord eines Flugzeugs oder, bei Landung außerhalb eines Flughafens, an einem beliebigen Ort unter der Obhut des Luftfrachtführers befinden.

(3) ...

Art. 19

Der Luftfrachtführer hat den Schaden zu ersetzen, der durch Verspätung bei der Luftbeförderung von Reisenden, Gepäck oder Gütern entsteht.

Art. 20

Die Ersatzpflicht tritt nicht ein, wenn der Luftfrachtführer beweist, dass er und seine Leute alle erforderlichen Maßnahmen zur Verhütung des Schadens getroffen haben, oder dass sie diese Maßnahmen nicht treffen konnten.

Art. 21

Beweist der Luftfrachtführer, dass ein eigenes Verschulden des Geschädigten den Schaden verursacht oder bei der Entstehung des Schadens mitgewirkt hat, so kann das Gericht nach Maßgabe seines heimischen Rechts entscheiden, dass der Luftfrachtführer nicht oder nur in vermindertem Umfang zum Schadenersatz verpflichtet ist.

Art. 22

(1) Bei der Beförderung von Personen haftet der Luftfrachtführer jedem Reisenden gegenüber nur bis zu einem Betrage von 250.000 Franken. Kann nach dem Recht des angerufenen Gerichts die Entschädigung in Form einer Geldrente festgesetzt werden, so darf der Kapitalwert der Rente diesen Höchstbetrag nicht übersteigen. Der Reisende kann jedoch mit dem Luftfrachtführer eine höhere Haftsumme besonders vereinbaren.

(2) a) Bei der Beförderung von aufgegebenem Reisegepäck und von Gütern haftet der Luftfrachtführer nur bis zu einem Betrage von 250 Franken für das Kilogramm. Diese Beschränkung gilt nicht, wenn der Absender bei der Aufgabe des Stückes das Interesse an der Lieferung besonders deklariert und den etwa vereinbarten Zuschlag entrichtet hat. In diesem Falle hat der Luftfrachtführer bis zur Höhe des deklarierten Betrages Ersatz zu leisten, sofern er nicht beweist, dass dieser höher ist als das tatsächliche Interesse des Absenders an der Lieferung.

b) Im Falle des Verlustes, der Beschädigung oder der Verspätung eines Teils des aufgegebenen Reisegepäcks oder der Güter oder irgendeines darin enthaltenen Gegenstandes kommt für die Feststellung, bis zu welchem Betrag der Luftfrachtführer haftet, nur das Gesamtgewicht der betroffenen Stücke in Betracht. Beeinträchtigt jedoch der Verlust, die Beschädigung oder die Verspätung eines Teils des aufgegebenen Reisegepäcks oder der Güter oder eines darin enthaltenen Gegenstandes den Wert anderer auf demselben Fluggepäckschein oder demselben Luftfrachtbrief aufgeführter Stücke, so wird das Gesamtgewicht dieser Stücke für die Feststellung, bis zu welchem Betrag der Luftfrachtführer haftet, berücksichtigt.

(3) Die Haftung des Luftfrachtführers für Gegenstände, die der Reisende in seiner Obhut behält, ist auf einen Höchstbetrag von 5.000 Franken gegenüber jedem Reisenden beschränkt.

(4) Die in diesem Artikel festgesetzten Haftungsbeschränkungen hindern das Gericht nicht, zusätzlich nach seinem Recht einen Betrag zuzusprechen, der ganz oder teilweise den vom Kläger aufgewendeten Gerichtskosten und sonstigen Ausgaben für den Rechtsstreit entspricht. Diese Bestimmung findet keine Anwendung, wenn der zugesprochene Schadenersatz ohne Berücksichtigung der Gerichtskosten und der sonstigen Ausgaben für den Rechtsstreit denjenigen Betrag nicht übersteigt, den der Luftfrachtführer dem Kläger schriftlich innerhalb einer Frist von sechs Monaten seit dem Ereignis, das den Schaden verursacht hat, oder, falls die Klage nach Ablauf dieser Frist erhoben worden ist, vor ihrer Erhebung angeboten hat.

(5) Die in diesem Artikel angegebenen Frankenbeträge beziehen sich auf eine Währungseinheit im Werte von 651/2 Milligramm Gold von 900/1000 Feingehalt. Sie können in abgerundete Beträge einer jeden Landeswährung umgewandelt werden. Die Umwandlung dieser Beträge in andere Landeswährungen als Goldwährungen erfolgt im Falle eines eingerichteten Verfahrens nach dem Goldwert dieser Währung im Zeitpunkt der Entscheidung.

Art. 23

(1) Jede Bestimmung des Beförderungsvertrages, durch welche die Haftung des Luftfrachtführers ganz oder teilweise ausgeschlossen oder die in diesem Abkommen bestimmte Haftsumme herabgesetzt werden soll, ist nichtig; ihre Nichtigkeit hat nicht die Nichtigkeit des Vertrages zur Folge, dieser bleibt den Vorschriften dieses Abkommens unterworfen.

(2) Absatz 1 ist nicht anzuwenden auf Bestimmungen des Beförderungsvertrages über Verlust oder Beschädigungen, die aus der Eigenart der beförderten Güter oder einem ihnen anhaftenden Mangel herrühren.

Art. 24

(1) In den Fällen der Artikel 18 und 19 kann ein Anspruch auf Schadenersatz, auf welchem Rechtsgrund er auch beruht, nur unter den Voraussetzungen und Beschränkungen geltend gemacht werden, die in diesem Abkommen vorgesehen sind.

(2) Die Vorschrift des vorstehenden Absatzes findet auch in den Fällen des Artikels 17 Anwendung. Die Frage, welche Personen zur Klage berechtigt sind und was für Rechte ihnen zustehen, wird hierdurch nicht berührt.

Art. 25

Die in Artikel 22 vorgesehenen Haftungsbeschränkungen gelten nicht, wenn nachgewiesen wird, dass der Schaden durch eine Handlung oder Unterlassung des Luftfrachtführers oder seiner Leute verursacht worden ist, die entweder in der Absicht, Schaden herbeizuführen, oder leichtfertig und in dem Bewusstsein begangen wurde, dass ein Schaden mit Wahrscheinlichkeit eintreten werde. Im Fall einer Handlung oder Unterlassung der Leute ist außerdem zu beweisen, dass diese in Ausführung ihrer Verrichtungen gehandelt haben.

Art. 25 A

(1) Wird einer der Leute des Luftfrachtführers wegen eines Schadens in Anspruch genommen, der unter dieses Abkommen fällt, so kann er sich auf die Haftungsbeschränkungen berufen, die nach Artikel 22 für den Luftfrachtführer gelten, sofern er beweist, dass er in Ausführung seiner Verrichtungen gehandelt hat.

(2) Der Gesamtbetrag, der in diesem Falle von dem Luftfrachtführer und seinen Leuten als Ersatz zu leisten ist, darf die genannten Haftsummen nicht übersteigen.

(3) Die Vorschriften der Absätze 1 und 2 sind nicht anzuwenden, wenn nachgewiesen wird, dass der Schaden durch eine Handlung oder Unterlassung der Leute des Luftfrachtführers verursacht worden ist, die entweder in der Absicht, Schaden herbeizuführen, oder leichtfertig und in dem Bewusstsein begangen wurde, dass ein Schaden mit Wahrscheinlichkeit eintreten werde.

Art. 26

(1) Nimmt der Empfänger Reisegepäck oder Güter vorbehaltlos an, so wird bis zum Beweis des Gegenteils vermutet, dass sie in gutem Zustand und dem Beförderungsschein entsprechend abgeliefert worden sind.

(2) Im Fall einer Beschädigung muss der Empfänger unverzüglich nach Entdeckung des Schadens, aber jedenfalls bei Reisegepäck binnen sieben und bei Gütern binnen vierzehn Tagen nach der Annahme dem Luftfrachtführer Anzeige erstatten. Im Fall einer Verspätung muss die Anzeige binnen einundzwanzig Tagen, nachdem das Reisegepäck oder das Gut dem Empfänger zur Verfügung gestellt worden ist, erfolgen.

(3) Jede Beanstandung muss auf den Beförderungsschein gesetzt oder in anderer Weise schriftlich erklärt und innerhalb der dafür vorgesehenen Frist abgesandt werden.

(4) Wird die Anzeigefrist versäumt, so ist jede Klage gegen den Luftfrachtführer ausgeschlossen, es sei denn, dass dieser arglistig handelt.

Art. 28

(1) Die Klage auf Schadenersatz muss in dem Gebiet eines der Hohen Vertragsschließenden Teile erhoben werden, und zwar nach Wahl des Klägers entweder bei dem Gericht des Ortes, wo der Luftfrachtführer seinen Wohnsitz hat oder wo sich seine Hauptbetriebsleitung oder diejenige seiner Geschäftsstellen befindet, durch die der Vertrag abgeschlossen worden ist, oder bei dem Gericht des Bestimmungsortes.

(2) Das Verfahren richtet sich nach den Gesetzen des angerufenen Gerichts.

Art. 29

(1) Die Klage auf Schadenersatz kann nur binnen einer Ausschlussfrist von zwei Jahren erhoben werden. Die Frist beginnt mit dem Tage, an dem das Luftfahrzeug am Bestimmungsort angekommen ist, oder an dem es hätte ankommen sollen, oder an dem die Beförderung abgebrochen worden ist.

(2) Die Berechnung der Frist bestimmt sich nach den Gesetzen des angerufenen Gerichts.

2. Verordnung (EG) Nr. 2027/97 des Rates über die Haftung von Luftfahrtunternehmen bei Unfällen

vom 9. 10. 1997 (ABl. EG Nr. L 285 vom 17. 10. 1997)

Artikel 1

(1) Diese Verordnung regelt die Haftung von Luftfahrtunternehmen der Gemeinschaft für Schäden bei Unfällen, bei denen ein Fluggast getötet, körperlich verletzt oder sonst gesundheitlich geschädigt wird, sofern sich der Unfall, durch den der Schaden verursacht worden ist, an Bord eines Flugzeugs oder beim Ein- oder Ausstieg ereignet hat.

(2) In dieser Verordnung werden außerdem einige Anforderungen an den Versicherungsschutz von Luftfahrtunternehmen der Gemeinschaft geklärt.

Mit dieser Verordnung werden ferner einige Anforderungen festgelegt, denen Luftfahrtunternehmen, die nicht in der Gemeinschaft niedergelassen sind und Flüge nach, aus oder innerhalb der Gemeinschaft durchführen, hinsichtlich der Information der Fluggäste nachzukommen haben.

Artikel 2

(1) Im Sinne dieser Verordnung bedeutet:

a) »*Luftfahrtunternehmen*« ein Lufttransportunternehmen mit einer gültigen Betriebsgenehmigung;

b) »*Luftfahrtunternehmen der Gemeinschaft*« ein Luftfahrtunternehmen mit einer von einem Mitgliedstaat im Einklang mit der Verordnung (EWG) Nr. 2407/92 erteilten gültigen Betriebsgenehmigung;

c) »*Schadenersatzberechtigter*« ein Fluggast oder jede Person, die in Bezug auf diesen Fluggast gemäß den geltenden Rechtsvorschriften schadenersatzberechtigt ist;

d) »*Ecu*« die bei der Aufstellung des Gesamthaushaltsplans der Europäischen Gemeinschaften gemäß den Artikeln 207 und 209 des Vertrags verwendete Rechnungseinheit;

e) »*SZR*« ein Sonderziehungsrecht gemäß der Definition des Internationalen Währungsfonds;

f) »*Warschauer Abkommen*« das am 12. Oktober 1929 in Warschau unterzeichnete Abkommen zur Vereinheitlichung von Regeln über die Beförderung im internationalen Luftverkehr bzw. das Warschauer Abkommen in der durch das Haager Protokoll vom 28. September 1955 geänderten Fassung und das in Guadalajara am 18. September 1961 geschlossene Zusatzabkommen zum Warschauer Abkommen – je nachdem welches auf den Fluggastbeförderungsvertrag Anwendung findet – sowie alle anderen internationalen Vereinbarungen, die auf diesem Abkommen aufbauen oder mit ihm im Zusammenhang stehen und in Kraft sind.

(2) Die in dieser Verordnung verwendeten Begriffe, die nicht in Absatz 1 definiert sind, entsprechen den im Warschauer Abkommen benutzten Begriffen.

Artikel 3

(1) a) Die Haftung eines Luftfahrtunternehmens der Gemeinschaft für Schäden bei Unfällen, bei denen ein Fluggast getötet, körperlich verletzt oder sonst gesundheitlich geschädigt wird, ist keiner durch Rechtsvorschriften, Übereinkünfte oder Verträge festgelegten finanziellen Begrenzung unterworfen.

b) Die Versicherungspflicht nach Artikel 7 der Verordnung (EWG) Nr. 2407/92 ist in dem Sinne zu verstehen, dass ein Luftfahrtunternehmen der Gemeinschaft bis zu der in Artikel 3 Absatz 2 festgelegten Haftungsbegrenzung und darüber hinaus bis zu einer angemessenen Höhe versichert sein muss.

(2) Bei Schäden bis zu einem 100 000 SZR entsprechenden Betrag in Ecu kann das Luftfahrtunternehmen der Gemeinschaft auch dann keine Haftungsfreistellung oder Haftungsbegrenzung geltend machen, wenn es beweist, dass es selbst oder sein Personal alle erforderlichen Maßnahmen zur Verhütung des Schadens getroffen hat oder dass diese Maßnahmen nicht getroffen werden konnten.

(3) Unbeschadet des Absatzes 2 kann das Luftfahrtunternehmen der Gemeinschaft – sofern es nachweist, dass der Schaden durch die Fahrlässigkeit der geschädigten oder getöteten Person verursacht oder mit verursacht wurde – gemäß dem anwendbaren Recht ganz oder teilweise von seiner Haftung befreit werden.

Artikel 4

Wird ein Fluggast bei einem Unfall getötet, körperlich verletzt oder sonst gesundheitlich geschädigt, so besagt keine Bestimmung dieser Verordnung, dass

a) das Luftfahrtunternehmen der Gemeinschaft die einzige schadenersatzpflichtige Partei ist oder

b) die Rechte des Luftfahrtunternehmens der Gemeinschaft, eine Mithaftung oder Entschädigung seitens einer anderen Partei gemäß den geltenden Rechtsvorschriften zu erwirken, eingeschränkt werden.

Artikel 5

(1) Das Luftfahrtunternehmen der Gemeinschaft zahlt unverzüglich, keinesfalls jedoch später als fünfzehn Tage nach der Feststellung der Identität der schadenersatzberechtigten natürlichen Person, einen Vorschuss zur Befriedigung der unmittelbaren wirtschaftlichen Bedürfnisse, und zwar im Verhältnis zur Schwere des Falles.

(2) Unbeschadet des Absatzes 1 beläuft sich dieser Vorschuss mindestens auf einen 15000 SZR entsprechenden Betrag in Ecu je Fluggast im Todesfall.

(3) Der Vorschuss stellt keine Haftungsanerkennung dar und kann mit den eventuell später aufgrund der Haftung des Luftfahrtunternehmens der Gemeinschaft gezahlten Beträgen verrechnet werden, ist aber nicht zurückzuzahlen, es sei denn, es handelt sich um Fälle gemäß Artikel 3 Absatz 3 oder um Fälle, in denen in der Folge nachgewiesen wird, dass die Person, die den Vorschuss erhalten hat, den Schaden durch Fahrlässigkeit verursacht oder mit verursacht hat oder keinen Schadenersatzanspruch hatte.

Artikel 6

(1) Die Bestimmungen der Artikel 3 und 5 werden in die Beförderungsbedingungen des Luftfahrtunternehmens der Gemeinschaft aufgenommen.

(2) Angemessene Auskünfte über die Bestimmungen der Artikel 3 und 5 sind den Fluggästen in den Vertretungen des Luftfahrtunternehmens der Gemeinschaft sowie in Reisebüros, an den Abfertigungsschaltern und den Verkaufsstellen auf Anfrage zu erteilen. Auf dem Beförderungsschein oder einem Äquivalent werden diese Bestimmungen in zusammengefasster Form in einfacher und verständlicher Sprache wiedergegeben.

(3) Luftfahrtunternehmen mit Sitz außerhalb der Gemeinschaft, die Flüge nach, aus oder innerhalb der Gemeinschaft durchführen und nicht die Bestimmungen der Artikel 3 und 5 anwenden, informieren die Fluggäste beim Kauf des Beförderungsscheins in den Vertretungen des Luftfahrtunternehmens, in Reisebüros oder an den Abfertigungsschaltern im Gebiet des Mitgliedstaats ausdrücklich und eindeutig darüber. Die Fluggäste erhalten von den Luftfahrtunternehmen ein Formblatt mit deren Beförderungsbedingungen. Allein die Angabe einer Haftungsgrenze auf dem Beförderungsschein oder einem Äquivalent ist als Information nicht ausreichend.

Artikel 7

Die Kommission erstellt bis spätestens zwei Jahre nach Inkrafttreten dieser Verordnung einen Bericht über die Anwendung dieser Verordnung, in dem unter anderem den wirtschaftlichen Entwicklungen und den in internationalen Gremien sich vollziehenden Entwicklungen Rechnung getragen wird. Dieser Bericht kann durch Vorschläge für eine Überprüfung dieser Verordnung ergänzt werden.

Artikel 8

Diese Verordnung tritt ein Jahr nach ihrer Veröffentlichung im *Amtsblatt der Europäischen Gemeinschaften* in Kraft.

Diese Verordnung ist in allen ihren Teilen verbindlich und gilt unmittelbar in jedem Mitgliedstaat.

3. Verordnung (EWG) Nr. 265/91 des Rates über eine gemeinsame Regelung für ein System von Ausgleichsleistungen bei Nichtbeförderung im Linienflugverkehr

vom 4. 2. 1991 (ABl. EG Nr. L 35/5 vom 8. 2. 1991)

Art. 1 [Anwendungsbereich]

Mit dieser Verordnung wird ungeachtet des Staates, in dem ein Luftfahrtunternehmen ansässig ist, der Staatsangehörigkeit des Fluggastes und des Zielortes eine gemeinsame Mindestregelung für den Fall eingeführt, dass Fluggäste auf einem überbuchten Linienflug von einem Flughafen im Gebiet des Mitgliedstaats, auf das der Vertrag anwendbar ist, nicht befördert werden, obwohl sie hierfür einen gültigen Flugschein mit bestätigter Buchung vorweisen können.

Art. 2 [Definitionen]

Im Sinne dieser Verordnung bedeuten

a) *Nichtbeförderung* das Zurückweisen von Fluggästen, obwohl sie

- einen gültigen Flugschein und
- für diesen Flug eine bestätigte Buchung vorweisen können und
- sich rechtzeitig und unter Einhaltung der sonstigen Bedingungen vor dem Abflug gemeldet haben;

b) *bestätigte Buchung,* dass ein vom Luftfahrtunternehmen oder dessen genehmigten Reisevermittlern verkaufter Flugschein folgende Angaben enthält;

- Nummer, Datum und Uhrzeit des Fluges sowie
- den Vermerk OK oder einen sonstigen Vermerk in dem dafür vorgesehenen Feld des Flugscheins, durch den das Luftfahrtunternehmen anzeigt, dass es die Buchung erfasst und förmlich bestätigt hat;

c) *Linienflug* ein Flug, der sämtliche nachstehenden Merkmale aufweist:

- er wird mit Luftfahrzeugen zur gewerblichen Beförderung von Fluggästen oder von Fluggästen und Fracht und/oder Post durchgeführt, wobei die Plätze entweder unmittelbar durch das Luftfahrtunternehmen oder dessen genehmigte Reisevermittler im freien Verkauf angeboten werden, und
- er dient der Verkehrsverbindung zwischen zwei oder mehr Punkten,

  i) nach einem offiziellen Flugplan oder

  ii) durch so regelmäßige oder häufige Flüge, dass sie eine erkennbare systematische Flugfolge bilden;

d) *überbuchter Flug* ein Flug, für den mehr Fluggäste eine bestätigte Buchung besitzen und sich rechtzeitig und unter Einhaltung der sonstigen Bedingungen vor dem Abflug gemeldet haben, als Plätze vorhanden sind;

c) *Freiwilliger* ein Fluggast, der

- einen gültigen Flugschein und
- eine Bestätigung besitzt und
- sich rechtzeitig und unter Einhaltung der sonstigen Bedingungen vor dem Abflug gemeldet hat und
- der dem Aufruf des Luftfahrtunternehmens, gegen einen entsprechenden Ausgleich von seiner bestätigten Buchung zurückzutreten, nachkommt;

d) *Endziel* der Zielort auf dem am Meldeschalter vorgelegten Flugschein bzw. bei aufeinander folgenden Flügen der Zielort auf dem letzten Flugscheinabschnitt. Anschlussflüge, die trotz einer durch Nichtbeförderung verursachten Verspätung ohne weiteres erreicht werden können, bleiben unberücksichtigt.

Art. 3 [Belehrung; Freiwillige; Behinderte; Kinder]

(1) Das Luftfahrtunternehmen muss die Regeln festlegen, nach denen es im Falle überbuchter Flüge bei der Beförderung der Fluggäste verfährt. Das Luftfahrtunternehmen teilt diese Regeln und etwaige Änderungen dem betreffenden Mitgliedstaat und der Kommission mit, die sie den übrigen Mitgliedstaaten zur Verfügung stellt. Etwaige Änderungen treten einen Monat nach ihrer Mitteilung in Kraft.

(2) Die in Absatz 1 genannten Regeln müssen in den Reisebüros und an den Meldeschaltern des Luftfahrtunternehmens eingesehen werden können.

(3) In den in Absatz 1 genannten Regeln sollte die Möglichkeit vorgesehen werden, Freiwillige zu ermitteln, die bereit sind, auf die Beförderung zu verzichten.

(4) Auf jeden Fall sollte das Luftfahrtunternehmen die Interessen von Fluggästen berücksichtigen, die aus berechtigten Gründen vorrangig zu befördern sind, wie Personen mit eingeschränkter Bewegungsfähigkeit und allein reisende Kinder.

Art. 4 [Mindestausgleichsleistungen]

(1) Bei Nichtbeförderung kann der Fluggast wählen zwischen

- der vollständigen Erstattung des Flugscheinpreises für den Teil der Reise, für den keine Beförderung stattfindet,
- der schnellstmöglichen Beförderung zum Endziel oder
- einer späteren Beförderung zu einem dem Fluggast gelegenen Zeitpunkt.

(2) Unabhängig davon, für welche der in Absatz 1 genannten Möglichkeiten sich der Fluggast entscheidet, zahlt das Luftfahrtunternehmen sofort nach der Zurückweisung eines Fluggasts

- 150 ECU bei Flügen bis zu 3500 km,
- 300 ECU bei Flügen von mehr als 3500 km,

wobei das auf dem Flugschein angegebene Endziel maßgebend ist.

(3) Bietet das Luftfahrtunternehmen eine Beförderung zum Endziel mit einem anderen Flug an, der bei einer Flugverbindung bis zu 3500 km höchstens zwei Stunden später als zur plan-

mäßigen Ankunftszeit des ursprünglich gebuchten Fluges und bei Flugverbindungen von mehr als 3500 km höchstens vier Stunden später ankommt, so können die in Absatz 2 genannten Ausgleichsleistungen um 50% gekürzt werden.

(4) Die Ausgleichsleistungen können auf den Preis des Flugscheins für den Flug zum Endziel begrenzt werden.

(5) Die Ausgleichsleistungen werden in bar oder mit Einverständnis des Fluggastes in Form von Reisegutscheinen und/oder anderen Dienstleistungen gezahlt.

(6) Fluggäste, die bereit sind, bei überbuchten Flügen in einer niedrigeren Klasse als der zu reisen, für die sie einen Flugschein gelöst haben, haben Anspruch auf Erstattung der Preisdifferenz.

(7) Die in den Absätzen 2 und 3 genannten Entfernungen werden nach der Methode der Großkreisentfernung ermittelt (Orthodromstrecke).

Art. 5 [Pauschalflugreise]

(1) Im Falle der Nichtbeförderung auf einem Flug, der als Teil einer Pauschalreise verkauft wurde, ist das Luftfahrtunternehmen verpflichtet, den Veranstalter, der mit dem Fluggast einen Vertrag abgeschlossen hat und diesem gegenüber für die korrekte Ausführung dieses Pauschalreisevertrages aufgrund der Richtlinie 90/314/EWG des Rates vorn 13. Juni 1990 über Pauschalreisen haftet, zu entschädigen.

(2) Unbeschadet der Rechte und Pflichten nach der Richtlinie 90/314/EWG muss der Veranstalter die nach Absatz l erhaltenen Beträge dem Fluggast zugute kommen lassen.

Art. 6 [Kostenlose Leistungen]

(1) Über die Mindestausgleichsleistungen gemäß Artikel 4 hinaus hat das Luftfahrtunternehmen für nicht beförderte Fluggäste folgende Leistungen kostenlos zu erbringen:

a) Erstattung der Kosten eines Telefongesprächs und/oder eines Fernschreibens/Telefaxes zum Zielort;

b) Mahlzeiten und Erfrischungen in angemessenem Verhältnis zur Wartezeit;

c) Hotelkosten, falls eine oder mehrere Übernachtung(en) erforderlich ist (sind).

(2) Wird eine Stadt oder ein Gebiet von mehreren Flughäfen bedient, so hat das Luftfahrtunternehmen, das einem nichtbeförderten Fluggast einen Flug nach einem anderen als dem von ihm gebuchten Zielflughafen anbietet, diesem Fluggast die Fahrtkosten zwischen diesen beiden Flughäfen oder nach Vereinbarung nach einem anderen nahe gelegenen Ersatzziel zu erstatten.

Art. 7 [Sondertarif]

Das Luftfahrtunternehmen braucht keinen Ausgleich bei Nichtbeförderung zu zahlen, wenn der Fluggast kostenlos oder zu einem Niedrigtarif fliegt, der weder direkt noch indirekt für die Allgemeinheit gilt.

Art. 8 [Antragsformular]

Die Luftfahrtunternehmen geben an alle nicht beförderten Fluggäste ein Antragsformular aus, in dem die Bestimmungen über Ausgleichszahlungen bei Nichtbeförderung aufgeführt sind.

Art. 9 [Geltungsbereich]

(1) Diese Verordnung gilt unbeschadet einer späteren Klage auf zusätzliche Entschädigung vor den zuständigen Gerichten.

(2) Absatz 1 gilt nicht für Fluggäste im Sinne von Artikel 2 Buchstabe e), die einer Ausgleichsleistung entsprechend den in Artikel 3 genannten Regeln zugestimmt haben.

Art. 10 [Inkrafttreten]

Diese Verordnung tritt zwei Monate nach ihrer Veröffentlichung im Amtsblatt der Europäischen Gemeinschaft in Kraft.

Diese Verordnung ist in allen ihren Teilen verbindlich und gilt unmittelbar in jedem Mitgliedstaat.

4. Zweites Seerechtsänderungsgesetz (Auszug)
vom 25. 7. 1986 (BGBl. I, 1120)

Artikel 1
Änderungen des Handelsgesetzbuchs

Das Handelsgesetzbuch in der im Bundesgesetzblatt Teil III, Gliederungsnummer 4100–1, veröffentlichten bereinigten Fassung, zuletzt geändert durch Artikel 1 des Gesetzes vom 19. Dezember 1985 (BGBl. I S. 2355), wird wie folgt geändert:

9. Die Überschrift des Fünften Abschnitts des Fünften Buches wird wie folgt gefasst:

»Fünfter Abschnitt
Beförderung von Reisenden und ihrem Gepäck«

10. § 664 wird wie folgt gefasst:

§ 664

(1) Für Schäden, die bei der Beförderung von Reisenden und ihrem Gepäck auf See durch den Tod oder die Körperverletzung eines Reisenden oder den Verlust oder die Beschädigung von Gepäck entstehen, haftet vorbehaltlich des Absatzes 2 der Beförderer nach den diesem Gesetz als Anlage beigefügten Bestimmungen über die Beförderung von Reisenden und ihrem Gepäck auf See. Die §§ 486 bis 487 e bleiben unberührt.

(2) Unterliegt eine Beförderung im Sinne des Absatzes 1 einer Haftungsregelung nach den Vorschriften über die Beförderung von Reisenden oder Gepäck durch ein anderes Beförderungsmittel als ein Seeschiff, so gelten die Bestimmungen der Anlage nicht, soweit jene Vorschriften auf die Beförderung auf See zwingend anzuwenden sind.

11. Dem Handelsgesetzbuch wird folgende Anlage angefügt:

Anlage (zu § 664)
Bestimmungen über die Beförderung von Reisenden und ihrem Gepäck auf See
Artikel 1 [Begriffsbestimmungen]

In den Bestimmungen dieser Anlage sind die folgenden Ausdrücke in dem nachstehend angegebenen Sinn verwendet:

1.

a) »Beförderer« bedeutet eine Person, durch oder für die ein Beförderungsvertrag geschlossen worden ist, gleichgültig, ob die Beförderung tatsächlich von ihr oder von einem ausführenden Beförderer durchgeführt wird;

b) »ausführender Beförderer« bedeutet eine andere Person als den Beförderer, gleichgültig, ob es sich um den Schiffseigentümer, den Charterer, den Reeder oder Ausrüster handelt, welcher die Beförderung ganz oder teilweise tatsächlich durchführt;

2. »Beförderungsvertrag« bedeutet einen durch oder für einen Beförderer geschlossenen Vertrag über die Beförderung eines Reisenden oder über die Beförderung eines Reisenden und seines Gepäcks auf See;

3. »Schiff« bedeutet ausschließlich ein Seeschiff;

4. »Reisender« bedeutet eine auf einem Schiff beförderte Person,

a) die auf Grund eines Beförderungsvertrages befördert wird oder

b) die mit Zustimmung des Beförderers ein Fahrzeug oder lebende Tiere begleitet, die Gegenstand eines Vertrags über die Beförderung von Gütern sind, für den diese Anlage nicht gilt;

5. »Gepäck« bedeutet alle Gegenstände oder Fahrzeuge, die der Beförderer auf Grund eines Beförderungsvertrags befördert, ausgenommen

a) Gegenstände oder Fahrzeuge, die auf Grund eines Chartervertrags, eine Konnossements oder eines anderen Vertrags befördert werden, der in erster Linie die Beförderung von Gütern betrifft, und

b) lebende Tiere;

6. »Kabinengepäck« bedeutet Gepäck, das der Reisende in seiner Kabine oder sonst in seinem Besitz, seiner Obhut oder unter seiner Aufsicht hat. Ausgenommen bei der Anwendung von Nummer 8 dieses Artikels und von Artikel 6 schließt das Kabinengepäck das Gepäck ein, das der Reisende in oder auf seinem Fahrzeug hat;

7. »Verlust oder Beschädigung von Gepäck« schließt einen Vermögensschaden ein, der sich daraus ergibt, dass das Gepäck dem Reisenden nicht innerhalb einer angemessenen Frist nach Ankunft des Schiffes, auf dem das Gepäck befördert worden ist oder hätte befördert werden sollen, wieder ausgehändigt worden ist, schließt aber keine Verspätung ein, die durch Arbeitsstreitigkeiten entstanden sind;

8. »Beförderung« umfasst folgende Zeiträume:

a) hinsichtlich des Reisenden und seines Kabinengepäcks den Zeitraum, während dessen sich der Reisende und/oder sein Kabinengepäck an Bord des Schiffs befinden oder ein- oder ausgeschifft werden, und den Zeitraum, während dessen der Reisende und sein Kabinengepäck auf dem Wasserweg vom Land auf das Schiff oder umgekehrt befördert werden, wenn die Kosten dieser Beförderung im Beförderungspreis inbegriffen sind oder wenn das für diese zusätzliche Beförderung benutzte Wasserfahrzeug dem Reisenden vom Beförderer zur Verfügung gestellt worden ist. Hinsichtlich des Reisenden umfasst die Beförderung jedoch nicht den Zeitraum, während dessen er sich in einer Hafenstation, auf einem Kai oder in oder auf einer anderen Hafenanlage befindet;

b) hinsichtlich des Kabinengepäcks auch den Zeitraum, während dessen sich der Reisende in einer Hafenstation, auf einem Kai oder auf einer anderen Hafenanlage befindet, wenn dieses Gepäck von dem Beförderer oder seinen Bediensteten oder Beauftragten übernommen und dem Reisenden nicht wieder ausgehändigt worden ist;

c) hinsichtlich anderen Gepäcks als Kabinengepäck den Zeitraum von der Übernahme durch den Beförderer oder seine Bediensteten oder Beauftragten an Land oder an Bord bis zur Wiederaushändigung durch den Beförderer oder seine Bediensteten oder Beauftragten.

Artikel 2 [Haftung des Beförderers]

(1) Der Beförderer haftet für den Schaden, der durch den Tod oder die Körperverletzung eines Reisenden und durch Verlust oder Beschädigung von Gepäck entsteht, wenn das den Schaden verursachende Ereignis während der Beförderung eingetreten ist und auf einem Verschulden des Beförderers oder seiner in Ausübung ihrer Verrichtungen handelnden Bediensteten oder Beauftragten beruht.

(2) Die Beweislage dafür, dass das den Schaden verursachende Ereignis während der Beförderung eingetreten ist, und für das Ausmaß des Schadens liegt beim Kläger.

(3) Verschulden des Beförderers oder seiner in Ausübung ihrer Verrichtungen handelnden Bediensteten oder Beauftragten wird bis zum Beweis des Gegenteils vermutet, wenn der Tod oder die Körperverletzung des Reisenden oder der Verlust oder die Beschädigung von Kabinengepäck durch Schiffbruch, Zusammenstoß, Strandung, Explosion, Feuer oder durch Mangel des Schiffes entstanden ist oder mit einem dieser Ereignisse in Zusammenhang steht. Bei Verlust oder Beschädigung anderen Gepäcks wird das Verschulden bis zum Beweis des Gegenteils ungeachtet der Art des den Verlust oder die Beschädigung verursachenden Ereignisses vermutet. In allen Fällen obliegt dem Kläger der Beweis, dass dieser Verlust oder diese Beschädigung auf Verschulden beruht.

Artikel 3 [Ausführender Beförderer]

(1) Ist die Beförderung ganz oder teilweise einem ausführenden Beförderer übertragen worden, so bleibt der Beförderer dennoch für die gesamte Beförderung nach den Bestimmungen dieser Anlage haftbar. Daneben unterliegt der ausführende Beförderer in Bezug auf den von ihm durchgeführten Teil der Beförderung den Bestimmungen dieser Anlage und kann sich auf sie berufen.

(2) Der Beförderer haftet hinsichtlich der von dem ausführenden Beförderer durchgeführten Beförderungen für die Handlungen und Unterlassungen des ausführenden Beförderers sowie der in Ausübung ihrer Verrichtungen handelnden Bediensteten oder Beauftragten des ausführenden Beförderers.

(3) Jede besondere Vereinbarung, durch welche der Beförderer Verpflichtungen übernimmt, die ihm durch die Bestimmungen dieser Anlage nicht auferlegt werden, oder auf Rechte verzichtet, die diese Bestimmungen ihm gewähren, wird hinsichtlich des ausführenden Beförderers nur wirksam, wenn dieser ihr ausdrücklich und schriftlich zugestimmt hat.

(4) Soweit sowohl der Beförderer als auch der ausführende Beförderer haftbar sind, haften sie gesamtschuldnerisch.

(5) Dieser Artikel berührt das Rückgriffsrecht zwischen Beförderer und ausführendem Beförderer nicht.

Artikel 4 [Wertsachen]

Der Beförderer haftet nicht für den Verlust oder die Beschädigung von Geld, begebbaren Wertpapieren, Gold, Silber, Juwelen, Schmuck, Kunstgegenständen oder sonstigen Wertsachen, es sei denn, dass solche Wertsachen bei dem Beförderer zur sicheren Aufbewahrung hinterlegt worden sind; in diesem Fall haftet der Beförderer bis zu dem in Artikel 6 Abs. 3

festgelegten Höchstbetrag, sofern nicht nach Artikel 7 Abs. 1 ein höherer Betrag vereinbart worden ist.

Artikel 5 [Haftungsbeschränkung bei Körperverletzung]

Die Haftung des Beförderers bei Tod oder Körperverletzung eines Reisenden ist in jedem Fall auf einen Betrag von 320.000 Deutsche Mark je Beförderung beschränkt. Dies gilt auch für den Kapitalwert einer als Entschädigung festgesetzten Rente.

Artikel 6 [Haftungsbeschränkung für Verlust oder Beschädigung von Gepäck]

(1) Die Haftung des Beförderers für Verlust oder Beschädigung von Kabinengepäck ist in jedem Fall auf einen Betrag von 4.000 Deutsche Mark je Reisenden und je Beförderung beschränkt.

(2) Die Haftung des Beförderers für Verlust oder Beschädigung von Fahrzeugen, einschließlich des in oder auf dem Fahrzeug beförderten Gepäcks, ist in jedem Fall auf 16.000 Deutsche Mark je Fahrzeug und je Beförderung beschränkt.

(3) Die Haftung des Beförderers für Verlust oder Beschädigung allen anderen als des in den Absätzen 1 und 2 erwähnten Gepäcks ist in jedem Fall auf 6.000 Deutsche Mark je Reisenden und je Beförderung beschränkt.

(4) Der Beförderer und der Reisende können vereinbaren, dass der Beförderer nur unter Abzug eines Betrags haftet, der bei Beschädigung eines Fahrzeugs 600,– Deutsche Mark und bei Verlust oder Beschädigung anderen Gepäcks 60,– Deutsche Mark je Reisenden nicht übersteigen darf. Dieser Betrag wird von der Schadensumme abgezogen.

Artikel 7 [Ergänzungsbestimmungen über Haftungshöchstbeträge]

(1) Der Beförderer und der Reisende können ausdrücklich und schriftlich höhere Haftungshöchstbeträge als die in den Artikeln 5 und 6 vorgeschriebenen vereinbaren.

(2) Zinsen und Verfahrenskosten fallen nicht unter die in den Artikeln 5 und 6 vorgeschriebenen Haftungshöchstbeträge.

Artikel 8 [Einreden und Beschränkungen für die Bediensteten des Beförderers]

Wird ein Bediensteter oder Beauftragter des Beförderers oder des ausführenden Beförderers wegen eines Schadens, der unter die Bestimmungen dieser Anlage fällt, in Anspruch genommen, so kann er sich, sofern er beweist, dass er in Ausübung seiner Verrichtungen gehandelt hat, auf die Einreden und Haftungsbeschränkungen berufen, die nach den Bestimmungen dieser Anlage für den Beförderer oder den ausführenden Beförderer gelten.

Artikel 9 [Mehrere Ansprüche]

(1) Werden die Haftungshöchstbeträge nach den Artikeln 5 und 6 wirksam, so beziehen sie sich auf den Gesamtbetrag aller Schadenersatzansprüche, die durch Tod oder Körperverletzung eines Reisenden oder durch Verlust oder Beschädigung seines Gepäcks entstehen.

(2) Bei der Beförderung durch einen ausführenden Beförderer darf der Gesamtbetrag des Schadenersatzes, der von dem Beförderer und dem ausführenden Beförderer sowie von ihren in Ausübung ihrer Verrichtungen handelnden Bediensteten und Beauftragten erlangt werden kann, den Höchstbetrag nicht übersteigen, der dem Beförderer oder dem ausführenden Beförderer nach den Bestimmungen dieser Anlage auferlegt werden kann, mit der Maßgabe, dass keine der erwähnten Personen für mehr als den für sie zutreffenden Höchstbetrag haftet.

(3) In allen Fällen, in denen sich Bedienstete oder Beauftragte des Beförderers oder des ausführenden Beförderers nach Artikel 8 auf die Haftungshöchstbeträge nach den Artikeln 5 und 6 berufen können, darf der Gesamtbetrag des Schadenersatzes, der von dem Beförderer oder dem ausführenden Beförderer sowie von diesen Bediensteten oder Beauftragten erlangt werden kann, diese Höchstbeträge nicht übersteigen.

Artikel 10 [Verlust des Rechts auf Haftungsbeschränkung]

(1) Der Beförderer verliert das Recht auf Haftungsbeschränkung nach den Artikeln 5, 6 und 7 Abs. 1, wenn der Schaden von ihm oder einem seiner Bediensteten oder Beauftragten in Ausübung ihrer Verrichtung vorsätzlich oder grob fahrlässig herbeigeführt worden ist.

(2) Ein Bediensteter oder Beauftragter des Beförderers oder des ausführenden Beförderers verliert das Recht auf Haftungsbeschränkung, wenn ihm Vorsatz oder grobe Fahrlässigkeit zur Last fällt.

Artikel 11 [Grundlage für Ansprüche]

Eine Schadenersatzklage wegen Tod oder Körperverletzung eines Reisenden oder wegen Verlust oder Beschädigung von Gepäck kann gegen einen Beförderer oder ausführenden Beförderer nur auf der Grundlage der Bestimmungen dieser Anlage erhoben werden.

Artikel 12 [Anzeige des Verlusts oder der Beschädigung von Gepäck]

(1) Der Reisende hat an den Beförderer oder dessen Beauftragten eine schriftliche Anzeige zu richten

a) bei äußerlich erkennbarer Beschädigung des Gepäcks:

   i) bei Kabinengepäck vor oder in dem Zeitpunkt der Ausschiffung des Reisenden,

   ii) bei anderem Gepäck vor oder in dem Zeitpunkt, zu dem es wieder ausgehändigt wird;

b) bei äußerlich nicht erkennbarer Beschädigung oder Verlust des Gepäcks innerhalb von fünfzehn Tagen nach dem Tag der Ausschiffung oder Aushändigung oder nach dem Zeitpunkt, zu dem die Aushändigung hätte erfolgen sollen.

(2) Hält der Reisende die Vorschriften dieses Artikels nicht ein, so wird bis zum Beweis des Gegenteils vermutet, dass er sein Gepäck unbeschädigt erhalten hat.

(3) Einer schriftlichen Anzeige bedarf es nicht, wenn der Zustand des Gepäcks im Zeitpunkt seines Empfangs von den Parteien gemeinsam festgestellt oder geprüft worden ist.

Artikel 13 [Verjährung von Schadenersatzansprüchen]

(1) Ansprüche auf Schadenersatz wegen Tod oder Körperverletzung eines Reisenden oder wegen Verlust oder Beschädigung von Gepäck verjähren in zwei Jahren.

(2) Die Verjährungsfrist beginnt

a) bei Körperverletzung mit dem Tag der Ausschiffung des Reisenden;

b) bei Tod während der Beförderung mit dem Tag, an dem der Reisende hätte ausgeschifft werden sollen, und bei Körperverletzung während der Beförderung, wenn diese den Tod des Reisenden nach der Ausschiffung zur Folge hat, mit dem Tag des Todes, jedoch kann die Verjährungsfrist einen Zeitraum von dreißig Jahren vom Tag der Ausschiffung an nicht überschreiten;

c) bei Verlust oder Beschädigung von Gepäck mit dem Tag der Ausschiffung oder mit dem Tag, an dem die Ausschiffung hätte erfolgen sollen, je nachdem, welches der spätere Zeitpunkt ist.

(3) Ungeachtet der Absätze 1 und 2 kann die Verjährungsfrist durch Erklärung des Beförderers oder durch Vereinbarung der Parteien nach der Entstehung des Anspruchsgrundes verlängert werden. Erklärung und Vereinbarung bedürfen der Schriftform.

Artikel 14 [Zuständiges Gericht]

Für Klagen, die auf Grund der Bestimmungen dieser Anlage erhoben werden, ist auch das Gericht zuständig, in dessen Bezirk sich der in dem Beförderungsvertrag bestimmte Abgangs- oder Bestimmungsort befindet.

Artikel 15 [Nichtige Vereinbarungen]

Jede vor Eintritt des Ereignisses, das den Tod oder die Körperverletzung eines Reisenden oder den Verlust oder die Beschädigung seines Gepäcks verursacht hat, getroffene Vereinbarung, die bezweckt, den Beförderer von seiner Haftung gegenüber dem Reisenden zu befreien oder einen niedrigeren als den in Bestimmungen dieser Anlage festgelegten Haftungshöchstbetrag zu bestimmen, mit Ausnahme der in Artikel 6 Abs. 4 vorgesehenen Vereinbarung, sowie jede solche Vereinbarung, die bezweckt, die beim Beförderer liegende Beweislast umzukehren oder die Zuständigkeit des in Artikel 14 bezeichneten Gerichts auszuschließen, ist nichtig; die Nichtigkeit dieser Vereinbarungen hat jedoch nicht die Nichtigkeit des Beförderungsvertrages zur Folge; dieser bleibt den Bestimmungen dieser Anlage unterworfen.

Artikel 16 [Gewerbsmäßige Beförderung durch öffentlich-rechtliche Körperschaften]

Die Bestimmungen dieser Anlage gelten auch für gewerbsmäßige Beförderungen, die ein Staat oder eine sonstige öffentlich-rechtliche Körperschaft oder Anstalt auf Grund eines Beförderungsvertrags nach Artikel 1 vornimmt.

5. Binnenschifffahrtsgesetz (Auszug)

BGBl. III, 4103–1, geändert durch Artikel 3 des Gesetzes vom 21. 4. 1986 (BGBl. I, 551)

§ 4 a

(1) Für Ansprüche auf Ersatz des Schadens aus der Tötung oder Verletzung von Reisenden, die auf dem Schiff befördert werden, haftet der Schiffseigner persönlich, nicht nur mit Schiff und Fracht. Die Haftung ist auf einen Betrag von 150.000 Deutsche Mark multipliziert mit der Zahl der Reisenden, die das Schiff nach dem Schiffszeugnis befördern darf, höchstens jedoch auf einen Betrag von 30 Millionen Deutsche Mark beschränkt. Übersteigen die Entschädigungen, die mehreren Reisenden auf Grund desselben Ereignisses zu leisten sind, insgesamt den in Satz 2 bezeichneten Höchstbetrag, so verringern sich die einzelnen Entschädigungen in dem Verhältnis, in dem der Gesamtbetrag zu dem Höchstbetrag steht. Die Beschränkung der Haftung gilt nicht, wenn der Schaden auf eine Handlung oder Unterlassung zurückzuführen ist, die von dem Schiffseigner selbst in der Absicht, einen solchen Schaden herbeizuführen, oder leichtfertig und in dem Bewusstsein begangen wurde, dass ein solcher Schaden mit Wahrscheinlichkeit eintreten werde.

(2) Werden Ansprüche der in Absatz 1 bezeichneten Art gegen

1. den Charterer
2. eine Person der Schiffsbesatzung oder einen an Bord tätigen Lotsen, sofern diese Person den Schaden in Ausführung von Dienstverrichtungen verursacht hat,

geltend gemacht, so kann der Schuldner sich auf die Haftungsbeschränkung nach Absatz 1 Satz 2 und 3 berufen; für Ansprüche gegen einen an Bord tätigen Lotsen gilt § 487 c Abs. 2 des Handelsgesetzbuchs entsprechend. Der in Absatz 1 Satz 2 bestimmte Höchstbetrag gilt für die Gesamtheit der Ansprüche, die aus demselben Ereignis gegen den Schiffseigner und die in Satz 1 genannten Personen entstanden sind. Jedoch kann ein Schuldner sich auf die Haftungsbeschränkung nicht berufen, wenn der Schaden auf eine Handlung oder Unterlassung zurückzuführen ist, die von ihm selbst in der Absicht, einen solchen Schaden herbeizuführen, oder leichtfertig und in dem Bewusstsein begangen wurde, dass ein solcher Schaden mit Wahrscheinlichkeit eintreten werde.

IV. Reiseversicherungsrecht

1. Allgemeine Bedingungen für die Reise-Rücktrittskosten-Versicherung (ABRV)

§ 1 Versicherungsumfang

1. Der Versicherer leistet Entschädigung:

a) bei Nichtantritt der Reise für die dem Reiseunternehmen oder einem anderen vom Versicherten vertraglich geschuldeten Rücktrittskosten;

b) bei Abbruch der Reise für die nachweislich entstandenen zusätzlichen Rückreisekosten und die hierdurch unmittelbar verursachten sonstigen Mehrkosten des Versicherten, vorausgesetzt, dass An- und Abreise in dem versicherten Arrangement enthalten sind; dies gilt auch im Falle nachträglicher Rückkehr. Bei Erstattung dieser Kosten wird in Bezug auf Art und Klasse des Transportmittels, der Unterkunft und Verpflegung auf die durch die Reise gebuchte Qualität abgestellt. Wenn abweichend von der gebuchten Reise die Rückreise mit Flugzeug erforderlich wird, werden nur die Kosten für einen Sitzplatz in der einfachsten Flugzeugklasse ersetzt. Nicht gedeckt sind Heilkosten, Kosten für Begleitpersonen sowie Kosten für die Überführung eines verstorbenen Versicherten.

2. Der Versicherer ist im Umfang von Ziffer 1 leistungspflichtig, wenn infolge einer der nachstehend genannten wichtigen Gründe entweder die Reiseunfähigkeit des Versicherten nach allgemeiner Lebenserfahrung zu erwarten ist oder ihm der Antritt der Reise oder deren planmäßige Beendigung nicht zugemutet werden kann:

a) Tod, schwerer Unfall oder unerwartete schwere Erkrankung des Versicherten, seines Ehegatten, seiner Kinder, Eltern, Geschwister, Großeltern, Enkel, Schwiegereltern, Schwiegerkinder oder, wenn die Reise für 2 Personen gemeinsam gebucht wurde, der zweiten Person, vorausgesetzt, dass diese gleichfalls versichert ist;

b) Impfunverträglichkeit des Versicherten oder im Falle gemeinsamer Reise, seines Ehegatten, der minderjährigen Kinder oder Geschwister des Versicherten oder der Eltern eines minderjährigen Versicherten, sofern der Angehörige ebenfalls versichert ist;

c) Schwangerschaft einer Versicherten oder, im Falle gemeinsamer Reise, des versicherten Ehegatten oder der versicherten Mutter eines minderjährigen Versicherten;

d) Schaden am Eigentum des Versicherten oder, im Falle gemeinsamer Reise, eines der in Ziffer 2 b) genannten versicherten Angehörigen des Versicherten infolge von Feuer, Elementarereignis oder vorsätzlicher Straftat eines Dritten, sofern der Schaden im Verhältnis zu der wirtschaftlichen Lage und dem Vermögen des Geschädigten erheblich oder sofern zur Schadenfeststellung seine Anwesenheit notwendig ist.

§ 2 Ausschlüsse

1. Der Versicherer haftet nicht:

a) bei Tod, Unfall oder Krankheit von Angehörigen, die das 75. Lebensjahr vollendet haben;

b) für die Gefahren des Krieges, Bürgerkrieges oder kriegsähnlicher Ereignisse und solche, die sich unabhängig vom Kriegszustand aus der feindlichen Verwendung von Kriegswerkzeugen sowie aus dem Vorhandensein von Kriegswerkzeug als Folge einer dieser Gefahren ergeben, politische Gewalthandlungen, Aufruhr, sonstige bürgerliche Unruhen und Kernenergie.

2. Der Versicherer ist von der Verpflichtung zur Leistung frei, wenn für den Versicherungsnehmer/Versicherten der Versicherungsfall bei Abschluss der Versicherung voraussehbar war oder der Versicherungsnehmer/ Versicherte ihn vorsätzlich oder grob fahrlässig herbeigeführt hat.

§ 3 Versicherungswert, Versicherungssumme, Selbstbehalt

1. Die Versicherungssumme soll dem vollen ausgeschriebenen Reisepreis (Versicherungswert) entsprechen. Kosten für darin nicht enthaltene Leistungen (z. B. für Zusatzprogramme) sind mitversichert, wenn sie bei der Höhe der Versicherungssumme berücksichtigt wurden. Der Versicherer haftet bis zur Höhe der Versicherungssumme abzüglich Selbstbehalt; sollten die nachweislich entstandenen zusätzlichen Rückreisekosten den Versicherungswert übersteigen, so ersetzt der Versicherer auch den über den Versicherungswert hinausgehenden Betrag abzüglich Selbstbehalt.

2. Bei jedem Versicherungsfall trägt der Versicherte einen Selbstbehalt. Dieser wird – soweit nicht anders vereinbart – auf DM 50,– je Person festgelegt. Wird der Versicherungsfall durch Krankheit ausgelöst, so trägt der Versicherte von dem erstattungsfähigen Schaden 20 v. H. selbst, mindestens DM 50,– je Person.

§ 4 Obliegenheiten des Versicherungsnehmers/Versicherten im Versicherungsfall

1. Der Versicherungsnehmer/Versicherte ist verpflichtet:

a) dem Versicherer den Eintritt des Versicherungsfalles unverzüglich mitzuteilen und gleichzeitig die Reise bei der Buchungsstelle oder im Falle der schon angetretenen Reise beim Reiseveranstalter zu stornieren;

b) dem Versicherer jede gewünschte sachdienliche Auskunft zu erteilen und ihm alle erforderlichen Beweismittel von sich aus zur Verfügung zu stellen, insbesondere ärztliche Atteste über Krankheiten, Unfälle, Impfunverträglichkeiten bzw. Schwangerschaft im Sinne von § 1 Ziffer 2 unter Beifügung der Buchungsunterlagen einzureichen;

c) auf Verlangen des Versicherers die Ärzte von der Schweigepflicht in Bezug auf den Versicherungsfall zu entbinden, soweit diesem Verlangen rechtswirksam nachgekommen werden kann.

2. Verletzt der Versicherungsnehmer/Versicherte eine der vorstehenden Obliegenheiten, so ist der Versicherer von der Verpflichtung zur Leistung frei, es sei denn, dass die Verletzung weder auf Vorsatz noch auf grober Fahrlässigkeit beruht. Bei grob fahrlässiger Verletzung bleibt der Versicherer insoweit verpflichtet, als die Verletzung weder Einfluss auf die Fest-

stellung des Versicherungsfalles noch auf die Feststellung oder den Umfang der dem Versicherer obliegenden Leistung gehabt hat.

§ 5 Zahlung der Entschädigung

Ist die Leistungspflicht des Versicherers dem Grunde und der Höhe nach festgestellt, so hat die Auszahlung der Entschädigung binnen zwei Wochen zu erfolgen.

Klausel 2 – Aufhebung der Altersgrenze

§ 2 Nr. 1 a findet keine Anwendung.

Klausel 3 – Nicht beanspruchte Reiseleistungen

Abweichend von § 1 Nr. 1 ABRV ersetzt der Versicherer bei Abbruch der Reise zusätzliche Aufwendungen des Versicherten für gebuchte, jedoch nicht in Anspruch genommene Leistungen, sofern dies im Versicherungsschein gesondert vereinbart wurde.

Klausel 4 – Personengruppen

Der Versicherer ist im Umfang von § 1 Nr. 1 ABRV auch dann leistungspflichtig, wenn sich die Risiken gemäß § 1 Nr. 2 a–d für die im Versicherungsschein namentlich benannten Personen oder die im Versicherungsschein beschriebenen Personen verwirklicht haben.

2. Allgemeine Bedingungen für die Versicherung von Reisegepäck (AVB Reisegepäck)

§ 1 Versicherte Sachen und Personen

1. Versichert ist das gesamte Reisegepäck des Versicherungsnehmers und der mit ihm in häuslicher Gemeinschaft lebenden mitreisenden Familienangehörigen und Hausangestellten. Für Reisen, die mit dem Versicherungsnehmer in häuslicher Gemeinschaft lebende Familienangehörige getrennt oder allein unternehmen, besteht Versicherungsschutz nur, wenn dies besonders vereinbart ist.
2. Als Reisegepäck gelten sämtliche Sachen des persönlichen Reisebedarfs, die während einer Reise mitgeführt, am Körper oder in der Kleidung getragen oder durch ein übliches Transportmittel befördert werden. Als Reisegepäck gelten auch Geschenke und Reiseandenken, die auf der Reise erworben werden. Sachen, die dauernd außerhalb des Hauptwohnsitzes der Versicherten aufbewahrt werden (z. B. Zweitwohnungen, Boote, Campingwagen), gelten nur als Reisegepäck, solange sie von dort aus zu Fahrten, Gängen oder Reisen mitgenommen werden.
3. Fahrräder, Falt- und Schlauchboote sowie andere Sportgeräte einschließlich Zubehör sind nur versichert, solange sie sich nicht in bestimmungsgemäßem Gebrauch befinden, Außenbordmotoren sind stets ausgeschlossen.

4. Pelze, Schmucksachen, Gegenstände aus Edelmetall sowie Foto- und Filmapparate und Zubehör, sind – unbeschadet der Entschädigungsgrenze in § 4 Nr. 1 – nur versichert, solange sie

a) bestimmungsgemäß getragen bzw. benutzt werden oder

b) in persönlichem Gewahrsam sicher verwahrt mitgeführt werden oder

c) einem Beherbergungsbetrieb zur Aufbewahrung übergeben sind oder

d) sich in einem ordnungsgemäß verschlossenen Raum oder einer bewachten Garderobe befinden; Schmucksachen und Gegenstände aus Edelmetall jedoch nur, solange sie außerdem in einem verschlossenen Behältnis untergebracht sind, das erhöhte Sicherheit auch gegen die Wegnahme des Behältnisses selbst bietet. Pelze, Foto- und Filmapparate und Zubehör sind auch dann versichert, wenn sie in ordnungsgemäß verschlossenen, nicht einsehbaren Behältnissen einem Beförderungsunternehmen oder einer Gepäckaufbewahrung übergeben sind.

5. Nicht versichert sind Geld, Wertpapiere, Fahrkarten, Urkunden und Dokumente aller Art, Gegenstände mit überwiegendem Kunst- oder Liebhaberwert, Kontaktlinsen, Prothesen jeder Art sowie Land-, Luft- und Wasserfahrzeuge (Fahrräder, Falt- und Schlauchboote siehe aber Nr. 3). Ausweispapiere (§ 9 Nr. 1 d) sind jedoch versichert.

§ 2 Versicherte Gefahren und Schäden

Versicherungsschutz besteht

1. wenn versicherte Sachen abhanden kommen, zerstört oder beschädigt werden, während sich das Reisegepäck im Gewahrsam eines Beförderungsunternehmens, Beherbergungsbetriebs oder einer Gepäckaufbewahrung befindet;

2. während der übrigen Reisezeit für die in Nr. 1 genannten Schäden durch

a) Diebstahl, Einbruchdiebstahl, Raub, räuberische Erpressung, Mut- oder Böswilligkeit Dritter (vorsätzliche Sachbeschädigung);

b) Verlieren – hierzu zählen nicht Liegen-, Stehen-, oder Hängen lassen – bis zur Entschädigungsgrenze in § 4 Nr. 2;

c) Transportmittelunfall oder Unfall eines Versicherten;

d) bestimmungswidrig einwirkendes Wasser, einschließlich Regen und Schnee;

e) Sturm, Brand, Blitzschlag oder Explosion;

f) höhere Gewalt.

§ 3 Ausschlüsse

1. Ausgeschlossene Gefahren

Ausgeschlossen sind die Gefahren

a) des Krieges, Bürgerkrieges, kriegsähnlicher Ereignisse oder innerer Unruhen;

b) der Kernenergie;

c) der Beschlagnahme, Einziehung oder sonstige Eingriffe von hoher Hand.

2. Nicht ersatzpflichtige Schäden

Der Versicherer leistet keinen Ersatz für Schäden, die

a) verursacht werden durch die natürliche oder mangelhafte Beschaffenheit der versicherten Sachen, Abnutzung, Verschleiß, mangelhafte Verpackung oder mangelhaften Verschluss von Gepäckstücken;

b) während des Zeltens oder Camping innerhalb des hierfür benutzten Geländes eintreten, es sei denn, dass hierüber eine besondere Vereinbarung besteht.

§ 4 Begrenzt ersatzpflichtige Schäden

1. Schäden an Pelzen, Schmucksachen und Gegenständen aus Edelmetall sowie an Foto- und Filmapparaten und Zubehör (§ 1 Nr. 4) werden je Versicherungsfall insgesamt mit höchstens 50 v. H. der Versicherungssumme ersetzt. § 5 Nr. 1 d) und Nr. 2 Satz 2 bleiben unberührt.

2. Schäden

a) durch Verlieren (§ 2 Nr. 2 b),

b) an Geschenken und Reiseandenken, die auf der Reise erworben wurden, werden jeweils insgesamt mit bis zu 10 v. H. der Versicherungssumme, maximal mit DM 500,– je Versicherungsfall ersetzt.

§ 5 Versicherungsschutz in Kraftfahrzeugen und Wassersportfahrzeugen

1.

a) Versicherungsschutz gegen Diebstahl oder Einbruchdiebstahl aus unbeaufsichtigt abgestellten Kraftfahrzeugen oder Anhängern besteht nur, soweit sich das Reisegepäck in einem fest umschlossenen und durch Verschluss gesicherten Innen- oder Kofferraum befindet.

b) Der Versicherer haftet im Rahmen der Versicherungssumme in voller Höhe nur, wenn nachweislich

aa) der Schaden tagsüber zwischen 6.00 und 22.00 Uhr eingetreten ist oder

bb) das Kraftfahrzeug oder der Anhänger in einer abgeschlossenen Garage –

Parkhäuser oder Tiefgaragen, die zur allgemeinen Benutzung offen stehen, genügen nicht – abgestellt war oder

cc) der Schaden während einer Fahrtunterbrechung von nicht länger als zwei Stunden eingetreten ist.

c) Kann der Versicherungsnehmer keine der unter b) genannten Voraussetzungen nachweisen, ist die Entschädigung je Versicherungsfall auf DM 500,– begrenzt.

d) In unbeaufsichtigt abgestellten Kraftfahrzeugen oder Anhängern nicht versichert sind Pelze, Schmucksachen und Gegenstände aus Edelmetall sowie Foto- und Filmapparate und Zubehör.

2. Im unbeaufsichtigten Wassersportfahrzeug besteht Versicherungsschutz gegen Diebstahl, Einbruchdiebstahl sowie Mut- und Böswilligkeit (vorsätzliche Sachbeschädigung) nur, solange sich die Sachen in einem fest umschlossenen und durch Sicherheitsschloss gesicherten Innenraum (Kajüte, Backkiste o. ä.) des Wassersportfahrzeuges befinden. Pelze, Schmucksachen, Gegenstände aus Edelmetall sowie Foto- und Filmapparate und Zubehör, sind im unbeaufsichtigten Wassersportfahrzeug nicht versichert.

3. Als Beaufsichtigung gilt nur die ständige Anwesenheit eines Versicherten oder einer von ihm beauftragten Vertrauensperson beim zu sichernden Objekt, nicht jedoch z. B. die Bewachung eines zur allgemeinen Benutzung offen stehenden Platzes o. ä.

§ 6 Beginn und Ende der Haftung, Geltungsbereich

1. Innerhalb der vereinbarten Laufzeit des Vertrages beginnt der Versicherungsschutz mit dem Zeitpunkt, an dem zum Zwecke des unverzüglichen Antritts der Reise versicherte Sachen aus der ständigen Wohnung des Versicherten entfernt werden, und endet, sobald die versicherten Sachen dort wieder eintreffen. Wird bei Reisen im Kraftfahrzeug das Reisegepäck nicht unverzüglich nach der Ankunft vor der ständigen Wohnung entladen, so endet der Versicherungsschutz bereits mit dieser Ankunft.

2. Bei Versicherungsverträgen von weniger als einjähriger Dauer verlängert sich der Versicherungsschutz über die vereinbarte Laufzeit hinaus bis zum Ende der Reise, wenn sich diese aus vom Versicherten nicht zu vertretenden Gründen verzögert und der Versicherte nicht in der Lage ist, eine Verlängerung zu beantragen.

3. Versicherungsverträge von mindestens einjähriger Dauer verlängern sich jedoch von Jahr zu Jahr, wenn sie nicht jeweils spätestens drei Monate vor Ablauf durch eine Partei schriftlich gekündigt werden.

4. Die Versicherung gilt für den vereinbarten Bereich.

5. Fahrten, Gänge und Aufenthalte innerhalb des ständigen Wohnorts des Versicherten gelten nicht als Reisen.

§ 7 Versicherungswert, Versicherungssumme

1. Die Versicherungssumme soll dem Versicherungswert des gesamten versicherten Reisegepäcks gemäß § 1 entsprechen. Auf der Reise erworbene Geschenke und Reiseandenken bleiben unberücksichtigt.

2. Als Versicherungswert gilt derjenige Betrag, der allgemein erforderlich ist, um neue Sachen gleicher Art und Güte am ständigen Wohnort des Versicherten anzuschaffen, abzüglich eines dem Zustand der versicherten Sachen (Alter, Abnutzung, Gebrauch etc.) entsprechenden Betrages (Zeitwert).

§ 8 Prämie

Der Versicherungsnehmer hat die erste Prämie (Beitrag) gegen Aushändigung des Versicherungsscheins zu zahlen, bei mehrjährigen Verträgen die Folgeprämien jeweils am ersten Tag des Monats, in dem das Versicherungsjahr beginnt.

§ 9 Entschädigung, Unfallversicherung

1. Im Versicherungsfall ersetzt der Versicherer

a) für zerstörte oder abhanden gekommene Sachen ihren Versicherungswert zur Zeit des Schadeneintritts;

b) für beschädigte reparaturfähige Sachen die notwendigen Reparaturkosten und gegebenenfalls eine bleibende Wertminderung, höchstens jedoch den Versicherungswert;

c) für Filme, Ton- und Datenträger nur den Materialwert;

d) für die Wiederbeschaffung von Personalausweisen, Reisepässen, Kraftfahrzeugpapieren und sonstigen Ausweispapieren die amtlichen Gebühren.

2. Vermögensfolgeschäden werden nicht ersetzt.

3. Ist die Versicherungssumme gemäß § 7 bei Eintritt des Versicherungsfalles niedriger als der Versicherungswert (Unterversicherung), so haftet der Versicherer nach dem Verhältnis der Versicherungssumme zum Versicherungswert.

§ 10 Obliegenheiten

1. Der Versicherungsnehmer hat

a) jeden Schadenfall unverzüglich dem Versicherer anzuzeigen;

b) Schäden nach Möglichkeit abzuwenden und zu mindern, insbesondere Ersatzansprüche gegen Dritte (z. B. Bahn, Post, Reederei, Fluggesellschaft, Gastwirt) form- und fristgerecht geltend zu machen oder auf andere Weise sicherzustellen und Weisungen des Versicherers zu beachten;

c) alles zu tun, was zur Aufklärung des Tatbestandes dienlich sein kann. Er hat alle Belege, die den Entschädigungsanspruch nach Grund und Höhe beweisen, einzureichen, soweit ihre Beschaffung ihm billigerweise zugemutet werden kann, und auf Verlangen ein Verzeichnis über alle bei Eintritt des Schadens gemäß § 1 versicherten Sachen vorzulegen.

2. Schäden, die im Gewahrsam eines Beförderungsunternehmens oder Beherbergungsbetriebes eingetreten sind, müssen diesen unverzüglich gemeldet werden. Dem Versicherer ist hierüber eine Bescheinigung einzureichen. Bei äußerlich nicht erkennbaren Schäden ist das Beförderungsunternehmen unverzüglich nach der Entdeckung aufzufordern, den Schaden zu besichtigen und zu bescheinigen. Hierbei sind die jeweiligen Reklamationsfristen zu berücksichtigen.

3. Schäden durch strafbare Handlungen (z. B. Diebstahl, Raub, vorsätzliche Sachbeschädigung) sind außerdem unverzüglich der zuständigen Polizeidienststelle unter Einreichung einer Liste aller in Verlust geratenen Sachen anzuzeigen. Der Versicherte hat sich dies polizeilich bescheinigen zu lassen. Bei Schäden durch Verlieren (§ 2 Nr. 2 b) hat der Versicherte Nachforschungen beim Fundbüro anzustellen.

4. Verletzt der Versicherungsnehmer eine der vorstehenden Obliegenheiten, so ist der Versicherer von der Verpflichtung zur Leistung frei, es sei denn, dass die Verletzung weder auf Vorsatz noch auf grober Fahrlässigkeit beruht. Bei grobfahrlässiger Verletzung der unter den Nrn. 1 a), c), 2 und 3 bestimmten Obliegenheiten bleibt der Versicherer zur Leistung insoweit verpflichtet, als die Verletzung keinen Einfluss auf die Feststellung oder den Um-

fang der Entschädigungsleistung gehabt hat. Bei grobfahrlässiger Verletzung einer der unter Nr. 1 b) bestimmten Obliegenheiten bleibt der Versicherer insoweit verpflichtet, als der Umfang des Schadens auch bei gehöriger Erfüllung der Obliegenheit nicht geringer gewesen wäre. § 6 VVG bleibt unberührt.

§ 11 Besondere Verwirkungsgründe

1. Der Versicherer ist von der Verpflichtung zur Leistung frei, wenn der Versicherungsnehmer den Versicherungsfall durch Vorsatz oder grobe Fahrlässigkeit herbeigeführt hat oder aus Anlass des Versicherungsfalls, insbesondere in der Schadenanzeige, vorsätzlich unwahre Angaben macht, auch wenn hierdurch dem Versicherer ein Nachteil nicht entsteht.
2. Wird der Anspruch auf die Entschädigung nicht spätestens sechs Monate nach schriftlicher, mit Angabe der Rechtsfolge verbundenen Ablehnung durch den Versicherer gerichtlich geltend gemacht, so ist der Versicherer von der Verpflichtung zur Leistung frei.

§ 12 Zahlung der Entschädigung

1. Die Entschädigung wird spätestens zwei Wochen nach ihrer endgültigen Feststellung durch den Versicherer gezahlt.
2. Sind im Zusammenhang mit dem Versicherungsfall behördliche Erhebungen oder ein strafgerichtliches Verfahren gegen den Versicherten eingeleitet worden, so kann der Versicherer bis zum rechtskräftigen Abschluss dieses Verfahrens die Zahlung aufschieben.

§ 13 Kündigung im Schadenfall

1. Nach Eintritt eines Versicherungsfalls können beide Parteien den Versicherungsvertrag kündigen. Die Kündigung ist schriftlich zu erklären. Sie muss spätestens einen Monat nach dem Abschluss der Verhandlungen über die Entschädigung zugehen. Der Versicherer hat eine Kündigungsfrist von einem Monat einzuhalten; seine Kündigung wird in keinem Falle vor Beendigung der laufenden Reise wirksam. Kündigt der Versicherungsnehmer, so kann er bestimmen, dass seine Kündigung sofort oder zu einem späteren Zeitpunkt wirksam wird, jedoch spätestens zum Schluss der laufenden Versicherungsperiode.
2. Hat der Versicherer gekündigt, so ist er verpflichtet, für die noch nicht abgelaufene Versicherungszeit den entsprechenden Anteil der Prämie zu vergüten.

Klausel 4 – Camping

1. Abweichend von § 3 Nr. 2 b) AVB Reisegepäck besteht Versicherungsschutz auch für Schäden, die während des Zeltens oder Camping auf einem offiziellen (von Behörden, Vereinen oder privaten Unternehmern eingerichteten) Campingplatz eintreten.
2. Werden Sachen unbeaufsichtigt (§ 5 Nr. 3 AVB Reisegepäck) im Zelt oder Wohnwagen zurückgelassen, so besteht Versicherungsschutz für Schäden durch Diebstahl, Einbruchdiebstahl sowie Mut- oder Böswilligkeit Dritter (vorsätzliche Sachbeschädigung) nur, wenn

a) bei Zelten:

der Schaden nicht zwischen 22.00 und 6.00 Uhr eingetreten ist. Das Zelt ist mindestens zuzubinden oder zuzuknöpfen.

b) bei Wohnwagen:

dieser durch Verschluss ordnungsgemäß gesichert ist.

Pelze, Schmucksachen und Gegenstände aus Edelmetall (§ 1 Nr. 4 AVB Reisegepäck) sind im unbeaufsichtigten Zelt oder Wohnwagen nicht versichert.

3. Foto- und Filmapparate, Uhren, optische Geräte, Jagdwaffen, Radio- und Fernsehapparate, jeweils mit Zubehör, sind nur versichert, solange sie

a) in persönlichem Gewahrsam sicher verwahrt mitgeführt werden oder

b) der Aufsicht des offiziellen Campingplatzes zur Aufbewahrung übergeben sind

oder

c) sich in einem durch Verschluss ordnungsgemäß gesicherten Wohnwagen oder in einem fest umschlossenen und durch Verschluss gesicherten Kraftfahrzeug auf einem offiziellen Campingplatz befinden.

4. Sofern kein offizieller Campingplatz (Nr. 1) benutzt wird, sind Schäden durch Diebstahl, Einbruchdiebstahl, Raub, räuberische Erpressung, Mut- oder Böswilligkeit Dritter (vorsätzliche Sachbeschädigung) ausgeschlossen.

5. Im Schadenfall hat der Versicherte neben den in § 10 AVB Reisegepäck vorgeschriebenen Maßnahmen unverzüglich die Leitung des Campingplatzes zu unterrichten und dem Versicherer eine schriftliche Bestätigung der Platzleitung über den Schaden vorzulegen.

Klausel 5 – Skibruch-Versicherung

Abweichend von § 1 Nr. 3 AVB Reisegepäck gilt folgende Skibruch-Versicherung:

1. Versichert sind die im Versicherungsschein bezeichneten Ski mit Stöcken, Skibobs oder Schlitten.

2. Der Versicherer leistet Ersatz für plötzlichen Bruch der versicherten Sachen während ihres bestimmungsgemäßen Gebrauchs.

3. Der Versicherer leistet keinen Ersatz für

a) Schäden an Kanten und Belag, soweit diese nicht auf einen versicherten Bruch zurückzuführen sind;

b) Schäden an der Bindung sowie den Halteschlingen und Tellern der Stöcke.

4. Im Schadenfall ersetzt der Versicherer die nachgewiesenen Reparaturkosten bis zur Höhe des Zeitwerts. Ist eine Reparatur nach fachmännischer Bescheinigung nicht mehr möglich, wird der Zeitwert der zerstörten Sachen ersetzt. Bei Bruch eines Einzelskis werden die Kosten der Beschaffung eines Ersatzskis ersetzt, es sei denn, der Versicherungsnehmer weist durch eine Bescheinigung des Herstellers nach, dass ein Ersatzski nicht beschafft werden kann.

5. Werden infolge eines ersatzpflichtigen Schadens während der Reparatur oder Ersatzbeschaffung gleichwertige Geräte gemietet, so ersetzt der Versicherer auch die nachgewiesenen Mietkosten, höchstens jedoch für zehn Tage.

Klausel 6 – Lieferfristüberschreitung

Abweichend von § 9 Nr. 2 AVB Reisegepäck ersetzt der Versicherer bei Lieferfristüberschreitung (Verzögerung bei der Auslieferung des Reisegepäcks), deren Voraussetzungen und Folgen entsprechend den gesetzlichen oder vertraglichen Bestimmungen des jeweiligen Beförderungsunternehmens festgestellt sein müssen, den hierdurch entstandenen nachgewiesenen Schaden bis zu 10 v. H. der Versicherungssumme, höchstens jedoch DM 500,00.

Klausel 10 – Jahresverträge

§ 6 Nr. 3 AVB Reisegepäck findet keine Anwendung.

Stichwortverzeichnis

Die mageren Ziffern beziehen sich auf die Randziffern. (BefV = Beförderungsvertrag, BehV = Beherbergungsvertrag, Einl. = Einleitung, Vorbem. = Vorbemerkungen)